WILLIAM ROBERTO CEREJA
Professor graduado em Português e Linguística e licenciado em Português pela Universidade de São Paulo
Mestre em Teoria Literária pela Universidade de São Paulo
Doutor em Linguística Aplicada e Análise do Discurso pela PUC-SP
Professor da rede particular de ensino em São Paulo, SP

THEREZA COCHAR MAGALHÃES
Professora graduada e licenciada em Português e Francês pela FFCL de Araraquara, SP
Mestra em Estudos Literários pela Unesp de Araraquara, SP
Professora da rede pública de ensino em Araraquara, SP

Autores também de:
Obras para o ensino fundamental:
Português: linguagens (1º ao 9º ano)
Gramática — Texto, reflexão e uso (6º ao 9º ano)
Gramática reflexiva (6º ao 9º ano)
Todos os textos (6º ao 9º ano)

Obras para o ensino médio:
Português: linguagens
Literatura brasileira
Gramática reflexiva — Texto, semântica e interação
Texto e interação
Interpretação de textos

LITERATURA PORTUGUESA

EM DIÁLOGO COM OUTRAS LITERATURAS DE LÍNGUA PORTUGUESA

Ensino médio

Atual Editora

Copyright desta edição:
SARAIVA S.A. Livreiros Editores, São Paulo.
Rua Henrique Schaumann, 270 — Pinheiros
05413-010 — São Paulo — SP
PABX: (11) 3613-3000
SAC: 0800-0117875
www.editorasaraiva.com.br

Dados Internacionais de Catalogação na Publicação (CIP)
(Câmara Brasileira do Livro, SP, Brasil)

Cereja, William Roberto
Literatura portuguesa : em diálogo com outras literaturas de língua portuguesa / William Roberto Cereja, Thereza Cochar Magalhães. — 3. ed. rev. e ampl. — São Paulo : Atual, 2009.

Suplementado pelo manual do professor
Bibliografia
ISBN 978-85-357-1177-6 (aluno)
ISBN 978-85-357-1178-3 (professor)

1. Literatura brasileira (Ensino médio) 2. Literatura portuguesa (Ensino médio) I. Magalhães, Thereza Cochar. II. Título.

09-06573 CDD-869.907
-869.07

Índices para catálogo sistemático:
1. Literatura brasileira : Ensino médio 869.907
2. Literatura portuguesa : Ensino médio 869.07

Literatura Brasileira
Volume único

Gerente editorial: Lauri Cericato
Editor: Noé G. Ribeiro
Editora-assistente: Cecília Kinker
Preparação de texto: Célia Tavares
Revisão: Pedro Cunha Jr. (coord.) /Lilian Semenichin / Renata Fontes / Veridiana Cunha / Amanda Lenharo / Janaína Silva / Thâmara Veríssimo
Pesquisa iconográfica: Cristina Akisino (coord.) / Angelita Cardoso
Licenciamento de textos: Cristina Akisino (coord.) / Stephanie Santos Martini

Gerente de arte: Nair de Medeiros Barbosa
Supervisor de arte: José Maria de Oliveira
Projeto gráfico: Maria Paula Santo Siqueira
Capa: Homem de Melo & Troia Design
Ilustrações: Carmen Thiago / Filipe Rocha / Mario Yoshida / Milton Rodrigues
Diagramação: Mônica Landi
Assistente de produção de arte: Grace Alves
Coordenação eletrônica: Silvia Regina E. Almeida

Produção gráfica: Robson Cacau Alves
Impressão e acabamento: Yangraf Gráfica e Editora

724336.003.004

Imagens da capa:

Ilustração de capa da revista *Lusíada*, sem identificação de autoria (Porto: Lusíada, 1952, n. 1).

Fac-símile da ilustração da capa da revista *Contemporânea*, n. 2, originalmente publicada em 1922 (Lisboa: Contexto, 1984.)

Caricatura do personagem Zé Povinho, de Raphael Bordallo Pinheiro, 1882, publicada no livro *Álbum de glórias* (Tipographia e Editora Rocio), em 1924.

Ilustração publicada na revista *Lusíada*, sem identificação de autoria (Porto: Lusíada, 1952, n.1).

Ilustração de Nico Rosso para a capa de *Eurico, o presbítero*, de Alexandre Herculano (São Paulo: Saraiva 1961. Coleção Saraiva, n. 163).

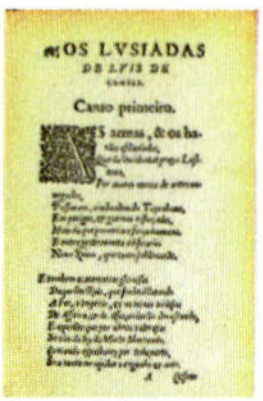
Fac-símile da primeira página da primeira edição de *Os Lusíadas*, de Luís de Camões, 1572 (Porto: Chardron, 1949; edição fac-similar).

Caricatura de Eça de Queirós, de Raphael Bordallo Pinheiro, 1882, publicada no livro *Álbum de glórias* (Tipographia e Editora Rocio), em 1924.

Caricatura de José Saramago, de autoria do ilustrador português Paulo Araújo.

Editora Saraiva
SAC 0800-0117875
De 2ª a 6ª, das 8h30 às 19h30
www.editorasaraiva.com.br/contato

Rua Henrique Schaumann, 270 – Cerqueira César – São Paulo/SP – 05413-909

Apresentação

No mundo pós-moderno e globalizado em que vivemos, no qual se supervaloriza a linguagem digital e a Internet, que espaço haveria para estudos de literatura e, em especial, para estudos específicos de literatura portuguesa?

A literatura portuguesa historicamente tem sido referência para as demais literaturas de língua portuguesa, que a ela se reportam seja para imitá-la, seja para negá-la. Camões, por exemplo, embora pareça distante do mundo atual, no tempo e no espaço, está presente entre nós nos poemas modernos de Manuel Bandeira e Carlos Drummond de Andrade, na canção de Renato Russo e nos quadrinhos de Fido Nesti. E também em dezenas de *sites* especializados e *blogs* da Internet, aguçando a inteligência e a sensibilidade de milhares de adolescentes em países da Europa, da América, da África e da Ásia, nos quais se fala português.

Mas, se por um lado a literatura portuguesa vive entre nós, por outro não se pode esquecer que a literatura brasileira também tem causado forte impacto na literatura portuguesa e nas literaturas africanas de língua portuguesa. As obras sociais de Graciliano Ramos, por exemplo, deixaram marcas profundas na produção neorrealista portuguesa na década de 1940 e ainda serviram de modelo aos escritores africanos durante o período de libertação do colonialismo português.

Atenta às necessidades dos estudantes de hoje e às múltiplas possibilidades de comunicação do mundo contemporâneo, *Literatura portuguesa – Em diálogo com outras literaturas de língua portuguesa* oferece a professores e estudantes brasileiros um rico material para leitura, estudo e pesquisa de textos literários produzidos em nossa língua.

Embora o foco deste trabalho seja a literatura portuguesa, vista em perspectiva histórica, a obra não se restringe aos limites da periodização literária nem aos domínios da cultura portuguesa. Partindo de uma perspectiva dialógica da linguagem, ela estabelece diálogos entre a literatura portuguesa e as literaturas de língua portuguesa produzidas no Brasil e na África. Além disso, procura estabelecer relações e contrastes entre diferentes linguagens em circulação no mundo contemporâneo: a literatura, o cinema, a pintura, a música, a tevê, o quadrinho, o cartum, a informática, etc.

Este livro, enfim, foi feito para o leitor contemporâneo que, dinâmico e sintonizado com a realidade no século XXI, deseja, por meio das linguagens, interagir, descobrir, redescobrir, pesquisar, transformar, ou seja, viver intensa e plenamente.

Os Autores.

Para Xela e Rodolfo,
companheiros de todas as horas,
e para Lis e Carolina,
irmãs desta obra.

Agradecimentos

A Noé G. Ribeiro, editor incomum, que sabe compartilhar sem temer o novo.

Ao competente grupo editorial: a Cecília Kinker, pelo apoio incondicional; a Cristina Akisino, pelo entusiasmo e pela cuidadosa pesquisa iconográfica; a Célia Tavares, pelas preciosas sugestões na preparação do texto; aos demais membros da equipe editorial, pelo dedicado acompanhamento do processo de edição da obra.

À professora Ciley Cleto, que nos apoia didaticamente, difundindo nossas propostas de ensino junto a professores e escolas e colaborando com leituras e sugestões de textos e exercícios.

Sumário

UNIDADE 1

A literatura na Baixa Idade Média

The Bridgeman Art Library/Getty Images

O retorno de São Luís (1214-70).

Jan Greune/Getty Images

SuperStock/Keystone

A dama e o unicórnio, *detalhe (século XV).*

A linguagem é um dos mais importantes patrimônios da humanidade. Por meio dela, interagimos com outras pessoas, traduzindo e expressando nossas experiências e ideias, nossos desejos e sentimentos, nossas opiniões e emoções. Ela também nos permite expressar nossa cultura, nossos valores, as tradições de nosso povo. E, ainda, transmitir, as histórias, as canções, os poemas que criamos.

Em épocas remotas, quando ainda não havia a escrita, tudo isso era transmitido oralmente, de geração a geração. A invenção da escrita permite deixar gravada para as gerações futuras a riqueza cultural de cada povo. Dessa riqueza destaca-se a literatura, que, além de expressar a cultura, os valores e as tradições de um povo, reflete valores universais e atemporais, isto é, valores válidos para as pessoas de qualquer época e lugar.

A história das culturas portuguesa e brasileira está associada ao surgimento da língua portuguesa, que ocorreu na Idade Média.

Estudar a literatura portuguesa e a literatura brasileira implica conhecer sua origem, sua história e suas relações socioculturais, além das relações existentes entre elas e outras linguagens e entre elas e o mundo contemporâneo.

Poeta distante

Um poema atravessa as nuvens
e pousa na minha mesa,
como um ramo de flores
pousa entre meus braços:
"A lua já se pôs,
as plêiades também.
Passa o tempo
e estou tão sozinha",
sussurra em meus ouvidos
milhares de anos depois,
a poeta Safo.
Com ela aprendo
que nunca estamos sozinhos.
Há sempre alguém
que sente o que sentimos.

(Roseana Murray. *No cais do primeiro amor.* 2. ed. São Paulo: Larousse do Brasil, 2007. p. 19.)

Gustave Moreau, Jupiter and Semele, Museu Gustave Moreau, Paris

Júpiter e Semele, ***de Gustave Moreau.***

Fique ligado! Pesquise!

Para você ampliar seus conhecimentos sobre linguagens e sobre o mundo medieval, eis algumas sugestões:

VÍDEOS

A última legião, de Doug Lefler; *As brumas de Avalon*, de Uli Edel; *Excalibur*, de John Boorman; *O feitiço de Áquila*, de Richard Donner; *O senhor dos anéis*, de Peter Jackson; *Mais estranho que a ficção*, de Marc Forster; *O baile*, de Ettore Scola; *Cinema Paradiso*, de Giuseppe Tornatore; *A rosa púrpura do Cairo* e *A era do rádio*, de Woody Allen; *A última borboleta*, de Karel Kachyna.

LIVROS

O mestre das iluminuras, de Brenda Rickman Vantrease (Sextante); *A dama e o unicórnio*, de Tracy Chevalier (Bertrand do Brasil); *O nome da rosa*, de Umberto Eco (Nova Fronteira); *O cavaleiro inexistente*, de Italo Calvino (Companhia das Letras); *Nos passos de... Rei Artur*, de Claudine Glot (Rocco); *A demanda do Santo Graal* (Ateliê Editorial); *Contos e lendas da Távola Redonda*, de Jaqueline Miranda (Companhia das Letras); *Histórias medievais*, de Hermann Hesse (Record); *História da pintura*, de Wendy Beckett (Ática); *Uma breve história da música*, de Roy Bennett (Jorge Zahar).

MÚSICA

Ouça os discos *Musikantiga I* (que contém músicas medievais) e *Cantigas de amigo*, de La Bataglia; a canção "Love song", do grupo Legião Urbana; os discos de Elomar Figueira de Melo, que apresentam canções inspiradas em cantigas medievais.

SITES

www.filologia.org.br/pub_outras/sliit02_99-109.html
planeta.terra.com.br/arte/mundoantigo/medieval/
www.instituto-camoes.pt/cvc/literatura/cantigasamigo.htm
www.carcassonne.org
www.carcassonne.culture.fr

CAPÍTULO 1

A linguagem do Trovadorismo

O banho dos homens *(provavelmente 1496), de Durer.*

Data da Idade Média (séculos XII e XIII) o aparecimento das cantigas trovadorescas, as primeiras manifestações literárias portuguesas. As cantigas coincidem com a formação do Estado e da cultura portuguesa e representam as primeiras tentativas de libertação da cultura teocêntrica imposta pela Igreja em todo o período medieval.

As primeiras manifestações literárias em galego-português (língua em estágio anterior ao português) ocorreram no século XII. As principais delas, as **cantigas**, eram canções criadas e cantadas por poetas chamados *trovadores*. Essas cantigas representam não apenas as origens da língua portuguesa e da literatura em Portugal, mas também da literatura de todos os países de língua portuguesa, incluindo o Brasil, que estão linguística e culturalmente ligados a elas.

Leitura

Com a finalidade de conhecer e caracterizar a linguagem da poesia trovadoresca, você vai fazer, a seguir, a leitura de duas cantigas, uma de amigo e outra de amor. Os textos são apresentados em duas versões: a versão original, em galego-português (língua que se falou até o século XV em Portugal e que deu origem ao português e ao galego modernos), e uma versão moderna, no português de hoje.

Sugerimos que você leia as duas versões, a fim de observar os recursos sonoros, sintáticos e lexicais do texto original.

TEXTO I

Mandad' ei comigo,
ca ven meu amigo:
e irei, madr', a Vigo

Comigu' ei mandado,
ca ven meu amado:
e irei, madr', a Vigo

Ca ven meu amigo
e ven san' e vivo:
e irei, madr', a Vigo

Ca ven meu amado
e ven viv'e, e sano:
e irei, madr', a Vigo

Ca ven san' e vivo
e d'el-rei, amigo:
e irei, madr', a Vigo

Ca ven viv'e e sano
e d'el-rei privado:
e irei, madr', a Vigo

Notícias tenho comigo,
que vem meu amigo:
e irei, mãe, a Vigo

Comigo tenho notícias
que vem meu amado:
e irei, mãe, a Vigo

Que vem meu amigo
e vem são e vivo:
e irei, mãe, a Vigo

Que vem meu amado
e vem vivo e são:
e irei, mãe, a Vigo

Que vem são e vivo
e do rei, amigo:
e irei, mãe, a Vigo

Que vem vivo e são
e do rei privado:
e irei, mãe, a Vigo

(Tradução livre dos autores.)

Reprodução

(Martim Codax. In: José J. Nunes. *Cantigas de amigo dos trovadores galego-portugueses*. Lisboa: Centro do Livro Brasileiro, 1973. v. 1, p. 441-2.)

privado: o que goza de amizade especial.
Vigo: cidade marítima da Galiza.

Reprodução

Tradução do registro musical da cantiga de Martim Codax para notação moderna, feita pelo musicólogo Iafall Abad.

TEXTO II

Vós mi defendestes, senhor,
que nunca vos dissesse ren
de quanto mal mi por vós ven,
mays fazede-me sabedor,
por Deus, senhor, a quen direy
quam muito mal [lev'e] levey
por vós, se non a vós, senhor?

Ou a quen direy o meu mal,
se o eu a vós non disser?
poys calar-me non m' é mester
e dizer-vo-lo non m'er val.
E, poys tanto mal soffr' assy,
se con vosco non falar hi,
por quen saberedes meu mal?

Ou a quen direy o pesar
que mi vos fazedes sofrer,
se o a vós non fôr dizer,
que podedes consselh'i dar?
E, por en, se Deus vos perdon,
coyta d'este meu coraçon,
a quen direy o meu pesar?

(D. Dinis In: J. J. Nunes, op. cit., p. 70-1.)

Você me proibiu, senhora,
de que lhe dissesse qualquer coisa
sobre o quanto sofro por sua causa.
Mas então me diga,
por Deus, senhora: a quem falarei
o quanto sofro e já sofri por você
senão a você mesma?

Ou a quem direi o meu amor
se eu não o disser a você?
Calar-me não é o que quero
mas dizê-lo também não adianta.
Sofro tanto de amor por você...
Se eu não lhe falar sobre isso
como saberá o que sinto?

Ou a quem direi o sofrimento
que me faz sofrer,
se eu não for dizê-lo a você?
Diga-me: o que faço?
E, assim, se Deus lhe perdoa,
coita do meu coração,
a quem direi o meu amor?

(Tradução livre dos autores.)

Biblioteque de L'Arsenal, Paris/Cretty Iamges

1. O autor do texto I é Martim Codax, e o do texto II é D. Dinis, que foi rei de Portugal. Compare o eu lírico dos dois textos.
Em qual deles o eu lírico é masculino? Em qual é feminino?

2. Ambas as cantigas abordam o tema amoroso. Contudo, o relacionamento entre os amantes difere de uma para outra.

a) Em qual delas o eu lírico parece ser correspondido em seus sentimentos?

b) Em qual delas o eu lírico conforma-se em sofrer a *coita* amorosa, ou seja, uma dor que não tem perspectiva de cessar, uma vez que não há a possibilidade de realização do amor?

3. As cantigas de amor portuguesas seguem o modelo das cantigas feitas em Provença, região do Sul da França, e, por isso, referem-se a um tipo de amor convencional, chamado de *amor cortês*. Já as cantigas de amigo se originaram na própria península Ibérica e expressam os sentimentos e as emoções de modo mais natural e espontâneo. Leia o boxe "As regras do jogo do amor cortês" e depois responda às questões.

Regras do jogo do amor cortês

- Submissão absoluta à dama.
- Vassalagem humilde e paciente.
- Promessa de honrar e servir a dama com fidelidade.
- Prudência para não abalar a reputação da dama, sendo o cavaleiro, por essa razão, proibido de falar diretamente dos sentimentos que tem por ela.
- A amada é vista como a mais bela de todas as mulheres.
- Pela amada o trovador despreza todos os títulos, as riquezas e a posse de todos os impérios.

a) Qual dos textos apresenta uma concepção amorosa convencional, em conformidade com as regras do amor cortês?

b) Que regras desse jogo amoroso estão presentes nesse texto?

c) Conclua: Qual dos textos é cantiga de amigo e qual é cantiga de amor?

4. Leia, na página seguinte, o boxe "Homem de outro homem: as relações de vassalagem" e depois observe que a relação amorosa dos amantes retratada no texto II pode ser associada às relações de vassalagem existentes na sociedade medieval.

A quem corresponde a figura do suserano? E a do vassalo?

5. As cantigas de amigo geralmente apresentam **paralelismos**, uma técnica frequentemente usada em literatura e que consiste em repetições de palavras, versos ou construções sintáticas. Essas repetições podem ser de partes de versos ou até de versos inteiros.

Releia o texto I e compare as estrofes umas com as outras.

a) Que semelhança há entre o 1º verso da 1ª estrofe e o 1º verso da 2ª estrofe?

b) Que diferença há entre o 2º verso da 1ª estrofe e o 2º verso da 2ª estrofe?

c) Observe o 2º verso da 1ª estrofe e o 2º verso da 2ª estrofe. Depois, o 2º verso da 3ª estrofe e o 2º verso da 4ª estrofe. Em que outras estrofes esses versos se repetem?

Paralelismos que ajudavam a memorizar

Na Idade Média, poucas pessoas sabiam ler. As cantigas eram cantadas e dançadas e os paralelismos contribuíam para a memorização do texto.

Além do refrão, as cantigas de amigo costumam apresentar dois tipos de paralelismo: o de *par de estrofes* e o *leixa-pren*. O de par de estrofes consiste na repetição de duas delas com uma ligeira diferença entre o verso de uma e o seu correspondente na outra estrofe. O *leixa-pren* é uma espécie de encadeamento entre estrofes pares e ímpares: o segundo verso da primeira estrofe se repete no primeiro da terceira estrofe, o segundo verso da segunda estrofe se repete no primeiro da quarta estrofe, e assim por diante.

Veja os dois tipos de paralelismo nos versos seguintes. As setas em azul correspondem ao paralelismo de par de estrofes, e as setas em vermelho, ao *leixa-pren*:

Non chegou, madre, o meu amigo,
e oje est o prazo saido!
Ai, madre, moiro d'amor!

Non chegou, madre, o meu amado,
e oje est o prazo passado!
Ai, madre, moiro d'amor!

E oje est o prazo saido!
Por que mentiu o desmentido?
Ai, madre, moiro d'amor!

E oje est o prazo passado!
Por que mentiu o perjurado?
Ai, madre, moiro d'amor!

amigo: namorado.
e oje est o prazo saido: e hoje terminou o prazo.
madre: mãe.
moiro: morro.

6. Compare as duas cantigas quanto ao ambiente (natural ou social), quanto à profundidade das ideias e quanto à musicalidade (sonoridade das palavras e do ritmo).

a) Em qual delas o ambiente é natural ou rural?

b) Em qual delas as ideias amorosas são mais complexas e aprofundadas?

c) Qual dos textos apresenta maior sonoridade em virtude do ritmo e das repetições?

7. Em grupo e com base nas duas leituras que realizou neste capítulo, faça um quadro comparativo entre as cantigas de amigo e as cantigas de amor. Divida o quadro em duas partes e anote em cada uma delas as características de cada um dos tipos de cantiga, levando em conta os seguintes critérios:

- tipo de eu lírico
- presença de paralelismos e musicalidade
- profundidade no tratamento do tema
- tipo de ambiente

Homem de outro homem: as relações de vassalagem

Um homem ajoelha-se na frente de outro homem, une as duas mãos e as coloca nas mãos daquele que está em pé à sua frente. Enquanto isso acontece, o primeiro diz algumas palavras e se reconhece como o "homem" do outro homem. Depois, beijam-se na boca e estabelece-se um acordo e uma amizade "civil", o primeiro jovem jura sobre os Evangelhos ser fiel ao segundo por toda sua existência.

Quem acha isto meio "estranho", fique sabendo que este ritual forneceu uma das principais bases ao sistema feudal: os funcionários reais, os oficiais de todas as classes, os clérigos e até mesmo alguns camponeses passavam por ele antes de assumirem suas funções. Com ele, tornavam-se *vassalos de seus senhores*.

Essas relações todas podem ser explicadas pela necessidade de garantir fidelidade, assegurar prestação de serviços ou o pagamento de tributos, impor penalidades aos que não cumprissem suas obrigações de dependência.

(Paulo Miceli. *O feudalismo*. São Paulo: Atual, 1988. p. 35-6.)

Do texto ao contexto do Trovadorismo

O contexto histórico-cultural europeu, entre os séculos XII e XIV, configura-se como uma época de profundas transformações. Dentre elas destacam-se: a formação de uma consciência nacionalista de vários povos e sua autonomia política; a solidificação de línguas populares, em grande parte nascidas do latim; a ascensão da cavalaria feudal, que, beneficiada com as cruzadas (1096-1291), criou certos padrões de comportamento e certos valores culturais e artísticos, principalmente nos séculos XII e XIII; o florescimento de uma rica cultura laica (isto é, não religiosa) nas cortes de Provença, sul da França; e, a partir do século XIV, a decadência da cavalaria e a ascensão da burguesia comercial.

A principal produção literária da primeira época medieval portuguesa, as cantigas trovadorescas, reflete esse momento de mudanças por que passava a Idade Média. Portugal conquistou sua autonomia política em 1143. A língua portuguesa solidificou-se, embora até o século XVI se falassem em toda a península Ibérica o galego-português (em razão da unidade linguística entre Portugal e Galiza) e o espanhol.

Jonathan Blair/Corbis/Latin Stock

Carcassone, no sul da França, uma das cidades medievais mais bem conservadas do mundo.

Naquele momento histórico, a consolidação política de um povo e o desenvolvimento de uma língua própria significaram, até certo ponto, maior autonomia e maior liberdade em relação à cultura (o cristianismo) e à língua oficial (o latim) impostas pela Igreja.

Keystone – France/Other Images

Retable dos Bourbons, *com a Virgem Maria ao centro. Catedral de Moulins, Lyon, França.*

Voltadas fundamentalmente para temas como o galanteio amoroso à mulher, o sofrimento amoroso da jovem cujo namorado partiu para lutar na guerra contra os árabes, além da descrição irônica e crítica da sociedade portuguesa, as cantigas representam a formação de uma cultura laica — embora com fortes matizes da concepção teocêntrica de mundo do homem medieval — e a celebração da vida aristocrática das cortes portuguesas.

As cantigas trovadorescas de Portugal têm origem principalmente em duas fontes: de um lado, a poesia provençal, difundida por toda a Europa pelos jograis cantadores; de outro, a poesia nativa da península, com raízes na cultura popular, nas celebrações festivas, na música e na dança.

Na primeira época medieval da literatura portuguesa, as cantigas sobrepuseram-se a alguns gêneros em prosa que eram então cultivados: as novelas de cavalaria, as hagiografias (histórias da vida de santos), os nobiliários (biografias de nobres) e os cronicões (registros de acontecimentos). Tal predominância da poesia sobre a prosa explica-se pelo fato de a escrita, antes do século XV (quando Gutenberg inventou a tipografia), restringir-se a uma minoria, sobretudo aos religiosos que se incumbiam de copiar os manuscritos. A cultura portuguesa na primeira época medieval foi, portanto, predominantemente oral e encontrou na poesia a sua principal forma de expressão, já que os próprios elementos constitutivos do poema — paralelismos, ritmo, rimas, etc. — facilitam a sua memorização e, em consequência, sua reprodução oral.

Fred de Noyelle/Godong/Corbis/LatinStock

Detalhe do Mosteiro de Batalha (século XIV), Portugal.

O período áureo do Trovadorismo deu-se entre fins do século XII e a morte do rei D. Dinis (1325). Esse rei foi um dos melhores trovadores da época e um dos responsáveis pela intensa vida cultural das cortes portuguesas. Com sua morte, houve uma dispersão de poetas, e a vida cultural da corte tomou outros rumos. Além disso, em meados do século XIV, surgiu uma forte tendência para tratar de assuntos relacionados à vida prática e econômica das cidades, o que já revelava um aburguesamento de valores e uma nova forma de ver o mundo.

No lugar das cantigas e das novelas de cavalaria — gêneros literários mais voltados para os sentimentos e para a imaginação —, passaram a ser cultivadas a prosa didática e a moralística.

CAPÍTULO 2

A primeira época medieval

SuperStock/Keystone/Museu de Belas Artes, França

O concerto em um ovo, *de H. Bosch.*

As cantigas foram, nas origens da literatura em Portugal, a principal expressão literária do mundo medieval. Ao mesmo tempo, por serem manifestações profanas, isto é, não religiosas, representavam uma primeira afronta à cultura teocêntrica imposta pela Igreja. As novelas de cavalaria completam o quadro literário do período. Conciliando os ideais religiosos do cristianismo e o mundo terreno das aventuras e guerras sangrentas da cavalaria medieval, inauguraram uma tradição até hoje explorada por escritores de todo o mundo.

A formação da língua e da literatura portuguesa

Para identificar o momento em que surge a literatura escrita de um povo, é preciso considerar os primeiros documentos que a registram e a língua em que ela foi escrita.

Em Portugal, os textos literários mais antigos datam do século XII, momento que coincide com a expulsão dos árabes da península Ibérica e com a formação do Estado português.

A língua então falada na região que hoje se conhece como Portugal era o **galego-português**, em virtude da integração linguística e cultural existente entre Portugal e Galiza.

O galego-português existiu entre os séculos XII e XIV. No século XV, as duas línguas se separaram, tornando-se independentes. O português moderno, ou seja, a língua portuguesa mais madura, que se aproxima da língua que falamos hoje, só surgiu no século XVI.

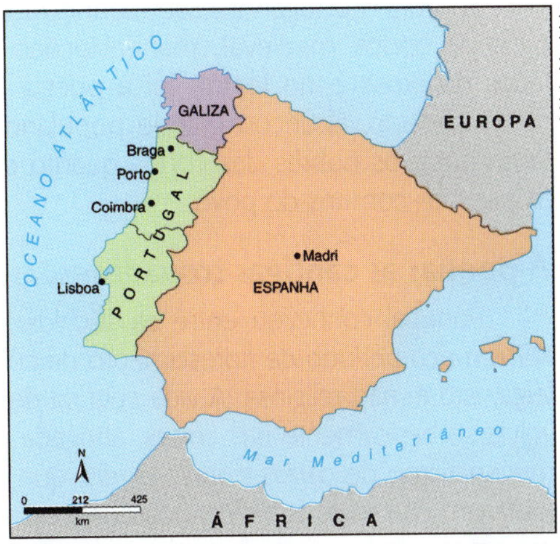

Mário Yoshida

Ao norte da península Ibérica, Galiza, região que hoje pertence à Espanha.

As primeiras produções literárias portuguesas datam do século XII. Registradas em galego-português, constituem a literatura do período chamado Trovadorismo.

A Era Medieval e suas épocas

A literatura portuguesa contou com duas fases ou duas épocas distintas. Na primeira época medieval, também chamada de **Trovadorismo** (século XII a meados do século XIV), predominaram os gêneros literários orais, em que se destacou a cantiga trovadoresca.

Na segunda época medieval (século XV e início do século XVI), a poesia se separou da música, do canto e da dança e passou a ser lida ou declamada, sendo chamada de *poesia palaciana*. Ao mesmo tempo, surgiram a historiografia de Fernão Lopes e o teatro de Gil Vicente, a principal manifestação literária da segunda época medieval.

Veja, no quadro a seguir, a síntese da produção literária portuguesa da Era Medieval.

	ERA MEDIEVAL	
	PRIMEIRA ÉPOCA: TROVADORISMO (SÉCULOS XII A XIV)	**SEGUNDA ÉPOCA** (SÉCULO XV E INÍCIO DO SÉCULO XVI)
Poesia	Lírica — cantigas de amigo; cantigas de amor Satírica — cantigas de escárnio; cantigas de maldizer	Poesia palaciana O *Cancioneiro geral*, de Garcia de Resende
Prosa	Novelas de cavalaria Hagiografias Cronicões Nobiliários	Crônicas de Fernão Lopes
Teatro	Mistérios Milagres Moralidades *Sotties*	Gil Vicente

A primeira época medieval: o Trovadorismo

Embora Portugal tivesse conhecido, na primeira época medieval, manifestações literárias na prosa e no teatro, foi a poesia que, nesse período, alcançou grande popularidade, tanto entre os nobres das cortes quanto entre as pessoas comuns do povo.

Trovador, segrel, jogral

Reprodução

Nem todos os que cantavam as cantigas nas cortes ou em festas populares eram trovadores; e nem todos eram considerados iguais. Entre eles, havia uma hierarquia que levava em conta a origem social e o tipo de relação que tinham com a cantiga apresentada. Assim, eram três as categorias de cantores.

- **Trovador**: membro da nobreza ou do clero, era o autor da letra e da música das composições que executava para o seleto público das cortes.
- **Segrel**: nobre da escala mais baixa, um escudeiro sem recursos para ascender a cavaleiro, sobrevivia percorrendo as cortes ou acompanhando o exército real nas lutas contra os árabes. Executava composições próprias.
- **Jogral**: cantor de origem popular, raramente compunha, limitando-se a executar composições dos trovadores. Normalmente era acompanhado por uma *soldadeira*, mulher que dançava e cantava durante as apresentações e, por isso, tinha má reputação.

A poesia: as cantigas trovadorescas

Portugal conheceu entre os séculos XII e XIV um rico período de florescimento da cultura leiga, isto é, não religiosa. A vida cultural desenvolvia-se basicamente nas cortes, abrigada pelo mecenatismo de certos nobres e reis, que estimulavam os saraus literários, nos quais as cantigas eram tocadas, cantadas e dançadas. O rei D. Dinis (do final do século XIII e início do século XIV), por exemplo, não apenas incentivou a produção literária trovadoresca, mas também foi um dos mais importantes trovadores da época.

A produção poética da primeira época medieval da literatura portuguesa pode ser organizada em dois grupos, de acordo com o gênero a que pertencem: a *poesia lírica* e a *poesia satírica.*

A lírica

A poesia lírica apresenta dois tipos de cantigas: *as cantigas de amigo* e as *cantigas de amor.* Ambas foram cultivadas nas cortes portuguesas por trovadores que eram, em geral, nobres do sexo masculino. Contudo, certas diferenças de forma e de conteúdo revelam a origem de cada uma delas.

As **cantigas de amigo** têm raízes no lirismo da própria península Ibérica, em suas festas rurais populares, em sua música e sua dança, nas quais abundam vestígios da cultura árabe. Apresentam normalmente ambientação rural, linguagem e estrutura simples; seu tema mais frequente é o lamento amoroso da moça cujo namorado partiu para a guerra contra os mouros.

Levantou-s' a velida levantou-s' alva e vai lavar camisas eno alto: vai-las lavar alva.	*Levantou-se a bela;* *rompe a alvorada;* *vai lavar camisas* *no rio:* *lava-as, de alvorada.*
Levantou-s' a louçana, levantou-s' alva e vai lavar delgadas eno alto: vai-las lavar alva.	*Levantou-se a alva;* *rompe a alvorada:* *alvas roupas lava* *no rio:* *lava-as, de alvorada.*

De acordo com os temas, as cantigas de amigo podem ser classificadas em:

- **pastorelas**: de ambiente rural, tratam do envolvimento amoroso entre uma pastora e um cavaleiro;
- **bailias** ou **bailadas**: fazem referência à dança de moças que esperam os namorados;
- **romarias**: referem-se às romarias feitas a lugares sagrados;
- **albas** ou **alvas**: fazem menção ao amanhecer, que muitas vezes surpreende os amantes;
- **marinhas** ou **barcarolas**: apresentam ambiente marítimo.

(E) vai lavar camisas, levantou-s' alva; o vento lh'as desvia eno alto: vai-las lavar alva.	*Vai lavar camisas;* *rompe a alvorada;* *o vento as desvia* *no rio:* *lava-as, de alvorada.*
E vai lavar delgadas; levantou-s' alva; o vento lh'as levava eno alto: vai-las lavar alva.	*Alvas roupas lava;* *rompe a alvorada;* *o vento as levava* *no rio:* *lava-as, de alvorada.*
O vento lh'as desvia; levantou-s' alva; meteu-s' alva en ira eno alto: vai-las lavar alva.	*O vento as desvia;* *rompe a alvorada;* *fica a alva em ira* *no rio:* *lava-as, de alvorada.*
O vento lh'as levava; levantou-s' alva; meteu-s' alva en sanha eno alto: vai-las lavar alva.	*O vento as levava;* *rompe a alvorada;* *fica a alva irada* *no rio:* *lava-as, de alvorada.*

(In: *Cantares dos trovadores galego-portugueses.* Organização e adaptação da linguagem por Natália Correia. 3. ed. Lisboa: Estampa, 1998. p. 236-9.)

As **cantigas de amor** têm raízes na poesia provençal, nos ambientes finos e aristocráticos das cortes francesas e, portanto, estão mais presas a certas convenções de linguagem e de sentimentos. O ideal amoroso dessas cantigas, o *amor cortês*, parte do princípio de que o amante ideal é aquele que vive em constante *coita* (sofrimento amoroso), porque não é correspondido, mas, apesar disso, precisa demonstrar paciência, submissão e fidelidade à mulher amada, como se ele fosse um vassalo, e ela, o seu suserano. Trata-se, portanto, de certas regras do *jogo amoroso*, próprias do refinamento cultural da cavalaria francesa, que refletem, na literatura, as relações da sociedade feudal.

A vassalagem é expressão de um ideal cavaleiresco, porém não é o único. Originária de camadas populares, a cavalaria ascendeu socialmente à classe nobre ganhando terras e títulos de nobreza por feitos de guerra. Esse novo segmento da nobreza alterou os costumes e os valores daquela sociedade, introduzindo concepções de fidelidade, bondade, justiça — valores tipicamente cristãos —, além da coragem nas guerras e da submissão e persistência no amor.

A linguagem das cantigas de amor geralmente é mais refinada quanto ao vocabulário e às construções, e o ambiente, quando aparece, costuma ser o da corte. O eu lírico normalmente é um homem (um cavaleiro), que declara seu amor a uma mulher inatingível, em conformidade com as regras do amor cortês (releia o boxe da página 14).

Scala Archive/Image Plus

Diferentemente do que ocorria na idealização literária, na vida real as mulheres participavam diretamente das atividades econômicas.

A mulher real

Não importa que os galantes cavaleiros rendessem homenagem de submissão à mulher "doce e pura" como a um ser superior; a realidade da vida discordava bastante desta poesia. Geralmente a mulher que era adorada nas cortes de amor não era a mesma que se fazia dona do lar ou a quem concedia sua mão o serviçal cavaleiro, e só este fato convertia estas relações amorosas num jogo de galanteria ou a degradava para o plano de uma simples paixão, que quase nunca servia de ponto de partida para uma estimação mais elevada da mulher.

(Segismundo Spina. *A lírica trovadoresca.* São Paulo/Rio de Janeiro: Edusp/Grifo, 1972. p. 24-5.)

Veja, como exemplo de cantiga de amor, a "Cantiga da Ribeirinha" ou "Cantiga da Guarvaia", produzida em 1189 ou 1198 por Paio Soares de Taveirós. Considerada a mais antiga cantiga de que se tem notícia em Portugal, ela constitui o marco inicial da literatura portuguesa.

No mundo non me sei parelha,
mentre me fôr como me vai,
ca já moiro por vós — e ai!
mia senhor branca e vermelha,
queredes que vos retraia
quando vos eu vi en saia!
Mau dia me levantei,
que vos enton non vi fea!
E, mia senhor, dês aquel dia'ai!
me foi a mi mui mal,
e vós, filha de don Paai
Moniz, e ben vos semelha
d'haver eu por vós guarvaia,
pois eu, mia senhor, d'alfaia
nunca de vós houve nem hei
valia d'ũa correa

(In: Segismundo Spina. *Presença da literatura portuguesa.* 3. ed. São Paulo: Difel, 1969. v. 1.)

No mundo não conheço
ninguém igual a mim,
enquanto acontecer o
que me aconteceu,
pois eu morro por vós — e ai!
Minha senhora alva e rosada,
quereis que vos lembre
que já vos vi na intimidade!
Em mau dia eu me levantei
Pois vi que não sois feia!
E, minha senhora,
desde aquele dia, ai!
Venho sofrendo de um grande mal
enquanto vós, filha de dom Paio
Muniz, a julgar forçoso
que eu lhe cubra com o manto
pois eu, minha senhora,
nunca recebi de vós
a coisa mais insignificante.

(*Superinteressante*, set. 1996.)

Como síntese, leia o seguinte quadro comparativo das principais características das cantigas de amigo e de amor:

CANTIGAS DE AMIGO	CANTIGAS DE AMOR
Eu lírico feminino	Eu lírico masculino
Presença de paralelismos	Ausência do paralelismo de par de estrofes e do *leixa-pren*
Predomínio da musicalidade	Predomínio das ideias
Assunto principal: o lamento da moça cujo namorado partiu	Assunto principal: o sofrimento amoroso do eu lírico perante uma mulher idealizada e distante
Amor natural e espontâneo	Amor cortês; convencionalismo amoroso
Ambientação popular rural ou urbana	Ambientação aristocrática das cortes
Influência da tradição oral ibérica	Forte influência provençal

A sátira

O gênero satírico é um tipo de texto que visa criticar pessoas ou instituições sociais. Pode se manifestar tanto na poesia quanto na prosa ou no teatro.

Lézio Custódio Jr.

A poesia satírica trovadoresca manifestou-se sob duas formas de cantigas: as **cantigas de escárnio** e as **cantigas de maldizer**. Durante muito tempo essa produção foi deixada em segundo plano, em virtude dos preconceitos que a envolveram, pois seus assuntos eram, em grande parte, picantes e sua linguagem, por vezes, obscena.

Contudo, hoje se reconhece que a importância da sátira trovadoresca reside em, pelo menos, quatro pontos fundamentais:

- *a introdução do gênero satírico*: tanto Portugal quanto o Brasil têm excelentes poetas satíricos que se ligam à tradição fundada pelas cantigas trovadorescas;
- *o distanciamento da convenção literária*: não seguindo os moldes das cantigas de amigo e de amor, a canção satírica abre um caminho novo, baseado no acaso dos acontecimentos e em uma linguagem que não obedece a nenhuma convenção mais rígida;
- *o aprimoramento da língua literária*: utilizando intencionalmente jogos de palavras e ambiguidades, exploram-se diferentes significados de palavras, por meio dos quais a língua literária se enriquece, aumentando seus recursos de expressão;
- *a documentação histórica*: distante das convenções e próxima da vida e dos costumes, a poesia satírica trovadoresca é considerada uma importante documentação histórica sobre a sociedade portuguesa dos séculos XII a XIV.

Os temas que contribuem para a caracterização do mundo medieval português vão da sátira política à sátira de conotação sexual. Os mais comuns são: a fraqueza dos nobres portugueses na luta contra os árabes; a sovinice dos ricos-homens e a decadência dos infanções (nobres de título inferior ao de rico-homem); as libertinagens eróticas dos clérigos; os jograis que aspiravam à condição de trovador; a reputação das soldadeiras.

Leitura

Há, a seguir, duas cantigas trovadorescas satíricas. Leia-as com atenção e, servindo-se da tradução livre, atente para as diferenças de linguagem e de enfoque crítico.

TEXTO I

Nesta cantiga, de autoria de João Aires de Santiago, é satirizada uma mulher — possivelmente uma falsa beata — que, pronta para ir à missa, ouve o crocitar de um corvo faminto de carne. Já que o corvo é uma ave agourenta, a mulher resolve ficar.

A partir desse momento é criada a ambiguidade: por um lado, o agouro e a superstição integravam o forte misticismo da Idade Média; por outro, as sutilezas da linguagem, os trocadilhos e os jogos de palavras vão sugerindo que o corvo que se instala ao lado da mulher (ou em sua cama) é um homem, sedento de carne (sexo).

Atente para a riqueza do emprego da onomatopeia "quá, a cá", que, ao mesmo tempo, sugere o crocitar da ave e a ordem do homem: venha cá! As preposições "sobre" e "acaron" (ao lado) foram igualmente usadas com ambiguidade.

Ũa dona, non digu' eu qual,
non agùirou ogano mal
polas oitavas de Natal:
ia por sa missa oir,
e (ouv') um corvo carnaçal,
e non quis da casa sair.

Uma dama não digo qual
não agoirou este ano mal
pelas oitavas do Natal:
ia ela a missa ouvir
e ouvindo um corvo carniçal
já de casa não quis sair.

A dona, mui de coraçon,
oira sa missa, enton,
e foi por oir o sarmon,
e vedes que lho foi partir:
ouve sig' un corv' acaron,
e non quis da casa sair.

Ia a dama com devoção
ouvir a missa e o sermão.
Mas não podendo à tentação
carnal do corvo resistir,
logo mudou de opinião:
já de casa não quis sair.

A dona disse: — Que será?
E i o clérigu' está já
revestid' e maldizer-m' -á,
se me na igreja non vir.
E diss' o corvo: quá, (a) cá,
e non quis da casa sair.

Diz a dama: "mal me virá!
Paramentado o padre está
e a maldição me lançará
se na igreja me não vir."
Diz o corvo: "vem cá! vem cá!"
Já de casa não quis sair.

Nunca taes agoiros vi,
des aquel dia que naci;
com' aquest' ano ouv' aqui;
e ela quis provar de s' ir,
e ouv' um corvo sobre si,
e non quis da casa sair.

Eis os agoiros que com espanto
este ano ouvi; nunca durante
a vida ouvira semelhante:
ia à Igreja mas ao sentir
em cima dela o rapinante,
já de casa não quis sair.

(In: *Cantares dos trovadores galego-portugueses*, cit., p. 212-3.)

Gemaldigalerie, Berlin, Germany

Portrait of a young woman in a pinned hat *(1435), de Rogier van der Weyden.*

TEXTO II

Nesta cantiga, de Pero da Ponte, a sátira é dirigida a uma tal Maria Dominga, que, em vez de ensinar à filha os trabalhos domésticos que cabiam à mulher na época (coser, tecer e fiar), ensinava-lhe como mexer as ancas e atrair os homens, com vista ao enriquecimento por meio do próprio corpo.

Quen a sa filha quiser dar mester, con que sábia guarir a Maria Doming' á-d' ir, que a saberá ben mostrar; e direi-vos que lhi fará; ante dun mês lh' amostrará como sábia mui ben ambrar.	*Quem a sua filha quiser dar* *uma profissão com que possa prosperar,* *há de ir a Maria Dominga.* *que lhe saberá muito bem mostrar;* *e vos direi o que lhe fará:* *antes de um mês lhe ensinará* *como rebolar as ancas.*
Ca me lhi vej' eu ensinar ũa sa filha e nodrir; e quen sas manhas ben cousir aquesto pode ben jurar: que, des Paris ateẽs acá, molher de seus dias non á que tan ben s' acorde d' ambrar.	*E já a vejo a ensinar e sustentar* *uma filha sua;* *e quem observar bem suas artes* *pode afirmar isto:* *que, de Paris até aqui,* *não há mulher* *que rebole melhor.*
E quen d' aver ouver sabor non ponha sa filh'a tecer nen a cordas nen a coser, mentr'esta meestr'aqui for, que lhi mostrará tal mester, por que seja rica molher, ergo se lhi minguar lavor.	*E quem deseja enriquecer* *não ponha sua filha a fazer* *trabalhos manuais,* *enquanto esta mestra aqui estiver,* *ela lhe ensinará a profissão certa* *para que seja uma mulher rica,* *a não ser que lhe faltem homens.*
E será en mais sabedor, por estas artes aprender; de maís, quanto quiser saber sabê-lo pode mui melhor; e, pois tod'esto ben souber, guarrá assi como poder; de mais, guarrá per seu lavor.	*Deve-se saber disso,* *para aprender essas artes;* *além disso, pode-se aprimorar* *cada vez mais na profissão;* *e, depois que aprender tudo muito bem,* *irá sustentar-se como puder;* *sustentar-se com seu próprio trabalho.*

(In: Rodrigues Lapa. *Cantigas d' escarnho e de mal dizer.* Coimbra: Galaxia.)

1. Ambos os textos fazem uma *crítica moral* a determinada senhora da sociedade portuguesa da época. O que se critica nessas mulheres em cada uma das cantigas?

2. Embora haja semelhança no assunto, os textos diferem entre si pela forma como fazem a crítica.

a) Qual cantiga emprega uma linguagem mais direta e vulgar? Qual faz uso de uma linguagem cheia de ambiguidades, trocadilhos e insinuações?

b) Em qual delas predomina a ironia leve e sutil? Em qual a zombaria?

c) Em qual delas o nome da pessoa satirizada é identificado?

3. Sabendo que a cantiga de maldizer é mais agressiva e grosseira do que a cantiga de escárnio, e com base nas respostas anteriores, identifique o tipo de cantiga representado pelos dois textos.

Os estudos feitos até aqui sobre a sátira trovadoresca nos permitem tirar algumas conclusões fundamentais:

CANTIGA DE ESCÁRNIO	CANTIGA DE MALDIZER
Crítica indireta; normalmente a pessoa satirizada não é identificada	Crítica direta; geralmente a pessoa satirizada é identificada
Linguagem trabalhada, cheia de sutilezas, trocadilhos e ambiguidades	Linguagem agressiva, direta, por vezes obscena
Ironia	Zombaria

A prosa: as novelas de cavalaria

A prosa, em Portugal, começou entre o século XIV e o início do século XV, em forma de *hagiografias*, *nobiliários*, *cronicões* e *novelas de cavalaria*, estas o gênero em prosa mais importante da primeira época medieval.

As **novelas de cavalaria** são um gênero narrativo tipicamente medieval. Em geral de autor desconhecido, são resultantes da transformação das *canções de gesta*, poemas que narravam heroicas aventuras de cavaleiros andantes.

Seus temas são, portanto, as aventuras fantásticas de cavaleiros lendários e destemidos, que liquidavam monstros e homens malvados em batalhas sangrentas, travadas em nome tanto de Deus quanto do amor por uma donzela. Produto de uma fértil inventividade, a novela de cavalaria descreve com abundância de detalhes a vida e os costumes da cavalaria feudal.

De acordo com seus temas, as novelas de cavalaria compõem três ciclos:

Frutos da tradição da cavalaria medieval

No Brasil, a história do imperador Carlos Magno e dos doze pares da França é muito popular. É ainda reimpressa como cordel, vendida e entoada por cantadores profissionais do Nordeste, talvez a única região do mundo onde se conserva tal tradição. Essa história tem servido de ponto de partida e de inspiração para a criação de inúmeras outras histórias e está presente também em certos entrechos de congada e cavalhada, folguedos folclóricos brasileiros.

Fabio R. Martins

- **ciclo bretão** ou **arturiano:** tem como personagens centrais o rei Artur e os cavaleiros da Távola Redonda;
- **ciclo carolíngio:** gira em torno da figura de Carlos Magno e os doze pares da França;
- **ciclo clássico:** abrange figuras e acontecimentos da Antiguidade clássica, como a Guerra de Troia.

Na Europa, as novelas de cavalaria surgiram entre os séculos XII e XIV e tiveram grande influência sobre a produção literária da península Ibérica. A novela *Amadis de Gaula* (da metade do século XIV, mas publicada apenas em 1508), de autor desconhecido, é reivindicada tanto pela literatura portuguesa quanto pela espanhola.

As produções de maior prestígio no gênero em toda a cultura ocidental — e que ainda hoje exercem forte influência sobre o homem moderno — são *A demanda do Santo Graal* e *Tristão e Isolda*.

No século XVI, o gênero, já desgastado, foi revigorado com a publicação, em 1605, de *D. Quixote de la Mancha*. De autoria do escritor espanhol Miguel de Cervantes, a novela retrata a decadência dos valores da cavalaria feudal em meio ao aburguesamento da sociedade do século XVII.

Os vestígios das novelas de cavalaria são fartos na produção cultural da atualidade e podem ser identificados nas histórias em quadrinhos, nos desenhos animados de tevê e principalmente no cinema, em filmes como *Excalibur*, direção de John Boorman; *Indiana Jones e a última cruzada*, direção de Steven Spielberg; *Robin Hood*, de Kevin Reynolds; *O feitiço de Áquila*, de Richard Donner; *Willow*, de Ron Howard; e, parcialmente, em *Drácula*, de Francis Coppola. Toda essa produção revive as aventuras e o heroísmo dos cavaleiros medievais e vem ao encontro das fantasias do homem moderno.

Columbia Tri Star/Album/LatinStock

Cartaz de Lancelot – o primeiro cavaleiro, *de Jerry Zucker, filme representativo do interesse do homem contemporâneo pela cultura medieval.*

Columbia Tri Star/Album/LatinStock

Capa do DVD do filme Excalibur.

Lampião e Lancelote: um encontro no sertão

Você já imaginou como seria o encontro de Lampião e Lancelote, dois cavaleiros que viveram em épocas e lugares diferentes? Esse é o tema abordado por Fernando Vilela em sua obra *Lampião & Lancelote*, vencedora do Prêmio Jabuti em 2007, que aproxima duas importantes tradições guerreiras de tradição oral e escrita.

A aproximação das duas personagens é possível porque, como resultado de um feitiço de Morgana, Lancelote vem parar no sertão nordestino, onde logo encontra Lampião, o rei do cangaço. Os dois se desentendem e começa uma guerra entre os dois cavaleiros e seus exércitos. Veja como termina essa guerra e, se possível, leia a obra toda.

Com toda essa violência
A poeira foi subindo
Era soco era paulada
Que os homens iam sentindo
Com aquela fumaceira
Todo mundo foi sumindo

Foi neste momento então que se ouviu uma risada
Mas como é que uma guerra
Podia ser engraçada?
E os gritos foram aos montes
Tornados em gargalhadas

Quando a poeira baixou
Estava tudo muito estranho
Lampião numa armadura
Que não tinha seu tamanho
E Lancelote trajava
Um uniforme tacanho

Lampião sacou a sanfona
E bateu o pé no chão
"A batalha agora é outra"
Bradou o Rei do Sertão
"Vamos cantar Lancelote
Você agora é meu irmão

Oiê muié rendera...
Oiê muié rendá
Tu me ensina a fazê renda
Que eu te ensino a namorá

E nesta bênção de paz
Chega Maria Bonita
Parceira de Lampião
Toda vestida de chita
E abraça o cavaleiro
Que dança sem fazer fita

Depois chega Guinevere
A paixão de Lancelote
E baila com Lampião
Dois xaxados e um xote
Reinventaram as danças
Arrasta pé ia no trote

[...]

Meu povo aqui termina
Esta história verdadeira
Com baile, batalha e rima
Pondo abaixo uma barreira
Resultou numa geleia
Da magia europeia
Com a ginga brasileira.

(São Paulo: Cosac & Naify, 2006.)

Cosac & Naify

Capa da obra de Fernando Vilela.

Leitura

A seguir você lerá dois textos, ambos fragmentos de novelas de cavalaria. O primeiro é parte de *A demanda do Santo Graal*, obra do século XII, de autoria desconhecida e que contou com várias versões no mundo todo. O tema central da novela é a busca do Graal, o vaso sagrado — desaparecido — em que, segundo a lenda, José de Arimateia teria depositado o sangue de Cristo no momento do martírio.

O segundo pertence à novela de cavalaria moderna *O cavaleiro inexistente*, do escritor italiano contemporâneo Italo Calvino. Nela são retratadas as aventuras de Agilulfo, um cavaleiro inexistente (há somente uma armadura, dentro da qual soa uma voz metálica) que serve nos exércitos do imperador francês Carlos Magno.

Observe as ações dos cavaleiros que buscam o Santo Graal, retratadas nos dois fragmentos.

TEXTO I

Neste fragmento, os cavaleiros Heitor, Meraugis e Galaaz, depois de serem traídos, são aprisionados no castelo de Felão, onde irão morrer. Galaaz, contudo, faz uma prece a Deus pedindo que o liberte.

Depois daquela tempestade e aquele tempo durou desde a hora de prima até a hora de terça, aconteceu então uma tão grande maravilha, que bem deve ser metida em conto, porque, sem falha, foi um dos formosos milagres, que alguma vez aconteceu no reino de Logres no tempo das aventuras, pois a torre, que era forte à maravilha, aquela onde os três cavaleiros estavam, fendeu-se de alto a baixo, assim que uma parte dela caiu à direita e outra, à esquerda e matou muita daquela gente má. Quando os três cavaleiros que na prisão estavam, viram a torre cair, tiveram tão grande pavor, que caíram em terra esmorecidos. Sabei que a torre caiu de modo que não fez nenhum mal a nenhum deles. E depois que acordaram e viram que não tinham nenhum mal, e viram que poderiam sair dali, ficaram de joelhos em terra e estenderam suas mãos para o céu e agradeceram muito de coração a Nosso Senhor. E depois que ficaram muito em oração, Galaaz lhe disse:

— Ora para cima e tome cada um suas armas e matemos quantos acharmos neste castelo, e deixemos as donzelas que estão presas, porque Nosso Senhor assim o quer.

[...]

Bem como Galaaz o disse fizeram eles, porque saíram dali sãos e corajosos e foram para onde deixaram as armas. E quando chegaram ao paço, acharam todos os cavaleiros e os homens que jaziam esmorecidos pelo grande pavor que tiveram.

— Ai, Deus! disse Galaaz, que farei sem minha espada? Senhor Jesus Cristo, aprazа-vos que a tenha.

E isto dizendo, veio a ele uma muito formosa donzela que lhe disse:

— Meu senhor Galaaz, sede bem-vindo e bendito seja Deus que vos aqui trouxe, porque por vós serão livres as donzelas presas.

Então lhe deu sua espada e disse-lhe:

— Vedes aqui vossa espada, guardai-a bem de hoje em diante.

E ele tomou sua espada e agradeceu muito. E depois disse-lhe:

— Sabeis onde estão vossas irmãs?

The Bridgeman Art Library/Getty Images

E ela os levou a uma câmara onde estavam. E depois que foram armados, voltaram aos do paço, que se levantaram, e começaram a derribar e a ferir e a fazer tal mortandade que maravilha. E depois que mataram todos aqueles, foram à vila e puseram-lhe fogo de todos os lados, de modo que em pouco tempo ficou toda queimada e os que escapavam do fogo, matavam-nos a todos, assim que até a hora de vésperas não ficou ninguém vivo.

No meio do castelo havia uma grande torre que tinha muito grande campo. Naquela torre estavam as donzelas presas; e aquela torre ficou firme e sãs todas as donzelas que lá estavam, porque a Nosso Senhor não aprazia que ainda morressem. E quando Galaaz viu que todas as cousas do castelo estavam destruídas, menos a torre, disse aos outros:

— Vamos ver o que há naquela torre.

Então foram lá e acharam num paço bem trezentas donzelas que estavam esmorecidas com pavor do tempo feio que fizera; e acordaram-nas todas e disse-lhes que não tivessem pavor, porque havia acabado o mau tempo e elas estavam livres, e depois disseram-lhes quem eram e por que chegaram lá; e depois foram ao outro paço, e acharam lá bem duzentas donzelas, muitas vivas, muitas esmorecidas e muitas mortas e acordaram umas e igualmente confortaram-nas como às outras.

(Heitor Megale, org. São Paulo: Edusp, 1988. p. 383-6.)

TEXTO II

Neste fragmento, o cavaleiro Torrismundo, um dos homens do exército de Carlos Magno, depois de longa procura, encontra os cavaleiros do Graal. Seu objetivo é descobrir qual deles poderia ser o seu pai, possibilidade que punha em dúvida a tradicional castidade dos referidos cavaleiros.

Torrismundo, arrastado pela corrida dos cavaleiros, estava transtornado.

— Alguém me diga, por quê? — gritava para o ancião, indo atrás dele, como se fosse o único que podia ouvi-lo. — Então não é verdade que estejam cheios de amor pelo todo! Ei! atenção, estão atacando aquela velha! Como têm coragem de investir sobre restos humanos? Socorro, as chamas atingem aquele berço! Mas o que estão fazendo?

— Não queira interferir nos desígnios do Graal, noviço! — advertiu o ancião. — Não somos nós quem faz isso; é o Graal, que está em nós, que nos move! Entregue-se ao seu amor furioso!

Mas Torrismundo descera da sela, preparava-se para socorrer uma mãe, devolver-lhe aos braços uma criança caída.

— Não! Não me levem toda a colheita! Trabalhei tanto! — berrava um velho.

Torrismundo ficou ao lado dele.

— Largue o saco, bandido! — E atirou-se sobre um cavaleiro, arrancando-lhe o que roubara.

— Bendito seja! Está conosco! — disseram alguns daqueles infelizes que ainda tentavam com forcados, facões e machados, armar a defesa atrás de um muro.

— Coloquem-se em semicírculo, vamos atacá-los todos juntos! — berrou-lhes Torrismundo e se colocou à frente da milícia civil curvalda.

Agora expulsava os cavaleiros para fora das casas. Encontrou-se frente a frente com o ancião e outros dois armados de tochas.

(São Paulo: Companhia das Letras, 1993. p. 117.)

The Art Archive/Corbis/Latin Stock

A cavalaria medieval, em registro do século XIV.

1. A respeito do texto I:

a) Destaque uma situação que comprove serem os cavaleiros do Graal protegidos de Deus.

b) Aponte algumas características das personagens que sejam exemplares do comportamento de cavaleiro medieval.

2. Compare o tipo de ação dos cavaleiros do Graal dos textos I e II.

a) Em que se assemelham?

b) Em que diferem?

c) Em que aspecto a versão de Italo Calvino modifica a versão tradicional?

Para quem quer mais

Cantiga de amigo

Par Deus, coitada vivo,
pois non ven meu amigo;
pois non ven, que farei?
meus cabelos, con sirgo
eu non vos liarei.

Pois non ven de Castela,
non é viv', ai mesela!
ou mi-o detém el-rei:
mias toucas da Estela,
eu non vos tragerei.

Pero m'eu leda semelho,
non me sei dar conselho;
amigas, que farei?
en vós, ai meu espelho,
eu non me veerei.

Estas dõas mui belas
el mi-as deu, ai donzelas,
non vo-las negarei:
mias cintas das fivelas,
eu non vos cingerei.

Por Deus, coitada vivo,
pois não vem meu amigo,
pois não vem, que farei?
meus cabelos, com sirgo,
não mais vos atarei.

Pois não vem de Castela;
morreu? ai, quem soubera!
ou mo detém el-rei?
minhas toucas de Estela,
não mais vos usarei

Se contente semelho,
não me sei dar conselho;
amigas, que farei?
em vós, ai meu espelho,
nunca mais me verei.

Estas prendas tão belas
ele mas deu, donzelas,
não vos ocultarei.
Ai, cintas de fivelas
não mais vos cingirei.

(Pero Gonçalves de Portocarrero. In: *Cantares dos trovadores portugueses*, cit., p.132-3.)

Cantiga de amor

Quantos an gran coita d'amor
eno mundo, qual og' eu ei,
querrian morrer, eu o sei,
o averian én sabor.
Mais mentr' eu vos vir', mia senhor,
sempre m'eu querria viver,
e atender e atender!

Quantos o amor faz padecer
penas que tenho padecido,
querem morrer e não duvido
que alegremente queiram morrer.
Porém enquanto vos puder ver,
vivendo assim eu quero estar
e esperar, e esperar.

Pero ja non posso guarir,
ca já cegan os olhos meus
por vos, e non me val i Deus
nen vos; mais por vos non mentir,
enquant' eu vos, mi senhor, vir',
sempre m'eu querria viver,
e atender e atender!

E tenho que fazen mal-sen
quantos d'amor coitados son
de querer sa morte, se non
ouveron nunca d'amor bem,
com' eu faç'. E, senhor, por én
sempre m'eu querria viver,
e atender e atender!

Sei que a sofrer estou condenado
e por vós cegam os olhos meus.
Não me acudis; nem vós, nem Deus.
Mas, se sabendo-me abandonado,
ver-vos, senhora, me for dado,
vivendo assim eu quero estar
e esperar, e esperar.

Esses que veem tristemente
desamparada sua paixão,
querendo morrer, loucos estão.
Minha fortuna não diferente;
porém eu digo constantemente:
vivendo assim eu quero estar
e esperar, e esperar.

(João Garcia de Guilhade. In: *Cantares dos trovadores portugueses*, cit., p. 112-3.)

Cantiga de escárnio

Mort' é Don Martin Marcos, ai Deus, se é verdade?
Sei ca se el é morto, morta é torpidade,
morta é bavequia e morta neiciidade,
morta é covardia e morta é maldade.

Morto é Dom Martim Marcos, ai Deus, e se é verdade
sei que com ele é morta a desonestidade.
Morta é a parvoíce, morta é a vacuidade,
morta é a poltronice e morta é a maldade.

Se Don Martinh' é morto, sen prez e sen bondade,
ôi mais, maos costumes, outro senhor catade;
mais nono acharedes de Roma atá cidade;
se tal senhor queredes, alhu-lo demandade;

Se Dom Martinho é morto sem honra e sem bondade
e de outros maus costumes haveis curiosidade,
em vão os buscareis desde Roma à cidade;
noutro sítio vereis feita a vossa vontade.

pero um cavaleiro sei eu, par caridade,
que vos ajudari' a tolher d'el soidade;
mais (queredes) que vos diga ende bem verdade?:
non é rei nen conde, mais é-x'outra podestade,

que non direi, que direi, que non direi...

De um certo cavaleiro sei eu, por caridade,
que vos ajudaria a matar tal saudade.
Deixai-me que vos diga em nome da verdade:
Não é rei nem é conde mas outra potestade,

que não direi, que direi, que não direi...

(Pero da Ponte. In: *Cantares dos trovadores portugueses*, cit., p. 84-5.)

Cantiga de maldizer

Nunca (a)tan gran torto vi
com eu prendo dun infançon;
e quantos ena terra son,
todo-lo teen por assí:
o infançon, cada que quer,
vai-se deitar com as molher
e nulha ren non dá por mi!

E já me nunca temerá,
ca sempre me tev' en desden,
des i ar quer sa molher ben
e já sempr' i filhos fará;
si quer três filhos que fiz i,
filha-os todos pera si:
o Demo lev' o que m'en dá!

En tan gran coita viv' oj' eu,
que non poderia maior:
vai-se deitar con mia senhor,
e diz do leito que é seu
e deita-se a dormir en paz;
des i, se filh' ou filha faz,
nono quer outorgar por meu!

Nunca tal pulhice vi
como esta que um infanção
me faz; com indignação
a todos dizer ouvi:
a infanção, quando quer,
vai para a cama com a mulher
e nem se lembra de mim.

Nunca receio terá
deste que vota ao desdém.
A mulher, a quem quer bem,
sempre filhos lhe fará;
e seus, com desplante diz,
serem os três filhos que fiz.
Leve o demo o que me dá!

Folga ele e peno eu;
não sei de dor semelhante:
deita-se com a minha amante
no leito que diz que é seu
e fica a dormir em paz;
e se filho ou filha faz
não reconhece que é meu.

(João Garcia de Guilhade. In: *Cantares dos trovadores portugueses*, cit., p. 122-3.)

Para quem quer mais na Internet

Em nosso *site*, http://pl.atualeditora.com.br/portugues/site/paraquemquermais, você poderá conhecer mais da poesia trovadoresca.

CAPÍTULO 3

A segunda época medieval

National Geographic/Getty Images

Castelo de São Jorge, Lisboa, Portugal / Jo Hale/Getty Images

Depois de quase um século de estagnação cultural, desde o desaparecimento dos trovadores, as cortes portuguesas revivem no século XV um período de reflorescimento cultural, que marca a transição entre o Trovadorismo e o grande Renascimento do século XVI. Portugal amadurece como povo, Estado, língua, enfim, como nação, e, com o advento das navegações e das descobertas, dá o seu maior salto histórico.

No mundo todo, a prosa literária é uma manifestação que surge depois da poesia. Não podendo ser memorizada com a mesma facilidade que os poemas, a prosa necessita de algumas condições específicas para surgir e se definir como gênero, tais como uma língua mais evoluída e formas mais sofisticadas de pensamento.

Em Portugal não foi diferente: as manifestações literárias da primeira época medieval caracterizavam-se pelo predomínio da oralidade e, por essa razão, as cantigas trovadorescas tiveram maior destaque. Já no século XV, na segunda época medieval, a prosa e o teatro ganharam o primeiro plano, sendo seguidos pela poesia palaciana.

Essa alteração se deve ao novo contexto sociopolítico vivido pelo país, que possuía então um Estado, uma língua e uma cultura solidificados. Além disso, o crescimento de uma burguesia comercial no país fazia com que os interesses se voltassem para assuntos mais práticos, como política, navegação e comércio. A imprensa, criada em meados do século XV e aperfeiçoada pelo alemão Gutenberg, impulsionou a transmissão de textos em prosa.

Portugal viveu um período de centralização política, possibilitado pela *Revolução de Avis* (1383-1385), que levou ao poder D. João, o Mestre de Avis, apoiado pela burguesia. Essa aliança resultou na expansão mercantilista portuguesa, cujo primeiro passo foi a Tomada de Ceuta (1415), no norte da África, seguido pelas grandes navegações à África, Ásia e América.

SPL/LatinStock

Gravura do período de 1920-30, de J. L. Beuzon, representando Gutenberg e a imprensa.

A produção literária

A produção literária portuguesa da segunda época medieval representa um momento de transição entre a literatura trovadoresca e o Renascimento do século XVI e, como em toda transição, o velho convivia com o novo. Assim, ao mesmo tempo que se mantinham alguns aspectos das cantigas – por exemplo, a idealização amorosa –, aspectos novos surgiram, preparando a literatura renascentista – por exemplo, a poesia amorosa de fundo sensual.

Por causa dessa mistura de valores, alguns historiadores da literatura chamam essa produção da segunda época medieval de *humanista*, uma vez que o humanismo, na Itália, foi um movimento de transição entre a Idade Média e o Renascimento. Contudo, essa nomenclatura deve ser empregada com cuidado, porque o que mais interessava aos humanistas italianos era estudar, traduzir e imitar os escritores clássicos greco-latinos, o que não ocorreu com os autores portugueses do século XV.

A produção literária em Portugal desse período pode ser assim organizada:

- **prosa**: as crônicas históricas de Fernão Lopes;
- **poesia**: a poesia palaciana, recolhida no *Cancioneiro geral*;
- **teatro**: a dramaturgia de Gil Vicente.

A prosa de Fernão Lopes: o povo em ação

O prestígio que teve a prosa em Portugal no século XV deve-se principalmente aos méritos de Fernão Lopes, o primeiro cronista e o primeiro historiador de Portugal.

Em 1418, foi nomeado por D. Duarte como guardador-mor da Torre do Tombo, o arquivo nacional português que abriga valiosos documentos históricos. A partir de 1434, foi incumbido de escrever a crônica de antigos reis.

A historiografia não era novidade em Portugal. Já desde a primeira época vinham sendo feitas experiências nesse campo, porém os resultados não passavam de relatos sem valor científico, por não haver uma documentação que os fundamentasse. Além disso, os autores não se mantinham imparciais diante dos fatos e acabavam por supervalorizar os atos individuais de reis e de nobres, de acordo com o desejo de seus descendentes, que lhes pagavam.

Fernão Lopes foi o primeiro historiador português que, embora centralizasse a narrativa em torno de reis, soube descrever a sociedade portuguesa *em seu conjunto*, avaliando a força de cada uma das classes e o sentimento da coletividade. Além disso, Fernão Lopes procurou fundamentar suas afirmações em documentos do arquivo do Estado, que tinha à mão na Torre do Tombo.

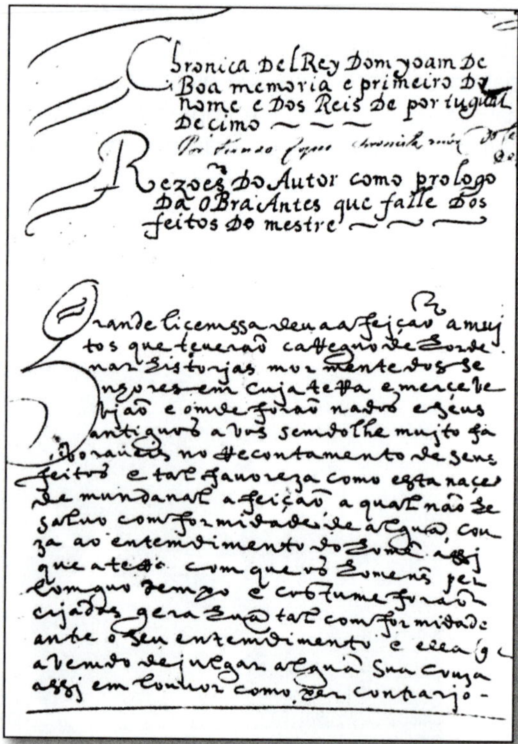

Manuscrito da **Crônica de D. João I**, *de Fernão Lopes.*

Ao lado da qualidade histórica, a prosa de Fernão Lopes também revela a veia do *escritor literário*, que soube:

- sintetizar em suas narrativas toda a tradição da prosa anterior, fosse a novela de cavalaria, fosse a crônica histórica ou moralística; solidificando o gênero, preparou o terreno para as novelas sentimentais, que surgiriam a partir do século XVI;
- explorar com propriedade a tensão dramática criada pelo confronto de personagens e de situações, bem como caracterizar suas personagens de forma bem definida;
- ampliar a capacidade de expressão da língua portuguesa;
- preparar, com o nacionalismo e o sentimento de coletividade presente em suas crônicas, o ambiente para o surgimento da grande epopeia *Os lusíadas*, de Luís de Camões.

O cronista exerceu o cargo até 1449 e entre suas obras destacam-se: *Crônica de El-Rei D. Pedro, Crônica de El-Rei D. Fernando* e *Crônica de El-Rei D. João* (1ª e 2ª partes). Sucederam-no no cargo Gomes Eanes de Zurara e Rui de Pina, narradores menores que não conseguiram ter a visão de conjunto social de Fernão Lopes.

Leitura

O texto a seguir integra a *Crônica de El-Rei D. Fernando*, nos episódios que narram os fatos posteriores à morte do rei D. Fernando, em 1383, quando se criou uma disputa pelo trono.

D. Fernando e sua esposa, D. Leonor, tinham uma filha (D. Beatriz), casada com o rei de Castela, D. João. Com esse matrimônio, firmaram um acordo: caso D. Fernando morresse, D. João de Castela e D. Beatriz seriam aclamados reis de Portugal, pois D. Fernando não tinha um filho que o sucedesse. Quando o primeiro filho dessa união, homem ou mulher, atingisse 14 anos, passaria a rei, exclusivamente, de Portugal.

Após a morte do rei D. Fernando, a rainha imediatamente defendeu a soberania do trono em favor de sua filha e de seu genro, no que foi apoiada pelos nobres portugueses.

Porém, pelos termos do acordo, Portugal vivia o perigo iminente de dominação espanhola. A saída que se configurava para essa crise era a ascensão do infante D. João (de Portugal), Mestre de Avis, irmão de D. Fernando e filho bastardo de D. Pedro, pai de ambos.

Observe, no texto de Fernão Lopes, a participação popular nos acontecimentos políticos.

COMO EM SANTARÉM LEVANTARAM O PENDÃO PELA RAINHA D. BEATRIZ E DO QUE AÍ ACONTECEU NESSE DIA

Um escudeiro chamado Vasco Rodrigues Leitão, que estava então como alcaide de Santarém por Gonçalo Vasques de Azevedo, mandou um dia pela manhã dizer aos mais importantes do lugar que depois de comer cavalgassem todos e se juntassem no adro de uma igreja chamada Santa Maria de Marvila, para trazerem pendão pela vila e clamarem arraial pela rainha D. Beatriz, herdeira do Reino pela morte de seu pai.

Museu do Louvre, Paris.

A batalha de San Romano, *de Paolo Uccelo.*

Logo que ele mandou dizer isto, e foi sabido pela vila, todos se alvoroçaram, dizendo que a vila se queria levantar por el-rei de Castela, e que em má hora fosse tal cousa feita, porque eles nunca isto consentiriam. E juntavam-se em assuada uns com os outros, falando sobre isto, e esperando que viesse o pendão.

Chegou a hora de véspera e juntaram-se no adro daquela igreja até setenta de cavalo, mas nenhum de pé, a não ser para olhar. Vasco Rodrigues estava num grande e formoso cavalo; e quando viu que já ali havia bastante gente para ir bem acompanhado, meteram-lhe a bandeira na mão à porta da igreja. Ele, logo que a teve, deu um brado dizendo:

— Arraial, arraial, pela rainha D. Beatriz, rainha de Portugal, nossa senhora!

Os outros, que deviam responder todos em altas vozes, repetindo as mesmas palavras, como é costume, calaram-se todos. [...]

— E vós outros não dizeis nada? Dizei, dizei: arraial pela rainha D. Beatriz!

E voltou a gritar: — Arraial! Arraial! — como antes dissera.

Eles, porém, a quem pouco agradava tal apregoar, não responderam mais do que à primeira vez. Mas falou uma velha, em alta voz, e disse:

— Em má hora seria essa! Mas arraial pelo infante D. João que é legítimo herdeiro deste reino, e não pela rainha de Castela! Como? Em má hora havemos de ficar sujeitos a Castelhanos? Nunca Deus queira!

E dizendo ela isto, começaram-no a repetir quantos homens e mulheres havia pela rua, e iam atrás de Vasco Rodrigues dizendo isto e outras más palavras.

[...]

Então um peleteiro, chamado Domingo Eanes, homem refece e de pequena conta, disse para os outros:

— Que estamos fazendo? Ou que pregão é este?

E dizendo isto tirou uma espada fora. Como ele, fizeram os outros todos, dizendo que se matasse o alcaide.

Os que vinham com este não lhes pesou isto nada, e começaram a deixá-lo, indo cada qual para onde melhor podia. Vasco Rodrigues atemorizado deu de esporas ao cavalo e escapou-se fugindo. Levava o pendão alto, mas à entrada da rua topou num sobrado que lho fez tombar; e não podendo mais levantá-lo levou-o de rastos até o castelo, entrando com ele pela porta da traição que é a um grande espaço dali. Atrás dele ia todo aquele povo, com as espadas fora, bradando que o matassem. Os que estavam nas casas saíam a ver o tumulto, e juntavam-se aos outros.

Assim chegaram até as portas do castelo, que foram logo fechadas à pressa. E voltando para trás, vinham todos dizendo:

— Viva o infante D. João! Viva! Oh, quem no-lo agora aqui desse, e veríamos se alguém se atreveria a apregoar arraial pela rainha de Castela, para nos tornarmos agora castelhanos!

E o grande alvoroço que naquele dia houve na vila só serenou durante a noite, não falando todos noutra cousa.

(In: Antônio José Saraiva. *As crônicas de Fernão Lopes*. Lisboa: Portugália. p. 159-62.)

1. No desenrolar dos fatos do texto, percebem-se duas forças nitidamente conflitantes: uma, que apoia a ascensão de D. João de Castela e D. Beatriz ao trono; e outra, a ascensão de D. João, Mestre de Avis.
Identifique a que classe social pertencem as pessoas que compõem cada uma dessas forças. Destaque algumas palavras ou trechos do texto que justifiquem sua resposta.

2. A obra de Fernão Lopes pertence ao mesmo tempo à história e à literatura, já que concilia o relato histórico com as técnicas narrativas literárias. Que características presentes no texto de Fernão Lopes o aproximam de qualquer texto narrativo literário?

A poesia palaciana: tradição e renovação

As cantigas trovadorescas e os trovadores medievais deixaram de existir em meados do século XIV. Dessa época até 1450 (portanto, durante um século), a poesia sofreu uma crise intensa, quase desaparecendo.

Tal fato está relacionado com a nova ordem de preocupações e valores que envolviam Portugal no século XV: uma visão de mundo burguesa, voltada para as coisas práticas, em especial para as navegações e os sonhos de conquista ultramarina. Somente a partir de 1450 é que se verificaram novamente certas condições necessárias ao florescimento da poesia na época: uma vida cultural mais intensa e prestigiada nas cortes; um rei (D. Afonso V) protetor das letras; e uma nobreza que se voltava para o rei e para a vida palaciana.

Assim, a poesia que daí surgiu é palaciana, aristocrática e sofisticada. Diferentemente das cantigas trovadorescas, que eram cantadas e dançadas, a poesia palaciana distanciou-se do acompanhamento musical, do canto e da dança e passou a ser lida ou declamada. Por isso tendeu a aprimorar-se tecnicamente, buscando expressividade nas próprias palavras.

Do ponto de vista da *forma*, os poemas de então fazem uso consciente de rimas, métricas e ritmos bem marcados, de ambiguidades e jogos de palavras, de aliterações e de figuras de linguagem em geral. A métrica empregada são principalmente as redondilhas: a maior, com sete sílabas poéticas, e a menor, com cinco. De acordo com a disposição dos versos e das estrofes, os poemas da época são chamados **vilancete** (um mote de dois ou três versos e uma glosa de sete), **cantiga** (um mote de quatro ou cinco versos e uma glosa de oito a dez) e **esparsa** (única estrofe com número de versos que varia entre oito e dezesseis).

Quanto ao *conteúdo*, embora a poesia palaciana tenha retomado os temas do Trovadorismo, acrescentou a eles aspectos novos, inspirados na atmosfera do Renascimento emergente.

Observe a concepção de amor existente nestes dois textos da época, o primeiro, do poeta Aires Teles, e o segundo, do poeta Conde de Vimioso:

Meu amor, tanto vos quero,
que deseja o coração
mil coisas contra a razão.

Porque se não vos quisesse,
como poderia ter
desejo que me viesse
do que nunca pode ser.
Mas com tanto desespero,
Tenho em mim tanta afeição
que deseja o coração.

(Aires Teles. In: Rodrigues Lapa. *As melhores poesias de Cancioneiro de Resende*. Lisboa, 1939.)

Meu amor, tanto vos amo,
que meu desejo não ousa
desejar nenhuma cousa.

Porque, se a desejasse,
logo a esperaria,
e se eu a esperasse
sei que vós anojaria:
mil vezes a morte chamo
e meu desejo não ousa
desejar-me outra cousa.

(Conde de Vimioso. In: Rodrigues Lapa, op. cit.)

Como se observa, enquanto o primeiro texto defende que todo amor deve ser acompanhado do desejo, sem o qual o verdadeiro amor não existe, o segundo compreende que o ponto alto do amor está em nada desejar, porque o desejo conduz à realização e ao prazer, que destrói o amor.

Portanto, como se vê no segundo texto, ao *amor cortês trovadoresco* somaram-se as influências do poeta humanista italiano Petrarca, com sua concepção amorosa imaterial e inacessível. Porém, contrariamente a essa tendência, surgiu na mesma época uma forte onda de sensualismo, vinda do interesse pela cultura pagã, como deixa claro o primeiro texto.

A poesia palaciana foi coletada pelo poeta Garcia de Resende e publicada na obra *Cancioneiro Geral*, de 1516, contendo textos de 1450 até a data de publicação da coletânea. Como o objetivo do poeta era apenas o de não deixar aquela produção poética desaparecer por falta de registro, a qualidade dos textos reunidos é bastante desigual. Verifica-se, ainda, um predomínio da lírica sobre a sátira.

Leitura

A seguir você irá ler um poema palaciano, de João Roiz de Castelo-Branco.

Cantiga, partindo-se

Senhora, partem tam tristes
meus olhos por vós, meu bem,
que nunca tam tristes vistes
outros nenhuns por ninguém.

Tam tristes, tam saüdosos,
tam doentes da partida,
tam cansados, tam chorosos,
da morte mais desejosos
cem mil vezes que da vida.
Partem tam tristes os tristes,
tam fora d'esperar bem,
que nunca tam tristes vistes
outros nenhuns por ninguém.

(In: Rodrigues Lapa. *As melhores poesias do Cancioneiro de Resende*. Lisboa, 1939. p. 17.)

Filipe Rocha

1. A falta de acompanhamento musical proporcionou à poesia palaciana um enriquecimento formal importante para a evolução do gênero.

Verifique o emprego de alguns recursos técnicos utilizados pelo autor, seguindo as instruções:

a) Identifique a métrica empregada.

b) Releia os quatro versos iniciais da segunda estrofe. Qual é a palavra responsável pela *marcação rítmica* do texto?

c) No verso "tam doentes da partida", observamos o emprego da aliteração. Retire do texto outro verso em que tal recurso esteja presente.

d) Na primeira estrofe do poema é empregada uma sinédoque. Identifique-a.

2. No poema lido, podem ser encontrados vestígios tanto das cantigas de amigo quanto das cantigas de amor. Isso demonstra que a poesia palaciana ainda não tinha se desligado plenamente da herança trovadoresca e soube dela fazer uso.

a) No poema em estudo, está presente o mesmo tema: a partida do namorado. Entretanto, há uma diferença fundamental quanto ao eu lírico. Quem fala no poema?

b) Tal qual nas cantigas de amor, no poema lido o poeta se dirige à *senhora*, falando-lhe de seu sofrimento amoroso. Há, entretanto, uma mudança quanto à sua postura perante a mulher amada, como se verifica nestes versos:

> Senhora, partem tam tristes
> meus olhos por vós, meu bem

Que nova postura assume o eu lírico perante a mulher amada? Destaque a expressão que justifica sua resposta.

Gil Vicente: retrato e crítica

Desde os primórdios do século XIV, era costume na corte portuguesa, durante os ofícios religiosos do Natal, pastores irromperem na capela e, dançando e cantando, entoarem loas ao Deus menino.

Eis que na noite de 7 para 8 de junho do ano de 1502, nos Paços da Alcaçova de Lisboa, um homem fantasiado de vaqueiro repentinamente entra na câmara da rainha D. Maria (segunda mulher de D. Manuel de Portugal, a qual havia dado à luz um menino, o futuro rei D. João III), para manifestar sua alegria e desejar ao recém-nascido um futuro venturoso.

Essa representação agradou tanto aos presentes, que foi pedido ao seu autor (e intérprete) que a repetisse nos festejos de Natal, em honra ao nascimento do Redentor. Em lugar daquela obra – o *Monólogo do vaqueiro* ou *Auto da visitação* –, o autor preferiu apresentar outra, o *Auto pastoril castelhano*, uma peça já em forma de diálogo e de natureza mais dramática.

Esse homem de controvertida biografia, a quem alguns identificam como o ourives da célebre custódia de Belém, era **Gil Vicente**. Ele tinha na corte a função de organizador das festas palacianas, e foi para elas que escreveu as suas comédias, farsas e moralidades.

Ao homenagear o nascimento de um homem e não o de Cristo, como até então faziam os autos de Natal, Gil Vicente, com seu *Auto da visitação*, deu início ao teatro leigo em Portugal, isto é, ao teatro profano, praticado fora da Igreja.

Lei das três unidades

Segundo a regra das três unidades, herança da Grécia antiga retomada no Renascimento, o texto teatral deveria transcorrer em um único *lugar* (no máximo os limites de uma cidade), num *tempo* limitado (deveria "caber dentro de um período do sol, ou pouco excedê-lo", dizia o teórico grego Aristóteles) e apresentar um mesmo tipo de *ação*. O Romantismo, no século XIX, rompeu com essa regra.

Essa primeira peça de Gil Vicente apresentava uma nítida influência da dramaturgia do espanhol Juan del Encina, de caráter pastoral e religioso. Como a corte portuguesa — para quem trabalhou durante 34 anos, criando mais de quarenta peças — era bilíngue, Gil Vicente criou peças em português, em castelhano e algumas nas duas línguas.

Do ponto de vista técnico, a dramaturgia de Gil Vicente era rústica e primitiva. Desconhecia o teatro greco-latino e a tradicional lei das três unidades, que sempre caracterizou o teatro clássico.

A formação teatral de Gil Vicente, portanto, reside fundamentalmente nas poucas manifestações de dramaturgia existentes na Idade Média, em geral representações relacionadas a datas religiosas.

A missão do teatro vicentino

Apesar dessas origens, o caráter do teatro vicentino não é teocêntrico. A obra de Gil Vicente preocupa-se essencialmente em retratar o homem em sociedade, criticando-lhe os costumes e tendo em vista reformá-los. Trata-se, portanto, de uma obra com missão *moralizante* e *reformadora*. Não visa atingir instituições, mas os homens inescrupulosos que as compõem.

As peças de fundo religioso, portanto, não almejam difundir a religião nem converter os pecadores, mas demonstrar como o ser humano em geral — independentemente de classe social, raça, sexo ou opção religiosa — é egoísta, falso, mentiroso, orgulhoso e frágil perante os apelos da carne e do dinheiro.

Dessa forma, nenhuma classe ou grupo social escapa à sátira mordaz de Gil Vicente: o rei, o papa, o clérigo corrupto e devasso, o médico incompetente, o curandeiro, a mulher adúltera, a alcoviteira, o juiz desonesto, o camponês, a donzela, o velho, o parvo, a beberrona, a moça da vila, o soldado, o judeu oportunista, o burguês ignorante e materialista. Nesse sentido, Gil Vicente mostrava-se crítico diante da nova ordem social e dos valores burgueses que surgiam na sociedade portuguesa do início do século XVI.

Na *Farsa de Inês Pereira*, por exemplo, Inês sonha casar-se com um homem educado, que saiba cantar e agradar às mulheres, mesmo que não tenha dinheiro:

Que seja homem mal feito,
feio, pobre, sem feição,
mas se tiver discrição,
não lhe quero mais proveito.
Que viola saiba tanger,
nem me importo de comer
cebola, pão e farinha:
ao som duma cantiguinha...
isto sim, que vale ter!

(In: Segismundo Spina, org. *Obras-primas do teatro vicentino*. São Paulo: Difel/Edusp, 1970.)

Os gêneros do teatro medieval

As modalidades teatrais da primeira época medieval, às quais Gil Vicente se liga, são:

- os **mistérios**: encenações de episódios bíblicos;
- os **milagres**: episódios da vida de santos;
- as **moralidades**: peças de fundo didático-moralizante, cujas personagens são qualidades, abstrações ou defeitos morais (Razão, Avareza, Verdade, etc.);
- as ***sotties***: peças cujas personagens, por serem consideradas loucas, tinham a liberdade de dizer verdades, desagradáveis ao público.

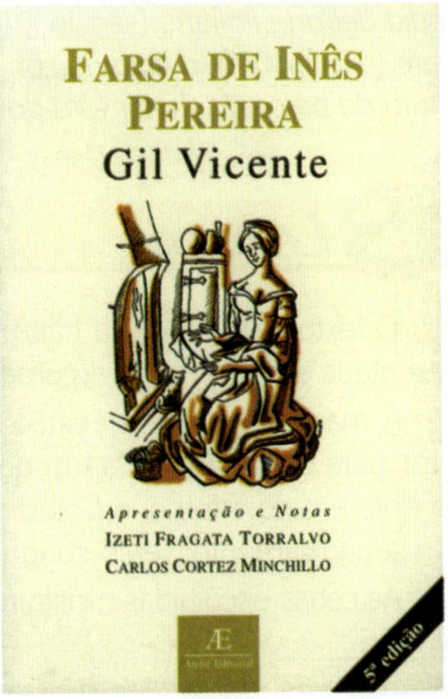

Ateliê Editorial

Ela realiza seu sonho, casando-se com um nobre decadente, depois de enjeitar Pero Marques, um rico proprietário que a pedira em casamento. Porém, logo o marido a prende em casa e dirige-se para o combate contra os mouros, com a finalidade de enriquecer. Tempos depois, Inês recebe a notícia da morte do marido e aceita então casar-se com o antigo pretendente. A partir daí, tira proveito da situação econômica do novo marido, mas arranja um amante, justificando-se:

> Andar! Pero Marques seja!
> Quero tomar por esposo
> quem se tenha por ditoso
> de cada vez que me veja.
> Meu desejo eu retempero:
> asno que me leve quero,
> não cavalo valentão:
> antes lebre que leão,
> antes lavrador que Nero.
>
> (Idem.)

Com essa fala, Gil Vicente ilustra o provérbio "Mais vale um asno que me carregue do que um cavalo que me derrube", em torno do qual foi criada a peça. E, de forma sutil e irônica, satiriza as mudanças ocorridas naquela sociedade mercantil emergente, na qual os valores da cavalaria medieval eram substituídos por valores essencialmente materialistas.

Obras e tradição do teatro vicentino

Da vasta produção de Gil Vicente destacam-se os **autos**, que versam sobre temas tradicionais (mistérios, moralidades, milagres e episódios pastorais): *Trilogia das barcas, Auto da alma, Auto da Mofina Mendes, Auto da sibila*; o **teatro romanesco**, cujos temas foram extraídos das novelas de cavalaria: *Comédia da Rubena, Tragicomédia de D. Duardo, Comédia do viúvo*; as **fantasias alegóricas**, cujas raízes remontam aos momos realizados no fim da Idade Média e que se assemelham muito ao nosso teatro de revista: *Auto da Lusitânia, Nau de amores, Frágua de amor*; e as **farsas**, o gênero que mais se popularizou, com *Farsa de Inês Pereira, O velho da horta, Auto da Índia, Quem tem farelos?, Farsa dos físicos, Farsa dos almocreves, Juiz da Beira* e *Romagem dos agravados.*

A tradição fundada por Gil Vicente seguiu de fato uma carreira triunfal na Espanha, no século XVII, com Lope de Vega, Tirso de Molina, Calderón de la Barca. Aproximam-se ainda do teatro popular vicentino as comédias-balé de Molière, dramaturgo francês do século XVII, algumas personagens da *commedia dell'arte italiana* (século XVI), como Arlequim e Colombina, as comédias românticas de Shakespeare (século XVII), o *Auto da compadecida*, de Ariano Suassuna, dramaturgo brasileiro do século XX, e o *Auto da barca do motor fora da borda*, de Sttau Monteiro, dramaturgo português do século XX.

Leitura

O texto a seguir é um fragmento do *Auto da barca do inferno*[1], de Gil Vicente, peça teatral representada em 1517, cujo argumento é o seguinte:

À margem de um rio estão ancorados dois batéis (barcos): um que passará para o paraíso e outro, para o inferno. Cada um dos batéis tem seu arrais (condutor do barco) na proa: o do paraíso é o Anjo e o do inferno, o Diabo e seu companheiro. Dirigem-se para eles as almas que, de acordo com seu julgamento, serão conduzidas para o inferno ou para o paraíso.

As cenas escolhidas mostram a chegada e o julgamento de um fidalgo e de um parvo.

[1] O *Auto da barca do inferno*, o *Auto da barca do purgatório* e o *Auto da barca da glória* compõem a *Trilogia das barcas*.

No decorrer da leitura, você poderá ter dificuldades no entendimento. Para resolvê-las, recorra às notas explicativas.

Vem o Fidalgo e, chegando ao batel infernal, diz:

Fidal. Esta barca onde vai ora,
que assi'stá apercebida?
Diabo. Vai para a ilha perdida,[2]
e há-de partir logo ess'ora.
Fidal. Para lá vai a senhora?
Diabo. Senhor, a vosso serviço.
Fidal. Parece-me isso cortiço...
Diabo. Porque a vedes lá de fora.

Fidal. Porém, a que terra passais?
Diabo. Para o inferno, senhor.
Fidal. Terra é bem sem-sabor.
Diabo. Quê? E também cá zombais?
Fidal. E passageiros achais para tal habitação?
Diabo. Vejo-vos eu em feição
para ir ao nosso cais...

Fidal. Parece-te a ti assi...
Diabo. Em que esperas te guarida?
Fidal. Que deixo na outra vida
quem reze sempre por mi.
Diabo. Quem reze sempre por ti!...
Hi! Hi! Hi! Hi! Hi! Hi! Hi!...
E tu viveste a teu prazer
cuidado cá guarecer
porque rezem lá por ti?!
Embarca! Ou... embarcai!
que haveis de ir à derradeira...[3]
Mandai meter a cadeira,[4]
que assim passou vosso pai.[5]
Fidal. Não há aqui outro navio?
Diabo. Não, senhor, que este fretastes,
e primeiro que expirastes
me tínheis dado sinal.
Fidal. Que sinal foi esse tal?
Diabo. Do que vós vos contentastes.[6]
Fidal. A estoutra barca me vou.
— Hou da barca, para onde is?
Ah, barqueiros, não me ouvis?!
Respondei-me! Hou-lá! Hou!...

Musee Municipal de Lakenhal

Tríptico do Juízo Final *(detalhe) (1496), de Luca de Leida.*

[2] *ilha perdida*: inferno.
[3] *à derradeira*: afinal.
[4] O Fidalgo era seguido por um criado que lhe trazia uma cadeira.
[5] Entenda-se: o pai do Fidalgo havia ido para o inferno nas mesmas circunstâncias.
[6] Quer dizer: de que vivestes uma vida de prazeres e pecados.

— Por Deus, aviado estou!?[7]
Quanto a isto é já pior.
Que gericocins, salvanor!
Cuidam cá que sou eu grou.[8]

Anjo. Que mandais?
Fidal. Que me digais,
pois parti tão sem aviso,
se a barca do paraíso
é esta em que navegais.
Anjo. Esta é; que lhe buscais?
Fidal. Que me deixeis embarcar;
sou fidalgo de solar
é bem que me recolhais.
Anjo. Não se embarca tirania
neste batel divinal.
Fidal. Não sei por que haveis por mal
que entre minha senhoria.
Anjo. Pra vossa fantasia
mui pequena é esta barca.
Fidal. Para senhor de tal marca
não há aqui mais cortesia?
Venha prancha e atavio![9]
Levai-me desta ribeira!
Anjo. Não vindes vós de maneira
para entrar neste navio.
Essoutro vai mais vazio:
a cadeira entrará,
e o rabo caberá[10]
e todo o vosso senhorio.
Ireis lá mais espaçoso,
vós e... vossa senhoria,
cuidando na tirania
do pobre povo queixoso;
e porque, de generoso,
desprezastes os pequenos,
achar-vos-eis tanto menos
quanto mais fostes fumoso.
....

Diabo. Embarque vossa doçura,
que cá nos entenderemos...
Tomareis um par de remos,
veremos como remais;
e, chegando ao nosso cais,[11]
nós vos desembarcaremos.

Vem Joane e Parvo e diz ao Arrais do Inferno

O Juízo Final *(detalhe)*, de *Hans Memling*.
Instituto Fotografico Editoriale Scala, Florença

Parvo. Hou daquela!
Diabo. Quem é?
Parvo. Eu sô.
É esta naviarra nossa?
Diabo. De quem?
Parvo. Dos tolos.
Diabo. Vossa, entrai.
Parvo. De pulo ou de voo?
Oh! Pesar, de meu avô!
Soma: vim a adoecer[12]
e fui má-hora morrer;
e nela para mim só?[13]
Diabo. De que morreste?
Parvo. De quê?
Samicas de caganeira.[14]
Diabo. De quê?
Parvo. De caga-merdeira,
má rabugem que te dê!
Diabo. Entra, põe aqui o pé.
Parvo. Hou-lá, não tombe o zambuco![15]
Diabo. Entra, tolaço eunuco,
que se nos vai a maré!
Parvo. Aguardai, aguardai, hou-lá!
E onde havemos nós de ir ter?
Diabo. Ao porto de Lucifer.
Parvo. Hã?
Diabo. Ao inferno, entra cá.

---
[7] Como se dissesse: estou mal-arranjado.
[8] Isto é, estes asnos não me entendem; pensam que falo como grou.
[9] *atavio*: os demais petrechos para subir ao batel.
[10] O anjo alude à cauda do manto com que o Fidalgo se adorna.
[11] *cais*: ao inferno.
[12] *soma*: em suma, enfim.
[13] Este verso permanece com sentido obscuro.
[14] *samicas*: talvez.
[15] *zambuco*: batel.

Parvo. Ao inferno, ieramá?!
Hiu! Hiu! Barca do cornudo,
Pêro Vinagre beiçudo,
rachador de Alverca, huhá!
Sapateiro da Candosa!
Entrecosto de carrapato!
Hiu! Hiu! Caga no sapato,
filho da grande aleivosa!
Tua mulher é tinhosa
e há-de parir um sapo
chentado no guardanapo![16]
Neto da cagarrinhosa!
Furta-cebolas! Hiu! Hiu!
'xcomungado nas igrejas!
Burrela, cornudo sejas![17]
Toma o pão que te caiu,
a mulher que te fugiu
para a Ilha da Madeira!
Ratinha da Giesteira,
o demo que te pariu!

Chega o Parvo ao batel do Anjo e diz:

Parvo. Hou da barca!
Anjo. Tu que queres?
Parvo. Quereis-me passar além?
Anjo. Quem és tu?
Parvo. Não sou ninguém.
Anjo. Tu passarás, se quiseres;
porque em todos seus fazeres
por malícia não erraste.
Tua simpleza te baste
para gozar dos prazeres.
Espera entanto por aí;
veremos se ve malguém
merecedor de tal bem
que deva entrar aqui.

(In: Segismundo Spina, org. *Obras-primas do teatro vicentino*, cit. p. 108-16.)

1. O teatro, de suas origens ao século XIX, se serve do verso como forma de expressão. Fiel à tradição, Gil Vicente fez uso das métricas mais utilizadas na poesia medieval. Faça a escansão de alguns dos versos do texto e classifique o tipo de verso empregado.

2. No *Auto da barca do inferno*, Gil Vicente critica três classes sociais: a nobreza, o clero e o povo. Indique as personagens que, no texto, representam:

a) a nobreza;

b) o povo.

3. Gil Vicente se utiliza da linguagem coloquial em razão do caráter popular de seu teatro e também para indicar a condição social de suas personagens.

a) Compare a linguagem do Fidalgo à do Parvo. O que as diferencia?

b) Que efeito produz no espectador o trecho em que o Parvo se dirige ao Diabo servindo-se de uma linguagem sem lógica, sem sentido?

4. O Fidalgo e o Parvo, cujas qualidades se discutem no texto, acabam tomando destinos diferentes.

a) Que destino teve cada um deles? Por quê?

b) Com base na resposta anterior, pode-se dizer que o teatro vicentino é moralizante? Justifique.

[16] *chentado* (ou *chantado*): pregado.

[17] *burrela*: de significação obscura; parece referir-se a uma cerimônia que consistia em castigar alguém, que devia cavalgar um mulo sob a zombaria da multidão.

Leitura extraclasse — *Farsa de Inês Pereira*

Ruth Toledo

Encenação da **Farsa de Inês Pereira**, *dirigida por Décio de Almeida Prado.*

Algumas pessoas da corte portuguesa, enciumadas por causa do sucesso e da produtividade de Gil Vicente, puseram em dúvida a autoria de suas peças. Como resposta, o dramaturgo pediu-lhes um tema para que pudesse produzir uma nova peça e, assim, provar sua capacidade criadora. O tema sugerido foi o ditado popular "Mais quero um asno que me leve, que cavalo que me derrube". O resultado foi a peça *Farsa de Inês Pereira*, encenada pela primeira vez em 1523.

Leia integralmente essa peça, considerada um dos melhores trabalhos do dramaturgo português. Depois, em data marcada pelo professor, participe de um debate com a classe, respondendo, no todo ou em parte, ao seguinte roteiro de leitura e análise da obra.

Ateliê Editorial

1. O teatro vicentino é uma sátira à sociedade portuguesa. Para fazer essa sátira, ele se serve de tipos sociais bem-definidos, caracterizados não só pela visão de mundo, mas também pelas particularidades da linguagem. Faça um levantamento dos provérbios contidos nas falas da mãe de Inês Pereira. Depois compare a linguagem da mãe à linguagem de Inês Pereira e verifique que diferenças há entre elas.

2. Um dos tipos sociais observados com mais realismo por Gil Vicente é a "moça da vila", isto é, a moça que vive fora da corte, num aglomerado urbano, sonhando casar-se com um escudeiro a fim de ascender socialmente. Na obra, qual das personagens corresponde a esse tipo social? Caracterize essa personagem.

3. Os judeus Latão e Vidal representam outro perfil humano da sociedade da época. A quem ou a que grupo social eles correspondem? Por quê?

4. Lianor Vaz também representa um tipo social muito comum naquele tipo de sociedade. Que tipo ela representa? Qual é o papel desse tipo de "profissional" na sociedade da época?

5. Indique os costumes da época vicentina observados na *Farsa de Inês Pereira* quanto a: sedução, pagamento de serviços, educação doméstica.

6. No final da Idade Média na Europa, houve um nítido declínio de alguns setores da nobreza e, em contrapartida, o surgimento da burguesia, parcela da população que vinha enriquecendo com o comércio. Na *Farsa de Inês Pereira*:

a) Qual dessas classes sociais Brás da Mata, o escudeiro, representa? Por quê?

b) Qual personagem corresponde à ascensão da burguesia?

7. As experiências amorosas de Inês levam-na a mudar seu ponto de vista sobre o amor e sobre maridos.

a) O que ela aprendeu?

b) Essa aprendizagem é compatível com as transformações daquele momento histórico? Por quê?

8. A *Farsa de Inês Pereira* é uma peça picante que diverte e moraliza ao mesmo tempo. Qual é a moralidade que ela apresenta?

Para quem quer mais

Poesia palaciana

Esparsa

Cerra a serpente os ouvidos
à voz do encantador;
eu nam, e agora com dor
quero perder meus sentidos.
Os que mais sabem do mar
fogem d'ouvir as sereas;
eu não me soube guardar:
fui-vos ouvir nomear,
fiz minh'alma e vida alheas.

(Sá de Miranda. In: Rodrigues Lapa, op. cit, p. 20.)

Vilancete

Meu bem, sem vos ver,
se vivo um dia,
viver nam queria.

Caland' e sofrendo
meu mal sem medida,
mil mortes na vida
sinto, nam vos vendo.
E pois que, vivendo,
moiro todavia,
viver nam queria.

(Conde de Vimioso. In: Rodrigues Lapa, op. cit., p. 17.)

S'obedecera a Razam
e resestira a Vontade,
eu vivera em liberdade
e não tivera paixam.

Mas quando já quis olhar
s'em algum erro caíra,
achei ser tudo mentira
s'a isto chamam errar;
que seguir sempre Razam
e nam mil vezes Vontade,
é negar sensualidade,
cujo é o coraçam.

(Duarte de Resende. In: Rodrigues Lapa, op. cit., p. 30-1.)

Gil Vicente

O texto seguinte é um fragmento do *Auto da Lusitânia*, de Gil Vicente. Nele, ocorre um curioso diálogo entre Todo-o-Mundo, que, vestido como rico mercador, busca alguma coisa que perdeu, e Ninguém, um homem vestido como pobre. Ambos são observados por dois diabos, Berzabu e Dinato, que escutam e anotam.

Ninguém. Que andas tu i buscando?
Todo-o-Mundo. Mil cousas ando a buscar:
delas não posso achar,
porém ando perfiando,
por quão bom é perfiar.
Ninguém. Como hás nome, cavaleiro?
Todo-o-Mundo. Eu hei nome *Todo-Mundo*,
e meu tempo todo enteiro
sempre é buscar dinheiro,
e sempre nisto me fundo.
Ninguém. E eu hei nome *Ninguém*,
e busco a conciência.
Berzabu. Esta é boa experiência:
Dinato, escreve isto bem.
Dinato. Que escreverei companheiro?
Berzabu. Que *Ninguém* busca conciência,
E *Todo-Mundo* dinheiro.
Ninguém. E agora que buscas lá?
Todo-o-Mundo. Busco honra muito grande.
Ninguém. Eu, virtude, que Deus mande
que tope co'ela já.
Berzabu. Outra adição nos acude:
escreve logo i a fundo,
que busca honra *Todo-Mundo,*
e *Ninguém* busca virtude.
Ninguém. Buscas outro mor bem qu'esse?
Todo-o-Mundo. Busco mais quem me louvasse
tudo quanto eu fezesse.
Ninguém. E eu quem me reprendesse
em cada cousa que errasse.
Berzabu. Escreve mais.
Dinato. Que tens sabido?
Berzabu. Que quer em estremo grado
Todo-o-Mundo ser louvado
e *Ninguém* ser reprendido.
Ninguém. Buscas mais, amigo meu?
Todo-o-Mundo. Busco a vida e quem ma dê.
Ninguém. A vida não sei que é,
a morte conheço eu.
Berzabu. Escreve lá outra sorte.
Dinato. Que sorte?
Berzabu. Muito garrida:
Todo-Mundo busca a vida
e *Ninguém* conhece a morte.
Todo-o-Mundo. E mais queria o Paraíso,
sem mo ninguém estrovar.

Ninguém.	E eu ponho-me a pagar quanto devo pera isso.
Berzabu.	Escreve com muito aviso.
Dinato.	Que escreverei?
Berzabu.	Escreve que *Todo-Mundo* quer Paraíso, e *Ninguém* paga o que deve.
Todo-o-Mundo.	Folgo muito d'enganar, e mentir naceu comigo.
Ninguém.	Eu sempre verdade digo, sem nunca me desviar.
Berzabu.	Ora escreve lá, compadre, não sejas tu preguiçoso.
Dinato.	Quê?
Berzabu.	Que *Todo-Mundo* é mentiroso, e *Ninguém* diz a verdade.
Ninguém.	Que mais buscas?
Todo-o-Mundo.	Lisonjar.
Ninguém.	Eu sou todo desengano.
Bezabu.	Escreve, ande lá mano.
Dinato.	Que me mandas assentar?
Berzabu.	Põe aí mui declarado, não te fique no tinteiro: *Todo-Mundo* é lisonjeiro, e *Ninguém* desenganado.

(*Teatro de Gil Vicente*. Lisboa: Portugália, 1959. p. 305-8.)

Para quem quer mais na Internet

Em nosso *site*, http://pl.atualeditora.com.br/portugues/site/paraquemquermais, você poderá ler e baixar outros exemplos da poesia palaciana, um trecho da *Farsa de Inês Pereira*, de Gil Vicente, e conhecer um pouco da obra do cronista Fernão Lopes.

CAPÍTULO 4

Diálogos

Mais de mil anos separam a Idade Média dos dias de hoje. Apesar disso, o mundo medieval continua despertando nosso interesse e servindo como referência para uma vasta produção cultural contemporânea, com obras no campo da literatura, da música, do cinema, das artes plásticas e do teatro. Neste capítulo, que encerra a unidade destinada ao estudo da literatura medieval, você vai realizar três leituras e assistir a um filme, a fim de conhecer alguns desses diálogos entre diferentes linguagens, bem como entre a cultura contemporânea e a cultura medieval.

Diálogo com a pintura medieval

A arte medieval apresentou várias tendências em sua evolução. As mais conhecidas são a arte bizantina, a arte românica e a arte gótica. Na Baixa Idade Média, essas tendências se misturavam, se renovavam e preparavam a grande revolução que ocorreria com o Renascimento dois séculos depois.

A seguir, você vai fazer a leitura comparada de duas pinturas, nas quais se evidenciam as transformações que a arte vinha sofrendo naquele momento.

Museo dell'Opera del Duomo, Siena, Itália

Maestà *(1308-1311), de Duccio.*

Scrovegni (Arena) Chapel, Pádua, Itália

Lamentação ***(1304-1313), de Giotto.***

1. Como se observa pelas datas indicadas nas legendas, as duas obras foram criadas simultaneamente, mas apresentam diferenças que apontam para a evolução da própria pintura. A pintura de Duccio ainda está ligada à tradição da arte bizantina; a de Giotto é a expressão da arte gótica.

Eis as principais características da pintura de influência bizantina:

- justaposição de imagens;
- coordenação e paralelismo das partes;
- ausência de profundidade e hierarquia dos espaços (do mais sagrado para o menos sagrado);
- iconização (a pintura é um *ícone*, isto é, a representação de uma figura religiosa, geralmente em uma superfície plana);
- hieratismo (a figura retratada tem uma postura rígida e majestosa);
- frontalidade (imagens representadas apenas de frente);
- isodactilia (dedos das mãos do mesmo tamanho).

Duccio di Bonisegna (1284-1344) e **Giotto di Bondone** (1267-1337) foram contemporâneos e viveram, respectivamente, em Siena e Florença, cidades vizinhas no norte da Itália que, no século XIV, se incluíam entre os principais centros artísticos europeus.

a) Qual das obras apresenta imagens justapostas e em perfeito paralelismo, como se fosse uma montagem?

b) A pintura bizantina explorou exaustivamente ícones (imagens) sagrados, como Cristo, a Virgem, os apóstolos, os santos e mártires. Qual das obras utiliza essa técnica? Qual delas retrata não um ícone, mas uma cena?

c) Tradicionalmente, a arte bizantina procura dar às figuras religiosas um ar solene e grandioso. Cristo, por exemplo, normalmente é retratado como rei, e a Virgem Maria, como rainha. Ambas as obras em estudo retratam figuras da história cristã. Porém, em qual delas a personagem se apresenta majestosa?

d) Para despertar no observador uma atitude de respeito e veneração para com a figura religiosa retratada, a arte bizantina trabalha com o princípio da *frontalidade*. Em qual das obras estudadas ainda se verifica a aplicação desse princípio?

e) Na pintura bizantina, o espaço é ocupado de forma hierárquica: do centro para as extremidades, as figuras são distribuídas de acordo com seu grau de sacralidade. Além disso, tanto na arte bizantina quanto na românica as figuras eram chapadas contra um fundo normalmente amarelo ou ocre. Somente com o aparecimento do gótico, já no fim da Idade Média, é que a noção de profundidade começou a ser explorada. Das duas obras em estudo, qual delas apresenta:

- hierarquia espacial?
- as inovações do gótico? Por quê?

f) Com base em suas respostas anteriores, conclua: Das duas obras, qual se prende mais à tradição da arte bizantina? Qual apresenta novidades, apontando para uma nova concepção artística?

2. Giotto é considerado por alguns especialistas como o pai da pintura ocidental, por causa das inovações em seu trabalho. Compare as duas obras e responda:

a) Em qual delas as figuras retratadas expressam maior humanidade e naturalidade, como se fossem pessoas comuns?

b) Qual delas transmite mais a ideia de movimento, de vida?

3. Leia no boxe "A arte na Idade Média" o texto do crítico e historiador Erich Auerbach. As pinturas de Duccio e Giotto confirmam o ponto de vista do especialista sobre o papel da arte na Idade Média? Por quê?

A arte na Idade Média

A arte desempenha na Idade Média papel de muito maior importância que nas outras épocas da história europeia. Essa afirmativa pode surpreender, mas o fato é assaz natural. Desde o fim do primeiro milênio, os povos europeus se cristianizaram profundamente; o espírito dos mistérios do Cristianismo os possuiu e neles criou uma vida interior extremamente rica e fecunda. Ora, essa vida interior não tinha nenhuma outra possibilidade de expressão que não fossem as artes, visto que tais povos não sabiam ler nem escrever e desconheciam a língua latina, a única que era considerada instrumento digno de exprimir as ideias religiosas. Toda a sua vida interior se realizava, pois, nas obras de arte, e era através delas que, em primeiro lugar, os fiéis aprendiam e sentiam o que constituía a própria base de sua vida.

(Erich Auerbach. *Introdução aos estudos literários*. São Paulo: Cultrix, 1972. p. 108.)

4. As cantigas trovadorescas surgiram na Baixa Idade Média e são contemporâneas das duas obras em estudo. Ao deixar de lado os temas religiosos para tratarem dos sentimentos amorosos do ser humano ou de problemas sociais, as cantigas apontam um caminho de superação do teocentrismo medieval. As duas obras de pintura analisadas apresentam tema religioso. Qual delas, entretanto, reflete mudanças correspondentes à mesma influência que se manifestou nas cantigas? Por quê?

Diálogo entre a canção popular e a cantiga medieval

A seguir, você vai ler dois textos. O primeiro é uma cantiga de Nuno Fernandes Torneol, trovador do século XIII; foi utilizada pelo grupo Legião Urbana como letra da canção "Love song", que se encontra no disco *Legião Urbana V*. O segundo texto é a letra de uma canção do compositor baiano Elomar Figueira de Melo; entre outros discos do compositor, a canção pode ser encontrada no CD

Cantoria 2, de Elomar, Geraldo Azevedo, Vital Farias e Xangai. Se possível, ouça as canções antes de responder às questões propostas.

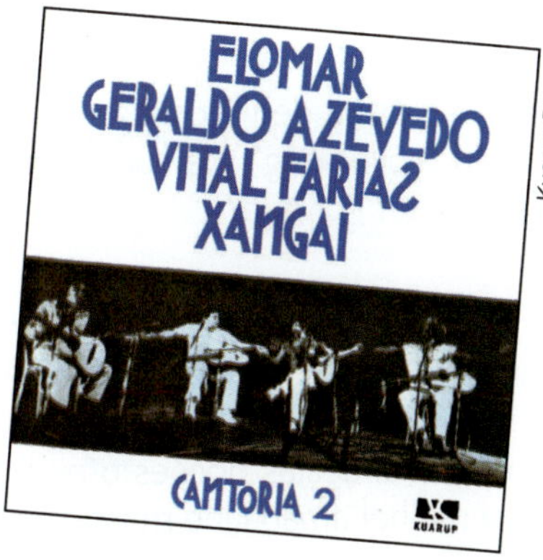

TEXTO I

Pois nasci nunca vi amor
E ouço del sempre falar.
Pero sei que me quer matar
Mais rogarei a mia senhor
Que me mostr'aquel matador
Ou que m'ampare del melhor.

(Nuno Fernandes Torneol)

del: dele.
mia: minha.
pero: porém.
pois: desde que.
senhor: senhora.

TEXTO II

Cantiga de amigo

Lá na casa dos Carneiros
Onde os violeiros vão cantar louvando você
Em cantiga de amigo
Cantando comigo somente porque você é
Minha amiga, mulher
Lua nova do céu que já não me quer
Dezessete é minha conta
Vem amiga e conta uma coisa linda pra mim
Conta os fios dos teus cabelos
Sonhos e anelos
Conta-me se o amor não tem fim
Madre amiga é ruim
Me mentiu jurando amor que não tem fim
Lá na casa dos Carneiros
Sete candeeiros iluminam a sala de amor
Sete violas em clamores, sete cantadores
São sete tiranas de amor para a amiga
Em flor
Que partiu e até hoje não voltou
Dezessete é minha conta
Vem amiga e conta
Uma coisa linda pra mim
Pois na casa dos Carneiros
Violas e violeiros
Só vivem clamando assim
Madre amiga é ruim
Me mentiu jurando amor que não tem fim

(Elomar. © Warner Chappell Edições Musicais.)

anelo: desejo intenso, aspiração.
candeeiro: espécie de lampião; utensílio que ilumina a partir da queima de líquido combustível.
casa dos Carneiros: casa que o compositor possui no sertão baiano, onde passa parte do ano.
clamor: súplica, rogo, pedido.
madre: mãe.
tirana (regionalismo usado na Bahia): cantiga de amor langorosa e com andamento lento; canção entoada durante o trabalho por lavadeiras, canoeiros, roceiros, etc.

1. Compare os textos das duas canções. O eu lírico deles é masculino ou feminino?

2. Em relação ao texto I, observe também, além do eu lírico, o ambiente, a presença ou não de paralelismos e o modo como o eu lírico se refere à mulher amada.
   a) Conclua: Trata-se de uma cantiga de amigo ou de uma cantiga de amor?
   b) O grupo Legião Urbana deu à cantiga de Nuno Fernandes Torneol o título "Love song". Na sua opinião, esse título é adequado à canção? Por quê?

AE

Elomar, compositor do sertão baiano em cujas obras há influências da literatura medieval portuguesa.

3. O eu lírico do texto I diz que o amor deseja matá-lo.
   a) Você acha que o eu lírico já é uma vítima do amor? Por quê?
   b) Na sua opinião, qual destas opções o eu lírico certamente prefere: que a mulher amada lhe mostre o matador ou que o ampare? Por quê?
   c) Interprete: O que significaria o amparo da mulher amada?

4. No texto II, o eu lírico se dirige à mulher amada e lhe fala de seus sentimentos.
   a) Por que a mulher amada não está presente?
   b) O eu lírico é correspondido por ela?

5. Sete é um número com significado místico. Na canção, esse número é empregado várias vezes: sete candeeiros, sete violas, sete cantadores, sete tiranas.
   a) Com que finalidade são entoadas as sete tiranas pelos sete cantadores, à luz dos sete candeeiros?
   b) Interprete: Por que o número sete foi empregado tantas vezes na canção?

6. O texto II apresenta elementos que se aproximam tanto das cantigas de amigo quanto das cantigas de amor trovadorescas. Identifique-os.

Diálogo com o cinema

Assista integralmente ao filme *O nome da rosa*, de Jean-Jacques Annaud, e desenvolva o seguinte roteiro de análise do filme, conforme as orientações do professor.

1. Apesar de ambientado na Idade Média, o filme é uma narrativa policial cujo enredo se articula em torno da investigação de crimes que ocorrem num mosteiro italiano no ano de 1327. Há, no filme, relações intertextuais explícitas com as histórias de Sherlock Holmes (personagem criada pelo escritor Conan Doyle). Indique ao menos uma situação no filme em que essa relação se evidencia e aponte algumas semelhanças entre o filme *O nome da rosa* e as obras de Conan Doyle.

2. A Idade Média foi considerada durante muito tempo como a Idade das Trevas, ou seja, um período (de mil anos) em que teria havido pouco interesse pela cultura leiga. Além disso, segundo essa visão, a rica cultura greco-latina teria sido combatida pelo teocentrismo medieval.

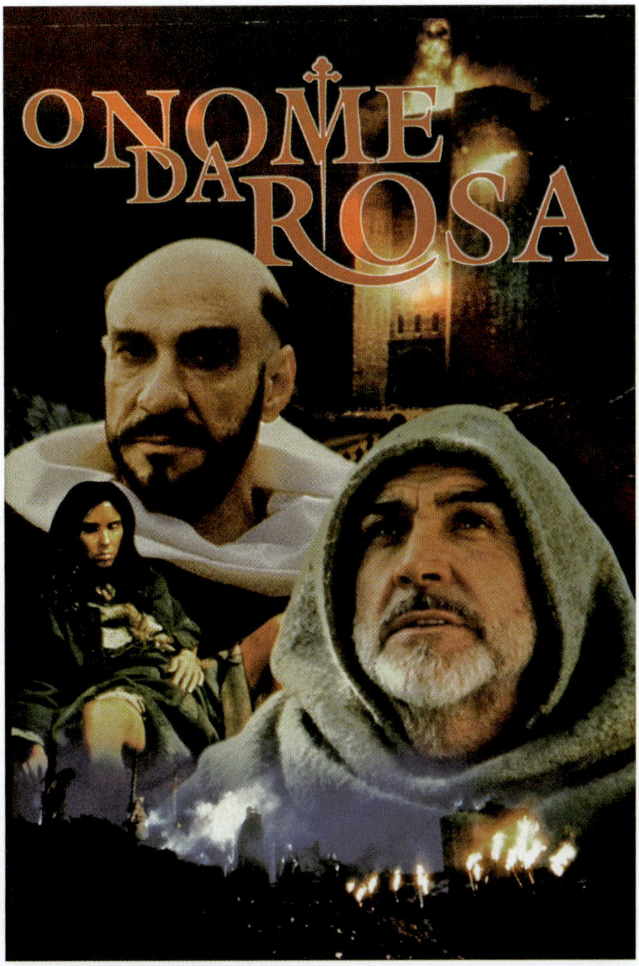

20th Century Fox Film Corporation/Neue Constantin Film Produktion/Album/LatinStock

Cartaz do filme O nome da rosa.

Discuta até que ponto é verdadeira essa concepção, tomando como base o filme e levando em conta:

a) a existência de uma biblioteca como a do mosteiro;

b) o trabalho dos monges beneditinos;

c) o motivo dos crimes e o responsável por eles.

3. A vida no mosteiro é austera, voltada basicamente a atividades da vida religiosa, com normas e horários rígidos. O risco de ser punido pela Inquisição, com seus tribunais e suas fogueiras, acentua ainda mais o caráter austero da vida na Idade Média, principalmente nas comunidades religiosas. Apesar disso, no mosteiro retratado pelo filme, muitas regras são transgredidas, evidenciando-se as contradições dessa comunidade. Aponte alguns exemplos de transgressão existentes na obra.

4. A sociedade leiga medieval é retratada no filme apenas como pano de fundo.

a) Qual é a situação do povo, do ponto de vista socioeconômico?

b) Que tipo de relação os religiosos mantêm com a comunidade?

c) Os religiosos são simples e pobres como a população? Justifique sua resposta com elementos do filme.

5. Adso, o narrador da história, depois de ter tido um contato físico com uma camponesa, apaixona-se por ela e confessa sua paixão ao mestre William de Baskerville, o protagonista, representado pelo ator Sean Connery. No diálogo entre eles, o mestre filosofa sobre o assunto. Leia o trecho correspondente a esse episódio no romance de Umberto Eco, autor da obra original

> E sobre a mulher como estímulo de tentações, já falaram o suficiente as escrituras. Da mulher diz o Eclesiastes que sua conversa é como fogo ardente, e os Provérbios dizem que ela se apodera da alma preciosa do homem e que os mais fortes foram arruinados por ela. [...] E outros disseram que ela é barca do demônio. Visto isso, caro Adso, eu não consigo convencer-me de que Deus tenha querido introduzir na criação um ser tão imundo sem dotá-lo de alguma virtude. E não posso deixar de refletir sobre o fato de que Ele concedeu-lhe muitos privilégios e motivos de apreço [...].
>
> (Umberto Eco. *O nome da rosa*. Trad. por Aurora F. Bernardini e Homero F. de Andrade. Rio de Janeiro: *O Globo*; São Paulo: *Folha de S. Paulo*, 2003. p. 245.)

a) De que modo, até então, a mulher era vista pelo pensamento religioso?

b) Por que o pensamento de William, também nesse assunto, representa uma afronta ao pensamento tradicional?

O nome de *O nome da rosa*

É o próprio Umberto Eco quem comenta o título que deu à sua obra:

> Um narrador não deve oferecer interpretações de sua obra, caso contrário não teria escrito um romance, que é uma máquina para gerar interpretações. Mas um dos principais obstáculos à realização desse virtuoso propósito é justamente o fato de que um romance deve ter um título. [...]
>
> A ideia de *O nome da rosa* veio-me quase por acaso e agradou-me porque a rosa é uma figura simbólica, tão densa de significados que quase não tem mais nenhum: rosa mística, e rosa ela viveu o que vivem as rosas, a guerra das duas rosas, [...] os rosa-cruzes, grato pelas magníficas rosas, rosa fresca de olor. Isso acabaria despistando o leitor, que não poderia realmente escolher uma interpretação; e ainda que tivesse percebido as possíveis leituras nominalistas do verso final, já teria chegado justamente ao final, após ter feito as mais variadas escolhas. Um título deve confundir as ideias, nunca disciplina-las.
>
> (Umberto Eco. *Pós-escrito a* O nome da rosa. 2. ed. São Paulo: Nova Fronteira, 1985. p. 9.)

6. Dê uma interpretação coerente ao nome do filme e também do livro.

20th Century Fox Film Corporation/ Neue Constantin Film Produktion/Album/LatinStock

Sean Connery, à direita, no papel de William de Baskerville.

7. Em certa cena do filme, William trava com o monge Jorge um importante diálogo sobre o riso, depois de o monge ter afirmado que Cristo nunca rira. Esse diálogo revela não apenas duas concepções teológicas diferentes — a dos franciscanos e a dos beneditinos —, mas também o momento retratado na obra, a transição da Idade Média para o Renascimento.

a) Que diferenças há entre as duas concepções de riso?

b) Qual dessas concepções apresenta uma visão de Cristo mais humana e mais próxima da que existe hoje?

8. O franciscano William era um bibliófilo. Ao longo do filme, faz a citação de vários escritores que tinha lido, entre outros, Aristóteles, Platão e Ovídio, ou seja, autores da tradição clássica greco-latina. Leia a seguir outro trecho do romance de Umberto Eco, em que William (Guilherme, na tradução em português) faz comentários a respeito da biblioteca queimada e das loucuras do venerável Jorge.

20th Century Fox Film Corporation/ Neue Constantin Film Produktion/Album/LatinStock

Cena do filme O nome da rosa.

"Era a maior biblioteca da cristandade", disse Guilherme. "Agora", acrescentou, "o Anticristo está realmente próximo porque nenhuma sabedoria vai barrá-lo mais. Por outro lado vimos seu vulto esta noite."

"O vulto de quem?", perguntei aturdido.

"De Jorge, digo. Naquele rosto devastado pelo ódio à filosofia, vi pela primeira vez o retrato de Anticristo, que não vem da tribo de Judas, como querem seus anunciadores, nem de um país distante. O Anticristo pode nascer da própria piedade, do excessivo amor a Deus ou da verdade, como o herege nasce do santo e o endemoninhado do vidente. Teme, Adso, os profetas e os que estão dispostos a morrer pela verdade, pois de hábito levam à morte muitíssimos consigo, frequentemente antes de si, às vezes em seu lugar. Jorge cumpriu uma obra diabólica porque amava lubricamente a sua verdade, a ponto de ousar tudo para destruir a mentira. Jorge temia o segundo livro de Aristóteles porque este talvez ensinasse realmente a deformar o rosto de toda verdade, a fim de que não nos tornássemos escravos de nossos fantasmas. Talvez a tarefa de quem ama os homens seja fazer rir da verdade, *fazer rir a verdade*, pois a única verdade é aprendermos a nos libertar da paixão pela verdade."

(Op. cit., p. 470.)

a) De acordo com o texto, que relação existe entre a ignorância e o Anticristo?

b) Dê uma interpretação às seguintes frases ditas por William:

- "O Anticristo pode nascer da própria piedade, do excessivo amor a Deus ou da verdade"
- "Talvez a tarefa de quem ama os homens seja fazer rir da verdade, *fazer rir a verdade*, pois a única verdade é aprendermos a nos libertar da paixão pela verdade"

9. Leia o romance *O nome da rosa*, de Umberto Eco, e compare-o ao filme. Aponte as principais diferenças entre as duas obras, levando em conta as especificidades da linguagem literária e da linguagem cinematográfica.

UNIDADE 2

História social do Classicismo

Museu do Vaticano

Entrega das chaves a São Pedro ***(1481), de Pietro Pirugino.***

No final do século XV, os navegantes europeus chegaram ao Oriente pelo mar, unindo duas pontas do hemisfério. O mundo ficou perplexo: comprovara-se que a Terra era redonda, e que o mar não possuía abismos nem monstros. Cidades cresciam com grande rapidez, o comércio expandia-se, o protestantismo dividia a Igreja. A ciência questionava dogmas religiosos e, por isso, era constantemente ameaçada pela Inquisição.

Todo esse processo de mudanças, que se estendeu até quase o final do século XVI, é chamado *Renascimento* e marca um momento decisivo na história da humanidade: o fim da Idade Média e a transição para a Idade Moderna.

Luís Vaz de Camões

Não sou um tempo
ou uma cidade extinta.
Civilizei a língua
e foi reposta em cada verso.
E à fome, condenaram-me
os perversos e alguns
dos poderosos. Amei
a pátria injustamente
cega, como eu, num
dos olhos. E não pôde
ver-me enquanto vivo.
Regressarei a ela
com os ossos de meu sonho
precavido? E o idioma
não passa de um poema
salvo da espuma
e igual a mim, bebido
pelo sol de um país
que me desterra. E agora
me ergue no Convento
dos Jerônimos o túmulo,
quando não morri.
Não morrerei, não
quero mais morrer.
Nem sou cativo ou mendigo
de uma pátria. Mas da língua
que me conhece e espera.
E a razão que não me dais,
eu crio. Jamais pensei
ser pai de tantos filhos.

(Carlos Nejar. In: Italo Moriconi, org. *Os cem melhores poemas brasileiros do século*. Rio de Janeiro: Objetiva, 2001. p. 143-4.)

Fique ligado! Pesquise!

Para você ampliar seus conhecimentos sobre as navegações, as artes, a mitologia e as ideias científicas da época do Renascimento, eis algumas sugestões:

VÍDEOS

Elizabeth – A era de ouro, de Shekar Khapur; *Desmundo*, de Alain Fresnot; *1492 – A conquista do paraíso*, de Ridley Scott; *Cristóvão Colombo*, de Alberto Lattuada; *A missão*, de Roland Joffé; *Aguirre – A cólera dos deuses*, de Werner Herzog; *Romeu e Julieta* e *A megera domada*, de Franco Zeffirelli; *Giordano Bruno*, de Giuliano Montaldo.

LIVROS

Desmundo, de Ana Miranda (Companhia das Letras); *Inés da minha alma*, de Isabel Allende (Bertrand Brasil); *Terra papagalli*, de José Roberto Torero e Marcus Aurelius Pimenta (Objetiva); *Dom Quixote de la Mancha*, de Miguel de Cervantes (Abril Cultural); *Vida de Galileu*, de Bertolt Brecht (Abril Cultural); *As viagens de Marco Polo*, de Marco Polo (Scipione); *Sonetos para amar o amor*, de Luís de Camões (L&PM); *Romeu e Julieta*, de William Shakespeare (Melhoramentos).

MÚSICA

Ouça o disco *Musikantiga II* (que contém músicas renascentistas). E também "Os argonautas", de Caetano Veloso (disco *Caetano e Chico juntos*); "Tropicália", de Caetano Veloso (*Tropicália* ou *Panis et circensis*), prestando atenção na parte inicial falada; "Monte Castelo", "A ordem dos templários" e "Amor platônico", do grupo Legião Urbana.

CD-ROM

Renascimento flamengo (Netwell/Sonopress); *Leonardo, o inventor* (Divertire).

SITES

www.jornaldepoesia.jor.br/camoes.html
www.institutocamoes.org.br
www.museuhistoriconacional.com.br
www.mundocultural.com.br

VISITA

Visite o Museu de Arte de São Paulo Assis Chateaubriand (MASP), na cidade de São Paulo, cujo acervo contém obras produzidas em diversas épocas, da Idade Média aos dias atuais.

CAPÍTULO 5

A linguagem do Classicismo renascentista

National Gallery, Londres, Inglaterra

Vênus e Marte *(1480), de Sandro Botticelli. Conquistado por Vênus, a deusa do amor na mitologia grega, Marte, o deus da guerra, dorme rodeado por faunos.*

A história da cultura renascentista nos ilustra com clareza todo o processo de construção cultural do homem e da sociedade contemporânea. Nele se manifestam os germes do individualismo, do racionalismo e da ambição ilimitada, típicos de comportamentos mais imperativos e representativos do nosso tempo. Ela consagra a vitória da razão abstrata, que é a instância suprema de toda a cultura moderna, versada no rigor das matemáticas, que passarão a reger os sistemas de controle do tempo, do espaço, do trabalho e do domínio da natureza.

Nicolau Sevcenko

O período compreendido entre os séculos XV e XVI abrange um conjunto notável de realizações nos campos artístico e científico. A esse período, em geral identificado como uma época de súbito reviver do interesse pela cultura da Grécia e de Roma antigas, dá-se o nome de **Renascimento**.

Leitura

Há, a seguir, quatro textos. O primeiro é um fragmento da *Divina comédia*, de Dante Alighieri; o segundo é um poema de Petrarca; o terceiro e o quarto são poemas de Camões. Dante e Petrarca, poetas italianos, viveram no século XIV e participaram da criação do humanismo, na Itália. Camões, poeta português que viveu no século XVI, tornou-se a principal expressão do Renascimento em Portugal.

O amor desce ao inferno

Dante escreveu a *Divina comédia* entre os anos 1307 e 1314 e finalizou-a pouco antes de sua morte, em 1321.

Abordando o tema da vida pós-morte, Dante faz uma exaltação do amor a Deus, ao mesmo tempo que traça um perfil da vida terrena, da moral vacilante e das fraquezas humanas. Entre os alvos de suas críticas, incluem-se os maus religiosos. Além disso, celebra o amor profano por Beatriz, que se tornaria uma das mais famosas amantes da literatura universal.

TEXTO I

A *Divina comédia* é uma obra de transição da Idade Média para o Renascimento, período em que o pensamento predominante foi o *humanismo.* A personagem principal é o próprio Dante, que ficcionalmente passa pelo inferno, pelo purgatório e pelo paraíso — os três mundos pós-morte, de acordo com a visão católica — em busca de sua amada, Beatriz. Em sua jornada até o paraíso, onde se encontra Beatriz, é amparado por seu mestre, Virgílio, poeta latino.

Louvre, Paris, France

Dante e Virgílio (no centro), no quadro A barca de Dante, *de Eugène Delacroix.*

"Então, tu és Virgílio, aquela fonte
que expande de eloquência num largo rio?"
— perguntei-lhe, baixando humilde a fronte.

"Dos outros poetas honra e desafio
valham-me o longo esforço e o fundo amor
que ao teu poema votei anos a fio.

Na verdade, és meu mestre e meu autor;
ao teu exemplo devo, deslumbrado,
o belo estilo que é meu só valor."

(São Paulo: Itatiaia/Edusp, 1976. p. 88.)

eloquência: capacidade de falar; exprimir-se e convencer com facilidade.

TEXTO II

Não tenho paz nem posso fazer guerra;
Temo e espero e do ardor ao gelo passo
E voo para o céu e desço à terra
E nada aperto e todo o mundo abraço

Prisão que nem se fecha ou se descerra,
Nem me retém nem solta o duro laço,
Entre livre e submissa esta alma erra,
Nem é morto nem vivo o corpo lasso.

Vejo sem olhos, grito sem ter voz;
E sonho perecer e ajuda imploro;
A mim odeio e a outrem amo após.

Sustento-me de dor e rindo choro;
A morte como a vida enfim deploro
E neste estado sou, Dama, por Vós.

(*Poemas de amor de Petrarca*. Trad. por Jamil Almansur Haddad. Rio de Janeiro: Ediouro, 2002. p. 65.)

descerrar: abrir.
errar: andar sem rumo certo; vaguear.
lasso: fatigado, esgotado.
perecer: morrer; deixar acabar-se.

Petrarca: o mestre da poesia lírica

Petrarca (1304-1374) é o grande mestre da poesia lírica do Ocidente. Humanista, erudito e diplomata, teve grande interesse pela obra dos poetas e filósofos gregos e latinos, especialmente pela de Platão. Na lírica amorosa, manifestando seu amor pela inalcançável Laura, é o fundador do platonismo amoroso, tema que depois seria retomado por poetas de várias partes do mundo, entre eles o português Luís de Camões. Os estados melancólicos da alma e a natureza como companheira ou confidente do eu lírico frustrado amorosamente são também traços de sua poesia, aprofundados pelo Romantismo cerca de 500 anos mais tarde.

The Bridgeman Art Library/Keystone

TEXTO III

Tanto de meu estado me acho incerto,
Que em vivo ardor tremendo estou de frio;
Sem causa, juntamente choro e rio;
O mundo todo abarco e nada aperto.

É tudo quanto sinto um desconcerto;
Da alma um fogo me sai, da vista um rio;
Agora espero, agora desconfio,
Agora desvario, agora acerto.

Estando em terra, chego ao céu voando;
Numa hora acho mil anos, e é de jeito
Que em mil anos não posso achar uma hora.

Se me pergunta alguém por que assim ando,
Respondo que não sei; porém suspeito
Que só porque vos vi, minha Senhora.

(*Lírica*. São Paulo: Cultrix, 1976. p. 117.)

desconcerto: desarmonia, desarranjo.
desvairar: enlouquecer.

TEXTO IV

"Vistes que, com grandíssima ousadia,
Foram já cometer o Céu supremo;
Vistes aquela insana fantasia
De tentarem o mar com vela e remo;
Vistes, e ainda vemos cada dia
Soberbas e insolências tais, que temo
Que do Mar e do Céu, em poucos anos,
Venham Deuses a ser, e nós humanos."

Oh! ditosos aqueles que puderam
Entre as agudas lanças africanas
Morrer, enquanto fortes sustiveram
A santa Fé nas terras mauritanas;
A quem feitos ilustres se souberam,
De quem ficaram memórias soberanas,
De quem se ganha a vida com perdê-la,
Doce fazendo a morte as honras dela!

(*Os lusíadas*. São Paulo: Abril Cultural, 1979. p. 229 e 246.)

cometer: aventurar-se, pôr em risco.
ditoso: feliz, afortunado.
insolência: atrevimento, ousadia, atitude fora do comum.
mauritano: relativo à Mauritânia (norte da África); o mesmo que mouro.
soberba: orgulho, altivez.
suster: segurar, impedir, interromper.

Sistine Chapel, Rome, Italy

Imagem de estúdio, *de Michelangelo.*

Formas clássicas

Além de criarem o soneto, os humanistas italianos recuperaram formas cultivadas anteriormente nas literaturas grega e latina. Muito valorizadas também pelos escritores do Renascimento, as principais delas são:

- écloga: poema dialogado pastoril;
- elegia: poema de fundo melancólico;
- ode: poema de exaltação a determinada pessoa;
- epístola: carta em verso;
- epitalâmio: poema de congratulação a noivos recém-casados;
- epopeia: longo poema narrativo que exalta as ações de um herói, verdadeiro ou lendário, representativo da formação e do passado de um povo.

1. No texto I, Dante está no inferno e encontra Virgílio, poeta que viveu na Roma antiga, entre 71 e 19 a.C., e escreveu a epopeia *Eneida*.

a) O que Virgílio representa para Dante?

b) Identifique no texto a expressão que demonstra a preocupação de Dante em imitar os clássicos.

2. Os humanistas italianos, entre os quais Dante e Petrarca, criaram a *medida nova*, uma métrica diferente da usada na Idade Média. Criaram também o *soneto*, um tipo de composição poética que vem sendo cultivado até os dias de hoje.

a) Faça a escansão do 1º verso de cada um dos textos. Qual é a métrica da medida nova?

b) Os textos II e III são típicos *sonetos italianos*. Como são organizados os 14 versos do soneto?

3. Cerca de 150 anos separam o soneto de Petrarca do soneto de Camões. Assim como Dante imitou o poeta latino Virgílio, Camões imitou Dante e Petrarca, que tinha por mestres. Assim, entre os poemas de Camões e Petrarca, notam-se várias semelhanças.

a) Identifique no poema de Camões os versos que têm correspondência com estes versos de Petrarca:

- "Temo e espero e do ardor ao gelo passo"
- "E voo para o céu e desço à terra"
- "E nada aperto e todo o mundo abraço"

b) Às vezes, quando um poeta imita outro, como meio de exercitar-se tecnicamente, pode acontecer de o novo poema ser melhor do que aquele que lhe serviu de inspiração. Compare os dois sonetos. De qual deles você gostou mais? Por quê?

Plágio ou exercício poético?

A noção de *plágio* ganhou força somente a partir do Romantismo (século XIX), quando os artistas, sentindo-se "gênios" ou "escolhidos", começaram a cultuar o próprio eu e passaram a dar grande valor à noção de *autoria* e de originalidade de uma obra de arte. Antes disso, era comum um poeta imitar outro, a quem tomava por mestre, como forma tanto de homenageá-lo quanto de exercitar e desenvolver técnicas poéticas próprias.

4. Os versos transcritos na questão anterior, bem como outros versos dos poemas de Petrarca e Camões, são construídos a partir de oposições de ideias. Essas oposições sustentam as ideias dos dois poemas, nos quais se manifestam os sentimentos do eu lírico pela mulher amada.

a) Qual é a figura de linguagem que traduz essa oposição?

b) Reconheça em cada um dos poemas outros dois empregos dessa figura de linguagem.

c) O que o emprego reiterado dessa figura expressa quanto aos sentimentos do eu lírico pela mulher amada?

d) Deduza: O eu lírico é correspondido amorosamente?

5. As duas estrofes do texto IV pertencem ao poema *Os lusíadas*, de Luís de Camões. Na primeira, Baco, deus da mitologia grega, fala com indignação dos ousados feitos portugueses.

a) Qual é a ousadia cometida pelos portugueses?

b) Baco alerta os demais deuses sobre o perigo que os portugueses representam. Qual é o medo de Baco? Por que se pode depreender desse episódio uma visão *humanista* ou *antropocêntrica*?

6. A segunda estrofe do texto IV dá um matiz religioso aos feitos dos navegantes portugueses, que, sendo cristãos, travaram lutas sangrentas e mortais contra os mouros (muçulmanos).

a) Que importância esses navegantes têm para a nação portuguesa?

b) Que sentimento o poeta deixa transparecer nesses versos?

Arte & Image Srl/Corbis/LatinStock

Davi, ***de Michelangelo.***

Como síntese do estudo dos textos lidos, compare as características do Classicismo com as do Trovadorismo:

CLASSICISMO	TROVADORISMO
Quanto ao conteúdo	**Quanto ao conteúdo**
Idealização amorosa, neoplatonismo	Amor cortês (cantigas de amor)
Predomínio da razão	Predomínio da emoção
Paganismo	Cristianismo
Influência da cultura greco-romana	Influência da poesia provençal e das tradições populares da península Ibérica
Antropocentrismo	Temas profanos, representando uma ruptura em relação à mentalidade teocêntrica da Idade Média
Universalismo	Ambiente cortês, rural ou marítimo
Busca de clareza e equilíbrio de ideias	Temas relacionados ao amor, à saudade e à crítica de costumes
Nacionalismo	Exaltação do ideal cavaleiresco (prosa)
Quanto à forma	**Quanto à forma**
Gosto pelo soneto; imitação às formas clássicas	Emprego de formas simples e populares
Emprego de medida nova (poesia)	Emprego de medida velha
Busca do equilíbrio formal	Estruturas simples, refrão e repetições frequentes, que facilitam a memorização e o canto

Do texto ao contexto do Classicismo

Leia, a seguir, um painel de textos que relacionam a produção literária do Renascimento ao contexto histórico, social e cultural em que o movimento floresceu.

SITUE-SE:

ANTIGUIDADE		IDADE MÉDIA		ERA CLÁSSICA		
Cultura grega (séc. XII a.C.-II a.C.)	Cultura latina (séc. VI a.C.-V d.C.)	Alta Idade Média (séc. V-XI/XII)	Baixa Idade Média (séc. XII-XV)	Classicismo (séc. XVI)	Barroco (séc. XVII)	Arcadismo (séc. XVIII)

O Renascimento é um amplo movimento cultural que ocorreu na Europa ocidental nos séculos XV e XVI, e cujo apogeu se situa entre 1490 e 1560.

Apesar de o termo *Renascimento* ser normalmente empregado para designar as transformações desses séculos ocorridas no âmbito da cultura, as ligações do movimento com outros domínios da sociedade europeia são evidentes. Alguns historiadores chegam a falar também de renascimentos comercial, político e religioso.

A Baixa Idade Média (séculos XI a XIV) presenciou o ressurgimento do comércio e das cidades. Os contatos frequentes com o Oriente, estabelecidos tanto pelas cruzadas quanto pela fixação de feitorias comerciais; o aumento da produção agrícola, estimulada por novos conhecimentos tecnológicos; e o crescimento da população e das cidades motivaram o mundo europeu a intensificar suas atividades econômicas, o que afetou diretamente a economia fechada, descentralizada e autossuficiente do feudalismo.

A nova realidade econômica impõe certas necessidades antes desconhecidas: a circulação de moedas; a centralização política por meio de um Estado que protegesse e organizasse a economia interna; a ampliação do comércio até o Oriente; o recrutamento de mão de obra assalariada para o campo, com o fim do servilismo.

A necessidade de uma política econômica centralizada exige uma aliança entre o rei e a burguesia. Esta paga impostos, faz empréstimos e doações ao rei e recebe, em troca, a unificação de moedas e impostos, o fim de guerras feudais e do banditismo nas estradas, a proteção ao mercado nacional contra especuladores estrangeiros. Tal aliança provoca um fortalecimento da monarquia e a formação dos Estados modernos.

Bibliotheque Nationale, Paris/Image Plus

Atividade econômica na Europa do século XV.

A política econômica empreendida pelo Estado a fim de organizar, controlar e estimular as atividades do comércio e da manufatura, chamada *mercantilismo*, marcará todo o período da Revolução Comercial (séculos XV a XVIII). Fundamentalmente o mercantilismo tem como princípio básico o *metalismo* (o nível de riqueza de um país era equivalente à quantidade de ouro ou prata nele existente), seguido da *balança de comércio favorável* (exportar mais e importar menos), da *política protecionista* (proteger as exportações com baixos impostos), da *política de fomento à indústria* (para evitar a importação e competir no mercado exterior) e o colonialismo (as colônias forneciam metais e matéria-prima e consumiam os produtos manufaturados da metrópole).

Essas transformações verificadas nos setores político e econômico naturalmente esbarram na concepção religiosa medieval ainda vigente. Muitas das verdades dogmáticas estabelecidas pela Igreja são postas em xeque, principalmente por causa dos esforços dos humanistas no sentido de criar uma nova cultura, com outras concepções do homem, da natureza, do universo e de Deus. Traduzem-se textos gregos e latinos em abundância. A invenção da tipografia em meados do século XV favorece sua divulgação.

A Igreja, preocupada em manter seus privilégios políticos e econômicos naquele novo quadro social que se configurava, pouco se interessa em rever suas próprias posições ou em perceber as ansiedades e dúvidas da população. Ao contrário, fecha os ouvidos às críticas que recebe cada vez mais frequentemente e ameaça com a Inquisição os seus opositores.

É desse quadro que nasce a *Reforma* (1527). Primeiramente surge na Alemanha, com as críticas de Martinho Lutero à prática religiosa da Igreja, que se afastara do princípio da *salvação pela fé* e praticava abundantemente a venda de indulgências por toda a Europa. Posteriormente, a ruptura com a Igreja se estende a vários países da Europa, ganha novos líderes e seguidores, dando origem ao Protestantismo.

Portanto trata-se de uma época de libertação do pensamento por meio do *exercício da crítica* e do *livre exame* de todas as questões, inclusive dos dogmas religiosos, valendo-se para isso do princípio clássico da *razão*, fonte de equilíbrio e harmonia.

A partir desse pressuposto, os diversos campos científicos têm notáveis avanços, particularmente a Medicina, a Astronomia e a Física, todas de alguma forma estimuladas pelos avanços da Matemática.

A teoria heliocêntrica (o Sol como centro do sistema planetário e não a Terra, como defendia a Igreja, baseada nas teorias de Ptolomeu) e a teoria da rotundidade de nosso planeta só foram possíveis graças às novas pesquisas sobre a geometria euclidiana e à invenção da luneta astronômica, por Galileu — ambas relacionadas aos novos conhecimentos matemáticos.

British Library, Londres, Inglaterra

O sistema de Copérnico.

Estimulados por essas teorias, vários países e vários grupos de comerciantes europeus lançam-se ao mar, buscando apoio na ciência para ampliar seus conhecimentos sobre construção naval e sobre as rotas marítimas de comércio. A Terra é mapeada e esquadrinhada por geômetras e cientistas; os comerciantes, com uma atitude típica da época — o *experimentalismo* —, põem em prática as teorias científicas, navegando. A descoberta da América por Colombo (1492), por exemplo, e a primeira viagem ao redor do mundo (1519-1521), realizada por Fernão de Magalhães, são atitudes ousadas de navegantes que acreditavam na rotundidade da Terra muito antes de sua comprovação.

É nesse contexto de transformações profundas da organização social e de seu modo de pensar que se situa o Renascimento.

Pode-se afirmar que o Renascimento é a expressão artística dos sentimentos e anseios do homem dos séculos XV e XVI, uma época de euforia econômica; de coragem e ousadia, com as navegações; de revisão de valores, com as descobertas científicas e com a Reforma. Enfim é uma época em que o homem, acreditando em sua capacidade de explorar e dominar o mundo, substitui a visão terrestre, fechada pelos limites do feudo medieval, por uma visão marítima e aberta de navegações e conquistas.

Sendo o resultado dos esforços empreendidos pelos primeiros humanistas do século XIV e das transformações que se operaram nos séculos XV e XVI, a arte renascentista está voltada para dois horizontes: de um lado, a cultura clássica greco-latina, fonte de inspiração e modelo para humanistas e renascentistas; de outro, o seu próprio tempo, um tempo em que o homem desafia os limites do mundo conhecido e se lança na conquista do globo terrestre.

Humanismo: uma nova visão do mundo

O movimento mais característico do Renascimento foi o *humanismo*, um programa educacional baseado no estudo da antiga literatura grega e romana. A atitude humanista para com a Antiguidade diferia da dos eruditos da Idade Média. Enquanto estes buscavam adaptar o conhecimento clássico a uma concepção cristã do mundo, os humanistas do Renascimento valorizavam a literatura antiga por ela própria — por seu estilo claro e elegante, pela sua percepção da natureza humana. Com os clássicos da Antiguidade, os humanistas esperavam aprender o muito que não lhes ensinavam os escritos medievais — especialmente, por exemplo, aprender a viver bem neste mundo e a desempenhar os deveres cívicos. Para os humanistas, eram os clássicos um guia para a felicidade e para a vida ativa.

(Perry, Marvin. *Civilização ocidental – Uma história concisa.* São Paulo: Martins Fontes, 1981. p. 271.)

CAPÍTULO 6

O Classicismo em Portugal

Salvador Dalí / The Salvador Dalí Museum

Tristão louco – o navio *(1942-43), de Salvador Dalí.*

Entre os séculos XV e XVI, Portugal tornou-se um dos mais importantes países da Europa, em virtude do papel decisivo que exerceu no processo de expansão marítima e comercial. O país amadurecia como Estado, povo, língua e cultura; contudo, faltava aos portugueses uma grande obra literária que registrasse e consagrasse a euforia que viviam. O poema épico Os lusíadas, *de Luís de Camões, é a resposta concreta a esse desejo, a obra que projetou a literatura portuguesa entre as mais significativas do cenário europeu nesse momento histórico.*

Desde o final do século XV, Portugal já se encontrava mergulhado no espírito aventureiro das viagens marítimas e dos descobrimentos. O renascimento econômico e político, porém, só alcançou o plano da literatura em 1527, quando o Classicismo chegou a Portugal com as novidades artísticas levadas da Itália pelo poeta Sá de Miranda, que, em viagem àquele país, tomara contato com o "doce estilo novo" criado pelos humanistas.

Essas inovações temáticas e formais vinham ao encontro dos anseios dos artistas e intelectuais portugueses da época. Motivados pela euforia das navegações, buscavam uma literatura que fosse a expressão do espírito da nacionalidade do país, que imortalizasse o sentimento de valorização experimentado pelo povo português, bem como os feitos heroicos que lhe haviam dado origem.

A partir desse momento, a produção literária se enriqueceu. Diversificaram-se os gêneros e surgiram importantes escritores.

PRODUÇÃO LITERÁRIA NO CLASSICISMO PORTUGUÊS	
Poesia	• lírica: Luís de Camões e Sá de Miranda. • épica: Luís de Camões, com *Os lusíadas*.
Prosa	• novela sentimental: Bernardim Ribeiro, com *Menina e moça*. • novelas de cavalaria: João de Barros, com a *Crônica do imperador Clarimundo*, e Francisco de Morais, com *Palmeirim da Inglaterra*. • crônica histórica: João de Barros. • literatura de viagens: Fernão Mendes Pinto, com *Peregrinação*.
Teatro	Antônio Ferreira, com a tragédia *Castro* (a primeira peça de influência clássica no teatro português).

Coleção dos herdeiros do Marquês de Rio Maior, Portugal.

Luís de Camões retratado em Goa, na Índia.

Luís de Camões: o grande salto

Luís de Camões foi o poeta que melhor traduziu os anseios do homem português renascentista. Nascido provavelmente em 1525, em Lisboa, proveniente de uma família nobre decadente, Camões lutou por seu país no norte da África, onde perdeu um olho. Em 1550 foi preso, do que decorreu um exílio de dezessete anos, período em que viveu na África e na Ásia (incluindo Índia e China). Voltou a Portugal em 1570 e morreu dez anos depois, em total miséria. Homem vivido e culto, soube conciliar seus estudos de cultura clássica com as ricas experiências colhidas em suas viagens pelo Oriente, o que lhe permitiu escrever a obra que constituiu a principal expressão da literatura renascentista em Portugal: *Os lusíadas*.

Camões vivo!

Camões morreu há mais de 400 anos, mas nunca esteve tão vivo. Suas obras não param de ser lidas, adaptadas e recriadas em diferentes linguagens artísticas: cinema, quadrinhos, música, literatura, cordel. Veja algumas das criações e adaptações feitas a partir da vida e da obra de Camões:

- **cinema:** *Inês de Castro* (1945) e *Camões* (1946);
- **música:** *Amália canta Luís de Camões* (1965); "Monte Castelo", canção do grupo Legião Urbana, criada a partir de um soneto de Camões; *Camões é um poeta rap*, espetáculo criado pela artista portuguesa Gisela Cañamero, que adaptou quinze sonetos de Camões para a linguagem do *rap*;

- **literatura:** *Mensagem*, de Fernando Pessoa, na qual há vários poemas que dialogam com as navegações portuguesas e com *Os lusíadas*; *Que farei com este livro?* (1979), peça teatral de José Saramago sobre as dificuldades de Camões para publicar *Os lusíadas*; *As naus*, de António Lobo Antunes; *O gênio de Camões*, cordel do cearense Gonçalo Ferreira da Silva;
- **quadrinhos:** *Os lusíadas*, de Fido Nesti, e *Versos de amor e morte*, de Fido Nesti e Nelly Novaes Coelho (Editora Peirópolis); *Lusíadas 2500*, de Laílson de H. Cavalcanti (Editora Nacional), que adapta a obra de Camões para um ambiente de ficção científica.

Gonçalo Ferreira da Silva/Academia Bras. de Lit. de Cordel

Cordel que reconta a história de Camões.

Os lusíadas: desafio e conquista

O ano de 1998 foi muito especial para Portugal, pois nele comemoraram-se os 500 anos da grande conquista marítima – a chegada dos portugueses ao Oriente pela África – que elevou o país à condição de uma das mais poderosas nações europeias no século XVI.

As aventuras e os feitos heroicos dos portugueses foram narrados na epopeia *Os lusíadas*, de Luís de Camões. Liderados por Vasco da Gama, os lusos (daí o nome da obra) lançaram-se ao mar, numa época em que ainda se acreditava na existência de monstros e abismos marinhos. Ultrapassando os limites marítimos conhecidos – o cabo das Tormentas, no sul da África –, chegaram a Calicute, na Índia. Tal façanha, que uniu o Oriente ao Ocidente pelo mar, deslumbrou o mundo e foi alvo de interesses políticos e econômicos de diversas nações europeias.

Joachim Pfaff/Zeffa/Corbis/LatinStock

Padrão dos Descobrimentos, *em Lisboa, monumento que homenageia os navegantes portugueses.*

O herói

As epopeias clássicas greco-romanas apresentam um herói que, por sua força e coragem, aproxima-se dos deuses. Esse herói centraliza completamente as ações da narrativa, que existem quase somente para destacar suas qualidades.

Diferentemente das outras epopeias, que narravam um fato histórico ocorrido muitos séculos antes, o poema *Os lusíadas* foi escrito menos de um século depois da viagem de Vasco da Gama. A proximidade histórica não permite a superestimação de personagens reais, humanas, cheias de limitações como qualquer um. Camões

Evolução do herói

O crítico canadense Nortrop Frye criou uma tipologia dos heróis na literatura, reunindo-os em três grupos. Segundo ele, há o **herói clássico** das epopeias, que se aproxima dos deuses e se distancia dos homens, pois é capaz de ações incomuns aos seres humanos (como Ulisses, ou Odisseu, na *Odisseia*, de Homero); o **herói romanesco**, que está acima dos homens mas abaixo dos deuses (por exemplo, Peri, na obra *O guarani*, de José de Alencar, ou a personagem Indiana Jones, dos filmes de Spielberg); e o **herói problemático**, próprio dos romances modernos, que se sente moralmente abaixo dos homens (como Bentinho, do romance *Dom Casmurro*, de Machado de Assis).

Murray Close/Warner Bros/Corbis/LatinStock

***Brad Pitt**, em* Troia, *no papel de Aquiles, típico herói clássico.*

resolveu esse problema ampliando a dimensão heroica de suas personagens. O herói de seu poema não é somente Vasco da Gama, mas todos os portugueses, representados naquela viagem pela figura do capitão. Assim, o autor consegue incorporar à sua obra também o *espírito nacionalista* que se verificava em Portugal entre os séculos XV e XVI.

Deus e os deuses

As epopeias da cultura grega e romana são anteriores a Cristo e, portanto, exprimem crenças e valores religiosos pagãos (não cristãos).

Camões era cristão e desejava cantar em seu poema também a expansão da fé cristã no mundo. Por isso, a presença de Deus e a referência a milagres e santos do cristianismo são constantes em sua obra. Contudo, como nas epopeias que Camões tomou por modelo – a *Odisseia* e a *Ilíada*, do poeta grego Homero, e a *Eneida*, do poeta latino Virgílio –, há nela também a presença dos deuses do Olimpo. Eles interferem na narrativa de *Os lusíadas* procurando auxiliar ou prejudicar os portugueses no cumprimento de seus objetivos. Enquanto Vênus e Marte, por exemplo, tentam protegê-los, outros deuses, como Netuno e Baco, procuram impedir o cumprimento da rota planejada – o primeiro porque zela pelo seu poderio nos mares, e o segundo, pelo seu domínio no Oriente.

Os lusíadas conseguiram conciliar, portanto, o *maravilhoso pagão* (fruto do gosto renascentista pelo estudo da cultura pagã) e o *maravilhoso cristão* (ideologia pessoal do autor). Isso, porém, valeu a Camões problemas com a Inquisição e tratamento com muita reserva por parte dos críticos de sua época.

A estrutura

A obra de Camões apresenta 1102 estrofes, todas em oitava-rima, organizadas em dez cantos. Cada canto, na epopeia, corresponde a um capítulo das obras em prosa. Seguindo o modelo clássico, *Os lusíadas* apresentam três partes principais: introdução, narração e epílogo.

Introdução

Estende-se pelas dezoito estrofes do Canto I e subdivide-se em:

- *proposição* (estrofes 1, 2 e 3), em que o poeta apresenta o que vai cantar, ou seja, os feitos heroicos dos ilustres barões de Portugal:

> As armas e os barões assinalados
> Que, da ocidental praia lusitana,
> Por mares nunca dantes navegados
> Passaram ainda além da Taprobana*

barões: homens ilustres.
ocidental praia lusitana: Portugal.
Taprobana: ilha do Ceilão, limite oriental do mundo conhecido.

- *invocação* (estrofes 4 e 5), em que o poeta invoca as Tágides, ninfas do rio Tejo, pedindo a elas inspiração para fazer o poema:

Os lusíadas e a Inquisição

Eis um fragmento do parecer do censor do Santo Ofício, na edição de 1572 de *Os lusíadas*, quando a obra quase foi censurada:

> Vi por mandado de santa & geral inquisição estes dez Cantos dos Lusíadas de Luís de Camões [...] e não achey nelles cousa algua escandalosa nem contrária â fe & bõs costumes, somente me pareceo que era necessario aduertir os Lectores que o Autor para encarecer a difficuldade da navegação & entrada dos Portugueses na India, usa de hua fição dos Deoses dos Gentios.

Capa da 1ª edição de Os lusíadas.

* Esta e as demais citações de *Os lusíadas* foram extraídas da edição publicada pela Abril Cultural (São Paulo) em 1979.

E vós, Tágides minhas, pois criado
Tendes em mim um novo engenho ardente,
....
Dai-me agora um som alto e sublimado,
Um estilo grandíloquo e corrente,

- *dedicatória* ou *oferecimento* (estrofes 6 a 18), em que o poeta dedica seu poema a D. Sebastião, rei de Portugal:

Ouvi: vereis o nome engrandecido
Daqueles de quem sois senhor superno
E julgareis qual é mais excelente,
Se ser do mundo rei, se de tal gente.

superno: supremo.

Ninfa e tritões, ***de Carlos Reis.***

Narração

Na narração (da estrofe 19 do Canto I até a estrofe 144 do Canto X), o poeta relata a viagem propriamente dita dos portugueses ao Oriente. Essa é, portanto, a parte mais longa do relato e vários são os episódios que nela se destacam. A seguir, relacionamos alguns dos mais importantes relatos da obra.

- No Canto II, depois de terem passado por dificuldades no mar, os portugueses, com o auxílio de Vênus, aportam na África, onde são recebidos pelo rei de Melinde, que pede a Vasco da Gama que conte a história de Portugal. Esse é o pretexto encontrado por Camões para pôr na fala de sua personagem as histórias que envolvem a fundação do Estado português, a Revolução de Avis, a morte de Inês de Castro, a partida dos portugueses para o Oriente. Esse relato de Vasco da Gama se estende até o Canto IV, momento em que os portugueses seguem viagem. Nele, três episódios merecem destaque: o de Inês de Castro, amante do príncipe D. Pedro, assassinada a mando do rei (Canto III); o das críticas do velho da praia do Restelo (Canto IV); e do gigante Adamastor (Canto V), que é uma personificação dos perigos enfrentados pelos navegantes ao transporem o cabo das Tormentas. Eis um fragmento do primeiro desses episódios.

Para o céu cristalino alevantado
Com lágrimas os olhos piedosos
(Os olhos, porque as mãos lhe estava atando
Um dos duros ministros rigorosos),
E depois nos meninos atentando,
Que tão queridos tinha e tão mimosos,
Cuja orfandade como mãe temia,
Para o avô cruel assi dizia:
....

"Ó tu, que tens de humano o gesto e o peito
(Se de humano é matar ũa donzela,
Fraca e sem força, só por ter sujeito
O coração a quem soube vencê-la),
A estas criancinhas tem respeito,
Pois o não tens à morte escura dela;
Mova-te a piedade sua e minha,
Pois te não move a culpa que não tinha.

O cabo das Tormentas, na África, que na obra de Camões representa os perigos do mar desconhecido.

- Nos cantos de VI a IX, os portugueses chegam a Calicute, na Índia, e têm problemas com os mouros. Preparam-se, então, para voltar a Portugal; porém, devido a seus esforços e à sua coragem, são premiados por Vênus, que lhes oferece uma passagem pela Ilha dos Amores, onde podem livremente amar as ninfas, lideradas por Tétis:

Oh, que famintos beijos na floresta!
E que mimoso choro que soava!
Que afagos tão suaves! Que ira honesta,
Que em risinhos alegres se tornava!
O que mais passam na manhã e na sesta,
Que Vênus com prazeres inflamava,
Melhor é experimentá-lo que julgá-lo,
Mas julgue-o quem não pode experimentá-lo.

A Ilha dos Amores, na visão de Jorge Colaço.

Epílogo

É a conclusão do poema (estrofes 145 a 156 do Canto X), em que o poeta demonstra cansaço e, em tom melancólico, aconselha ao rei e ao povo português que sejam fiéis à pátria e ao cristianismo.

Leitura

A seguir apresentamos quatro fragmentos de *Os lusíadas*, para um estudo comparado. Leia-os com bastante atenção e depois responda às questões propostas.

TEXTO I

Estas são as três estrofes iniciais do poema, que formam a proposição:

As armas e os barões assinalados
Que, da ocidental praia lusitana,
Por mares nunca dantes navegados
Passaram ainda além da Taprobana,
E em perigos e guerras esforçados,
Mais do que prometia a força humana,
Entre gente remota edificaram
Novo Reino, que tanto sublimaram;

E também as memórias gloriosas
Daqueles reis que foram dilatando
A Fé, o Império, e as terras viciosas
De África e de Ásia andaram devastando,
E aqueles que por obras valerosas
Se vão da lei da Morte libertando
— Cantando espalharei por toda parte,
Se a tanto me ajudar o engenho e arte.

Cessem do sábio grego e do troiano
As navegações grandes que fizeram;
Cale-se de Alexandre e de Trajano
A fama das vitórias que tiveram,
Que eu canto o peito ilustre lusitano,
A quem Neptuno e Marte obedeceram;
Cesse tudo o que a Musa antiga canta,
Que outro valor mais alto se alevanta.

Alexandre: Alexandre Magno.
arte: arte de dizer, eloquência.
engenho: talento, faculdade conceptiva.
grego: Ulisses, o herói do poema de Homero (*Odisseia*).
Marte: deus da guerra.
Musa antiga: a poesia; Calíope era a musa da epopeia e da eloquência.
Neptuno: deus do mar.
Novo Reino: o império português na Ásia.
terras viciosas: terras privadas da religião cristã.
Trajano: imperador romano de origem espanhola.
troiano: Eneias, do poema de Virgílio (*Eneida*).

TEXTO II

Este é um fragmento do episódio do velho da praia do Restelo (Canto IV):

— "Ó glória de mandar! Ó vã cobiça
Desta vaidade a quem chamamos fama!
Ó fraudulento gosto que se atiça
Cũa aura popular que honra se chama!
Que castigo tamanho e que justiça
Fazes no peito vão que muito te ama!
Que mortes, que perigos, que tormentas,
Que crueldades neles experimentas!

"Dura inquietação d'alma e da vida,
Fonte de desamparos e adultérios,
Sagaz consumidora conhecida
De fazendas, de reinos e de impérios!
Chamam-te ilustre, chamam-te subida,
Sendo digna de infames vitupérios;
Chamam-te Fama e Glória soberana,
Nomes com quem se o povo néscio engana!

....

"Oh! maldito o primeiro que no mundo
Nas ondas vela pôs em seco lenho!
Digno da eterna pena do Profundo,
Se é justa a justa lei que sigo e tenho!

Fido Nesti

aura: sopro.
néscio: insensato, ignorante.
Profundo: inferno.
sagaz: perspicaz, astuto.
vã: ilusória, fútil.
vitupério: ato vergonhoso ou criminoso.

TEXTO III

Esta é a estrofe com que se inicia o epílogo (Canto X):

Não mais, Musa, não mais, que a lira tenho
Destemperada e a voz enrouquecida,
E não do canto, mas de ver que venho
Cantar a gente surda e endurecida.
O favor com que mais se acende o engenho
Não no dá a Pátria, não, que está metida
No gosto da cobiça e na rudeza
Dũa austera, apagada e vil tristeza.

austero: penoso, sombrio.
engenho: inventividade, talento.
favor: benefício.
vil: infame.

TEXTO IV

Estas estrofes referem-se ao episódio da Ilha dos Amores, momento em que Tétis conduz Vasco da Gama ao alto da montanha para que ele tenha uma visão ampla (Canto X):

"Vês aqui a grande máquina do Mundo,
Etérea e elemental, que fabricada
Assi foi do Saber alto e profundo.
Que é sem princípio e meta limitada.
Quem cerca em derredor *este* rotundo
Globo e sua superfície tão limada.
É Deus; mas o que é Deus, ninguém o entende,
Que a tanto o engenho humano não se estende.
....

"Más cá onde mais se alarga, ali tereis
Parte também co'o pau vermelho nota;
'De Santa-Cruz' o nome lhe poreis;
Descobri-la-á a primeira vossa frota.
Ao longo desta costa, que tereis,
Irá buscando a parte mais remota
O Magalhães — no feito, com verdade,
Português, porém não na lealdade.

etérea e elemental: constituída pelo céu e pelos quatro elementos (terra, água, fogo e ar).
limada: lisa, sem rugas.
nota: conhecida, célebre.
pau vermelho: pau-brasil.
rotundo: redondo.

1. A propósito do texto I:

a) Destaque da 1ª estrofe um verso que exemplifique a visão antropocêntrica da época.

b) De que forma Camões justifica, na 2ª estrofe, o imperialismo português no Oriente?

Museu Militar, Portugal

2. Na 3ª estrofe do texto I, Camões compara as ações dos navegantes portugueses aos feitos de heróis como Alexandre e Trajano. Além disso, com a expressão "Musa antiga", remete às antigas epopeias que tomava por modelo.

a) Quais são essas epopeias?

b) A que se refere a expressão "valor mais alto", que, segundo o texto, chega a superar os feitos de grandes heróis do passado?

c) Que relação há entre os dois versos finais e o nacionalismo existente na época em Portugal?

3. Compare o tom com que o poeta se refere às navegações no texto I e o tom em que se expressa nos versos do texto III.
   a) Em que diferem?
   b) Que motivos apresentados no texto III explicam a mudança verificada?

4. Os textos II e III pertencem a cantos diferentes. Apesar disso, apresentam semelhança quanto a ideias. Em que consiste essa semelhança?

5. A respeito do texto IV:
   a) Tétis mostra a Vasco da Gama o "rotundo globo". Relacione essa passagem ao contexto científico do Renascimento.
   b) Que fato histórico Tétis profetiza nesse segmento?

A lírica de Camões: a poética do conflito

Ao lado da poesia épica, a produção lírica camoniana vem a ser um dos pontos altos da poesia do século XVI e uma das maiores expressões literárias em nossa língua.

Homem experiente e culto, aberto às mais variadas tendências da cultura da época, Camões soube aproveitar tanto as influências da lírica medieval portuguesa quanto as da lírica italiana dos séculos XIV a XVI. As manifestações dessas duas orientações na obra de Camões normalmente são identificadas como *medida velha* – a poesia inspirada na tradição medieval – e como *medida nova* – a poesia inspirada no humanismo e no Renascimento italianos.

Os poemas escritos na medida velha obedecem à estrutura da poesia palaciana. Os versos são redondilhas maiores e menores, a estrutura é formada por um *mote* (estrofe de abertura, que contém a ideia central do texto), seguido de algumas *glosas* ou *voltas* (estrofes que desenvolvem a ideia do mote). Embora já se notem nesses poemas algumas novidades do Renascimento, o conteúdo deles geralmente coincide com os da tradição medieval: a partida do namorado, a solidão, a confidência e o sofrimento amoroso, o ambiente rural, a mulher inacessível.

Observe, no poema a seguir, alguns desses elementos:

Mote alheio

Menina dos olhos verdes,
por que me não vedes?

Voltas

Eles verdes são,
e têm por usança
na cor, esperança
e nas obras, não.
Vossa condição
não é de olhos verdes,
porque me não vedes.

Isenção a molhos
que eles dizem terdes,
não são de olhos verdes,
nem de verdes olhos.
Sirvo de geolhos,
e vós não me credes
porque me não vedes.

Haviam de ser,
porque possa vê-los,
que uns olhos tão belos
não se hão-de esconder;
mas fazeis-me crer
que já não são verdes,
porque me não vedes.

Verdes não o são
no que alcanço deles;
verdes são aqueles
que esperança dão.
Se na condição
está serem verdes,
por que me não vedes?

(Luís de Camões. *Lírica*. São Paulo: Cultrix, 1976. p. 41-2.)

Fernand Khnopff. Col. particular, Turim.

condição: caráter.
isenção a molhos: desdém em abundância.
por usança: como emblema.

Os poemas líricos camonianos escritos na medida nova apresentam as inovações de forma e conteúdo introduzidas pelos poetas ligados ao humanismo italiano no século XIV, sobretudo a partir da influência de Petrarca. O verso empregado é o *decassílabo*; os tipos de composição preferidos são o *soneto*, a *écloga*, a *ode*, a *oitava* e a *elegia*.

Os temas mais comuns nessa poesia são o amor neoplatônico, o sofrimento amoroso, a natureza (confidente do amante que sofre) e a reflexão filosófica sobre o desconcerto do mundo ou sobre a passagem do tempo e a instabilidade dos sentimentos e das coisas.

A descoberta do nu

Uma verdadeira onda de sensualidade explode durante o Renascimento nas artes plásticas, que retratam formas humanas nuas ou seminuas. Diz-se que Leonardo da Vinci chegava a roubar cadáveres dos cemitérios para fazer estudos de anatomia humana, proibidos pela Igreja da época.

Os historiadores Philippe Ariès e Georges Duby afirmam que esse fenômeno teve início no final do século XV, com os pintores Van Eyck e Albrecht Durer:

> Adão e Eva, nos painéis de *O cordeiro místico*, de Van Eyck, têm pela primeira vez na história da pintura ocidental a tez, a pilosidade, as harmonias, as sinuosidades que sugerem a circulação do sangue e o sopro da vida. [...]
>
> O primeiro estudo de nu posando diante de um pintor é talvez esse desenho de Durer, datado de 1493, representando uma jovem mulher em pé. [...]
>
> O diálogo entre o homem e sua imagem, tal como a refletem os artistas, participa da consciência nova que os homens e as mulheres do fim da Idade Média tiveram de seu corpo revelado.

(*História da vida privada*. São Paulo: Companhia das Letras, 1997. v. 2. p. 574.)

St. Bavo, Ghent, Belgium

Detalhes de* O retábulo de Gante *(1433), de Jan e Hubert van Eyck.

A lírica amorosa

O tema amoroso é explorado na lírica camoniana sob dupla perspectiva. Com frequência aparece o *amor sensual*, próprio da sensualidade renascentista, inspirada no paganismo da cultura greco-latina. Predomina, porém, o *amor neoplatônico*, espécie de extensão e aprofundamento da tradição da poesia medieval portuguesa ou da poesia humanista italiana, em que o amor e a mulher se configuram como idealizados e inacessíveis.

O amor neoplatônico tem por base algumas das ideias de Platão, filósofo grego que viveu entre os séculos IV e III a.C. Platão afirmava que existem dois mundos: o *inteligível* e o *sensível*. Segundo ele, o mundo inteligível é formado por ideias e nele residem a perfeição e a beleza, enquanto o mundo sensível, formado por objetos concretos e reais, é uma projeção do primeiro, sendo, por isso mesmo, imperfeito. Dessa forma, o amor que uma pessoa sente por outra não passa de uma manifestação particular e imperfeita de algo superior, universal e perfeito: o amor-ideia, grafado com *A* maiúsculo.

Amor platônico: ontem e hoje

Atualmente a expressão *amor platônico* se refere a uma situação em que uma pessoa gosta de outra, apesar de saber que não será correspondida. Trata-se de um conceito diferente do de Platão, porque o ideal do amante, neste caso, é um dia ter a pessoa amada.

O mais alto grau do platonismo amoroso cultivado pelos poetas da Era Clássica era ter a possibilidade de realizar o desejo, mas, por opção, renunciar a ele. Aí estaria provando que o Amor (perfeito e eterno) está acima do desejo (físico e circunstancial).

É dessa concepção que advém o amor neoplatônico dos humanistas e renascentistas: quanto mais o amor por uma pessoa estiver desvinculado de prazeres físico-sensoriais e se aproximar do amor-ideia, maior e mais puro será. É o que se observa na 1ª e na 2ª estrofes do soneto de Camões que você vai ler a seguir.

Transforma-se o amador na cousa amada,
Por virtude do muito imaginar;
Não tenho logo mais que desejar,
Pois em mim tenho a parte desejada.

Se nela está minha alma transformada,
Que mais deseja o corpo de alcançar?
Em si somente pode descansar,
Pois consigo tal alma está liada.

Mas esta linda e pura semideia,
Que, como o acidente em seu sujeito,
Assim com a alma minha se conforma,

Está no pensamento como ideia;
[E] o vivo e puro amor de que sou feito,
Como a matéria simples busca a forma.

(*Lírica*, cit., p. 109.)

Nessas estrofes iniciais do poema, a realização amorosa se dá por meio da *imaginação*. Não é preciso ter a pessoa amada fisicamente, basta tê-la em pensamento. E, tendo-a em si, na imaginação, o eu lírico se transforma na pessoa amada, confunde-se com ela e, dessa forma, já a tem.

Observe, porém, que nas duas últimas estrofes o poeta abandona o neoplatonismo e, com uma comparação, manifesta seu desejo físico pela mulher amada: do mesmo modo que toda matéria busca uma forma, o seu amor puro, amor-ideia, busca o objeto desse amor, ou seja, a mulher real.

Esses sentimentos contraditórios, bem como certo pessimismo existencial que marca a poesia lírica de Camões, fogem ao espírito harmonioso e racional do Renascimento e prenunciam o movimento literário do século XVII: o Barroco. Esse período de transição entre o Renascimento e o Barroco é chamado nas artes plásticas de Maneirismo; por isso, alguns críticos consideram como traços maneiristas certas características da lírica de Camões.

Maneirismo: a transição para o Barroco

Após a morte do pintor Rafael, surgiu na Itália um grupo de pintores com uma arte requintada, ornamental, de destacado brilhantismo técnico, às vezes forçado ou exagerado.

> A arte deixou de ser um fator de conhecimento como em Leonardo, de revelação como em Michellangelo [...] para tender a converter-se em simples forma ornamental [...].
>
> Deste modo, a instabilidade, o desequilíbrio e a tensão deslocaram os antigos ideais, ao mesmo tempo que, na sua volta para o esteticismo, os artistas tenderam a umas doses de sofisticação e artificiosismo cada vez maiores.

(*História geral da arte – Pintura*. Ediciones del Prado, 1996. v. 2. p. 37.)

Hospital de Tavera, Toledo, Espanha

Leitura

Você vai ler a seguir dois sonetos que integram a produção lírica de Camões.

TEXTO I

Busque Amor novas artes, novo engenho,
Para matar-me, e novas esquivanças,
Que não pode tirar-me as esperanças,
Que mal me tirará o que eu não tenho.

Olhai de que esperanças me mantenho!
Vede que perigosas seguranças!
Que não temo contrastes nem mudanças,
Andando em bravo mar, perdido o lenho.

Mas, enquanto não pode haver desgosto
Onde esperança falta, lá me esconde
Amor um mal, que mata e não se vê;

Que dias há que na alma me tem posto
Um não sei quê, que nasce não sei onde,
Vem não sei como e dói não sei por quê.

(*Lírica*, cit., p. 112.)

TEXTO II

Tanto de meu estado me acho incerto,
Que em vivo ardor tremendo estou de frio;
Sem causa, juntamente choro e rio;
O mundo todo abarco e nada aperto.

É tudo quanto sinto um desconcerto;
Da alma um fogo me sai, da vista um rio;
Agora espero, agora desconfio,
Agora desvario, agora acerto.

Estando em terra, chego ao Céu voando;
Numa hora acho mil anos, e é de jeito
Que em mil anos não posso achar uma hora.

Se me pergunta alguém por que assim ando,
Respondo que não sei; porém suspeito
Que só porque vos vi, minha Senhora.

(Idem, p. 117.)

Amor: com *A* maiúsculo, refere-se não ao sentimento individual, mas ao amor como entidade, ou seja, ao deus do Amor.
esquivanças: crueldades.
lenho: barco, navio.
novo engenho: novas técnicas.

1. De acordo com a 1ª estrofe do texto I, o Amor deve buscar novas técnicas para conseguir "matar" o eu lírico.
   a) Por que, de acordo com o texto, essa é uma tarefa difícil, quase impossível?
   b) Portanto, como o eu lírico se sente em relação ao amor?

2. Na 2ª estrofe do texto I, para dar ideia de como se sente emocionalmente, o eu lírico utiliza a metáfora do barco no mar. O que ocorre com esse barco? O que isso representa no terreno amoroso?

3. Apesar de o eu lírico do texto I estar desesperançado, o Amor lhe prega uma peça: faz nascer nele "um mal", um "não sei quê", que mata e não se vê.
   a) Interprete: O que é esse mal?
   b) Na disputa entre o eu lírico e o Amor, quem vence?

4. Compare os textos I e II. Em relação ao conteúdo, que semelhanças e diferenças há entre eles?

5. O texto II apresenta várias antíteses e paradoxos: ardor/frio, choro/rio, terra/céu.
   a) O que o uso dessas figuras de linguagem sugere em relação aos sentimentos do eu lírico?
   b) Identifique, no texto I, uma situação em que uma dessas figuras tenha sido utilizada.

A lírica filosófica

A lírica filosófica de Camões tem por tema a reflexão sobre a vida, o homem e o mundo. Nela se destaca a consciência da incessante mudança verificada na realidade e da força implacável do tempo, cuja ação nem sempre é positiva, tanto para o eu lírico quanto para o mundo.

O eu lírico desse tipo de texto sente-se desencontrado com a realidade, vista por ele como desprovida de harmonia, confusa, desconcertada. Trata-se, portanto, de uma lírica que retrata o desengano do homem, sua perplexidade perante o desconcerto do mundo.

Esse tema é expresso tanto na medida nova quanto na medida velha, como se verifica nos dois poemas a seguir.

Ao desconcerto do mundo

Os bons vi sempre passar
No mundo graves tormentos;
E para mais me espantar,
Os maus vi sempre nadar
Em mar de contentamentos.
Cuidando alcançar assim
O bem tão mal ordenado,
Fui mal, mas fui castigado.
Assim que, só para mim
Anda o mundo concertado.

(*Lírica*, cit., p. 90.)

Filosofia para jovens

Platão, Sócrates, Descartes e muitos outros filósofos são o assunto do livro *O mundo de Sofia*, de Jostein Gaarder, uma história da filosofia romanceada que se transformou num dos livros mais lidos no mundo. Na parte que trata de Platão lê-se:

> Para Platão, a realidade se dividia em duas partes. A primeira parte é o *mundo dos sentidos*, do qual não podemos ter senão um conhecimento aproximado ou imperfeito, já que para tanto fazemos uso de nossos cinco (aproximados e imperfeitos) sentidos. Neste mundo dos sentidos, tudo "flui" e, consequentemente, nada é perene. [...]
>
> A outra parte é o *mundo das ideias*, do qual podemos chegar a ter um conhecimento seguro, se para tanto fizermos uso da razão. Este mundo das ideias não pode, portanto, ser conhecido através dos sentidos. Em compensação, as ideias (ou formas) são eternas e imutáveis.

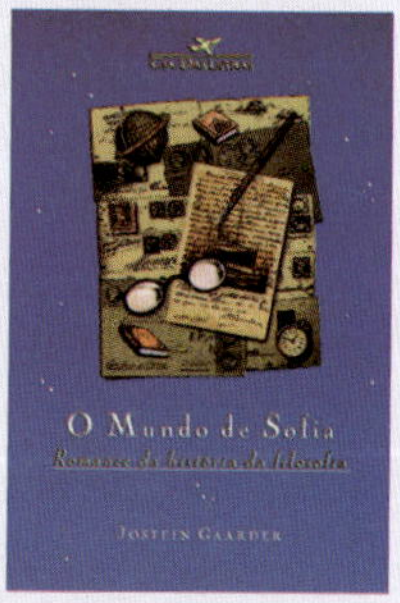

Cia. das Letras

(São Paulo: Companhia das Letras, 1995. p. 102-3.)

Mudam-se os tempos, mudam-se as vontades;
Muda-se o ser, muda-se a confiança
Todo o mundo é composto de mudança,
Tomando sempre novas qualidades.

Continuamente vemos novidades
Diferentes em tudo da esperança;
Do mal ficam as mágoas na lembrança,
E do bem, se algum houve, as saudades.

O tempo cobre o chão de verde manto,
Que já coberto foi de neve fria,
E em mim converte em choro o doce canto.

E afora este mudar-se cada dia,
Outra mudança faz, de novo espanto,
Que não se muda já como soía.

(*Lírica*, cit., p. 118.)

esperança: esperado.
qualidades: valores.
ser: caráter.
soía: costumava.
vontades: afetos.

No soneto que você acabou de ler, o eu lírico filosofa sobre um tema típico do Renascimento: a *mudança*. Sob a ação implacável do tempo, tudo muda: os sentimentos, o caráter, a confiança, os valores humanos.

Estabelecendo uma comparação entre o tempo da natureza e o tempo dos homens, o eu lírico constata que, na natureza, o tempo é regularmente cíclico. Após a neve fria, por exemplo, é certo que vem a primavera com seu "verde manto". Para os seres humanos, entretanto, a realidade é outra: tudo muda, menos a dor, a saudade, o choro. E o mais surpreendente é que a própria mudança muda, ou seja, a mudança, sendo irregular, não muda como antes.

Para quem quer mais

Eu cantarei de amor tão docemente,
Por uns termos em si tão concertados,
Que dois mil acidentes namorados
Faça sentir ao peito que não sente.

Farei que amor a todos avivente,
Pintando mil segredos delicados,
Brandas iras, suspiros magoados,
Temerosa ousadia e pena ausente.

Também, Senhora, do desprezo honesto
De vossa vista branda e rigorosa,
Contentar-me-ei dizendo a menor parte.

Porém, para cantar de vosso gesto
A composição alta e milagrosa,
Aqui falta saber, engenho e arte.

(Luís de Camões. *Lírica*, cit., p. 107.)

acidentes namorados: manifestações amorosas.
concertado: harmonioso.
desprezo honesto: recato.
gesto: rosto.
pena ausente: saudade.

Alma minha gentil, que te partiste
Tão cedo desta vida, descontente,
Repousa lá no Céu eternamente
E viva eu cá na terra sempre triste.

Se lá no assento etéreo, onde subiste,
Memória desta vida se consente,
Não te esqueças daquele amor ardente
Que já nos olhos meus tão puro viste.

E se vires que pode merecer-te
Alguma cousa a dor que me ficou
Da mágoa, sem remédio, de perder-te,

Roga a Deus, que teus anos encurtou,
Que tão cedo de cá me leve a ver-te,
Quão cedo de meus olhos te levou.

(Idem, p. 116.)

Sete anos de pastor Jacó servia
Labão, pai de Raquel, serrana bela;
Mas não servia ao pai, servia a ela,
E a ela só por prêmio pretendia.

Os dias, na esperança de um só dia,
Passava, contentando-se com vê-la;
Porém o pai, usando de cautela,
Em lugar de Raquel lhe dava Lia.

Vendo o triste pastor que com enganos
Lhe fora assim negada a sua pastora,
Como se a não tivera merecida,

Começa de servir outros sete anos.
Dizendo: — Mais servira, se não fora
Para tão longo amor tão curta a vida!

(Idem, p. 108.)

Para quem quer mais na Internet

Em nosso *site*, http://pl.atualeditora.com.br/portugues/site/paraquemquermais, você poderá ler e baixar outros textos de Camões e conhecer um pouco da obra de Antônio Ferreira, Fernão Mendes Pinto e Bernardim Ribeiro.

CAPÍTULO 7

Diálogos

O nascimento de Vênus *(1485), de Sandro Botticelli.*

Apesar de estar cerca de quinhentos anos distante dos dias atuais, o Quinhentismo continua sendo uma referência cultural importantíssima para a literatura em língua portuguesa. Camões, considerado um dos maiores poetas de nossa língua, exerceu forte influência sobre diferentes gerações de escritores, seja em Portugal, seja no Brasil, seja nos países africanos de língua portuguesa.

Diálogo com a pintura renascentista

Você vai fazer, a seguir, a leitura de uma das mais importantes pinturas do Renascimento. Observe atentamente o quadro acima.

1. Conta a mitologia que, ao nascer das espumas do mar, Vênus foi conduzida até a margem da ilha Citera, na costa sul da Grécia. No quadro de Botticelli:
   a) Quem é responsável pela condução de Vênus até a margem da ilha?
   b) Vênus é conduzida sobre as ondas até a margem. Por que o pintor teria escolhido uma concha para servir de barco à deusa?

c) A ninfa Hora espera Vênus, na margem, com um amplo manto. Levante hipóteses: O que provavelmente Hora fará com o manto? Por quê?

2. Observe que o vestido de Hora e o manto que ela tem nas mãos são estampados com desenhos de flores. Sabendo-se que cada uma das Horas representa uma estação do ano, provavelmente qual é a estação que a Hora do quadro representa?

3. À esquerda, no quadro, cai uma chuva de rosas cor-de-rosa. Segundo a mitologia, a rosa teria nascido juntamente com essa deusa. Além disso, por sua beleza e fragrância, a rosa é símbolo do amor.

a) Na mitologia, a rosa é considerada a flor sagrada de Vênus. Comparando os significados que têm a rosa e Vênus, é coerente esse atributo dado à rosa? Por quê?

b) O amor é um sentimento nobre, encantador; porém, há momentos difíceis, de dor e sofrimento. Que parte da rosa corresponderia à dor e ao sofrimento?

A presença da mitologia no quadro

Vênus (a mulher no centro): Afrodite para os gregos e Vênus para os romanos, ela é a deusa do amor, da beleza e da fecundidade. Eis sua origem: Urano (o céu) e Gaia (a terra) uniram-se para dar origem aos primeiros seres humanos, os Titãs. Porém, a pedido de Gaia, um dos filhos do casal castra o pai. Dos órgãos cortados e jogados ao mar, nasce uma espuma, da qual surge Vênus, a mais bela das deusas.

Zéfiro e **Flora** (à esquerda, no ar): Zéfiro é deus do vento, e Flora, mulher de Zéfiro, tem o poder sobre a natureza. Alguns estudiosos acham que se trata não de Flora, mas de Aura, a deusa da brisa.

Hora (à direita, na margem): é uma das quatro Horas, filhas de Zeus. Representam as quatro estações do ano.

4. Faça, com uma régua, esta experiência: meça o quadro na vertical e na horizontal e divida essas medidas ao meio, tentando encontrar o ponto médio, o centro do quadro.

a) Onde cai o centro do quadro?

b) Considerando que Vênus é a deusa do amor, da beleza e da fecundidade, você acha que foi intencional o fato de Botticelli ter colocado essa parte do corpo da deusa no centro do quadro? Por quê?

5. O quadro apresenta dois elementos que foram exaustivamente explorados pela arte renascentista: a figura humana (no caso, os deuses) e a natureza. Observe o mar ao fundo, as encostas da ilha e as árvores, à direita. Compare esses elementos ao corpo de Vênus e conclua: Qual era o interesse principal de Botticelli: retratar com perfeição a figura humana ou a natureza? Por quê?

6. A obra de Botticelli é apenas uma das muitas representações de Vênus feitas em pintura ou escultura. Para criar sua Vênus, o pintor italiano se baseou na *Vênus Capitolina*, escultura grega bem mais antiga. Observe-a, ao lado, e compare as duas figuras.

a) Que semelhança há entre elas quanto à postura?

b) Que característica típica do Renascimento se verifica na relação entre as duas obras?

Museo Archeologico Nazionale, Napoles, Italy

Vênus Capitolina.

7. A tela *O nascimento de Vênus* (1485) é considerada por alguns críticos como a obra que verdadeiramente deu início ao Renascimento.

a) Observe que Vênus está banhada de luz. Além disso, ela representa a beleza, a harmonia e a sensualidade, valores muito apreciados no Renascimento emergente. Relacionando o nascimento de Vênus ao contexto cultural em que a obra foi produzida, que outro significado a deusa pode assumir?

b) Que características próprias do Renascimento ou do Classicismo (na literatura) você identifica nesse quadro?

Diálogo entre os quadrinhos e a epopeia de Camões

Leia a seguinte página da obra *Os lusíadas*, de Fido Nesti, que adapta para a linguagem dos quadrinhos alguns dos episódios da epopeia de Camões.

Fido Nesti

Alguns especialistas em literatura são contrários às adaptações de obras literárias para a linguagem dos quadrinhos. Entendem que, mesmo quando o texto original é preservado, como ocorre no livro de Fido Nesti, a adaptação tende a banalizar a obra original e tirar do leitor a oportunidade de imaginar como eram as personagens, como era o cenário, como ocorriam as ações, etc. Você concorda com esse ponto de vista?

Escreva um parágrafo argumentativo, discordando desse ponto de vista ou concordando com ele. Apresente argumentos para fundamentar sua opinião.

Diálogo entre a canção popular e a poesia camoniana

A canção "Monte Castelo", de Renato Russo, que integrava o grupo Legião Urbana, estabelece diálogos com um soneto de Camões e com um trecho da Bíblia. Conheça e compare os três textos.

TEXTO I

Amor é fogo que arde sem se ver;
É ferida que dói e não se sente;
É um contentamento descontente;
É dor que desatina sem doer;

É um não querer mais que bem querer;
É solitário andar por entre a gente;
É nunca contentar-se de contente;
É cuidar que se ganha em se perder;

É querer estar preso por vontade;
É servir a quem vence, o vencedor;
É ter com quem nos mata lealdade.

Mas como causar pode seu favor
Nos corações humanos amizade,
Se tão contrário a si é o mesmo Amor?

(Luís de Camões. *Lírica*. São Paulo: Cultrix, 1976. p. 123.)

TEXTO II

A suprema excelência da caridade

Ainda que eu falasse as línguas dos homens e dos anjos, e não tivesse caridade, seria como o metal que soa ou como o sino que tine.

E ainda que tivesse o *dom* de profecia, e conhecesse todos os mistérios e toda a ciência, e ainda que tivesse toda a fé, de maneira tal que transportasse os montes, e não tivesse caridade, nada seria.

E ainda que distribuísse toda a minha fortuna para sustento *dos pobres*, e ainda que entregasse o meu corpo para ser queimado, e não tivesse caridade, nada disso me aproveitaria.

(Primeira epístola de S. Paulo aos Coríntios, 13.1, 2, 3. *A Bíblia sagrada*. Trad. por João Ferreira de Almeida. Rio de Janeiro: Imprensa Bíblica Brasileira, 1962. Parte 2, p. 201.)

TEXTO III

Monte Castelo

Ainda que eu falasse a língua dos homens.
E falasse a língua dos anjos, sem amor eu nada seria.

É só o amor, é só o amor.
Que conhece o que é verdade.
O amor é bom, não quer o mal.
Não sente inveja ou se envaidece.

O amor é o fogo que arde sem se ver.
É ferida que dói e não se sente.
É um contentamento descontente.
É dor que desatina sem doer.

Ainda que eu falasse a língua dos
[homens.
E falasse a língua dos anjos, sem
[amor eu nada seria.

É um não querer mais que bem
[querer.
É solitário andar por entre a gente.
É um não contentar-se de contente.
É cuidar que se ganha em se perder.

É um estar-se preso por vontade.
É servir a quem vence, o vencedor.
É um ter com quem nos mata a
[lealdade.
Tão contrário a si é o mesmo amor.

Estou acordado e todos dormem todos
[dormem todos dormem.
Agora vejo em parte. Mas então
[veremos face a face.

É só o amor, é só o amor.
Que conhece o que é verdade.

Ainda que eu falasse a língua dos homens.
E falasse a língua dos anjos, sem amor eu nada seria.

(Legião Urbana. *As quatro estações*, 1989. ©Legião Urbana Produções/ Copyrights Consultoria.)

Jeanne Fischer/LatinStock

Monte Castelo: nome do local, na Itália, que foi tomado pelos soldados brasileiros no final da Segunda Guerra Mundial.

1. Na poesia camoniana, como já vimos, geralmente *Amor* (grafado com letra maiúscula) é diferente de *amor*. Enquanto este é a expressão do sentimento individual e particular de uma pessoa por outra, o *Amor* representa uma entidade, o amor-ideia, o amor abstrato e universal.
A que tipo de amor o soneto de Camões se refere?

2. O soneto de Camões tem uma estrutura conceitual, isto é, uma forma que se presta a conceituar ou explicar o que é o amor. Por essa razão, a expressão "Amor é..." aparece seguida de várias definições, como "é fogo", "é ferida", "é contentamento", etc.

Observe o que há em comum entre as definições de amor.

a) O que chama a atenção no modo como o amor é conceituado nesse poema?

b) Assim, a concepção de amor expressa pelo eu lírico do texto coincide com a visão de mundo lógica e racional do Renascimento? Justifique sua resposta.

3. Dê uma interpretação coerente a cada um destes versos:

- "É solitário andar por entre a gente"
- "É querer estar preso por vontade"
- "É servir a quem vence, o vencedor"

4. Na última estrofe, o eu lírico identifica um paradoxo na relação que o Amor tem com os amantes. Explique esse paradoxo.

5. A canção de Renato Russo, além de incorporar uma boa parte do soneto de Camões, cita também o trecho da Bíblia reproduzido no texto II, estabelecendo com eles relações de intertextualidade e interdiscursividade. Observe o trecho bíblico no qual Renato Russo se inspirou para compor sua canção.

a) Qual é o sentimento ou a virtude humana destacada nesse trecho da Bíblia?

b) Que alteração Renato Russo fez no texto original em relação a esse sentimento ou virtude humana?

As fontes

Em comentário sobre o lançamento do disco *As quatro estações*, Renato Russo disse, em 1989: "Desta vez, eu citei as fontes para que as pessoas não pensem que tiro isso de minha cabeça. Mas Camões, a Bíblia, Buda já dizem as coisas de uma maneira completa. A gente queria fazer um disco que fosse um disco amigo, um alento, que tentasse trazer paz de espírito".

Fonte: www.lu.com.br/asquatroestacoes.asp

6. A canção de Renato Russo apresenta, no final, versos que não são nem de Camões nem da Bíblia:

"Estou acordado e todos dormem todos dormem todos dormem.
Agora vejo em parte. Mas então veremos face a face."

"É só o amor, é só o amor.
Que conhece o que é verdade."

Dê uma interpretação coerente a esses versos.

7. Segundo o teórico russo Mikhail Bakhtin, nenhum texto ou discurso é puro. Todo discurso é uma resposta a outros discursos, tanto os que já circularam socialmente quanto aqueles que ainda vão circular a partir dele. Renato Russo, ao se apropriar dos discursos camoniano e bíblico, atribui novos sentidos a eles, condizentes com suas ideias e com sua época.

Leia no boxe acima o depoimento de Renato Russo sobre o disco *As quatro estações*. Considerando o título da canção e a *interdiscursividade*, conclua: Que sentido ganha a canção de Renato Russo, considerada a época em que foi produzida?

UNIDADE 3

História social do Barroco

Alex Ramsay/Alamy/Other Images

Jardim do Paço Episcopal, obra de inspiração barroca, situada em Castelo Branco, Portugal.

O Renascimento, no século XVI, deu ao ser humano um forte sentimento de autoconfiança. Com o avanço da ciência, o desenvolvimento do comércio e o domínio dos mares, o homem passou a acreditar em sua capacidade de compreender, dominar e transformar o mundo. Novas teorias religiosas e científicas foram propostas, máquinas foram inventadas e a arte ressurgiu em todo o seu esplendor.

No século XVII, entretanto, o humanismo renascentista entrou em declínio e abriu espaço para a fé, a dúvida, a culpa, a sombra.

Dessa contradição nasceu o Barroco, expressão artística do século XVII que retrata na arte um momento delicado da vida política e cultural portuguesa.

Tudo no mundo são sombras, que passam; as que são maiores, e mais agigantadas, duram mais horas, mas também se extinguem, e do mesmo modo que aquelas, que apenas tiveram de existência alguns instantes.

(Matias Aires)

Preguemos e armemo-nos todos contra os pecados, contra as soberbas, contra os ódios, contra as ambições, contra as invejas, contra as cobiças, contra as sensualidades. Veja o Céu que ainda tem na terra quem se põe da sua parte. Saiba o Inferno que ainda há na terra quem lhe faça guerra com a palavra de Deus, e saiba a mesma terra que ainda está em estado de reverdecer e dar muito fruto: *Et fecit fructum centuplum.*

(Pe. Antônio Vieira)

Fique ligado! Pesquise!

Para você ampliar seus conhecimentos sobre o Barroco na literatura e nas artes em geral, eis algumas sugestões:

VÍDEOS

Moça com brinco de pérola, de Peter Webber; *A rainha Margot*, de Patrice Chéreau; *Gregório de Matos*, de Ana Carolina; *Caravaggio*, de Derek Jarman; *O homem da máscara de ferro*, de Randall Wallace; *Mary Stuart – Rainha da Escócia*, de Charles Jarrot; *As bruxas de Salem*, de Nicholas Hytner.

LIVROS

Moça com brinco de pérola, de Tracy Chevalier (Bertrand do Brasil); *As missões*, de Júlio Quevedo (Ática); *Os sermões*, de Pe. Antônio Vieira (Cultrix); *Antologia poética*, de Gregório de Matos (Ediouro); *Melhores poemas*, de Gregório de Matos (Global); *A vida é sonho*, de Calderón de la Barca (Abril Cultural); *Cid e Horácio: tragédia em cinco atos*, de Corneille (Ediouro); *O avarento* (Ediouro), *Don Juan* (L&PM), *Escola de mulheres* (Nórdica), *O burguês ridículo* (Sete Letras), de Molière; *Três tragédias: Phedra, Esther e Athalia*, de Corneille (Ediouro); *O mundo de Sofia*, de Jostein Gaarder (Companhia das Letras).

MÚSICA

Ouça a produção musical dos compositores barrocos Antonio Vivaldi, Johann Sebastian Bach e Georg Friedrich Haendel. E também os CDs: *Música do Brasil colonial – Compositores mineiros; Padre João de Deus de Castro Lobo – Missa e credo para oito vozes; Sacred Music from 18th century – Brasil; Sermão de Santo Antônio aos peixes (Saulos).* Ouça também a canção "Pecado original", de Caetano Veloso, e descubra pontos de contato entre ela e as ideias do Barroco.

SITES

bibdigital.inf.ufsc.br/
memoriaviva.digi.com.br/gregorio/
www.vidaslusofonas.pt/padre_antonio_vieira_htm
www.instituto-camoes.pt/cvc/tesouro/06/barroco1.html

CD-ROM

Ouro Preto – Guia eletrônico (Ciclope/Cebrae-MG).

VISITAS

Visite as cidades que possuem igrejas e museus com obras dos séculos XVII e XVIII, como Ouro Preto, Mariana, São João del Rei, Sabará, Tiradentes, Diamantina, Salvador, Olinda e Recife, entre outras.

CAPÍTULO 8

A linguagem do Barroco

Mimmo Jodice/Corbis/Latin Stock

Detalhe de São Jerônimo e o Anjo do Julgamento *(1626), de José de Ribera, do Barroco espanhol.*

No século XVII, valores como o humanismo, o gosto pelas coisas terrenas, as satisfações mundanas e sensoriais valorizados pelo Renascimento fundiram-se com valores espirituais da Contrarreforma, do que resultou uma forma de viver conflituosa, expressa na arte barroca.

Leitura

Há, a seguir, quatro textos do Barroco português: três sonetos e um texto em prosa. Leia-os e responda às questões propostas.

Capela Contarelli, S. Luigi dei Francesi, Roma.

A vocação de São Mateus, *de Caravaggio.*

TEXTO I

Amor, se uma mudança imaginada
É já com tal rigor minha homicida,
Que será se passar de ser temida
A ser, como temida, averiguada?

Se só por ser de mim tam receada,
Com dura execução me tira a vida,
Que fará se chegar a ser sabida?
Que fará se passar de suspeitada?

Porém se já me mata, sendo incerta,
Somente imaginá-la e presumi-la,
Claro está (pois da vida o fio corta),

Que me fará despois, quando for certa:
— Ou tornar a viver, para senti-la,
Ou senti-la também despois de morta.

(Violante do Céu. In: Antônio Soares Amora. *Presença da literatura portuguesa.* São Paulo: Difel, 1967. v. 2, p. 131-2.)

despois: depois.
tam: tão.

Quem são os autores dos textos?

Violante do Céu (1602-1693) foi uma poetisa que até os 28 anos, quando ingressou no convento, cultivou o tema da paixão profana; depois disso, passou a cultivar temas religiosos.

Francisco Rodrigues Lobo (1580-1622) foi um dos principais escritores do Barroco português, influenciado fortemente pela poesia de Camões e de Gôngora, poeta barroco espanhol.

Sóror Mariana Alcoforado (1640-1723) foi uma religiosa que se apaixonou pelo conde de Chamilly, capitão francês que esteve a serviço do exército português no Alentejo; em suas cartas de amor dirigidas ao capitão, retrata a condição desumana a que eram submetidas as mulheres da aristocracia, internadas contra a vontade nos conventos da época.

Pe. Antônio Vieira (1608-1697) foi um sermonista renomado e o principal escritor barroco de Portugal.

TEXTO II

Formoso Tejo meu, quão diferente
Te vejo e vi, me vês agora e viste:
Turvo te vejo a ti, tu a mim triste,
Claro te vi eu já, tu a mim contente.

A ti foi-te trocando a grossa enchente
A quem teu largo campo não resiste;
A mim trocou-me a vista em que consiste
O meu viver contente ou descontente.

Já que somos no mal participantes,
Sejamo-lo no bem. Oh! Quem me dera
Que fôramos em tudo semelhantes!

Mas lá virá a fresca primavera:
Tu tornarás a ser quem eras de antes,
Eu não sei se serei quem de antes era.

(Francisco Rodrigues Lobo. In: Antônio Soares Amora, op. cit., p. 127.)

Rome, S. Maria della Vittoria, Cappela Cornaro

O êxtase da Santa Theresa *(1644-7), de Giovanni Lorenzo Bernini.*

TEXTO III

Primeira carta

[...]

Vê lá tu, meu amor, como foste capaz de te iludir!

Ah! Coitado de ti, enganaste-te e enganaste-me com esperanças mentirosas.

Tantas esperanças de gosto nos dava o nosso amor, e causa-nos agora o mortal desespero que só pode comparar-se à crueldade desta separação!

Pois quê! a tua ausência, para que a minha dor não acha nome bastante triste, há de privar-me para sempre de me mirar nos teus olhos, onde eu via tanto amor, que me enchiam de alegria, que eram tudo para mim?

Ai de mim! Os meus perderam a luz que os alumiava e não fazem senão chorar.

Mas parece-me que tenho amizade às mágoas de que tu só és a causa; logo que te vi dei-te a vida e sinto gosto em ta sacrificar.

Mil vezes em cada dia lá te mando os meus suspiros; e não me trazem para alívio de tantos males senão este ajuizado aviso à minha desventura, que estou sempre a ouvir:

Palácio Barberini, Roma

— Deixa, pobre Mariana, deixa de querer àquele que atravessou o mar para te fugir, que está em França no meio dos prazeres, que não pensa um instante no que sofres, nem to agradece, e que até te dispensa de o amares tanto. [...]

Meu Deus! Mas como pôde ser isto de tais lembranças tão doces se haverem tornado tão cruéis? Pois hão de elas apenas servir para partir-me o coração? Ai de mim! a tua última carta veio pôr-mo em tal sobressalto, tais movimentos lhe senti que entendi que queria deixar-me para ir ter contigo! Tão quebrada fiquei com todas estas ânsias que estive mais de três horas sem sentidos; e quisera não ter tornado a uma vida que devo perder por ti, pois que para ti a não posso conservar. [...]

[...]

(Sóror Mariana Alcoforado. In: Antônio Soares Amora, op. cit., p. 191-2.)

TEXTO IV

O soneto a seguir, do famoso sermonista Pe. Antônio Vieira, foi escrito como resposta a um soneto que lhe foi enviado por seu irmão, Bernardo Vieira (leia no boxe da página seguinte o soneto de Bernardo).

Vê, Bernardo, da eternidade o mapa,
Deixa do velho Adão a geral cepa.
Pelo lenho da Cruz ao Empírio trepa,
Começando em Belém da pobre lapa.

Mais que rei pode ser, e mais que papa,
Quem de seu coração vícios decepa;
Que a grenha de Sansão toda é carepa,
E a gadanha da morte tudo rapa.

A flor da vida, se é na cor tulipa,
De seus anos também se faz garlopa,
Que os corta, como ao mar corta a chalupa.

Não há mister que o ferro corte a tripa,
Se na parte vital o fado topa
Em apa, epa, ipa, opa, upa.

(In: Wilson Martins. *História da inteligência brasileira.* São Paulo: Cultrix, 1976. v. 1, p. 202.)

Belém: cidade onde nasceu Jesus.
carepa: caspa, sujeira.
cepa: tronco da videira; origem.
chalupa: antigo navio a vela.
empírio: céu.
fado: destino.
gadanha: foice, alfange.
garlopa: ferramenta de marcenaria; termo usado como sinônimo de trabalho braçal.
grenha: cabeleira, cabelo emaranhado.
lapa: gruta
mister: necessidade.
tulipa: planta ornamental que dá uma única e bela flor; a flor dessa planta.

Entre irmãos

Eis o soneto de Bernardo Vieira enviado por ele ao irmão, Pe. Antônio Vieira:

Se queres ver do mundo um novo mapa,
Oitenta anos atenta desta cepa,
Por onde em ramos a cobiça trepa,
E emaranhada faz do tronco lapa.

Morde com dentes, por não ter mais papa;
Com a língua fere, com as mãos decepa;
Soldado e povo livra da carepa,
Que na tarde e manhã raivoso rapa.

Olhos de água, as faces de tulipa;
E cada pé de pau uma garlopa;
Com um só remo corpo de chalupa.

O bofe muito, e muito pouca tripa,
E a minha musa, porque nela topa
Em apa, epa, ipa, opa, upa.

(Idem.)

bofe: pulmão.

1. Os quatro textos, embora por perspectivas distintas, abordam o tema da mudança, da instabilidade a que o ser humano está sujeito. Quais deles apresentam razões semelhantes para a transformação? De que mudança tratam?

2. No texto II, o eu lírico compara-se com o rio Tejo e refere-se a mudanças sofridas por ambos no decorrer da existência.
   a) Qual é o responsável pelas transformações do poeta e do rio?
   b) No último terceto, o eu lírico constata uma grande diferença entre ele e o rio. Qual é essa diferença?

3. A linguagem barroca reflete os estados do conflito espiritual vivido pelo homem no século XVII, seja porque ele se sente em pecado diante de um mundo impregnado de censura religiosa, seja porque a própria existência submete todas as pessoas a constantes surpresas. A linguagem, portanto, é marcada por contrastes, imagens exageradas, inversões, torneios de linguagem.
   a) Identifique algumas antíteses presentes nos textos I e II.
   b) Em que versos de Violante do Céu há um verdadeiro paradoxo?
   c) Reescreva na ordem direta o segundo quarteto do soneto de Vieira. Explicite o seu sentido.

4. Considerando que a carta de Sóror Mariana Alcoforado tem um interlocutor bem-definido e um objetivo específico, responda:
   a) Que passagem da "Primeira carta" constitui uma hipérbole? Por que razão o texto é construído fundamentalmente com base nessa figura de linguagem?
   b) A partir do significado do pronome *mo*, no contexto, qual é o sentido do trecho a seguir?

> "Ai de mim! a tua última carta veio pôr-mo em tal sobressalto, tais movimentos lhe senti que entendi que queria deixar-me para ir ter contigo!"

   c) Pode-se dizer que a situação emocional da jovem se transforma em problema físico, com doses de morbidez? Justifique.

Album/aKg-images/Latin Stock

Arcanjo Miguel (1635), por Guido Reni.

5. Pe. Antônio Vieira, em seu soneto, apresenta ao irmão uma alternativa ao desconcerto provocado pela cobiça humana.

a) Qual é o contraste que, apresentado logo no primeiro verso, sintetiza a oposição barroca entre *antropocentrismo* e *teocentrismo*?

b) No primeiro terceto, para dar ao irmão (e ao leitor) ideia da transitoriedade da vida, Vieira emprega a metáfora "flor da vida". Qual é o sentido dessa metáfora?

6. Comparando os sonetos "Formoso Tejo meu, quão diferente" e "Vê, Bernardo, da eternidade o mapa", percebe-se uma diferença de postura em relação ao mundo e à vida. Que visão de mundo tem o eu lírico de cada um dos sonetos?

7. Com base no estudo dos textos, faça uma síntese das principais características da linguagem barroca quanto ao conteúdo e à forma.

Do texto ao contexto do Barroco

No século XVI o homem europeu ampliou os limites geográficos do mundo conhecido, acreditou em sua capacidade de dominar e transformar a natureza por meio da razão, empenhou-se na descoberta de novos conhecimentos científicos e resgatou a cultura clássica, modelo de inspiração.

Essa euforia antropocêntrica, contudo, sofre fortes abalos no século XVII, o século barroco, em virtude das alterações do quadro político, econômico, social e religioso.

Do *ponto de vista político*, verifica-se a solidificação do Absolutismo, sistema político baseado na centralização absoluta do poder nas mãos do rei, o qual se considerava representante de Deus na Terra. Esse sistema só foi possível graças à necessidade de superar a crise da Idade Média e graças às necessidades da burguesia (classe de comerciantes em ascensão) de ter um governo centralizador, que unificasse e ampliasse as condições do mercado nacional.

Do *ponto de vista econômico*, vive-se a Revolução Comercial, cuja política econômica, o mercantilismo, se baseava no metalismo, na balança de comércio favorável e no acúmulo de capitais.

Gérard Blot/RMN/ Other Images

Luís XIV, o Rei Sol, retratado em alegoria de Joseph Werner.

Quanto à *estrutura da sociedade*, esta é organizada em três camadas sociais impermeáveis: o clero, a nobreza e o terceiro Estado — este formado pela burguesia, pelos artesãos e pelos camponeses. A burguesia, classe social que detinha forte poder econômico, pressiona, por isso mesmo, politicamente a nobreza e o rei, a fim de participar das decisões políticas do Estado absolutista.

Do *ponto de vista espiritual*, o século XVII é marcado pelos reflexos das crises religiosas verificadas no século anterior: a Reforma (1517) e a Contrarreforma (1563). A Reforma representa a cisão da Igreja cristã, que dá origem ao protestantismo e a uma verdadeira revolução religiosa na Europa. A Contrarreforma é uma reação da Igreja Católica, que visa combater a expansão do protestantismo e recuperar as áreas de domínio protestante. Trata-se, portanto, de uma época em que fermentam novas teorias religiosas e reveem-se dogmas e valores antes inquestionáveis.

É nesse contexto de autoritarismo político, de expansão comercial e econômica, de tensões sociais e de crises religiosas que nasce a arte barroca.

Um dos traços mais importantes que caracterizam o Barroco é o gosto pela aproximação de realidades opostas, o gosto pelo conflito e pelas contradições violentas. Tal princípio pode ser relacionado à realidade do homem barroco, uma realidade igualmente contraditória e em transformação.

Politicamente, o homem da época sentia-se oprimido; economicamente, contudo, sentia-se livre para enriquecer. Apesar da possibilidade de ascensão *econômica*, a estrutura social do Antigo Regime não lhe permitia a ascensão *social*.

Hans Peter Merten/Image Plus

Palácio Nacional de Mafra, construção barroca do início do século XVIII, cuja construção é narrada na obra **Memorial do Convento**, *de José Saramago.*

No plano espiritual, igualmente se verificam novas contradições: ao mesmo tempo que estão presentes as conquistas e os valores do Renascimento e o mercantilismo possibilita a aquisição de bens e prazeres materiais, a Contrarreforma procura restaurar a fé cristã medieval e estimular a vida e os valores espirituais.

Por esse conjunto de razões é que na linguagem barroca, tanto na forma quanto no conteúdo, se verifica uma rejeição constante da visão racional e ordenada das coisas.

Os temas barrocos são aqueles que refletem os estados de tensão da alma humana, tais como vida e morte, matéria e espírito, amor platônico e amor carnal, pecado e perdão.

A forma barroca é aquela capaz de veicular esses conteúdos, acentuando-lhes ou ampliando-lhes o sentido trágico. Daí o apoio nas sugestões de luz, cor e som e o emprego ostensivo de certas figuras de linguagem que traduzem a inclinação fantasiosa e contraditória do homem barroco.

Fruto da síntese entre duas mentalidades, a medieval e a renascentista, o homem do século XVII é um ser contraditório, tal qual a arte pela qual se expressa.

Para quem quer mais na Internet

O poeta brasileiro Gregório de Matos fez recriações de sonetos de Francisco Rodrigues Lobo e de Bernardo Vieira, estudados neste capítulo. Nessa época, era comum um escritor traduzir ou imitar outro escritor, como forma de apreender as técnicas utilizadas por ele.

Acesse o nosso *site* (http://pl.atualeditora.com.br/portugues/site/paraquemquermais) e compare os sonetos de Gregório de Matos aos dos escritores portugueses. Verifique se a visão do poeta brasileiro, marcada pelas condições do Brasil-Colônia, coincide com a dos portugueses.

CAPÍTULO 9

O Barroco em Portugal

Ludovic Maisant/Corbis/LatinStock

Monumento arquitetônico barroco em Braga, Portugal.

O Barroco português se deu num momento em que o país vivia uma crise de identidade, uma vez que se encontrava sob o domínio político da Espanha. Dois aspectos podem ser identificados na produção literária desse período: de um lado, o esforço dos portugueses em preservar sua cultura e sua língua; de outro, as influências da Contrarreforma, que deram origem a uma ampla produção de caráter religioso, como a do Pe. Antônio Vieira, o principal escritor português do século XVII.

No ano de 1580, dois fatos significativos marcaram a vida cultural e política de Portugal: a morte de Camões e a passagem do país ao domínio espanhol, em razão de o trono português ter sido herdado por Felipe II, da Espanha, depois do desaparecimento do rei português D. Sebastião, em 1578, na batalha de Alcácer-Quibir, na África.

Durante o domínio espanhol (1580-1640), a literatura e as artes portuguesas foram influenciadas pelas manifestações culturais espanholas, que conheceram nesse período o "século de ouro". Cervantes, Gôngora, Quevedo, Lope de Vega e Calderón de la Barca são alguns dos importantes escritores espanhóis desse período. O florescimento do Barroco em Portugal não se deu, porém, com a mesma intensidade que na Espanha. Os escritores portugueses, como forma de resistência política ao domínio espanhol, procuraram preservar a língua e a cultura lusitanas. Assim, passaram a ter uma atitude saudosista, valorizando as personagens e os escritores do seu passado heroico recente: Vasco da Gama, D. Sebastião, Camões.

Ao mesmo tempo, o Barroco português ganhou fortes matizes religiosos, por influência da Contrarreforma, que teve ampla penetração nos países ibéricos. A atuação da Companhia de Jesus e do tribunal da Inquisição, instaurado em Portugal em meados do século XVI, completam o quadro cultural lusitano desse período, marcado pela religiosidade e pela austeridade.

A produção literária do período pode ser assim organizada:

- **sermões, cartas, prosa religiosa e moralística:** Pe. Antônio Vieira, Pe. Manuel Bernardes, Francisco Manuel de Melo, sóror Mariana Alcoforado;
- **poesia, novela:** Francisco Manuel de Melo;
- **teatro:** Antônio José da Silva e Francisco Manuel de Melo.

A origem do sebastianismo

Com o desaparecimento de D. Sebastião (a quem Camões dedicou *Os lusíadas*) na guerra de Alcácer-Quibir, criou-se em Portugal a crença de que ele poderia estar vivo. Com o passar dos anos, porém, essa possibilidade foi se tornando cada vez mais inviável.

Considerado morto D. Sebastião, Portugal passou ao domínio espanhol, em 1580. Mas, mesmo assim, o povo português, principalmente as camadas mais humildes, continuou esperando que o rei voltasse para pôr fim à dominação espanhola.

D. Sebastião nunca voltou, mas o mito atravessou séculos, misturando-se ao fanatismo religioso. Chegou até mesmo ao Brasil, onde influenciou o movimento liderado pelo fanático Antônio Conselheiro, no sertão da Bahia, no final do século XIX.

Pe. Antônio Vieira: a literatura como missão

Antônio Vieira (1608-1697) é a principal expressão do Barroco em Portugal. Sua obra pertence tanto à literatura portuguesa quanto à brasileira.

Português de origem, Vieira tinha 7 anos quando veio com a família para o Brasil. Na Bahia estudou com os jesuítas e espontaneamente ingressou na ordem da Companhia de Jesus, iniciando seu noviciado com apenas 15 anos. A maior parte de sua obra foi escrita no Brasil e está relacionada com as inúmeras atividades que o autor desempenhou como religioso, como conselheiro de D. João IV, rei de Portugal, e como mediador e representante de Portugal em relações econômicas e políticas com outros países.

Instituto Histórico de Alagoas

Vieira na redução das tribos de Marajó, *em 1657, quadro de Theodoro Braga (1917).*

O homem de ação

Embora religioso, Vieira nunca restringiu sua atuação à pregação religiosa. Sempre pôs seus sermões a serviço das causas políticas que abraçava e defendia e, por isso, se indispôs com muita gente: com os pequenos comerciantes, com os colonos que escravizavam índios e até com a Inquisição.

Valendo-se do púlpito — único meio de propagação de ideias às multidões no Nordeste brasileiro do século XVII —, Vieira pregou a índios, brancos e negros, a brasileiros, africanos e portugueses, a dominadores e dominados. Suas ideias políticas foram postas em prática por meio da catequese, da defesa do índio e do domínio português sobre a colônia por ocasião da invasão holandesa.

Embora Vieira defendesse os índios da escravidão, seus sermões não tinham a mesma postura em relação à escravização dos negros. Limitavam-se a descrever a situação a que eram submetidos os negros e apontar-lhes a perspectiva de uma vida pós-morte que compensasse os sofrimentos em vida. O historiador Luiz Roncari comenta:

> A realidade na qual Vieira procura interferir não é diretamente a exterior, mas a interior, tentando mudar as convicções tanto dos negros como dos brancos. Por isso nestes sermões ele se dirige aos dois, ora a um, ora a outro, sabendo que o ouvem continuamente.
>
> (*Literatura brasileira – Dos primeiros cronistas aos últimos românticos*. 2. ed. São Paulo: Edusp/FDE, 1995. p. 167.)

Vieira e a Inquisição

No romance histórico *Boca do Inferno*, de Ana Miranda, no qual Vieira é personagem, a narradora faz referência às inimizades do escritor:

> As ideias que Vieira pregava perturbavam o conforto do pensamento. O fanatismo religioso destruía filósofos, como Giordano Bruno; arcebispos, como o de Spalato; cientistas, como Marco Antonio Dominis. Até mesmo o rei Carlos I da Inglaterra foi levado ao cadafalso pela intolerância religiosa. Mas Antônio Vieira não se atemorizava com tamanho poder e enfrentava a Inquisição a ponto de Cristóvão Soares dizer que ele não morreria na Companhia de Jesus. Mas certo é que acabasse nas mãos do Santo Ofício. Vieira era, então, o homem mais odiado de Portugal. E quanto mais era odiado pela Inquisição, mais a desafiava.

Veja como exemplo dessa atitude de Vieira este fragmento do "Sermão vigésimo sétimo":

> Umas religiões são de descalços, outras de calçados; a vossa é de descalços e despidos. O vosso hábito é da vossa mesma cor; porque não vos vestem as peles das ovelhas e camelos, como a Elias, mas aquelas com que vos cobriu ou descobriu a natureza, expostos aos calores do sol e frios das chuvas. A vossa pobreza é mais pobre que a dos menores, e a vossa obediência mais sujeita que a dos que nós chamamos mínimos. As vossas abstinências mais merecem nome de fome, que de jejum, e as vossas vigílias não são de uma hora à meia-noite, mas de toda a noite sem meio. A vossa regra é uma ou muitas, porque é a vontade e vontades de vossos senhores. Vós estais obrigados a eles, porque não podeis deixar o seu cativeiro, e eles não estão obrigados a vós, porque vos podem vender a outro, quando quiserem. Em uma só religião se acha este contrato, para que também a vossa seja nisto singular. Nos nomes do vosso tratamento não falo, porque não são de reverência nem de caridade, mas de desprezo e afronta. Enfim, toda a religião tem fim e vocação, e graça particular. A graça da vossa são açoutes e castigos [...].
>
> (In: Luiz Roncari. *Literatura brasileira – Dos primeiros cronistas aos últimos românticos*, cit., p. 168.)

O visionário

Vieira teve também um pouco de sonhador e profeta e chegou a escrever três obras com esse conteúdo: *História do futuro*, *Esperanças de Portugal* e *Clavis prophetarum*.

Baseado em textos bíblicos e nos textos e profecias do poeta português Bandarra, Vieira acreditava na ressurreição do rei D. João IV, seu protetor, morto em 1656. Essas ideias estão em sua obra *Esperanças de Portugal*, motivo por que, entre 1665 e 1667, foi processado e preso pela Inquisição, que ainda lhe cassou o direito de palavra em Portugal.

Nesse processo também lhe pesaram acusações de envolvimento com cristãos-novos (judeus convertidos ao cristianismo por medo de perseguições). Em vez de atacar os judeus, como se fazia em vários países católicos por influência da Inquisição, Vieira defendia a permanência e a entrada deles em Portugal como forma de estimular o comércio naquele país. Por outro lado, prevendo um "Terceiro Estado" da Igreja, tinha interesse em fazer um acordo teológico secreto com os judeus.

O orador

As qualidades de Vieira como orador são incomparáveis. Aliando sua formação jesuítica à estética barroca em voga, pronunciou sermões que se tornaram ao mesmo tempo a expressão máxima do Barroco em prosa sacra e uma das principais expressões ideológicas e literárias da Contrarreforma. Pregou no Brasil, em Portugal e na Itália, sempre com grande repercussão.

Púlpito da Igreja Nossa Senhora da Ajuda, em Salvador (BA), onde Vieira pregou.

Entre a vasta produção do autor, que conta com mais de duzentos sermões e quinhentas cartas, destacam-se:

- "Sermão da sexagésima": proferido na Capela Real de Lisboa em 1655, tematiza a arte de pregar.
- "Sermão pelo bom sucesso das armas de Portugal contra as de Holanda": proferido na Bahia em 1640, coloca-se contrário à invasão holandesa.
- "Sermão de Santo Antônio (aos peixes)": proferido no Maranhão em 1654, ataca a escravização de índios.
- "Sermão do mandato": proferido na Capela Real de Lisboa em 1645, desenvolve o tema do amor místico.

A função dos púlpitos no Brasil colonial

Hoje, nossas opiniões sobre a vida e o mundo são formadas a partir de relações com uma série de instituições e meios de comunicação: escolas, igrejas, clubes, teatros, cinemas, livros, revistas, jornais, rádio, televisão, etc. Mas, para o homem da acanhada sociedade brasileira do século XVII, não existia outro espaço onde se informar e refletir sobre os fatos da vida e do mundo a não ser o da Igreja. [...] Na hora dos sermões, os padres, nos púlpitos, tratavam de todos os assuntos que envolviam e preocupavam seu auditório, dependendo da sensibilidade que tivessem para os detectar.

(Luiz Roncari, op. cit., p. 148.)

Leitura

Você vai ler a seguir um fragmento do "Sermão pelo bom sucesso das armas de Portugal contra as de Holanda", pregado por Vieira em Salvador, em 1640. Nesse ano, os holandeses apertaram o cerco à cidade; em todos os templos, fizeram-se preces e sermões exortando baianos e portugueses a defenderem a terra contra a invasão iminente.

Sermão pelo bom sucesso das armas de Portugal contra as de Holanda

Levanta-te! Por que dormes, Senhor? Levanta-te e não repilas para sempre. Por que voltas a face? Esqueceste da nossa miséria e da nossa tribulação? Levanta-te, Senhor, ajuda-nos e redime-nos em atenção ao teu nome.

(Salmo XLIII, 23-26.)

Com estas palavras piedosamente resolutas, mais protestando, que orando, dá fim o Profeta Rei ao Salmo XLIII — Salmo que, desde o princípio até o fim, não parece senão cortado para os tempos e ocasião presente. O Doutor Máximo S. Jerônimo, e depois dele os outros expositores, dizem que se entende à letra de qualquer reino ou província católica, destruída e assolada por inimigos da Fé. Mas entre todos os reinos do Mundo a nenhum lhe quadra melhor, que ao nosso Reino de Portugal; e entre todas as províncias de Portugal a nenhuma vem mais ao justo que à miserável província do Brasil. Vamos lendo todo o Salmo, e em todas as cláusulas dele veremos retratadas as da nossa fortuna: o que fomos e o que somos.

[...] "Ouvimos (começa o Profeta) a nossos pais, lemos nossas histórias e ainda os mais velhos viram, em parte, com seus olhos, as obras maravilhosas, as proezas, as vitórias, as conquistas, que por meio dos portugueses obrou em tempos passados vossa onipotência, Senhor." [...] "Vossa mão foi a que venceu e sujeitou tantas nações bárbaras, belicosas e indômitas, e as despojou do domínio de suas próprias terras para nelas os plantar como plantou com tão bem fundadas raízes; e para nelas o dilatar, como dilatou e estendeu em todas as partes do Mundo, na África, na Ásia, na América." [...]

Porém agora, Senhor, vemos tudo isso tão trocado, que já parece que nos deixastes de todo e nos lançastes de vós, porque já não ides diante das nossas bandeiras, nem capitaniais como dantes os nossos exércitos. [...]

Considerai, Deus meu — e perdoai-me se falo inconsideradamente — considerai a quem tirais as terras do Brasil e a quem as dais. Tirais estas terras aos portugueses, a quem no princípio as destes [...], tirais estas terras àqueles mesmos portugueses a quem escolhestes entre todas as nações do Mundo para conquistadores da vossa Fé, e a quem destes por armas como insígnia e divisa singular vossas próprias chagas. E será bem, Supremo Senhor e Governador do Universo, que às sagradas quinas de Portugal e às armas e chagas de Cristo, sucedam as heréticas listas de Holanda, rebeldes a seu rei e a Deus?

[...]

Finjamos, pois, (o que até fingido e imaginado faz horror), finjamos que vem a Bahia e o resto do Brasil a mãos dos holandeses; que é o que há de suceder em tal caso? — Entrarão por esta cidade com fúria de vencedores e de hereges; não perdoarão a estado, a sexo nem a idade; com os fios dos mesmos alfanjes medirão a todos; chorarão as mulheres, vendo que se não guarda decoro à sua modéstia; chorarão os velhos, vendo que não se guarda respeito a suas cãs; chorarão os nobres, vendo que se não guarda cortesia à sua qualidade; chorarão os religiosos e veneráveis sacerdotes, vendo que até as coroas sagradas os não defendem; chorarão finalmente todos, e entre todos mais lastimosamente os inocentes, porque nem a esses perdoará (como em outras ocasiões não perdoou), a desumanidade herética. [...]

Instituto Histórico da Bahia, Salvador

A Baía de Todos os Santos, Salvador, em litografia de 1782.

Enfim, Senhor, despojados assim os templos e derrubados os altares, acabar-se-á no Brasil a cristandade católica; acabar-se-á o culto divino; nascerá erva nas igrejas, como nos campos; não haverá quem entre nelas. Passará um dia de Natal, e não haverá memória de vosso nascimento; passará a Quaresma e a Semana Santa, e não se celebrarão os mistérios de vossa Paixão [...] Não haverá missas, nem altares, nem sacerdotes que as digam; morrerão os católicos sem confissão nem sacramento; pregar-se-ão heresias nestes mesmos púlpitos, e em lugar de São Jerônimo e Santo Agostinho, ouvir-se-ão e alegar-se-ão neles os infames nomes de Calvino e Lutero; beberão a falsa doutrina os inocentes que ficarem, relíquias dos portugueses; e chegaremos a estado que, se perguntarem aos filhos e netos dos que aqui estão: — Menino, de que seita sois? Um responderá: — Eu sou calvinista; outro: — Eu sou luterano.

Pois isto se há de sofrer, Deus meu? Quando quisestes entregar vossas ovelhas a São Pedro, examinaste-o três vezes se vos amava. E agora as entregais desta maneira, não a pastores, senão aos lobos?! Sois o mesmo ou sois outro? Aos hereges o vosso rebanho? Aos hereges as almas? [...] Já sei, Senhor, que vos haveis de enternecer e arrepender, e que não haveis de ter coração para ver tais lástimas e tais estragos. E se assim é (que assim o estão prometendo vossas entranhas piedosíssimas), se é que há de haver dor, se é que há de haver arrependimento depois, cessem as iras, cessem as execuções agora, que não é justo vos contente antes o que vos há de pesar em algum tempo.

(In: Eugênio Gomes, org. *Vieira – Sermões*. São Paulo: Agir, 1963. p.13-49.)

alfanjes: foices.
belicosas: guerreiras, agressivas.
capitanear: liderar, comandar.
cãs: cabelos brancos.
chagas: chagas de Cristo, representadas por cinco quinas no brasão português.
cláusulas: itens, tópicos.
decoro: recato, decência.
herética: que professa ideias contrárias às geralmente admitidas pela Igreja Católica.
indômitas: indomáveis, selvagens.
insígnia: brasão português.
listas de Holanda: bandeira holandesa.
Profeta Rei: Davi.

1. Vieira, como de hábito, adota como epígrafe para seu sermão uma passagem bíblica. Neste caso, trata-se de uma passagem do salmo XLIII.

a) Quem são os interlocutores nesse salmo?

b) Um dos interlocutores queixa-se ao outro e lhe faz um pedido. Qual é o motivo da queixa? Qual é o pedido?

2. A interpretação do texto bíblico é feita nos três primeiros parágrafos do texto. O pregador relaciona-a passo a passo com a situação vivida pela cidade de Salvador naqueles dias de 1640, o que serve ao pregador como base para sua argumentação.

a) Qual é o paralelo que Vieira estabelece entre as palavras do salmo e a situação da colônia?

b) Ao interpretar as palavras de Davi, Vieira deixa transparecer o objetivo principal do sermão. Qual é ele?

3. No quarto parágrafo, na argumentação, a posse do Brasil é considerada direito dos portugueses.

a) Cite pelo menos dois motivos para esse privilégio concedido aos portugueses.

b) De acordo com o texto, qual seria a consequência se, no lugar dos portugueses, os holandeses, favorecidos pela inoperância divina, passassem a ser donos do Brasil?

Dorival Moreira/Samba Photo

Igreja Nossa Senhora do Rosário dos Pretos, no Pelourinho, Salvador, Bahia.

4. A antecipação de fatos, a reiteração por meio de paralelismos e o exagero são recursos retóricos empregados por Vieira com a finalidade de persuadir o ouvinte quanto à verdade de seus argumentos.

   a) No quinto parágrafo, Vieira apresenta uma previsão do que poderá ocorrer caso não se assuma uma posição firme diante da provável invasão holandesa. Para impressionar o ouvinte, ele repete o que sucederá. Qual é a situação reiterada?

   b) Identifique no quinto parágrafo também uma passagem em que o uso da hipérbole tem finalidade de persuadir os ouvintes a defender a cidade.

5. Em vários momentos do texto, o orador associa aos holandeses um termo que traduz a visão da Igreja católica a respeito dos protestantes.

   a) Qual é a palavra utilizada no texto para designar os protestantes?

   b) Relacione esse tratamento à postura contrarreformista do jesuíta.

6. Releia o epílogo do sermão em estudo.

   a) Qual é o argumento final utilizado por Vieira? Qual é a antítese aí presente?

   b) O "atrevimento" de Vieira de dirigir-se a Deus de maneira inquisidora constitui, na verdade, uma encenação retórica. Na realidade, ele tem em vista outros interlocutores. Quais são eles?

As profecias de Vieira

Com base nas profecias de Davi, Isaías e Daniel, Vieira previa a chegada de um "quinto império". Nesse império, viveriam apenas os convertidos, que seriam liderados não diretamente por Cristo, mas por seus representantes imediatos: o papa, então reconhecido como único pastor universal, e o rei de Portugal, então imperador do mundo. O império duraria cerca de mil anos, antes do retorno do Anticristo e do fim do mundo. Lisboa seria o centro desse império de Cristo na Terra.

7. Ao compor esse sermão, Vieira tinha em mira um objetivo bem determinado. Para atingi-lo, ele se valeu de uma das duas tendências estéticas do Barroco, o conceptismo e o cultismo. Qual delas predomina na construção do texto lido? Por quê?

Para quem quer mais

Pe. Antônio Vieira

A seguir, você vai ler a parte II do "Sermão vigésimo sétimo, com o Santíssimo Sacramento exposto" (da série "Maria, Rosa Mística"), proferido por Vieira na Bahia, em data desconhecida. Nesse sermão, o autor trata da escravidão dos negros, trazidos ao Brasil da costa ocidental da África. Embora o sermão se dirija diretamente aos negros, o alvo da mensagem eram, na verdade, os escravocratas.

II

Enquanto desterrados filhos de Eva, todos temos, ou nos espera uma universal transmigração, que é de Babilônia para Jerusalém e do desterro deste Mundo para a pátria do Céu. Vós, porém, viestes ou fostes trazidos das vossas pátrias para estes desterros, além da segunda e universal transmigração, tendes outra, que é de Babilônia, em que mais ou menos moderada, continuais o vosso cativeiro. E para que saibais como vos deveis portar nele, e não sejais vós mesmos os que o acrescenteis, vos quero, primeiro que tudo, explicar qual ele é, e em que consiste. Procurarei que seja com tal clareza, que todos me entendais. Mas quando assim não sucede (porque a matéria pede maior capacidade da que podeis ter todos) ao menos, como dizia Santo Agostinho na vossa África, contentar-me-ei que me entendam vossos senhores e senhoras, para que eles mais devagar vos ensinem o que a vós e também a eles muito importa saber.

Sabei, pois, todos os que sois chamados escravos, que não é escravo tudo o que sois. Todo o homem é composto de corpo e alma; mas o que é e se chama escravo, não é todo o homem, senão só metade dele. Até os Gentios, que tinham pouco conhecimento das almas, conheceram esta verdade e fizeram esta distinção. Homero, referido por Clemente Alexandrino, diz assim: *Altitonans Jupiter viro, quem alli servire necesse est, aufert dimidium.* Quer dizer, que "aqueles homens a quem Júpiter fez escravos, os partiu pelo meio e não lhes deixou mais que uma ametade que fosse sua"; porque a outra ametade é do senhor a quem servem. E qual é esta ametade escrava e que tem senhor ao qual é obrigada a servir? — Não há dúvida que é a ametade mais vil — o corpo. Excelentemente Sêneca: *Errat, si quis existimat servitutem in totum hominem descendere; pars melior ejus excepta est.* "Quem cuida que o que se chama escravo é o homem todo, erra e não sabe o que diz: a melhor parte do homem, que é a alma, é isenta" de todo o domínio alheio, e não pode ser cativa. O corpo, e somente o corpo, sim: *Corpus itaque est, quod domino fortuna tradidit. Hoc emit, hoc vendit; interior illa pars mancipio dari non potest.* "Só o corpo do escravo (diz o grande filósofo) é o que deu a fortuna ao senhor: este comprou e este é o que se pode vender". E nota sapientissimamente, que o domínio que tem sobre o corpo não lho deu a Natureza, se não a fortuna: *Quod domino fortuna tradit*: porque a Natureza como Mãe, desde o rei ao escravo, a todos fez iguais, a todos livres.

Falando S. Paulo dos escravos e com escravos, diz que "obedeçam aos senhores carnais": *Obedite dominis carnalibus.* E que senhores carnais são estes? Todos os intérpretes declaram que são os senhores temporais, como os vossos, aos quais servis por todo tempo da vida; e chama-lhes o Apóstolo *senhores carnais*, porque o escravo, como qualquer outro homem, é composto de carne e espírito, e o domínio do senhor sobre o escravo só tem jurisdição sobre a carne, que é o corpo, e não se estende ao espírito, que é a alma.

Esta é a razão por que os escravos entre os Gregos se chamavam corpos. Assim o refere Santo Epifânio, e que o uso comum de falar entre eles era, não que tal ou tal senhor tinha tantos escravos, senão que tinha tantos corpos. O mesmo diz Sêneca que se usava entre os Romanos. E é erudição que ele ensina ao seu discípulo Lucílio; porque, ainda que a notícia dos vocábulos é de todos, saber a origem deles é só dos que sabem as cousas e mais as causas: *Quando quidem dominium corporibus dominatur, et non animis, propterea servos corpora vocaverunt, ut usum corporum ostenderent*: "Sabes, Lucílio, porque os nossos maiores chamaram aos escravos corpos? Porque o domínio de um homem sobre outro homem só pode ser no corpo e não na alma".

Mas não é necessário ir tão longe como a Roma e a Grécia. Pergunto: neste vosso mesmo Brasil, quando quereis dizer que Fulano tem muitos ou poucos escravos, porque dizeis que tem tantas ou tantas *peças*? — Porque os primeiros que lhes puseram este nome, quiseram significar, sábia e cristãmente, que a sujeição que o escravo tem ao senhor, e o domínio que o senhor tem sobre o escravo, só consiste no corpo. Os homens não são feitos de uma só peça, como os anjos e os brutos. Os anjos e os brutos (para que nos expliquemos assim) são inteiriços; o anjo, porque todo é espírito; o bruto, porque todo é corpo. O homem não. É feito de duas peças — alma e corpo. E porque o senhor do escravo só é senhor de uma destas peças, e a capaz de domínio, que é o corpo, por isso chamais aos vossos escravos *peças*. E se esta derivação vos não contenta, digamos que chamais *peças* aos vossos escravos, assim como dizemos: uma *peça de ouro*, uma *peça de prata*, uma *peça de seda*, ou de qualquer outra cousa das que não têm alma. E por este modo ainda fica mais claramente provado que o nome de *peça* não compreende a alma do escravo, e somente se entende e se estende a significar o corpo. Este é o que só se cativa, este o que só se compra e vende, este o que só tem debaixo de sua jurisdição a fortuna, e este enfim o que levou de Jerusalém a Babilônia a transmigração dos filhos de Israel, e este o que traz da Etiópia ao Brasil a transmigração dos que aqui se chamam escravos e aqui continuam o seu cativeiro.

[...]

(In: Luiz Roncari. *Literatura brasileira — Dos primeiros cronistas aos últimos românticos*, cit., p.154-5.)

Francisco Rodrigues Lobo

1

Que amor sigo? Que busco? Que desejo?
Que enleio é este vão da fantasia?
Que tive? Que perdi? Quem me queria?
Quem me faz guerra? Contra quem pelejo?

Foi por encantamento o meu desejo
E por sombra passou minha alegria;
Mostrou-me Amor, dormindo, o que não via,
E eu ceguei do que vi, pois já não vejo.

Fez à sua medida o pensamento
Aquela estranha e nova fermosura
E aquele parecer quase divino;

Ou imaginação, sombra, ou figura,
É certo e verdadeiro meu tormento:
Eu morro do que vi, do que imagino.

2

Fermosos olhos, quem ver-vos pretende
A vista dera em preço, se nos vira,
Que inda que por perder-vos a sentira,
A perda de não ver-vos não se entende;

A graça dessa luz não na compreende
Quem, qual ao Sol, a vós seus olhos vira,
Que o cego Amor, que cego deles tira,
Com vossos próprios raios a defende.

Não pode a vista humana conhecer
Qual seja a vossa cor, que a luz forçosa
Não consente mostrar tanta beleza;

Se eu, que em vendo-a ceguei, pude ainda ver,
Uma cor vi, porém, cor tão fermosa
Que me não pareceu da natureza.

(In: Massaud Moisés. *A literatura portuguesa através dos textos*. São Paulo: Cultrix, 1988. p. 163-4.)

Sóror Mariana Alcoforado

O texto a seguir é a terceira das cartas trocadas entre Sóror Mariana Alcoforado, religiosa do Convento Nossa Senhora da Conceição, situado em Beja, e o oficial francês Camilly, por quem ela se apaixonara.

Que vai ser agora de mim? Que pensas tu que eu faça? Quão longe me vejo de quanto imaginava! Esperava que me escrevesses de todos os lugares por onde passasses; que as tuas cartas fossem muito longas; que alimentasses minha paixão com a esperança de tornar a ver-te; que uma confiança absoluta na tua fidelidade me desse uma espécie de repouso, e que ficaria assim num estado bastante suportável, sem extremos de dor. Tinha até formado uns ligeiros projetos de fazer todo o esforço, de que fosse capaz, para curar-me, se pudesse saber com certeza real que me havias esquecido inteiramente. A tua ausência, alguns rebates de devoção, o temor de arruinar inteiramente o que me resta de saúde com tamanhas vigílias, mortificações, as escassas mostras de que regressasses, a frieza do teu amor, os teus últimos adeuses, a tua ida fundamentada em projetos tão mal forjados, e mil outras razões tão boas como inúteis pareciam oferecer-me, caso houvesse mister, um refúgio seguro. Não tendo enfim que batalhar senão contra mim própria, nunca pudera suspeitar como sou fraca e quanto sofro agora.

Wojtek Buss / Keystone

Convento Nossa Senhora da Conceição, em Beja, Portugal.

Ai! que lástima tão grande a minha! não partilho contigo as minhas dores; sou eu só a desgraçada! Mata-me esta ideia, e morro com terror de que nunca te desses com a suprema ternura aos nossos mais íntimos prazeres! Agora sim, conheço a má fé de todos os teus transportes. Traíste-me todas as vezes que te disseste arrebatado por estares só comigo! Só às minhas importunações devo os teus desvelos e solicitudes; tinhas traçado a sangue-frio o teu propósito de me abrasar; consideraste a minha paixão como uma vitória, sem que o teu coração fosse jamais profundamente comovido...

Pois tu não sentes como és desgraçado e falho de delicadeza, por não saber aproveitar doutra maneira os meus transportes? E pode ser que, com tamanho amor, eu não pudesse fazer-te feliz inteiramente?! Lastimo, por amor de ti apenas, os prazeres infinitos que perdeste. Era pois fatal que tu não quisesses lográ-los? Ah! se os conhecesses, bem por certo verias como são mais profundos que o de me haveres seduzido e experimentaras que sentimos ventura bem mais enternecida em amar com violência do que em ser amado.

Já não sei o que sou, nem que faço, nem o que desejo! Espedaçam-me mil comoções contrárias... Há lá mais lastimoso estado! Amo-te perdidamente e modero-me o bastante para não desejar que sejas assim atribulado... Matar-me-ia ou morreria de pura mágoa, se me certificasse que não tinhas o mínimo repouso e tua vida era só pranto, mortificação e um enojo de tudo... Já me não basto às minhas dores; como era possível suportar aquela que me dessem os teus males, mil vezes para mim mais penetrantes?... Não, porém, que eu me resolva a desejar que nunca mais penses em mim; e, diga-se a verdade, tenho ciúmes furiosos de tudo quanto possa comover-te e dar-te gosto ou alegria em França.

Não sei bem por que te escrevo. Terás decerto por mim apenas compaixão; mas sabe que a repilo!

Contra mim própria me enfureço, ao refletir em tudo que te sacrifiquei. Perdi a reputação; expus-me ao furor dos meus; às leis severas da minha terra contra as religiosas, e à tua ingratidão, que me parece ainda a maior das desgraças.

Todavia, bem sinto que são verdadeiros os meus remorsos; queria com todas as veras do meu coração ter corrido por ti perigos maiores; e tenho um prazer fatal em ter arriscado por ti a minha vida e a minha honra.

Pois não devia pôr à tua disposição tudo o que de mais precioso me pertence? E não me devo sentir bem orgulhosa, por tê-lo empregado, como fiz?

Mais me parece que inda não contentam estas dores, nem este desvairado amor, embora, — oh! coitada de mim! — me não possa iludir de que tu me contentas. Vivi: que deslealdade a minha! e faço tanto por conservar a vida, como por perdê-la!... Morro de vergonha! pois o meu desespero está só nestas cartas? Se te amasse tanto como mil vezes tenho dito, há quanto não teria morrido? Tenho-te enganado! És tu que te deves queixar de mim! Ai! por que não te queixas tu?! Pois eu vi-te partir; não posso ter esperanças de que voltes: e respiro ainda. Traí-te! Peço-te perdão! Mas não! Não mo concedas! Trata-me severamente! Não aches os meus sentimentos! Sê mais difícil de contentar! Ordena-me que eu morra de amor por ti!... Sim! Conjuro-te a que me socorras, para que, excedendo a fraqueza do meu sexo, acabe tanta hesitação com um ato de verdadeiro desespero.

Um fim trágico obrigar-te-ia a pensar muitas vezes em mim; a minha memória ser-te-ia querida; e talvez te comovesse enfim essa morte extraordinária... E não seria melhor a morte do que este estado a que tu me reduziste?

Adeus. Como eu quisera nunca te haver visto. Sinto profundamente a falsidade desta ideia e conheço, no mesmo instante em que a escrevo, que bem mais prezo, do que nunca te haver visto, ser desgraçada, amando-te. Consinto, pois, sem queixa nesta minha má sorte, já que não foi do teu agrado tê-la feito melhor. Adeus! promete-me, se eu morrer de amor, ter saudades de mim, e logre ao menos a desgraça violenta da paixão apartar-te de tudo com desgosto.

Essa consolação me bastará; e, se é fatal que eu te abandone para sempre, era meu único desejo não te deixar a outra. Pois não é certo, meu Amor, que não serias tão cruel que te servisses desse desespero, para tornar-te mais amado, gabando-te de haver causado a maior paixão que houve no mundo?

Adeus, mais uma vez!... Escrevo-te cartas tão compridas! Não tenho consideração por ti! Peço-te perdão e ouso esperar que tenhas indulgência por esta pobre louca, que o não era, bem sabes, antes de te amar. Adeus, parece-me que falo em demasia do lastimoso estado em que me encontro. Mas, do fundo do coração, te agradeço o desespero que me causas e detesto a tranquilidade em que vivia antes de conhecer-te. Adeus! A minha paixão aumenta a cada hora.

Ai! quantas coisas ainda tinha para te dizer...

(In: Massaud Moisés, op. cit., p.174-6.)

CAPÍTULO 10

Diálogos

O Barroco não é um fenômeno estritamente literário.
Em vários países da Europa e da América, foi nas artes plásticas que o movimento encontrou sua principal expressão.
Neste capítulo, você vai realizar duas leituras a fim de observar os diálogos entre a literatura e a pintura barroca e entre a literatura barroca portuguesa e a literatura brasileira contemporânea.

Diálogo com a pintura barroca

Observe o quadro *As vaidades da vida humana* (1645), de Harmen Steenwyck, e responda às questões propostas.

National Gallery, Londres

1. O quadro de Steenwyck é considerado uma natureza-morta, um tipo de pintura que retrata objetos e seres inanimados ou mortos: um jarro com flores, uma cesta com frutas ou outros alimentos, etc. Por que o quadro de Steenwyck pode ser considerado natureza-morta?

2. Observe que o centro da tela é ocupado por um crânio humano. Com base no nome do quadro e na posição do crânio, levante hipóteses: Qual é o tema central do quadro?

3. Essa natureza-morta é constituída por símbolos, isto é, elementos que adquiriram certos significados na história de nossa cultura, como a concha vazia, o cronômetro, a espada japonesa, a flauta e a charamela, a lâmpada apagada, o livro, o jarro de vinho (à direita) e o crânio humano. Conheça o significado de alguns deles:

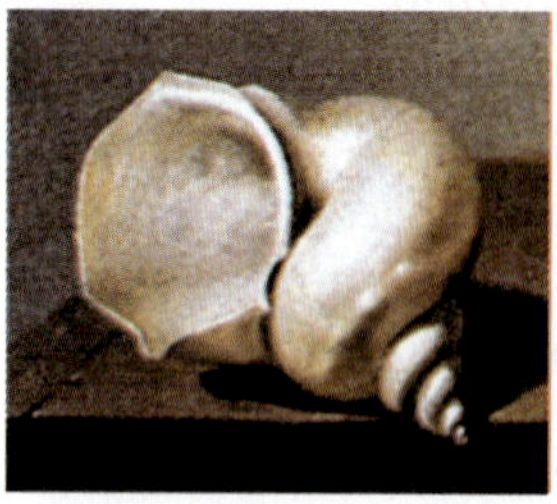

Concha vazia: símbolo da riqueza e da perfeição; como está vazia, também sugere a morte.

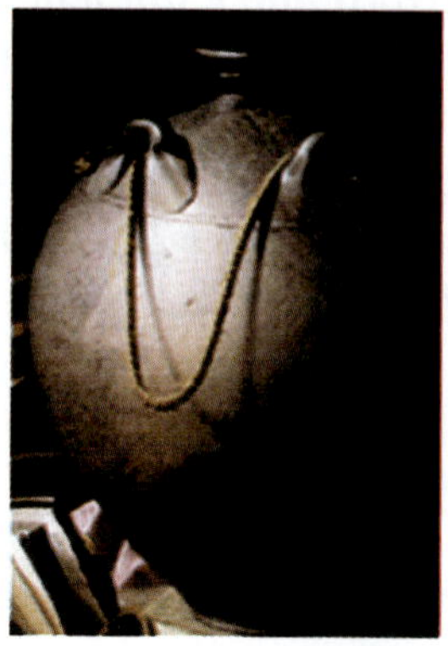

O jarro de vinho: relacionado aos prazeres materiais, como a bebida; por baixo da alça, porém, há o perfil de um imperador romano, sugerindo o desejo humano de glória, de poder.

A flauta e a charamela: instrumentos musicais relacionados ao amor; por sua forma alongada, fálica, são elementos que fazem referência ao universo masculino.

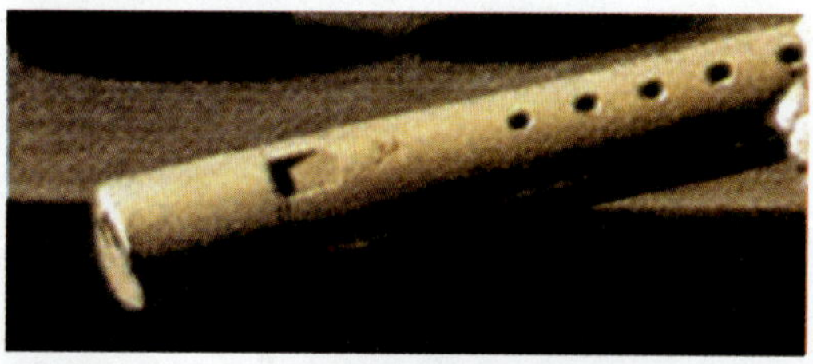

O livro: o conhecimento, a sabedoria.

a) Nesses símbolos, estão representados os prazeres e valores do homem da época. Quais são eles?

b) O quadro tem por título *As vaidades da vida humana*. A palavra *vaidade* origina-se do latim *vanitas*, que significa "o que é vão, sem valor". Qual é, portanto, a visão do artista sobre esses valores da época?

c) Considerando-se o significado do crânio e sua posição de destaque no quadro, o que, na visão do artista, estaria acima de todos esses valores?

4. Atrás e acima do crânio, aparece uma lâmpada recém-apagada, conforme sugere o tênue fio de fumaça que sai dela. Considerando que o fogo, a chama e a luz associam-se à ideia de vida, responda:

a) O que a lâmpada apagada representa?

b) Que outros elementos do quadro, além do crânio, apresentam o mesmo significado da lâmpada?

5. Observe que, da parte esquerda e superior do quadro, desce um raio de luz, criando um contraste entre o claro, que vai do centro para a esquerda, e o escuro, que vai do centro para a direita. Na cultura cristã, a luz é um símbolo do divino e do eterno.

a) O fato de a luz, no quadro, incidir primeiramente sobre o crânio, que representa a morte, sugere uma oposição. Qual é o dualismo barroco existente nessa oposição?

b) Por que se pode dizer que esse quadro é uma espécie de advertência ao ser humano?

6. Compare o quadro de Steenwyck aos seguintes versos do poeta barroco brasileiro Gregório de Matos:

> Mas ser planta, ser rosa, nau vistosa
> De que importa, se aguarda sem defesa
> Penha a nau, ferro a planta, tarde a rosa?
>
> (In: Antonio Candido e J. A. Castello. *Presença da literatura brasileira.* São Paulo: Difel, 1976. v. 1, p. 61.)

> Lembra-te Deus, que és pó para humilhar-te,
> E como o teu baixel sempre fraqueja
> Nos mares da vaidade, onde peleja,
> Te põe à vista a terra, onde salvar-te.
>
> (*Poesias selecionadas de Gregório de Matos.* São Paulo: FTD, 1993. p. 25.)

The Bridgeman Art Library/Keystone

Natureza morta, ***quadro de Abraham van Beyeren (1620).***

Considerando o contexto religioso do século XVII em que foram produzidos esses versos, responda:

a) Que elemento do quadro corresponde ao mesmo sentido que têm a penha, o ferro e a tarde no primeiro fragmento?

b) Que semelhança há entre os dois fragmentos e a pintura, quanto ao tema?

c) A pintura e o primeiro fragmento não apresentam uma saída para a precária condição humana. Essa saída, entretanto, é explicitada no segundo fragmento. Qual é ela?

7. Nesta unidade, você conheceu vários dos elementos essenciais da literatura e da arte barroca, como:

- consciência da efemeridade da vida e do tempo
- concepção trágica da vida
- figuração
- jogo de claro e escuro
- oposição entre o mundo material e o mundo espiritual
- morbidez
- requinte formal, detalhamento

Quais desses elementos podem ser identificados no quadro de Steenwyck?

Diálogo da literatura contemporânea com o Barroco

A seguir você vai ler dois textos. O primeiro é um fragmento do "Sermão da epifania", pregado por Vieira em 1662, na Capela Real, em Lisboa, na presença da rainha D. Luísa e de D. Afonso IV, ainda menino. O segundo é um fragmento de um romance brasileiro da atualidade, *Boca do Inferno*, de Ana Miranda.

TEXTO I

Contexto

Quando Vieira pronunciou este sermão em Lisboa, ele e outros religiosos estavam retornando à cidade depois de terem sido expulsos do Maranhão, em virtude de atritos com os colonos motivados por posições assumidas quanto à escravidão.

Sermão da epifania

As nações, umas são mais brancas, outras mais pretas, porque umas estão mais vizinhas, outras mais remotas do sol. E pode haver maior inconsideração do entendimento, nem maior erro do juízo entre os homens, que cuidar eu que hei-de ser vosso senhor, porque nasci mais longe do sol, e que vós haveis de ser meu escravo, porque nascestes mais perto?!

[...]

Não posso, porém, negar que todos nesta parte, e eu em primeiro lugar, somos muito culpados. E por quê? Porque devendo defender os gentios que trazemos a Cristo, como Cristo defendeu os Magos, nós acomodamo-nos à fraqueza de nosso poder, e à força do alheio, cedemos da sua justiça, e faltamos à sua defesa [...] Cristo não consentiu que os Magos perdessem a soberania, porque reis vieram e reis tornaram; e nós não consentimos que aqueles gentios percam a soberania natural com que nasceram e vivem isentos de toda sujeição, mas somos os que, sujeitando-os ao jugo espiritual da Igreja, os obrigamos, também, ao temporal da coroa, fazendo-os jurar vassalagem. [...]

(Pe. Antônio Vieira. In: Alfredo Bosi. *Dialética da colonização*, cit. p. 135-7.)

isento: livre, desembaraçado.
jugo: vínculo de submissão e obediência resultante de determinado tipo de convenção ou obrigação.
juízo: ato, processo ou efeito de julgar; faculdade de avaliar os seres e as coisas; julgamento.
Magos: referência aos três reis magos.
soberania: qualidade ou condição de soberano; superioridade derivada de autoridade, domínio, poder.
sujeição: dependência, submissão.
temporal: não religioso, não espiritual; leigo, civil.
vassalagem: estado ou condição de vassalo; estado de sujeição, submissão, obediência.

Fundação Pierre Verger

TEXTO II

Contexto

No romance *Boca do Inferno*, Gregório de Matos e Pe. Antônio Vieira são personagens e se envolvem na luta dos liberais contra o governo ditatorial de Antônio de Souza de Menezes, o Braço de Prata. No episódio a ser lido, o arcebispo João da Madre de Deus conversa com o governador Souza Menezes a respeito de perseguições políticas, entre elas a que se fazia a Vieira, suspeito de ter participado do assassinato do alcaide-mor da cidade de Salvador.

Boca do Inferno

"[...] O homem está velho. Nenhum de nós pode crer no envolvimento dele [Vieira] em tal sucesso, apesar de sabermos ser ele voltado para assuntos materiais, como a diplomacia, o patriotismo, a estratégia."

"Apesar de sabermos que ele investe contra as acumulações remuneradas", disse o governador, completando com ironia o pensamento de João da Madre de Deus, "contra a fidalguia. Apesar de sabermos que ele faz no púlpito sua propaganda, que prega a tolerância aos judeus como remédio para Portugal restaurado, que prega a liberdade de consciência dos judeus, a abolição do Santo Ofício. [...] Apesar de sabermos ter ele sido expulso do Maranhão e de ser contra a escravidão, ter criado a teoria das raças, ter pregado a limitação da onipotência divina. [...] E com tantos apesares", prosseguiu Antônio de Souza, "não pode ter sido capaz de envolver-se num crime? Não se envolveu em guerras? Tudo será investigado com muito rigor. A princípio, todos são suspeitos. Se for inocente, o jesuíta saberá prová-lo. Não é um homem tão bom de tribuna?"

(Ana Miranda. *Boca do Inferno.* São Paulo: Companhia das Letras, 1989. p. 227-8.)

diplomacia: ciência ou arte de negociar com vistas à defesa dos direitos e interesses de um país perante governos estrangeiros.

fidalguia: condição de fidalgo, isto é, daquele que possui título de nobreza.

onipotência: poder total e absoluto.

Santo Ofício: Inquisição.

tribuna: lugar elevado de onde falam os oradores.

Pe. Antônio Vieira, por Candido Portinari.

1. No texto II, o governador apresenta um conjunto de acusações a Vieira, entre elas a teoria das raças e o combate à escravidão.

a) Como Vieira explica, no texto I, a diferença entre as nações e os povos quanto à cor da pele?

b) Converse com seu professor de Biologia. De acordo com a ciência recente, essa hipótese é válida ainda hoje?

c) Que tipo de argumento Vieira utiliza nesse fragmento para combater a escravidão: econômico, religioso ou político?

2. Em seu sermão, Vieira denuncia o próprio trabalho dos religiosos, que, ao submeter os índios ao poder da Igreja, acabam por submetê-los também ao poder do Estado. Identifique o trecho em que é feita essa afirmação.

3. De acordo com a fala do arcebispo, no texto II, Vieira estava "voltado para assuntos materiais, como a diplomacia, o patriotismo, a estratégia". E, segundo o governador, Vieira contrariava os interesses da fidalguia. Pelo fragmento do "Sermão da epifania", é possível dizer que essas afirmações eram verdadeiras? Por quê?

Éramos todos escuros

Comparando as amostras coletadas [de DNA] dos mais diversos grupos étnicos, os cientistas verificaram serem pequenas e triviais as diferenças entre as raças. A cor da pele, por exemplo, é resultado de mera adaptação ao clima — negra na África, para se proteger do sol forte; branca na Europa, para facilitar a absorção dos raios ultravioleta, que ajudam a produzir vitamina D. Ou seja, se as pesquisas estiverem certas, antes da dispersão dos hominídeos da África, éramos todos escuros.

(*Superinteressante*, set. 1988.)

UNIDADE 4

História social do Arcadismo

Museu do Louvre, Paris

Banho de Diana *(1742), de François Boucher.*

O homem não foi feito para meditar, mas para agir.

O homem nasceu livre e por toda a parte vive acorrentado.

As leis são sempre úteis aos que têm posses e nocivas aos que nada têm.

(Frases de Jean-Jacques Rousseau, pensador iluminista do século XVIII.)

Se observarmos a história da cultura, veremos que cada novo momento opõe-se ao anterior. O homem parece estar sempre insatisfeito com o rumo dos acontecimentos do seu tempo e, por isso, rompe com o presente, propondo algo novo. Porém, ao analisarmos o novo, notamos que muitos de seus elementos são mais antigos que os abandonados. É o velho que, misturado a certas tendências, volta à tona como novidade.

Assim ocorreu com a cultura e a arte do século XVIII. Depois da onda de religiosidade e fé que se seguiu à Contrarreforma — cuja expressão artística foi o Barroco —, houve um reflorescimento das tendências artístico-científicas que haviam marcado o Renascimento. E dele resultaram o Iluminismo, na filosofia, o Empirismo, na ciência, e o Neoclassicismo ou Arcadismo, na literatura.

Compreender o alcance ideológico e estético do Arcadismo implica conhecer suas relações com o quadro de transformações por que passaram as sociedades europeia e brasileira no século XVIII.

Fique ligado! Pesquise!

Para você ampliar seus conhecimentos sobre o Arcadismo e suas relações com a vida sociopolítica europeia e brasileira do século XVIII, eis algumas sugestões:

VÍDEOS

Danton – O processo da Revolução, de Andrzej Wajda; *Ligações perigosas*, de Stephen Frears; *Casanova e a Revolução*, de Ettore Scola; *Amadeus*, de Milos Forman; *A missão*, de Roland Joffé; *Os inconfidentes*, de Joaquim Pedro de Andrade; *Xica da Silva*, de Cacá Diegues; *Chico Rei*, de Walter Lima Jr.; *A inglesa e o duque*, de Eric Rhomer; *Napoleão*, de Abel Gance; *Napoleão*, de Yves Simoneau; *Barry Lyndon*, de Stanley Kubrick.

LIVROS

As relações perigosas, de Choderlos de Laclos (Globo); *Moll Flanders*, de Daniel Defoe (Abril Cultural); *O príncipe e o mendigo*, de Mark Twain (Ática); *Emma* (Nova Fronteira), *Orgulho e preconceito* (Ediouro), *Razão e sensibilidade* (Best Seller), de Jane Austen; *As viagens de Gulliver*, de Jonathan Swift (Ediouro); *Cândido*, de Voltaire (Scipione); *Mozart – Um compêndio*, organizado por H. C. Robbins Landon (Jorge Zahar); *O romanceiro da Inconfidência*, de Cecília Meireles (Nova Fronteira); *Marília de Dirceu*, de Tomás Antônio Gonzaga (Ediouro); *Poemas escolhidos*, de Cláudio Manuel da Costa (Ediouro); *O Iluminismo e os reis filósofos*, de Luiz Salinas (Brasiliense); *Nossos índios*, de Gil Kipper (Kuarup).

MÚSICA

Ouça a produção musical dos compositores clássicos Franz Joseph Haydn e Wolfgang Amadeus Mozart.

SITES

www.jornaldepoesia.jor.br/link.html
www.olharliterario.hpg.ig.com.br/tomasantoniogonzaga.htm
www.nilc.icmc.sc.usp.br/literatura/antologia56.htm
www.literaturabrasileira.ufsc.br/autores.html
www.nilc.icmc.sc.usp.br/literatura/arcadismoousetecentrismo.1768.htm
www.nilc.icmc.sc.usp.br/nilc/literatura/antologia16.htm
www.nilc.icmc.sc.usp.br/literatura/antologia7.htm
www.secrel.com.br/jpoesia/basi.html

PESQUISA

Pesquise sobre as ideias e as obras dos filósofos iluministas Voltaire, Montesquieu, Rousseau, Diderot e d'Alembert. Procure saber também sobre a *Enciclopédia*, escrita por eles, e sobre o despotismo esclarecido. Pesquise a pintura rococó, cujos representantes principais são Watteau, Boucher, Fragonard e Chardin. E também a pintura neoclássica, especialmente a produzida por Gainsborough, David e Ingres.

CAPÍTULO 11

A linguagem do Arcadismo

The Metropolitan Museum of Art, Nova Iorque

A toalete de Vênus *(1751), de François Boucher.*

No século XVIII, as transformações que ocorriam no plano político e social — o fortalecimento político da burguesia, o aparecimento dos filósofos iluministas, o combate à Contrarreforma, entre outras — exigiam dos artistas uma arte que atendesse às necessidades de expressão do ser humano naquele momento. O Neoclassicismo, também conhecido como Arcadismo, foi a resposta artística que a burguesia pôde dar a essa necessidade.

Leitura

Há, a seguir, quatro textos do Arcadismo português: dois de Manuel Maria du Bocage, um de Domingos dos Reis Quita e outro de Antônio Diniz da Cruz e Silva. Leia-os e responda às questões propostas.

TEXTO I

Já se afastou de nós o Inverno agreste,
Envolto nos seus úmidos vapores;
A fértil Primavera, a mãe das florestas
O prado ameno de boninas veste.

Varrendo os ares o sutil Nordeste
Os torna azuis; as aves de mil cores
Adejam entre Zéfiros e Amores,
E toma o fresco Tejo a cor celeste.

Vem, oh Marília, vem lograr comigo
Destes alegres campos a beleza,
Destas copadas árvores o abrigo.

Deixa louvar da corte a vã grandeza:
Quanto me agrada mais estar contigo
Notando as perfeições da Natureza!

(Manuel Maria Barbosa du Bocage. In: Hernani Cidade. *Bocage — A obra e o homem.* 3. ed. Lisboa: Arcádia, 1978. p. 139-40.)

Wallace Colection, London

A fonte do amor *(1784), de Fragonard.*

adejar: voejar, esvoaçar.
Amores: deuses do amor.
bonina: pequena flor.
Zéfiros: ventos.

TEXTO II

Canção

[...]
Vem ver-me no deserto desta praia,
Aonde por ti vivo suspirando,
Vem, Tirceia, que à sombra desta faia
Em amor estaremos praticando.
Aqui verás o Sol na água esconder-se,
Esmaltando de roxo os horizontes,
Cintilar as estrelas, e só ver-se
A mal distinta luz nos altos montes:
Tronco aqui não verás, nem branca areia,
Em que o teu doce nome se não leia.
E logo a minha cítara tangendo,
E eu a sonorosa voz soltando,
Verás as belas Tágides erguendo
As douradas cabeças goteando;
Virão as brancas ondas dividindo
Até na branda areia pé tomarem;
Os Delfins as virão logo seguindo,
Para os nossos acentos escutarem;
Aqui verás Amor colhendo flores
Só para nos ouvir cantar de amores.
[...]

(Domingos dos Reis Quita. In: Antonio Soares Amora. *Presença da literatura portuguesa.* São Paulo: Difel, 1967. v. 2, p. 261.)

cítara: lira, alaúde.
delfins: seres mitológicos, meio humanos, meio serpentes.
faia: árvore ornamental.
Tágides: ninfas habitantes do rio Tejo.

TEXTO III

Nos campos o vilão sem sustos passa,
Inquieto na corte o nobre mora;
O que é ser infeliz aquele ignora,
Este encontra nas pompas a desgraça:

Aquele canta e ri; não se embaraça
Com essas coisas vãs que o mundo adora:
Este (oh cega ambição!) mil vezes chora,
Porque não acha bem que o satisfaça:

Aquele dorme em paz no chão deitado,
Este no ebúrneo leito precioso
Nutre, exaspera velador cuidado:

Triste, sai do palácio majestoso;
Se hás de ser cortesão, mas desgraçado,
Antes ser camponês, e venturoso!

(Manuel Maria Barbosa du Bocage. In: Antonio Soares Amora, op. cit., p. 71.)

Museu do Louvre, Paris

Pôr do sol *(1790), de Joseph Wright.*

cortesão: nobre, fidalgo.
ebúrneo: de marfim.
exasperar: enervar, irritar.
vilão: camponês, plebeu.

TEXTO IV

O poeta elogia a cidade grega de Atenas, famosa pelo desenvolvimento da filosofia, e, dirigindo-se a ela, lembra-a de que outra cidade vem superá-la.

Sei que teu nome à eternidade voa:
Mas nem por isso esperes arrogante
Roubar a imortal c'roa,
Que na fronte hoje cinge triunfante
A famosa Coimbra;
Pois de Pombal a clara e fausta estrela
Com seus raios a cobre e faz mais bela.

[...]

A sã filosofia que até agora
Só e sem culto esquálida jazia,
Vê roxear a aurora
De seu império, cheia de alegria.
De raios e de flores
Cercado o gentil rosto ergue vaidosa,
Do erro e preocupação vitoriosa.

[...]

(Antônio Dinis da Cruz e Silva. In: Antonio Soares Amora, op. cit., p. 230-32.)

Getty Images/The Bridgeman Art Library

O jardim do filósofo *(1834), de A. Strohmayer.*

c'roa: coroa.
fausta: luxuosa.
fronte: cabeça.

1. O Neoclassicismo ou Arcadismo procurou resgatar os princípios do Classicismo do século XVI.

a) Qual é o tipo de composição poética empregado nos textos I e III?

b) Faça a escansão dos versos dos textos lidos. Que tipo de verso foi empregado?

c) Identifique nos textos I e II elementos próprios da cultura greco-latina.

2. O poeta árcade, seguindo os preceitos do Neoclassicismo, raramente expõe seus próprios sentimentos. Em geral, ele dá voz a um eu lírico que se dirige a um interlocutor.

a) Em quais dos textos lidos o eu lírico se dirige a uma figura feminina? Quem é ela, em cada um dos textos?

b) Levante hipóteses: Nos trechos em que o interlocutor não é uma mulher, quem pode ser ele?

3. Nos textos em que o eu lírico se dirige a uma mulher, ele tem outra intenção, além da de confessar-se.

a) Qual é essa intenção?

b) Qual é a forma verbal, presente nos dois poemas, que justifica sua resposta ao item anterior?

4. O tema do *carpe diem*, frequente na literatura, decorre da consciência da efemeridade da existência. Identifique como se dá, no primeiro quarteto do texto I, a constatação da passagem do tempo.

5. O homem barroco também vivia a angústia da efemeridade da existência, mas, para ele, usufruir da vida estava sempre relacionado com a sensação de pecado.

a) Nos poemas árcades em estudo, há sentimento de culpa?

b) Como a natureza e os deuses se comportam diante da atitude dos amantes no texto II?

6. No Arcadismo, costuma ser abordado o tema do *fugere urbem* (fuga da cidade), que leva à contraposição entre campo e cidade ou entre vida natural e vida urbana.

a) Que palavras ou expressões do texto III se associam aos habitantes do campo? E aos habitantes da cidade? Relacione-as em colunas, contrapondo-as.

b) A busca do campo assenta-se no ideal da *aurea mediocritas*, isto é, no equilíbrio entre uma existência modesta no aspecto material, mas rica no aspecto espiritual. Como essa relação é explicitada pelo eu lírico na terceira estrofe do texto III?

c) Que verso do texto I também expressa o ideal da *aurea mediocritas*?

7. Por influência do Iluminismo, houve no século XVIII uma forte valorização do racionalismo, da ciência e da educação. No texto IV:

a) Qual cidade é considerada mais importante que Atenas? Que circunstância do contexto histórico, citada no poema, explica a ascensão dessa cidade?

b) Na segunda estrofe, o poeta revela qual é o elemento responsável pela renovação da cidade. Qual é ele? De que modo esse elemento atua?

The Bridgeman Art Library/Getty Images

O Parthenon, em Atenas, Grécia, símbolo da Antiguidade clássica, em pintura de Ippolito Caffi.

8. Compare os textos em estudo com os textos barrocos que você estudou. Quais deles apresentam maior simplicidade na linguagem e maior clareza na apresentação de ideias?

9. Com base no estudo dos textos, faça uma síntese das principais características da linguagem árcade quanto ao conteúdo e à forma.

Do texto ao contexto do Arcadismo

Os séculos XV e XVI representam para a história da humanidade uma de suas etapas mais importantes: a transição da Idade Média para a Idade Moderna. Nesse período, verificam-se acontecimentos significativos, tais como o Renascimento, a Revolução Comercial, a ascensão da burguesia, a formação dos Estados nacionais e o Absolutismo.

Contudo as últimas amarras com o mundo medieval serão cortadas somente no século XVIII, pois, embora o mercantilismo tivesse alterado as relações econômicas daquela sociedade, as estruturas social e política eram praticamente as mesmas.

O século XVIII é decisivo para a disputa política entre a burguesia e a nobreza. A burguesia controla a economia do país, enquanto se verifica a decadência da nobreza e o descrédito de toda a aristocracia junto à população. Fortalecida, a burguesia impõe-se como classe de prestígio e exige participação nas decisões políticas.

Do ponto de vista cultural e ideológico, o século XVIII, também conhecido como o Século das Luzes, é marcado pelas ideias do *Iluminismo* ou *Ilustração*, movimento filosófico que defendia a *liberdade* de pensamento e de expressão e o exercício da *razão* como instrumento de análise e domínio da realidade.

Cena do filme **Sombras de Goya**, *de Milos Forman, que retrata os reflexos da Revolução Francesa na Espanha.*

As ideias iluministas mostram-se frontalmente contrárias aos rígidos princípios de hierarquia impostos pelo Absolutismo e pela tradição religiosa. Chocam-se contra o autoritarismo político e propõem obediência apenas à razão, faculdade de que *todo homem* (e não apenas os governantes) é dotado. Chocam-se contra o dogmatismo da fé — que pressupõe crer sem examinar — e propõem o exame e a análise da realidade.

A principal expressão do pensamento iluminista foi a *Enciclopédia*, obra publicada na França entre 1750 e 1780 e coordenada por Diderot e d'Alembert. Dela participaram 130 colaboradores, na maioria burgueses, os quais escreveram sobre verbetes que traduziam uma nova concepção de organização social e política.

Dentre os principais filósofos iluministas destacam-se: *Voltaire*, um dos ideólogos do *despotismo esclarecido*, isto é, um absolutismo ilustrado que atendesse aos interesses da burguesia; *Montesquieu*, autor de *O espírito das leis*, em que defende a doutrina dos três poderes — executivo, legislativo e judiciário –, que dariam equilíbrio político ao Estado; e *Rousseau*, autor de *Discurso sobre a origem e a desigualdade entre os homens*, em que defende a tese da bondade natural dos homens, pervertidos posteriormente pela sociedade. Dessa tese do homem natural nasceria a teoria do "bom selvagem", com amplos reflexos na literatura indianista do Brasil.

Musée du Louvre, Paris

"A liberdade guiando o povo" (1830), de Delacroix.

É nesse contexto de fermentação filosófica e lutas políticas que surge o Arcadismo, voltado para um novo público consumidor, formado pela burguesia e pela classe média. Como expressão artística dessas camadas sociais, o Arcadismo identifica-se com as ideias da Ilustração e veicula-as sob a forma de valores opostos ao tipo de vida levado pelas cortes aristocráticas e à arte que consumiam, o Barroco.

Daí a idealização da *vida natural*, em oposição à vida urbana; a *humildade*, em oposição aos gastos exorbitantes da nobreza; o *racionalismo*, em oposição à fé; a *linguagem simples e direta*, em oposição à linguagem prolixa e elitizante do Barroco. Esses valores artísticos e culturais assumem, no contexto da sociedade europeia do século XVIII, um significado de clara contestação política, já que flagram os privilégios da nobreza e do clero e propõem uma sociedade mais justa, racional e livre.

Engajado no processo de luta ideológica e política que levaria a burguesia ao poder em 1789, o Arcadismo pode ser visto, sob o ponto de vista ideológico, como uma arte revolucionária. Contudo, do ponto de vista estético, é uma arte conservadora, pois ainda se liga à tradição clássica, tanto tempo cultivada pelas cortes aristocráticas.

Somente no século XIX, após a Revolução Francesa, é que se verá a verdadeira revolução burguesa na literatura, com o surgimento do Romantismo.

CAPÍTULO 12

O Arcadismo em Portugal

José Fuste/Raga/Corbis/LatinStock

Palácio de Queluz (século XVIII), onde vivia a família real portuguesa no verão.

Depois do apogeu alcançado pela nação portuguesa, entre os séculos XV e XVI, o país viveu um período de declínio político, econômico e cultural que se estendeu por todo o século XVII. Com a chegada das ideias iluministas no século XVIII, contudo, Portugal se renovou e se modernizou. Na literatura, teve grande expressão Manuel Maria du Bocage, um dos maiores poetas portugueses de todos os tempos.

Nas primeiras décadas do século XVIII, as ideias iluministas, ao chegarem a Portugal, entusiasmaram intelectuais, artistas e até mesmo o rei D. João V e seu sucessor, D. José I, que desejavam modernizar o país.

Um projeto de reformas políticas, econômicas, educacionais e culturais, voltado tanto a satisfazer os interesses da burguesia mercantil e colonialista quanto a equiparar Portugal novamente às grandes nações europeias, foi então posto em prática. Nesse projeto, esteve à frente, na condição de ministro e com amplos poderes, o Marquês de Pombal, também adepto das ideias iluministas.

Pombal e Verney: a missão de "iluminar" Portugal

Pombal contou com o apoio de diversos intelectuais e cientistas portugueses, a maioria com formação estrangeira. Nesse grupo destacou-se Pe. Luís Antônio Verney, cujo projeto de reforma pedagógica, aplicado parcialmente por Pombal, mudou de modo significativo o cenário científico e artístico português.

As ideias de Verney foram expostas na obra *Verdadeiro método de estudar*, publicada em 1746. Nela o escritor atacava a orientação que os jesuítas davam à educação, condenava a arte barroca e seus adeptos, como Pe. Vieira, e criticava até mesmo Camões, em cujas antíteses via traços da estética barroca.

Inutilia truncat *("Cortar as inutilidades"), o lema da Arcádia Lusitana, revela a condenação aos exageros do Barroco e a proposta de uma arte mais simples.*

Essas críticas originaram um amplo debate sobre a necessidade de renovar a cultura portuguesa. Em torno da questão estética da literatura, foram publicados inúmeros tratados, envolvendo temas como o belo e a verdade na arte. Como decorrência desse período de efervescência cultural, foi fundada a Arcádia Lusitana, em 1756, considerada o marco introdutório do Arcadismo em Portugal.

As academias

As academias literárias eram agremiações que tinham por objetivo promover um debate permanente sobre criação artística, avaliar criticamente a produção de seus filiados e facilitar a publicação de suas obras.

Portugal contou com duas importantes academias árcades: a **Arcádia Lusitana**, que efetivamente deu início ao movimento árcade em Portugal, e a **Nova Arcádia** (1790), que contou com o maior poeta português do século XVIII: Bocage.

O gênero literário predominante durante o Arcadismo português foi a poesia, embora tenha havido criação em todos os gêneros. Apesar da vasta produção do período, poucas são as obras que hoje interessam ao leitor moderno, particularmente o leitor brasileiro.

Durante o século XVIII, os escritores portugueses que mais se destacaram foram:

- **na poesia:** Cruz e Silva, Correia Garção, Reis Quita, Nicolau Tolentino, Filinto Elísio, Marquesa de Alorna e Bocage;
- **na prosa:** Correia Garção, Luís Antônio Verney;
- **no teatro:** Cruz e Silva, Correia Garção, Reis Quita, Manuel de Figueiredo.

Bocage: o salto da emoção

Magro, de olhos azuis, carão moreno,
Bem servido de pés, meão de altura,
Triste de facha, o mesmo de figura,
Nariz alto no meio e não pequeno;

....

Devoto incensador de mil deidades
(Digo, de moças mil) num só momento,
E somente no altar amando os frades

(In: Hernâni Cidade. *Bocage — A obra e o homem*. 3. ed. Lisboa: Arcádia, 1978. p. 25-6.)

deidade: deusa.
facha: rosto.
meão: mediano.

Manuel Maria du Bocage, por Elói.

Nesses versos, o poeta português Manuel Maria Barbosa du Bocage (1765-1805), também conhecido pelo pseudônimo árcade de Elmano Sadino (*Elmano* é um anagrama de Manoel, e *Sadino* é relativo ao rio Sado, que corta a cidade de Setúbal, onde o escritor nasceu), procura descrever a si mesmo. Neles fica claro um aspecto marcante da vida e da obra do autor: "Devoto incensador de mil deidades", isto é, bajulador ou conquistador de mil moças.

Além das inúmeras experiências amorosas, Bocage também viveu aventuras nas colônias portuguesas da Índia (Goa) e da China (Macau), ou seja, fez a mesma rota e teve quase as mesmas experiências que Camões. Como o autor de *Os lusíadas*, Bocage também se incorporou em companhias militares, lutou na guerra, naufragou, amou muitas mulheres, foi preso e morreu na miséria.

Tendo plena consciência dessas coincidências, Bocage perseguia o modelo da vida e da obra de seu mestre:

Camões, grande Camões, quão semelhante
Acho teu fado ao meu, quando os cotejo!
....
Modelo meu tu és... Mas, oh tristeza!...
Se te imito nos transes da Ventura,
Não te imito nos dons da Natureza.

(In: Hernâni Cidade, op. cit., p. 149.)

fado: sorte, destino.
Ventura: sorte, destino.

Foi na lírica, em especial nos sonetos, que Bocage atingiu o ponto alto de sua obra, embora também tenha se destacado como poeta satírico e erótico.

Bocage e a transição

Bocage é considerado o melhor escritor português do século XVIII e, ao lado de Camões e de Antero de Quental, um dos três maiores sonetistas de toda a literatura portuguesa. Contudo, o título de o melhor escritor da época não significa que Bocage tenha sido o mais perfeito poeta árcade, papel que talvez caiba a Filinto Elísio. A importância conferida à obra de Bocage advém principalmente de nela se encontrar a tradução do momento transitório em que o escritor viveu, um período marcado por mudanças profundas, como a Revolução Francesa (1789) e o florescimento do Romantismo. Assim, a obra de Bocage, em sua totalidade, não é árcade nem romântica. É uma obra de transição, que apresenta simultaneamente aspectos dos dois movimentos literários.

A fase inicial da poesia de Bocage é marcada por formas e temas próprios do Arcadismo: ambiente bucólico, o *fugere urbem*, o ideal de vida simples e alegre (*aurea mediocritas*), a simplicidade e a clareza das ideias e da linguagem, etc.

Contudo, outro conjunto de poemas do autor contraria os postulados árcades e prenuncia o movimento literário posterior, o Romantismo. É o caso deste soneto:

A poesia erótica de Bocage

Portugal tem uma longa tradição de poesia satírica, que remonta às cantigas trovadorescas.

Bocage, além de ter se destacado como poeta lírico, também foi um bom poeta satírico e erótico. Contudo, sua produção nada tem a ver com certas revistas de banca de jornal intituladas *Piadas de Bocage*. Provavelmente elas exploram o nome do autor, comumente associado a histórias engraçadas e picantes.

O Bocage que estamos estudando é autor de versos elegantes como estes:

Ao voluptuoso tacto palpitante / mais, e mais se arrijaram, de maneira / que os lábios não podiam comprimi-los. / Meus braços nus, meu colo, eu toda estava / coberta de sinais de ardentes beijos. / Os leves trajos que ainda conservava, / em vão eu quis suster: rápido impulso / guiava Alcino: de Hércules as forças / ali vencera... As minhas que fariam?

(In: Natália Correia, org. *Antologia de poesia portuguesa erótica e satírica.* Lisboa: Antígona/Frenesi, 2005. p. 239.)

Oh retrato da morte, oh noite amiga,
Por cuja escuridão suspiro há tanto!
Calada testemunha do meu pranto,
De meus desgostos secretária antiga!

Pois manda Amor que a ti somente os diga,
Dá-lhes pio agasalho no teu manto;
Ouve-os, como costumas, ouve, enquanto
Dorme a cruel, que a delirar me obriga.

E vós, oh cortesãos da escuridade,
Fantasmas vagos, mochos piadores,
Inimigos, como eu, da claridade!

Em bandos acudi aos meus clamores;
Quero a vossa medonha sociedade,
Quero fartar meu coração de horrores.

(In: Hernâni Cidade, op. cit., p. 141-2.)

mocho: coruja.
pio: piedoso.

Bocage no cinema

Bocage: o triunfo do amor é o título de um filme de Djalma Limongi Batista, produção luso-brasileira.

> Drama erótico baseado na vida do ferino poeta lusitano Manuel Maria Barbosa du Bocage. O resultado aparece como um delírio para o espectador. A verve irreverente, debochada e não raro pornográfica de Bocage (Victor Wagner) é mostrada em períodos de desterro em sua vida e acompanhada de seus poemas. Com Francisco Farinelli, Linneu Dias e a cantora portuguesa Eugénia Melo e Castro.

Cinemateca Brasileira

(*Veja S. Paulo*, nº 1534.)

Observe que não há aqui o convencionalismo amoroso e o racionalismo dos árcades. O eu lírico, não sendo correspondido pela "cruel" amada, fala abertamente de seus sentimentos em relação à morte, compondo um quadro macabro. O quadro é completado pelos demais "membros" da corte noturna (corujas, fantasmas) e nele o eu lírico também se coloca, num gesto de total desespero e descontrole emocional.

O poema compõe um painel que é o oposto do universo claro e equilibrado do Arcadismo. Em vez do equilíbrio, nota-se o pessimismo existencial e a morte como saída para a angústia de viver; em vez de racionalismo, há o predomínio absoluto da emoção; em vez de objetividade, o subjetivismo.

Leitura

Você vai ler a seguir dois sonetos de Bocage. Observe as diferenças entre um e outro quanto à forma e ao conteúdo. Após a leitura, responda às questões propostas.

TEXTO I

Marília, nos teus olhos buliçosos
Os Amores gentis seu facho acendem
A teus lábios, voando, os ares fendem
Terníssimos desejos sequiosos:

Teus cabelos sutis, e luminosos
Mil vistas cegas, mil vontades prendem,
E em arte aos de Minerva se não rendem
Teus alvos, curtos dedos melindrosos.

Reside em teus costumes a candura,
Mora a firmeza no teu peito amante,
A razão com teus risos se mistura.

És dos Céus o composto mais brilhante:
Deram-se as mãos a Virtude, e Formosura,
Para criar tua alma e teu semblante.

(In: Alexandre Pinheiro Torres, org. *Antologia da poesia portuguesa*. Porto: Lello & Irmão, 1977. v. 2, p. 647.)

Conceitograf

TEXTO II

A frouxidão no amor é uma ofensa,
Ofensa que se eleva a grau supremo;
Paixão requer paixão; fervor e extremo
Com extremo e fervor se recompensa.

Vê qual sou, vê qual és, vê que dif'rença!
Eu descoro, eu praguejo, eu ardo, eu gemo;
Eu choro, eu desespero, eu clamo, eu tremo;
Em sombras a razão se me condensa.

Tu só tens gratidão, só tens brandura,
E antes que um coração pouco amoroso,
Quisera ver-te uma alma ingrata e dura,

Talvez me enfadaria aspecto iroso,
Mas de teu peito a lânguida ternura
Tem-me cativo, e não me faz ditoso.

(Idem, p. 146.)

Bocage: um poema épico para celebrar o descobrimento do Brasil

Bocage parte para Goa (Índia) em 1786. Seu navio faz uma escala no Rio de Janeiro, onde é recebido pelo governador Luís de Vasconcelos Sousa Veiga e Faro, mecenas e amante da literatura. O contato com a terra brasileira acentua no poeta o desejo de, a exemplo de seu mestre Camões, também fazer um poema épico — no caso, um poema que falasse do descobrimento do Brasil. Esse projeto, contudo, nunca foi concluído.

cativo: preso.
ditoso: feliz.
enfadar: incomodar, irritar.
iroso: cheio de ira, de raiva.
lânguido: frouxo, fraco.

1. Nos dois sonetos, o eu lírico se dirige à mulher amada.

a) Em qual deles a figura feminina aparece:
- apenas como uma referência, um ser irreal e distante?
- mais trabalhada, com características emocionais?

b) Em qual deles o amor parece ser uma experiência vivenciada, e não apenas um tema literário?

2. Explique por que os substantivos *Virtude* e *Formosura*, na última estrofe do texto I, são grafados com letra inicial maiúscula.

3. No texto II, na 1ª estrofe, o eu lírico formula sua teoria acerca do amor. A partir da 2ª estrofe, configura-se uma oposição entre os sentimentos do eu lírico e os de sua amada.

a) Para o eu lírico, como deve ser o exercício do amor?

b) As atitudes da mulher amada correspondem à concepção de amor do eu lírico? Por quê?

4. O Romantismo é o movimento literário que ocorreu no início do século XIX, logo após o Arcadismo. Observe algumas das características desses dois movimentos literários.

Arcadismo	Romantismo
• Amor convencional • Racionalismo • Presença da mitologia greco-latina • Manutenção de formas clássicas e gosto pelo soneto	• Paixão • Predomínio da emoção • Cristianismo • Gosto por formas populares e pelas redondilhas

Compare essas características aos textos e conclua:

a) Qual dos dois textos representa a fase árcade de Bocage? Por quê?

b) Qual deles representa a fase pré-romântica? Por quê?

Para quem quer mais

Bocage

Nascemos para amar: a Humanidade
Vai, tarde ou cedo, aos laços da ternura.
Tu és doce atractivo, oh formosura,
Que encanta, que seduz, que persuade.

Enleia-se por gosto a liberdade;
E depois que a paixão na alma se apura,
Alguns então lhe chamam desventura,
Chamam-lhe alguns então felicidade.

Qual se abisma nas lôbregas tristezas,
Qual em suaves júbilos discorre,
Com esperanças mil na ideia acesas.

Amor ou desfalece, ou para, ou corre;
E, segundo as diversas naturezas,
Um porfia, este esquece, aquele morre.

(In: Hernâni Cidade. *Bocage – A obra e o homem.* 3. ed. Lisboa: Arcádia, 1978. p. 144.)

desventura: infelicidade.
enlear: atar, prender.
lôbrego: sombrio, escuro, funesto.
porfiar: insistir.

Meu ser evaporei na lida insana
Do tropel das paixões que me arrastava;
Ah! cego eu cria, ah! mísero eu sonhava
Em mim quase imortal a essência humana.

De que inúmeros sóis a mente ufana
Existência falaz me não dourava!
Mas eis sucumbe a natureza, escrava
Do mal que a vida em sua origem dana.

Prazeres, sócios meus e meus tiranos!
Esta alma que sedenta em si não coube,
No abismo vos sumiu dos desenganos.

Deus, oh Deus!... Quando a morte à luz me roube,
Ganhe um momento o que perderam anos,
Saiba morrer o que viver não soube.

(Idem, p. 113.)

François Boucher, 1758 La Cible D'amour

falaz: enganoso.
lida: luta.
ufano: orgulhoso.

Já Bocage não sou!... À cova escura
Meu estro vai parar, desfeito em vento...
Eu aos Céus ultrajei! O meu tormento
Leve me torne sempre a terra dura.

Conheço agora já quão vã figura
Em prosa e verso fez meu louco intenso.
Musa!... Tivera algum merecimento,
Se um raio de razão seguisse pura!

Eu me arrependo. A língua quase fria
Brade em alto pregão à mocidade
Que atrás do som fantástico corria:

— Outro Aretino fui... A santidade
Manchei!... Oh! Se me cresce, gente ímpia,
Rasga meus versos, crê na eternidade!

(Idem, p. 143-4.)

Aretino: poeta satírico italiano.
estro: inspiração, imaginação.
ímpio: impiedoso, cruel.

Filinto Elísio

Ode

Aos clubistas portugueses de Londres

E inda há no mundo quem dê preço e fama
À língua de Camões, nesta era esquiva,
Em que só reina o intruso,
Malquisto galicismo!

Vênus, que sempre amou a lusa fala,
Tão prima das, que amou, vozes latinas,
Baco, que nos deu Luso
Por tronco e dom paterno.

Levantaram pendões, chamaram tropa
De sábios, indignados das injúrias
à Pátria, à Língua feitas
Por ensossos poetastros.

Na londinense terra, em campo armados,
Se bastecem de culto metro luso,
Armas de forja vindas,
Que ergueu Camões preclaro.

Lá se alista Filinto, peão raso,
Intrépido, porém, no agro discrime,
Em pró da Língua e Pátria,
Cos fidos, sábios lusos.

(*Poesias*. Lisboa: Livraria Sá da Costa, 1941. p. 73-4.)

Filinto Elísio (1734-1819) é considerado o escritor português que melhor se adequou aos postulados teóricos do Arcadismo, apesar de sua obra pouco estimular o leitor moderno, em virtude da frieza emocional, da musicalidade dura e da castidade linguística de seus versos.

A obra do poeta caracteriza-se, de modo geral, pela busca do equilíbrio, pelo purismo linguístico, pela concepção elitista da arte, pelo nacionalismo e pelo conteúdo moralizante e doutrinador.

O poema ao lado é um exemplo da concepção purista do autor sobre a língua portuguesa.

cos fidos: com os fiéis.
discrime: combate.
galicismo: palavra ou expressão afrancesada.
londinense terra: Londres.

Nicolau Tolentino

O colchão dentro do toucado

Chaves na mão, melena desgrenhada,
Batendo o pé na casa, a mãe ordena,
Que o furtado colchão, fofo, e de pena,
A filha o ponha ali, ou a criada:

A filha, moça esbelta, e aparaltada,
Lhe diz coa doce voz, que o ar serena:
"Sumiu-se-lhe um colchão, é forte pena:
Olhe não fique a casa arruinada."

"Tu respondes assim? tu zombas disto?
Tu cuidas que por ter pai embarcado,
Já a mãe não tem mãos?" E dizendo isto,

Arremete-lhe à cara e ao penteado;
Eis senão quando (caso nunca visto!)
Sai-lhe o colchão de dentro do toucado.

(In: Massaud Moisés. *A literatura portuguesa através de textos*. São Paulo: Cultrix, 1988. p. 193.)

Nicolau Tolentino (1740-1811), ao lado de Bocage, foi uma das principais expressões da sátira no Arcadismo e em toda a literatura portuguesa. Publicou apenas *Obras poéticas* (1769). O soneto ao lado é um exemplo de sua veia satírica.

Para quem quer mais na Internet

Em nosso *site*, http://pl.atualeditora.com.br/portugues/site/paraquemquermais, você poderá ler e baixar outros textos de Bocage e Filinto Elísio e conhecer um pouco da poesia da Marquesa de Alorna.

CAPÍTULO 13

Diálogos

Com a Revolução Francesa (1789) e a ascensão da burguesia ao poder, a arte ocidental se voltou cada vez mais para os interesses de seu novo público consumidor. Assim, deixou de lado os modelos clássicos que influenciaram fortemente a arte dos séculos XVI, XVII e XVIII e buscou caminhos próprios, vinculados à realidade dos séculos XIX e XX. Apesar disso, o interesse pela produção literária de orientação clássica nunca desapareceu. Neste capítulo, que encerra a unidade destinada ao estudo da literatura árcade, você vai realizar duas leituras e assistir a um filme, a fim de conhecer alguns desses diálogos entre a cultura contemporânea e a cultura oitocentista.

Diálogo com a pintura neoclássica

Observe esta pintura:

Museu do Louvre, Paris

O juramento dos Horácios *(1784), de Jacques-Louis David.*

1. Leia o boxe "O contexto da cena". Depois responda:

a) Que traço do Classicismo é retomado por essa tela neoclássica?

b) Quanto ao tema, que mudança essa tela apresenta, se comparada às obras barrocas?

2. O Neoclassicismo contrapõe-se aos excessos do Barroco, presentes no movimento das formas, no detalhismo, no artificialismo, etc. Observe na tela estes elementos:

- os jovens romanos
- as mulheres
- os arcos ao fundo
- as espadas

a) O que esses elementos têm em comum?

b) Que traço clássico ou neoclássico se verifica nesse procedimento?

3. Observe os três jovens romanos: a postura, o contorno do físico, a musculatura.

a) Como eles são caracterizados?

b) Que relação essas características têm com a pintura renascentista?

O contexto da cena

O quadro *O juramento dos Horácios* retrata um tema histórico de Roma antiga. As cidades de Roma e Alba estavam em guerra e um acordo definiu que a disputa seria resolvida por um combate mortal entre três homens de cada lado. Os romanos enviaram os trigêmeos Horácios, e os albanos enviaram os trigêmeos Curiácios. O vencedor e único sobrevivente foi um dos Horácios, que, ao chegar a Roma, descobriu que sua irmã Camila (a mulher do meio) estava noiva de um dos Curiácios. Enraivecido, matou-a. Foi condenado à morte, mas conseguiu revogação da pena.

A cena retrata o momento em que os três irmãos Horácios juram ao pai lealdade à República.

4. Leia novamente o boxe "O contexto da cena". A cena pode ser dividida em duas partes. Do lado esquerdo, o mundo masculino; do lado direito, o mundo feminino e infantil.

a) O que os gestos do pai e dos filhos demonstram, sabendo-se que os rapazes poderão voltar sem vida?

b) Em contraposição, o que os gestos das mulheres representam?

5. A filosofia do século XVIII tinha caráter reformador e moralizador, em oposição ao Absolutismo e aos privilégios da aristocracia. A tela *O juramento dos Horácios* foi concluída quatro anos antes da Revolução Francesa. Na sua opinião, esse quadro pode ser visto como contestação ao regime vigente? Por quê?

6. Relembre algumas das principais características do Classicismo:

- valorização da cultura clássica greco-latina
- equilíbrio, harmonia
- nacionalismo, heroísmo
- paganismo
- antropocentrismo
- racionalismo

Museu do Louvre, Paris

Quais dessas características é possível identificar nessa pintura neoclássica? Explique como se manifestam no quadro essas características identificadas.

Diálogo da literatura moderna com o Arcadismo

A seguir, você vai ler e comparar três textos. O primeiro, que você já leu na página 115, é um poema árcade de Bocage. O segundo e o terceiro são de Fernando Pessoa, poeta que participou da fundação do movimento modernista português, no início do século XX (leia o boxe lateral).

Fernando Pessoa: o criador de poetas

Fernando Pessoa é considerado um dos principais poetas da língua portuguesa. O que mais impressiona em sua obra é que, além de criar poemas, ele também criava poetas, isto é, autores com características biográficas, estilísticas, temáticas e ideológicas específicas. Esses poetas inventados por Pessoa são chamados heterônimos e, entre eles, destacam-se Alberto Caeiro, Ricardo Reis e Álvaro de Campos.

Effigie/Lecmage/Other Images

TEXTO I

Já se afastou de nós o Inverno agreste
Envolto nos seus úmidos vapores;
A fértil Primavera, a mãe das flores
O prado ameno de boninas veste:

Varrendo os ares o sutil Nordeste
Os torna azuis: as aves de mil cores
Adejam entre Zéfiros e Amores,
E torna o fresco Tejo a cor celeste;

Vem, oh Marília, vem lograr comigo
Destes alegres campos a beleza,
Destas copadas árvores o abrigo.

Deixa louvar da corte a vã grandeza:
Quanto me agrada mais estar contigo,
Notando as perfeições da Natureza!

(Bocage. In: Hernâni Cidade. *Bocage – A obra e o homem*. 3. ed. Lisboa: Arcádia, 1978. p. 139-40.)

Angers, musée des Beaux-Arts/RMN/Other Images

Júpiter e Calisto *(1755), de Jean-Honoré Fragonard.*

TEXTO II

Da minha aldeia vejo quanto da terra se pode ver no Universo...
Por isso a minha aldeia é tão grande como outra terra qualquer
Porque eu sou do tamanho que vejo
E não do tamanho da minha altura...
Nas cidades a vida é mais pequena
Que aqui na minha casa no cimo deste outeiro.

Na cidade as grandes casas fecham a vista à chave,
Escondem o horizonte, empurram o nosso olhar para longe de todo o céu,
Tornam-nos pequenos porque nos tiram o que os nossos olhos nos podem dar,
E tornam-nos pobres porque a nossa única riqueza é ver.

(Alberto Caeiro. In: Fernando Pessoa. *Obra poética*. Rio de Janeiro: Aguilar, 1965. p. 208.)

cimo: parte de cima; topo.
mais pequena: expressão equivalente a *menor*, usada normalmente na variedade padrão em Portugal.
outeiro: colina, monte.

TEXTO III

Vem sentar-te comigo, Lídia, à beira do rio.
Sossegadamente fitemos o seu curso e aprendamos
Que a vida passa, e não estamos de mãos enlaçadas.
(Enlacemos as mãos.)

Depois pensemos, crianças adultas, que a vida
Passa e não fica, nada deixa e nunca regressa,
Vai para um mar muito longe, para ao pé do Fado,
Mais longe que os deuses.
[...]

Amemo-nos tranquilamente, pensando que podíamos,
Se quiséssemos, trocar beijos e abraços e carícias,
Mas que mais vale estarmos sentados ao pé um do outro
Ouvindo correr o rio e vendo-o.

Colhamos flores, pega tu nelas e deixa-as
No colo, e que o seu perfume suavize o momento —
Este momento em que sossegadamente não cremos em nada,
Pagãos inocentes da decadência.

(Ricardo Reis. In: Fernando Pessoa. *Obra poética*, cit., p. 256.)

Fado: deus do destino; sorte.
pagão: aquele que não adota o cristianismo por religião; aquele que não foi batizado.

1. Compare os três textos.
a) Quais são as semelhanças entre eles quanto ao tema e à visão de mundo?
b) Em quais dos textos há oposição entre campo e cidade? Que expressão latina traduz essa oposição, muito comum nos textos árcades?
c) Os textos I e II criticam a vida urbana, mas por motivos diferentes. O que o texto I critica na vida que se tem na cidade? E o texto II?

2. Nos textos I e III, o eu lírico se dirige à mulher amada e faz a ela um convite.
a) Quem é a mulher amada em cada um dos textos?
b) Que tipo de convite o eu lírico de cada texto faz à mulher amada?
c) Que argumento eles apresentam para convencer a mulher amada?

3. Contrapondo-se ao Barroco e à Contrarreforma, o Arcadismo retomou o paganismo da cultura greco-latina. Identifique nos textos traços de paganismo. Justifique sua resposta.

Diálogo entre o cinema e o Iluminismo

Assista integralmente ao filme *A missão*, de Roland Joffé, obra ganhadora de vários prêmios, entre eles a Palma de Ouro no Festival de Cannes, na categoria de melhor filme, e o Oscar, na categoria de melhor fotografia. Depois, conforme as orientações do professor, responda às questões a seguir.

Warner Bros./Everett Collection/Keystone

***Jeremy Irons como jesuíta no filme* A missão.**

1. O filme retrata um período da colonização ibérica na América do Sul.

a) Pela ótica do filme, como se apresentava a natureza americana aos olhos do colonizador europeu?

b) O que essencialmente atraía os colonizadores europeus para a América?

c) Qual era o papel dos jesuítas nesse contexto da colonização?

2. Comente com os colegas o papel da música de Ennio Morricone, no filme, e o desempenho dos atores Robert de Niro (o escravista convertido) e Jeremy Irons (o líder jesuíta).

3. No contexto retratado pelo filme, é assinado o Tratado de Madri (1750), que redefinia os limites das terras colonizadas por portugueses e espanhóis às margens do rio Uruguai. Por esse documento, os territórios ocupados por portugueses eram reconhecidos como pertencentes aos portugueses, e vice-versa. Assim, a Espanha cedeu a Portugal o território dos Sete Povos das Missões em troca da colônia do Sacramento, esta, próxima de Buenos Aires.
De acordo com o filme:

a) O que eram os Sete Povos das Missões?

b) Quem organizava o trabalho e o relacionamento com os índios nessas comunidades?

c) Como era o relacionamento entre os índios e os religiosos nessas comunidades?

d) Para quem ficava a produção do trabalho dos índios nas lavouras?

4. Compare a vida dos indígenas nas comunidades dos Sete Povos e na cidade.

a) Em que se diferenciavam?

b) Logo, o filme, no geral, apresenta uma visão positiva ou negativa a respeito do trabalho dos jesuítas nessas comunidades?

5. Numa passagem do filme, uma menina índia diz não querer ir para a floresta, pois lá habitava o demônio. Esse dado é um exemplo do processo de aculturação que os índios vinham vivendo em contato com os religiosos. Cite outros elementos do filme que demonstram esse processo.

6. No contexto em que se passa o filme — meados do século XVIII —, o racionalismo iluminista não via com bons olhos o trabalho dos jesuítas, identificados como porta-vozes da Contrarreforma. Por esse motivo, em alguns países a ordem sofria perseguições, como ocorreu em Portugal e no Brasil. Identifique no filme uma situação que ilustre esse dado histórico.

7. Leia um dos artigos do Tratado de Madri:

> Art. XVI — Das Povoações e Aldeias que cede sua Majestade Católica na margem oriental do Uruguai, sairão os Missionários com todos os móveis, e efeitos, levando consigo os índios para aldear em outras terras de Espanha; e os referidos índios poderão levar também todos seus bens móveis e semoventes, e as Armas, pólvora e Munições, que tiverem; em cuja forma se entregarão as Povoações à Coroa de Portugal, com todas as suas Casas, Igrejas e Edifícios e a propriedade e posse do terreno.
>
> (Apud Luiz Koshiba e Denise M. F. Pereira. *História do Brasil*. 8. ed. São Paulo: Atual, 2003. p. 125.)

Como se nota, esse artigo do Tratado determinava que os religiosos saíssem das terras, que passavam a pertencer a Portugal, e levassem os índios consigo.

a) De acordo com o filme, a determinação desse artigo foi respeitada?

b) Que implicações teve para a Companhia de Jesus a decisão tomada pelos religiosos de Sete Povos?

c) Por esse artigo do tratado, percebe-se que o rei da Espanha desconsiderava um dado fundamental quanto à relação do índio com o espaço natural. Qual é esse dado?

8. Basílio da Gama, para livrar-se da acusação de que era defensor dos jesuítas, escreveu *O Uraguai* e dedicou-o ao Marquês de Pombal, primeiro-ministro de Portugal e adepto das ideias iluministas.

O fragmento que segue é uma fala do general português Albuquerque, líder das tropas portuguesas, dirigida ao chefe indígena Cacambo:

Por mim te fala o rei: ouve-me, atende,
E verás uma vez nua a verdade.
Fez-vos livres o céu, mas se o ser livres
Era viver errantes e dispersos,
Sem companheiros, sem amigos, sempre
Com as armas na mão em dura guerra,
Ter por justiça a força, e pelos bosques
Viver do acaso, eu julgo que inda fora
Melhor a escravidão que a liberdade.
Mas nem a escravidão, nem a miséria
Quer o benigno rei que o fruto seja
Da sua proteção. Esse absoluto
Império ilimitado, que exercitam
Em vós os padres, — como vós, vassalos —
É império tirânico, que usurpam.
Nem são senhores, nem vós sois escravos.
O rei é vosso pai: quer-vos felizes.
Sois livres, como eu sou; e sereis livres,
Não sendo aqui, em outra qualquer parte.
Mas deveis entregar-nos estas terras.
Ao bem público cede o bem privado.
O sossego de Europa assim o pede.
Assim o manda o rei. Vós sois rebeldes,
Se não obedeceis; mas os rebeldes,
Eu sei que não sois vós — são os bons padres,
Que vos dizem a todos que sois livres,
E se servem de vós como de escravos.
Armados de orações vos põem no campo
Contra o fero trovão da artilharia
[...]

(Basílio da Gama. *O Uraguai*. 3. ed. Rio de Janeiro: Agir, 1976. p. 43-4.)

fero: feroz.
tirânico: relativo à tirania; que age de maneira autoritária e violenta.
usurpar: tomar para si, apropriar-se.

a) Levando em conta o contexto iluminista da época, discuta com a classe o conceito de liberdade expresso pelo general português neste trecho:

> [...] mas se o ser livres
> Era viver errantes e dispersos,
> Sem companheiros, sem amigos, sempre
> Com as armas na mão em dura guerra,
> Ter por justiça a força, e pelos bosques
> Viver do acaso, eu julgo que inda fora
> Melhor a escravidão que a liberdade.

Cena do filme **A missão.**

b) De acordo com o texto, que julgamento o império português faz a respeito do trabalho dos jesuítas?

c) De acordo com a situação apresentada no filme, esse julgamento, expresso pelo poema de Basílio da Gama, tem procedência?

d) O general português, para justificar seu pedido ao chefe indígena, emprega uma das ideias filosóficas do Iluminismo: "Ao bem público cede o bem privado". Considerando o contexto dos índios, na sua opinião, esse argumento tem fundamento? Por quê?

9. Na situação histórica de contato e confronto entre índios e europeus no século XVIII retratada pelo filme e pelo poema se misturam interesses religiosos, econômicos e políticos. Pode-se dizer que o filme é revelador do que acontece ainda nos dias de hoje? Justifique sua resposta.

UNIDADE 5

História social do Romantismo

The Bridgeman Art Library/Getty Images

A abdução de Psyche, *de Emile Signol.*

Você se considera uma pessoa romântica? A palavra *romântico* é frequentemente associada a um conjunto de comportamentos e valores, como dar ou receber flores, gostar de ler ou escrever poemas e histórias de amor, emocionar-se facilmente, ser gentil e delicado com a pessoa amada.

Esse tipo de romantismo, porém, é diferente do Romantismo na arte. Este também está relacionado aos sentimentos, mas foi muito mais do que isso. Foi um amplo movimento que surgiu no século XIX e representou artisticamente os anseios da burguesia que havia acabado de chegar ao poder na França.

Estudar a literatura do período implica conhecer as transformações então ocorridas e ver de que modo elas acarretaram uma nova forma de ver e sentir o mundo.

A vida é o dia de hoje,
A vida é ai que mal soa,
A vida é nuvem que voa;
A vida é sonho tão leve
Que se desfaz como a neve
E como o fumo se esvai
A vida dura um momento,
Mais leve que o pensamento,
A vida leva-a o vento,
A vida é folha que cai!

(João de Deus)

Tate Gallery, London

O rio da vida *(1805), de William Blake.*

Fique ligado! Pesquise!

Para você ampliar seus conhecimentos sobre o Romantismo e suas relações com os contextos europeu e brasileiro, eis algumas sugestões:

VÍDEOS

Sombras de Goya, de Milos Forman; *Goya*, de Carlos Saura; *Minha amada imortal*, de Bernard Rose; *Razão e sensibilidade*, de Ang Lee; *O homem elefante*, de David Lynch; *Madame Sans-Gêne*, de Christian Jacque; *A queda da Bastilha*, de Jim Goddard; *Danton – O processo da revolução*, de Andrzej Wajda; *Os miseráveis*, de Billie August; *Emma*, de Douglas McGrath; *Carta de uma desconhecida*, de Max Ophuls; *Sinfonia da primavera*, de Peter Shamony; *Independência ou morte*, de Carlos Coimbra; *Carlota Joaquina, princesa do Brasil*, de Carla Camurati; *Cold mountain*, de Anthony Minghella; *Frankenstein, o terror das trevas*, de Roger Corman.

LIVROS

Os sofrimentos do jovem Werther, de Goethe (Martins Fontes); *Eurico, o presbítero*, de Alexandre Herculano (Ática); *Viagens na minha terra*, de Almeida Garrett (Nova Alexandria); *Amor de perdição* e *A queda de um anjo*, de Camilo Castelo Branco (Ática); *Uma família inglesa*, de Júlio Diniz (Ediouro); *O navio negreiro e outros poemas*, de Castro Alves (Saraiva); *As trevas e outros poemas*, de Lord Byron (Saraiva); *Antologia de poesia brasileira – Romantismo* (Ática); *Pé na estrada*, de Jack Kerouac (L&PM e Ediouro).

MÚSICA

O movimento romântico na música erudita estende-se por todo o século XIX. Ouça a música dos compositores Beethoven, Schubert, Schumann, Mendelssohn, Chopin, Berlioz, Liszt, Wagner, Verdi, Brahms, Tchaikovsky, Dvorák e Strauss.
Ouça também, da MPB, *Flores do mal*, de Frejat, e *Românticos*, de Rita Ribeiro.

ARTES PLÁSICAS

Conheça a pintura de Goya, Géricault, Delacroix, Turner e Constable e a escultura de Auguste Rodin.

SITES

- Obras completas de poetas românticos: www.bibivirt.futuro.usp.br/textos/literatura
- Sobre a vinda da Família Real ao Brasil: www.multirio.rj.gov.br/historia/modulo02/vinda.html

CD-ROM

Castro Alves (Tema Eventos Culturais).

VISITA

Visite o Museu do Ipiranga, em São Paulo, cujo acervo contém móveis e objetos do período imperial e telas dos pintores Pedro Américo (*Independência ou morte*), Benedito Calixto e Almeida Júnior.

CAPÍTULO 14

A linguagem do Romantismo

SuperStock/Keystone

Satã observando os carinhos de Adão e Eva *(1807), quadro do poeta e pintor romântico William Blake, inspirado no* Paraíso perdido, *de Milton.*

O Romantismo é a legítima expressão artística da burguesia, que chegou ao poder em 1789, com a Revolução Francesa. Adequando-se aos gostos e valores de seu público consumidor, a arte romântica rompeu com a tradição clássica — então identificada com a aristocracia — e buscou inspiração no nacionalismo, no liberalismo e nas tradições da cultura popular.

Leitura

Há, a seguir, três textos do Romantismo português: o primeiro e o terceiro são de Alexandre Herculano; o segundo, de Almeida Garrett. Ambos os escritores se incluem entre os fundadores do Romantismo português. Leia os textos e responda às questões propostas.

TEXTO I

O mundo atual nunca poderá entender plenamente o afeto que, vibrando-me dolorosamente as fibras do coração, me arrastava para as solidões marinhas do promontório, quando os outros homens nos povoados se apinhavam à roda do lar aceso e falavam das suas mágoas infantis e dos seus contentamentos de um instante.

E que me importa a mim isso? Virão um dia a esta nobre terra de Espanha gerações que compreendam as palavras do presbítero.

Arrastava-me para o ermo um sentimento íntimo, o sentimento de haver acordado, vivo ainda, deste sonho febril chamado vida, e de que hoje ninguém acorda, senão depois de morrer.

Sabeis o que é esse despertar de poeta?

É o ter entrado na existência com um coração que transborda de amor sincero e puro por tudo quanto o rodeia, e ajuntarem-se os homens e lançarem-lhe dentro do seu vaso de inocência lodo, fel e peçonha e, depois, rirem-se dele.

É o ter dado às palavras — virtude, amor, pátria e glória — uma significação profunda e, depois de haver buscado por anos a realidade delas neste mundo, só encontrar aí hipocrisia, egoísmo e infâmia.

É o perceber à custa de amarguras que o existir é padecer, o pensar descrer, o experimentar desenganar-se, e a esperança nas coisas da terra uma cruel mentira de nossos desejos, um fumo tênue que ondeia em horizonte aquém do qual está assentada a sepultura.

Este é o acordar do poeta. Depois disso, nos abismos da sua alma só há para mandar aos lábios um sorriso de desprezo em resposta às palavras mentidas dos que o cercam, ou uma voz de maldição desabridamente sincera para julgar as ações dos homens.

É então que para ele há unicamente uma vida real — a íntima; unicamente uma linguagem inteligível — a do bramido do mar e do rugido dos ventos; unicamente uma convivência não travada de perfídia — a da solidão.

(Alexandre Herculano. *Eurico, o presbítero*. In: *Obras*. São Paulo: Edições Saraiva,1959. v. 1, p. 346-7.)

ermo: deserto.
Espanha: no contexto, península Ibérica.
peçonha: veneno.
perfídia: deslealdade.
presbítero: sacerdote, padre.
promontório: cabo, trecho de rocha que adentra o mar.
tênue: delgado, fino, delicado.

Hamburgo, Hamburger Kunsthalle

O viandante sobre um mar de névoa *(1818)*, de *Casper David Friedrich.*

TEXTO II

As minhas asas

Eu tinha umas asas brancas,
Asas que um anjo me deu,
Que, em me eu cansando da terra,
Batia-as, voava ao céu.

— Eram brancas, brancas, brancas
Como as do anjo que m'as deu:
Eu inocente como elas,
Por isso voava ao céu.

Veio a cobiça da terra,
Vinha para me tentar;
Por seus montes de tesouros
Minhas asas não quis dar.
— Veio a ambição, co'as grandezas,
Vinham para m'as cortar,
Davam-me poder e glória;
Por nenhum preço as quis dar.

Porque as minhas asas brancas,
Asas que um anjo me deu,
Em me eu cansando da terra,
Batia-as, voava aos céus.

Mas uma noite sem lua
Que eu contemplava as estrelas,
E já suspenso da terra,
Ia voar para elas,
— Deixei descair os olhos
Do céu alto e das estrelas...
Vi entre a névoa da terra
Outra luz mais bela que elas.

E as minhas asas brancas,
Asas que um anjo me deu,
Para a terra me pesavam,
Já não se erguiam ao céu.

Cegou-me essa luz funesta:
De enfeitiçados amores...
Fatal amor, negra hora
Foi aquela hora de dores!
— Tudo perdi nessa hora
Que provei nos seus amores
O doce fel do deleite,
O acre prazer das dores.

E as minhas asas brancas,
Asas que um anjo me deu,
Pena a pena me caíram...
Nunca mais voei ao céu.

(Almeida Garrett. In: Dirce Cortes Riedel. *Literatura portuguesa em curso*. Rio de Janeiro: Francisco Alves, 1975. p. 73-4.)

acre: azedo.
deleite: prazer.
fel: substância amarga, amargura.

The Bridgeman Art Library/Keystone

Nas asas do anjo, *de Wilhelm List.*

TEXTO III

Como longa fita de muitas cores, recamada de fios d'ouro e refletindo mil acidentes de luz, a extensa e profunda linha dos cavaleiros mouros sobressaía na veiga entre as searas pálidas que cobriam o campo. Defronte deles, os trinta cavaleiros portugueses, com trezentos homens d'armas, pajens e escudeiros, cobertos dos seus escuros envoltórios, e lanças em riste, esperavam o brado de acometer. Quem visse aquele punhado de cristãos, diante da cópia de infiéis que os esperavam, diria que, não com brios de cavaleiros, mas com fervor de mártires, se ofereciam a desesperado trance. Porém, não pensava assim Almoleimar, nem os seus soldados, que bem conheciam a têmpera das espadas e lanças portuguesas e a rijeza dos braços que as meneavam. De um contra dez devia ser o iminente combate; mas, se havia aí algum coração que batesse descompassado, algumas faces descoradas, não era entre os companheiros do Lidador que tal coração batia ou que tais faces descoravam.

The Bridgeman Art Library/Keystone

Árabes em luta, em óleo de Philip J. Loutherbourg.

Pouco a pouco, a planura que separava as duas hostes tinha-se embebido debaixo dos pés dos cavalos, como no tórculo se embebe a folha de papel saindo para o outro lado convertida em estampa primorosa. As lanças iam feitas: o Lidador bradara Santiago, e o nome de Alá soara em um só grito por toda a fileira mourisca.

(Alexandre Herculano. *Lendas e narrativas*. In: Dirce Cortes Riedel, op. cit., p. 829.)

cópia: quantidade.
hoste: multidão.
Lidador: Gonçalo Mendes da Maia, herói português morto em 1170.
menear: manejar.
recamado: ornamentado, enfeitado.
seara: plantação.
tórculo: prensa tipográfica primitiva.
trance: transe, momento de aflição.
veiga: planície cultivada e fértil.

1. Ao contrário do poeta árcade, que, seguindo a convenção, simula um diálogo com uma figura feminina, o escritor romântico adota uma postura de sinceridade, como se confessasse o que lhe vai no íntimo.

a) Quais dos três textos expressam uma atitude confessional por parte do emissor? Que pronome evidencia, logo no início de cada texto, o predomínio do subjetivismo?

b) Tanto Eurico, personagem e narrador do texto I, quanto o eu lírico do poema são seres diferentes dos homens comuns e optaram por se afastar do convívio social. Como se dá essa evasão em cada um dos textos?

2. No texto I, o afastamento da personagem equivale a um "despertar".

a) Identifique, no texto, um trecho em que a personagem explica o que representa para ela esse despertar que a arrasta para a solidão.

b) Nos parágrafos 5 e 6, o protagonista contrapõe seus ideais à resposta que recebeu da sociedade. Que palavras do texto expressam seus ideais? Que palavras expressam a resposta recebida?

3. Em consequência de sua inadaptação à realidade, o homem romântico volta-se para si mesmo, numa atitude egocêntrica. No texto I, o narrador expõe como é e como vive um poeta romântico. De acordo com o último parágrafo:

a) Qual é a "vida real" de um poeta?

b) E a única "linguagem inteligível" para ele?

c) E a única convivência aceitável?

4. Observe agora o texto II. Metaforicamente, o eu lírico do poema caracteriza-se como um ser alado.

a) O que as asas do eu lírico representam?

b) Levante hipóteses: Por que o mundo quereria cortá-las?

Museu do Chiado, Portugal

A despedida ***(1858), de Antonio José Patrício.***

5. No poema II, uma luz consegue desviar o eu lírico de suas viagens etéreas e prendê-lo à Terra.

a) O que essa luz representa?

b) Qual o resultado dessa experiência? Comprove sua resposta com palavras do texto.

6. O Romantismo, afastando-se da cultura clássica, retoma os valores da tradição portuguesa, empregando formas poéticas populares.

a) Qual é a métrica empregada por Almeida Garrett no poema "As minhas asas"?

b) Caracterize as estrofes, as rimas e o refrão.

7. Compare o poema de Almeida Garrett ao texto I, de Alexandre Herculano.

a) Há semelhanças entre a postura do eu lírico do poema e a de Eurico, protagonista e narrador do texto I? Justifique sua resposta.

b) Em ambos os textos, predomina a razão ou a emoção? Justifique.

8. Assim como o amor, a mulher e a natureza, também a pátria é idealizada pelos escritores românticos, que se empenham em buscar na Idade Média as origens históricas de seu povo, de sua língua e de suas crenças. No texto I, Eurico é um herói cuja história se situa no século VIII, portanto na Idade Média. Observe agora o texto III.

a) No texto, é narrado um confronto. Quem são os combatentes?

b) Como é caracterizado o herói português?

c) Contrapondo Santiago a Alá, o texto enfatiza o caráter religioso da luta. Levante hipóteses: Com que finalidade o narrador adota esse procedimento?

9. Com base no estudo dos textos, faça uma síntese das principais características da linguagem romântica.

Do texto ao contexto do Romantismo

A época representada culturalmente pelo Romantismo — das duas últimas décadas do século XVIII até a metade de século XIX — é o resultado das transformações que já vinham ocorrendo desde o início do século XVIII em vários planos: econômico, social, político e ideológico.

Economicamente, a Europa presenciava a euforia e as consequências decorrentes da Revolução Industrial na Inglaterra: novos inventos para a indústria, divisão de trabalho e maior produtividade, formação de centros fabris e urbanos, surgimento de um operariado, revoltas sociais e nascimento de sindicatos, associações de trabalhadores e de patrões.

Triumph Releasing/courtesy Everett Collection Latin Stock

Marcelo Mastroiani, em cena do filme **A noite de Varennes**, *de Ettore Scola, que tem a Revolução Francesa como pano de fundo.*

Social e politicamente, tendo a burguesia alcançado o poder na França, com a Revolução Francesa (1789), iniciava-se nesse país um longo período de luta pela solidificação do poder burguês, liderado por Napoleão Bonaparte, e de combate ao movimento contrarrevolucionário e conservador conduzido pelas principais monarquias europeias, as da Áustria, Rússia e Prússia.

Ideologicamente, o celeiro de ideias que impulsionava a burguesia e o povo em sua causa histórica era o Iluminismo, com propostas de um governo democrático, eleito pelo povo, de igualdade e justiça social, de direitos humanos, de liberdade.

Revolução e contradição

O Romantismo nasceu na Alemanha e na Inglaterra e, depois de chegar à França, espalhou-se por toda a Europa. Suas origens estão, portanto, diretamente relacionadas às profundas transformações políticas e econômicas vividas pela Inglaterra e pela França.

Como expressão cultural de um turbulento período da história, não se pode esperar que o movimento romântico seja equilibrado e uniforme. Ao contrário, ele traz as contradições e as marcas próprias de uma revolução: otimismo e reformismo social, decepção e pessimismo, saudosismo e contrarrevolução.

Além disso, se os românticos se rebelaram contra as rígidas normas da tradição clássica, naturalmente não estavam propensos a seguir regras. O que os une são certos princípios gerais, como liberdade de expressão e anticonvencio-

Liberdade, paixão e emoção

O romantismo foi mais que um programa de ação de um grupo de poetas, romancistas, filósofos ou músicos. Tratou-se de um vasto movimento onde se abrigaram o conservadorismo e o desejo libertário, a inovação formal e a repetição de fórmulas consagradas, o namoro com o poder e a revolta radical [...]. Liberdade, paixão e emoção constituem um tripé sobre o qual se assenta boa parte do romantismo.

(Adilson Citelli. *O Romantismo*. São Paulo: Ática, 1986. p. 9.)

nalismo. Dessa forma, é natural que existam no interior do movimento romântico várias tendências e grupos de artistas diferentes, que às vezes chegam até a ser contraditórios entre si.

Individualismo burguês e egocentrismo romântico

O mundo capitalista é competitivo e individualista. Nele, o eu normalmente tem maior importância do que o outro, de forma que o interesse individual quase sempre se sobrepõe ao coletivo.

Na arte romântica, nota-se igualmente uma forte valorização do indivíduo: na prosa, destaca-se a figura idealizada do herói romântico, cujas qualidades são incomparáveis; na poesia, o eu lírico volta-se para si mesmo, buscando retratar com profundidade seu mundo interior e suas dificuldades em relacionar-se com o mundo externo.

Fragmentação e universalismo romântico

A Revolução Industrial e a solidificação do capitalismo produziram no homem do século XIX a sensação de alienação, de perda do todo. Da mesma forma que na indústria o operário faz uma pequena parte do objeto produzido, perdendo a dimensão total, no âmbito social o indivíduo sente-se fragmentado diante da complexidade do mundo. A resposta a essa sensação é o *desejo de integrar-se com o universo*, em busca do elo perdido entre o eu e o mundo. O interesse dos românticos pela *natureza* e pela *Idade Média* e por *outras culturas distantes*, como as do Oriente, pode ter esta razão: a de verem nelas uma forma de vida mais integrada do que a oferecida pela sociedade industrial.

Chaplin/United Artists

Satirizando a excessiva especialização da mão de obra e a ganância da burguesia, Charles Chaplin, em* Tempos modernos, *critica o processo de alienação a que é submetido o trabalhador a partir da Revolução Industrial.

A tendência universalizante do Romantismo contrapõe-se, sem dúvida, à tendência individualista e egocêntrica já observada. Ambas conviveram, porém, no interior do mesmo movimento, representando uma de suas contradições.

Fuga da realidade X engajamento político

Os ideais da Revolução Francesa tomavam por base o trinômio "liberdade, igualdade e fraternidade". Contudo, os jovens europeus de algumas décadas posteriores não viam cumpridas as promessas feitas pela revolução. Como consequência, enquanto alguns ainda confiavam nos destinos da revolução burguesa, outros caíram numa forte onda de pessimismo e tédio, desacreditados da política e das lutas sociais. Esse grupo, que no Brasil corresponde à segunda geração romântica, tem uma postura de *fuga da realidade*, que pode se manifestar de diferentes modos: fuga para o passado (a Idade Média ou a infância); para o futuro; para a natureza; para o sonho ou para a loucura; para o interior do próprio eu; para a vida boêmia; para a morte.

Porém, ao lado dessa tendência pessimista, surgiu também a *corrente social e política*, que visava promover novas mudanças na sociedade, a fim de que a humanidade alcançasse finalmente a liberdade e a justiça social. Ela foi formada pelos escritores chamados *condoreiros*, que, no Brasil, correspondem à terceira geração romântica, liderada por Castro Alves.

Iluminismo e Romantismo

O Romantismo valoriza o homem emotivo, intuitivo e psicológico, por isso despreza o racionalismo dos iluministas. Apesar disso, o filósofo iluminista Jean-Jacques Rousseau foi um dos precursores desse movimento, tendo exercido forte influência sobre o pensamento romântico. Em sua teoria do "bom selvagem", o pensador defendia que o homem é primitivamente puro, mas se perverte no convívio com a sociedade. Estados de pureza e inocência, como a natureza, a infância, o índio e países e povos do Oriente, distantes da "velha e decadente" Europa, passaram então a ser supervalorizados.

No romantismo português, há a valorização do campo e da vida simples e natural. No Romantismo brasileiro, as ideias de Rousseau ganharam ampla aceitação, sobretudo porque a América, com sua natureza exuberante e selvagem, também podia ser considerada um continente primitivo e inocente. E o índio brasileiro, idealizado, foi identificado com o "bom selvagem" de Rousseau.

Concluindo

O Romantismo é a expressão cultural de uma época de transformações e rupturas, de lutas e incertezas e, por isso, nele convivem tendências ou aspectos variados e contraditórios. Contudo, essa riqueza de formas, temas e atitudes foi fonte de pesquisa e inspiração para movimentos literários subsequentes, pois na literatura romântica se verificam traços típicos do gosto e da sensibilidade moderna, tais como a espontaneidade e a naturalidade dos sentimentos, o interesse pelo mundo concreto, a psicologização do eu, o respeito às tradições populares.

The Museum of Fine Arts, Henry Lillie Pierce Fund

O navio negreiro *(1840), de Turner.*

CAPÍTULO 15

O Romantismo em Portugal

Museu do Chiado, Portugal

Cinco artistas em Sintra *(1855), de João Cristino da Silva, pintor do Romantismo português.*

O Romantismo em Portugal teve dois momentos significativos em sua evolução. O primeiro deles representa o esforço de se firmar como movimento literário apoiado na cultura popular, no nacionalismo, na busca das origens medievais do país, enquanto o segundo corresponde a um momento de maturidade e de transição para o Realismo.

Como no resto da Europa, o Romantismo surgiu em Portugal num período de efervescência política — alguns anos após a revolução de 1820, que levou os liberais portugueses ao poder.

Participaram dessa revolução vários setores da burguesia portuguesa, nos quais se incluíam magistrados, comerciantes, militares, professores. Influenciados pelos ideais da Revolução Francesa, esses setores defendiam a reforma das instituições, a elaboração de uma Constituição, a liberdade de comércio, o direito de participação política do cidadão. Lutavam, enfim, pela modernização de Portugal.

A revolução liberal, entretanto, só se consumou por volta de 1834, com o confisco dos bens da nobreza, a expulsão de religiosos e a distribuição das terras dos nobres vencidos. Apesar disso, a luta entre liberais e conservadores, com a alternância de ambos no poder, perdurou por muitos anos, provocando o exílio de políticos, intelectuais e artistas.

O contato de artistas portugueses com o Romantismo inglês e francês favoreceu o surgimento de obras inovadoras, como *Camões*, de Almeida Garrett. Considerada o marco inicial do Romantismo em Portugal, essa obra foi publicada em Paris, em 1825, quando o autor se encontrava exilado na França. Outro escritor importante do período é Alexandre Herculano, que em 1831 se exilou na Inglaterra e depois na França, onde tomou contato com o Romantismo e com o romance histórico, do qual foi, mais tarde, a principal expressão na literatura portuguesa.

O plano incestuoso de D. Pedro I

Com a morte de D. João VI, em 1826, D. Pedro I tornou-se rei do Brasil e de Portugal, mas em 1831 abdicou do trono em favor de seu filho e retornou a Portugal para apaziguar a crise política que lá se verificava.

Assumiu o trono português com o título de D. Pedro IV, escreveu uma Constituição liberal e tomou uma atitude inesperada: renunciou ao trono em favor de sua filha mais velha, D. Maria da Glória, então com 7 anos. Impôs, porém, uma condição: ela deveria se casar com o próprio tio, D. Miguel, na época com 24 anos.

O plano incestuoso de D. Pedro tinha uma clara finalidade: apaziguar a crise política que se instalara em Portugal desde a Revolução do Porto, ocorrida em 1820.

D. Pedro e D. Miguel, em caricatura que satiriza a histórica luta entre liberais e conservadores. D. Pedro, que no Brasil teve posições conservadoras, em Portugal aliou-se aos liberais.

Honoré-Victorien Daumier/Biblioteca Nacional de Portugal

Assim, o Romantismo português nasceu identificado com o liberalismo burguês e com o espírito de lutas e revolução que envolveu a sociedade portuguesa no século XIX.

O movimento contou com um considerável número de poetas, dramaturgos e prosadores, tradicionalmente organizados em duas gerações.

A primeira geração romântica

Essa geração caracteriza-se pelo empenho de seus integrantes em implantar o Romantismo no país; pelo emprego de alguns procedimentos clássicos ainda não superados; pelo nacionalismo e pelas preocupações históricas e políticas. Outras atitudes, como subjetivismo, medievalismo, idealização da mulher, do amor, da natureza, também se fazem notar, embora não sejam específicas dessa geração romântica. Entre outros, integram essa geração Almeida Garrett, Alexandre Herculano e Antônio Feliciano de Castilho.

Almeida Garrett: em busca das raízes nacionais

Quando o escritor Almeida Garrett (1799-1854) deixou Portugal, já era relativamente conhecido no país. Participara ativamente dos acontecimentos políticos de 1820, ocasião em que vários de seus escritos alusivos à revolução ganharam prestígio. Esteve na França, na Inglaterra e na Alemanha — países nos quais o Romantismo surgira —, onde absorveu as influências que o levaram a lançar-se na nova estética.

As obras de Garrett apresentam, porém, traços da tradição clássica, como formalismo, vocabulário culto, racionalismo, contenção das emoções. Sua obra *Camões* (1825), apesar de considerada a primeira produção do Romantismo português, é fortemente marcada por essas influências. A inovação pela qual ela é responsável consiste muito mais na abordagem do tema – a vida de Camões, suas aventuras e seu sofrimento – do que na renovação da linguagem.

Preocupado com os rumos políticos, sociais e culturais de seu país, Garrett ocupou cargos públicos, assumiu o compromisso de reconstruir o teatro português e empenhou-se em criar obras que resgatassem o espírito de nacionalidade do povo lusitano. A obra *Romanceiro*, por exemplo, é uma reunião de poemas narrativos recolhidos em vários pontos do país e criteriosamente tratados do ponto de vista literário. Como essa, várias outras obras de Garret, em verso e em prosa, retratam o Portugal contemporâneo ou o Portugal histórico, bem ao gosto do vigente nacionalismo romântico.

Almeida Garrett, o introdutor do Romantismo em Portugal.

A poesia

Partindo de poemas político-ideológicos comprometidos com o liberalismo e de obras ainda marcadas pela tradição clássica, como *Camões e D. Branca* (1826), o poeta só atingiu a maturidade romântica no gênero lírico quando contava com aproximadamente 50 anos. Depois de dois casamentos, Almeida Garrett, vivendo uma nova e profunda paixão, retomou a poesia lírica e criou, então, suas melhores obras poéticas: *Flores sem fruto* (1845) e *Folhas caídas* (1853). Nelas, Garrett apresenta uma poesia confessional, marcada por sentimentos nitidamente românticos: desejo, remorso, sensualismo, sofrimento, saudade, etc. A linguagem torna-se mais simples, populariza-se, os versos tornam-se mais melodiosos, os sentimentos mais espontâneos.

Leitura

Leia o poema a seguir, que integra a obra *Folhas caídas*.

Os cinco sentidos

São belas — bem o sei, essas estrelas,
Mil cores — divinais têm essas flores;
Mas eu não tenho, amor, olhos para elas:
Em toda a natureza
Não vejo outra beleza
Senão a ti — a ti!

Divina — ai! sim, será a voz que afina
Saudosa — na ramagem densa, umbrosa.
Será; mas eu do rouxinol que trina
Não oiço a melodia,
Nem sinto outra harmonia
Senão a ti — a ti!

Respira — n'aura que entre as flores gira,
Celeste — incenso de perfume agreste.
Sei... não sinto, minha alma não aspira,
Não percebe, não toma
Senão o doce aroma
Que vem de ti — de ti!

Retrato da Viscondessa de Meneses *(1862), de Luís de Meneses.*

Formosos — são os pomos saborosos,
É um mimo — de néctar o racimo:
E eu tenho fome e sede... sequiosos,
Famintos meus desejos
Estão... mas é de beijos,
É só de ti — de ti!

Macia — deve a relva luzidia
Do leito — ser por certo em que me deito.
Mas quem, ao pé de ti, quem poderia
Sentir outras carícias,
Tocar noutras delícias
Senão em ti — em ti!

A ti! ai, a ti só os meus sentidos,
Todos num confundidos,
Sentem, ouvem, respiram,
Em ti, por ti deliram.
Em ti a minha sorte,
A minha vida em ti;
E quando venha a morte,
Será morrer por ti.

(Almeida Garrett. In: Maria Ema T. Ferreira. *Antologia literária comentada – Século XIX*. 2. ed. Lisboa: Ulissera. p. 38-9.)

pomo: fruto.
racimo: cacho ou conjunto de flores ou frutos.
sorte: destino, fim, felicidade, acaso feliz.
umbroso: que produz sombra; copado.

1. No poema, ganham destaque os sentidos humanos. Identifique esses sentidos, na ordem em que aparecem no texto.

2. Observe os seguintes elementos do poema, aos quais são associados os sentidos:

- estrelas e flores
- perfume agreste
- macia relva luzidia do leito
- canto do rouxinol
- pomos saborosos

a) O que esses elementos têm em comum?
b) A que(m) eles são comparados?
c) Nessa comparação, o que ou quem sobressai?

3. Leia este comentário, do crítico Benedito Nunes:

> "Para o poeta romântico, as formas naturais com que ele dialoga, e que falam à sua alma, falam-lhe de alguma outra coisa; falam-lhe do elemento espiritual que se traduz nas coisas [...]"
>
> (Apud J. Guinsburg, org. *O Romantismo*. São Paulo: Perspectiva, 1978. p. 65.)

Embora o eu lírico fale da natureza, qual é, na verdade, o tema central do poema em estudo?

4. A exploração dos sentidos humanos associa-se, naturalmente, a uma percepção sensual do mundo. Há referências a *sensualidade* no poema? Justifique sua resposta com elementos do texto.

5. Releia a última estrofe do poema e identifique nela ao menos duas características marcadamente românticas.

Coleção particular

Ophelia, *de John Waterhouse.*

A prosa

Na prosa de ficção, Garrett escreveu as novelas *Arco de Santana* (1845-1850) e *Viagens na minha terra* (1846). A primeira é histórica, e a segunda, contemporânea.

Viagens na minha terra nasceu de uma viagem que Garrett fez a Santarém, a convite de um político. A obra concilia o relato de viagens com comentários sobre os mais diferentes temas, ao mesmo tempo que traça um rico retrato da vida social portuguesa à época do miguelismo (período em que assumiu o governo D. Miguel, cunhado do imperador D. Pedro I, do Brasil). Nela está inserida uma história de amor entre Joaninha e seu primo Carlos. Seguindo o modelo de *Viagem sentimental* (1787), de Sterne, e de *Viagem à roda do meu quarto* (1795), de Xavier de Maistre, a obra de Garrett inovou do ponto de vista técnico a prosa portuguesa, por conciliar relato de viagens, reflexões político-filosóficas, trama sentimental e digressões de toda ordem. O procedimento da digressão — situações em que o narrador foge ao tema central do texto e insere assuntos estranhos a ele — dá ao autor oportunidade de abordar os mais variados temas: filosóficos, sociais, artísticos, religiosos.

O teatro

No gênero dramático, Garrett produziu várias peças, entre outras, *Catão* (1822), *Mérope* (1841), *Um auto de Gil Vicente* (1842) e *Frei Luís de Sousa* (1844), esta considerada a obra-prima do teatro português. Em *Frei Luís de Sousa*, Garrett aborda um tema histórico de grande repercussão na vida cultural portuguesa: o desaparecimento e a volta de um nobre da guerra em Alcácer-Quibir, onde também desapareceu o rei D. Sebastião.

O drama inspira-se no episódio verídico vivido no fim do século XVI por Madalena de Vilhena e por D. Manuel de Sousa Coutinho, vigoroso prosador do Seiscentismo, que passou à história literária com o nome de Frei Luís de Sousa. Como D. João de Portugal, marido de D. Madalena, desaparecera em batalha, na África, ela se casa com D. Manuel e tem uma filha, D. Maria. Os anos se passam e eis que um dia surge um romeiro, vindo de Jerusalém, que diz trazer uma mensagem de D. João, que, segundo ele, se encontrava vivo e prisioneiro. Diante da notícia, o casal entra em desespero, em virtude da situação de adultério em que se encontrava. Como saída, ambos encerram-se num convento. A filha morre subitamente. Ao leitor, contudo, é revelada a identidade do romeiro.

Leitura

O texto a seguir é um trecho da peça *Frei Luís de Sousa*. Nele, o romeiro conversa com Telmo, o criado que cuidara de D. João quando menino, assim como agora cuida de D. Maria, filha de D. Madalena e D. Manuel.

TELMO: Esta voz... esta voz! Romeiro, quem és tu?

ROMEIRO *(tirando o chapéu e levantando o cabelo dos olhos)*: Ninguém, Telmo; ninguém, se nem já tu me conheces.

Telmo *(deitando-se-lhe às mãos para lhas beijar)*: Meu Amo, meu Senhor... sois vós? Sois, sois. D. João de Portugal, oh, sois vós, Senhor?

Romeiro: Teu filho já não?

Telmo: Meu filho!... Oh! é o meu filho todo; a voz, o rosto... Só estas barbas, este cabelo não... Mais branco já que o meu, Senhor!

....

Romeiro: Eu não quis acabar com isto, não quis pôr em efeito a minha última resolução sem falar contigo, sem ouvir da tua boca...

Telmo: O que quereis que vos diga, Senhor? Eu...

Romeiro: Tu, bem sei que duvidaste sempre da minha morte, que não quiseste ceder a nenhuma evidência; não me admirou de ti, meu Telmo, mas também não posso — Deus me ouve — não posso criminar ninguém por que o acreditasse: as provas eram de convencer todo o ânimo; só lhe podia resistir o coração. E aqui... coração que fosse meu... não havia outro.

O romeiro da peça **Frei Luís de Sousa.**

Telmo: Sois injusto.

Romeiro: Bem o sei o que queres dizer. E é verdade isso? É verdade que por toda a parte me procuraram, que por toda a parte... ela mandou mensageiros, dinheiro?

Telmo: Como é certo estar Deus no Céu, como é verdade ser aquela a mais honrada e virtuosa dama que tem Portugal.

Romeiro: Basta: vai dizer-lhe que o peregrino era um impostor, que desapareceu, que ninguém mais ouve novas dele; que tudo isto foi vil e grosseiro embuste dos inimigos de... dos inimigos desse homem que ela ama... E que sossegue, que seja feliz. Telmo, adeus!

Telmo: E eu hei de mentir, Senhor, eu hei de renegar de vós, como ruim vilão que não sou?

Romeiro: Hás de porque eu te mando.

Telmo *(em grande ansiedade)*: Senhor, Senhor, não tenteis a fidelidade do vosso servo. É que vós não sabeis... D. João, meu Senhor, meu Amo, meu filho, vós não sabeis...

Romeiro: O quê?

Telmo: Que há aqui um anjo... uma outra filha minha, Senhor, que eu também criei...

Romeiro: E a quem já queres mais que a mim; dize a verdade.

Telmo: Não mo pergunteis.

Romeiro: Nem é preciso. Assim devia de ser. Também tu! Tiraram-me tudo. *(Pausa.)* E têm um filho eles?... Eu não... E mais, imagino... Oh, passaram hoje pior noite do que eu. Que lho leve Deus em conta e lhes perdoe como eu perdoei já. Telmo, vai fazer o que te mandei.

Telmo: Meu Deus, meu Deus! Que hei de eu fazer?

Romeiro: O que te ordena teu amo. Telmo, dá-me um abraço. *(Abraçam-se.)* Adeus, adeus, até...

Telmo: Até quando, Senhor?

Romeiro: Até ao dia do juízo...

Telmo: Pois vós?...

Romeiro: Eu... Vai, saberás de mim quando for tempo. Agora é preciso remediar o mal feito. Fui imprudente, fui injusto, fui duro e cruel. E para quê? D. João de Portugal morreu no dia em que sua mulher disse que ele morrera. Sua mulher honrada e virtuosa, sua mulher que ele amava... Oh, Telmo, Telmo, com que amor a amava eu! Sua mulher que ele já não pode amar sem desonra e vergonha!... Na hora em que ela acreditou na minha morte, nessa hora morri. Com a mão que deu a outro riscou-me do número dos vivos. D. João de Portugal não há de desonrar a sua viúva. Não, vai; dito por ti terá dobrada força: dize-lhe que falaste com o romeiro, que o examinaste, que o convenceste de falso e de impostor... dize o que quiseres, mas salva-a a ela da vergonha e ao meu nome da afronta. De mim já não há senão esse nome, ainda honrado; a memória dele que fique sem mancha. Está em tuas mãos, Telmo, entrego-te mais que a minha vida. [...]

(*Frei Luís de Sousa e Viagens na minha terra.* São Paulo: Difel, 1969. p. 126-30.)

1. Do diálogo entre Telmo e o romeiro, pode-se depreender determinado tipo de relação. Observe estas falas do romeiro:

> "Ninguém, Telmo; ninguém, se nem já tu me conheces."
> "Eu não quis acabar com isto, não quis pôr em efeito a minha última resolução sem falar contigo, sem ouvir da tua boca..."

a) Explique a razão de o romeiro ter dito a primeira frase a Telmo.

b) Que importância tem Telmo para o romeiro, de acordo com essas falas?

2. O que o romeiro deseja confirmar com Telmo?

3. O criado, ao saber a verdadeira identidade do romeiro, sente-se dividido. A fala "Não mo pergunteis" confirma essa contradição. Em que consiste o conflito de sentimentos de Telmo?

4. O romeiro toma uma atitude inusitada, abrindo mão de tudo a que tem direito. Que razões o levam a proceder desse modo?

5. Que traço romântico se verifica nesse interesse do autor em voltar às origens de seu país?

A passagem do gado, *pintura de João Cristino da Silva.*

El Cid e a reconquista da península Ibérica

Vários filmes possuem cenas como a descrita. Um dos mais importantes é o clássico *El Cid* (1961), com o ator Charlton Heston, que trata do início do processo de expulsão dos árabes da península Ibérica. Na obra *Eurico, o presbítero*, Alexandre Herculano retrata o início da invasão árabe na península.

Allied Artists Pictures Corporation/Dear Film Produzione/Samuel Bronston Productions

Cena do filme El Cid, *de Antony Mann.*

Alexandre Herculano e o romance histórico

Reprodução

Alexandre Herculano.

Um exército de homens, montados em cavalos e armados com lanças, atiradeiras e escudos, põe-se em fileira. Em suas bandeiras veem-se brasões e o símbolo da cruz. À sua frente, coloca-se outro exército de homens de feições diferentes, com turbantes na cabeça, roupas compridas e largas, falando uma língua estranha e defendendo um deus diferente: Alá.

Não se trata de um filme da "sessão da tarde" na televisão, embora cenas como a descrita acima sejam frequentes em filmes de aventura. Trata-se de uma das situações criadas por Alexandre Herculano (1810-1877), escritor português que se interessou por temas históricos, principalmente aqueles cujo cenário é a Idade Média, mundo de fantasias em que cavaleiros heroicos lutam contra o exército árabe e procuram salvar donzelas indefesas.

Embora tenha cultivado também a poesia, foi na prosa de ficção que Alexandre Herculano deixou sua maior contribuição. Nela o autor fez uso de seu largo conhecimento da história de Portugal, particularmente a relativa à Idade Média, introduzindo o romance histórico no país. Esse gênero renovou e revigorou a prosa de ficção portuguesa, dado o desgaste das novelas de cavalaria e das novelas sentimentais. Herculano é autor dos romances *O bobo* (situado no século XII), *Eurico, o presbítero* (situado no século VIII) e *O monge de Cister* (situado no século XVI). Como contista, publicou *Lendas e narrativas*, também de ambientação medieval.

Nessas obras, misturando-se a fatos históricos devidamente documentados, a matéria literária (trama amorosa, aventuras da cavalaria medieval, fantasia, imaginação) é às vezes utilizada pelo autor apenas como pretexto para dar vazão às suas ideias sociais, filosóficas, religiosas e nacionalistas.

Alexandre Herculano ainda deixou contribuições à cultura no campo do ensaio, do jornalismo e da historiografia. Como historiador, publicou *História de Portugal* e *Estabelecimento da Inquisição em Portugal*.

Eurico, o presbítero

O principal romance de Alexandre Herculano é *Eurico, o presbítero,* que retrata a invasão árabe na península Ibérica ocorrida no século VIII e a história do amor impossível de Eurico e Hermengarda.

Eurico é um padre que se refugiara na vida religiosa para tentar esquecer Hermengarda, cuja mão lhe fora negada pelo pai dela, o duque de Cantábria, em virtude da baixa posição social do pretendente.

Quando ocorre a invasão árabe, Eurico — corajoso cavaleiro no passado — torna-se o temido "cavaleiro negro", que atemoriza os árabes com sua valentia e ousadia. Contudo, os árabes vencem a guerra e invadem cidades, casas, conventos e igrejas.

Eurico alia-se a um grupo de resistência que se esconde na floresta e tem como líder Pelágio, irmão de Hermengarda.

Em meio às lutas, o cavaleiro e a moça se reencontram, e ela, em sonho, revela seu amor por ele. Entretanto, a união entre os dois é agora impossível, porque ele se tornara padre. Depois de ter participado de uma bem-sucedida emboscada contra os árabes, Eurico se deixa matar pelos inimigos, pondo fim ao seu sofrimento amoroso e ao conflito religioso. Hermengarda, ao saber de sua morte, enlouquece.

Katja Ruge/Zefa/Corbis/LatinStock

A presença árabe em Alhambra, sul da Espanha.

Leitura

O texto a seguir reproduz o trecho final de *Eurico, o presbítero*, no qual se dá o clímax e o desfecho da narrativa. Eurico persegue três cavaleiros inimigos. Entre eles estão dois cristãos traidores, Juliano e Opas, e um árabe, Muguite. Eurico alcança-os e junta-se a eles. Seu principal objetivo não é matá-los, mas executar um plano.

Quatro cavaleiros, a pé e em fio, caminhavam por aquele apertado carreiro. Pelos trajos e armas, conhecia-se que eram três cristãos e um sarraceno. Chegados à clareira, este parou de repente e, voltando-se com aspecto carregado para um dos três, disse-lhe:

— Nazareno, ofereceste-nos a salvação, se te seguíssemos: fiamonos em ti, porque não precisavas de trair-nos. Estávamos nas mãos dos soldados de Pelágio, e foi a um aceno teu que eles cessaram de perseguir-nos. Porém o silêncio tenaz que tens guardado gera em mim graves suspeitas. Quem és tu? Cumpre que sejas sincero, como nós. Sabes que tens diante de ti Muguite, o amir da cavalaria árabe, Juliano, o conde de Septum, e Opas, o bispo de Híspalis.

— Sabia-o — respondeu o cavaleiro: — por isso vos trouxe aqui. Queres saber quem sou? Um soldado e um sacerdote de Cristo!

— Aqui!?... — atalhou o amir, levando a mão ao punho da espada e lançando os olhos em roda. — Para que fim?

— A ti, que não eras nosso irmão pelo berço; que tens combatido lealmente conosco, inimigos da tua fé; a ti, que nos oprimes, porque nos venceste com esforço e à luz do dia, foi para te ensinar um caminho que te conduza em salvo às tendas dos teus soldados. É por ali!... A estes, que venderam a terra da pátria, que cuspiram no altar de seu Deus, sem ousarem francamente renegá-lo, que ganharam nas trevas a vitória maldita da sua perfídia, é para lhes ensinar o caminho do inferno... Ide, miseráveis, segui-o!

E quase a um tempo dois pesados golpes de franquisque assinalaram profundamente os elmos de Opas e Juliano. No mesmo momento mais três reluziram.

Um contra três! — Era um combate calado e temeroso. O cavaleiro da cruz parecia desprezar Muguite: os seus golpes retiniam só nas armaduras dos dois godos. Primeiro o velho Opas, depois Juliano caíram.

O herói encapuzado: ontem e hoje

A figura de um herói misterioso, como o cavaleiro negro de *Eurico, o presbítero*, com algumas adaptações ainda faz parte da cultura atual. E está no cinema, na tevê e nos quadrinhos. É o caso, por exemplo, de Zorro, também um cavaleiro negro que luta pela justiça. Mais recentemente, o mito foi associado ao enigmático Batman, identificado com o morcego por causa da capa e da máscara negras que usa e por agir à noite. Batman troca o cavalo negro pelo incrível Batmóvel e, em vez de árabes, combate as tramas de seus rivais Pinguim e Coringa e da sensual Mulher-Gato.

Warner Bros Pictures/Legendary Pic/ DC Comics/Syncopy/Album/LatinStock

Cena do filme **Batman – O cavaleiro das trevas.**

Então, recuando, o guerreiro cristão exclamou:

— Meu Deus! Meu Deus! — Possa o sangue do mártir remir o crime do presbítero!

E, largando o franquisque, levou as mãos ao capacete de bronze e arrojou-o para longe de si.

Muguite, cego de cólera, vibrara a espada: o crânio do seu adversário rangeu, e um jorro de sangue salpicou as faces do sarraceno. [...]

Nessa noite, quando Pelágio voltou à caverna, Hermengarda, deitada sobre o seu leito, parecia dormir. Cansado do combate e vendo-a tranquila, o mancebo adormeceu, também perto dela, sobre o duro pavimento da gruta. Ao romper da manhã, acordou ao som de cântico suavíssimo. Era sua irmã que cantava um dos hinos sagrados, que muitas vezes ele ouvira entoar na catedral de Tárraco. Dizia-se que seu autor fora um presbítero da diocese de Híspalis, chamado Eurico.

Quando Hermengarda acabou de cantar, ficou um momento pensando. Depois, repentinamente, soltou uma destas risadas que fazem eriçar os cabelos, tão tristes, soturnas e dolorosas são elas: tão completamente exprimem irremediável alienação de espírito.

A desgraçada tinha, de feito, enlouquecido.

(São Paulo: Ática, 1982. p. 111-2.)

amir: chefe muçulmano.
franquisque: arma antiga, semelhante ao machado.
godos: habitantes da antiga Germânia, que, entre os séculos III e V, invadiram o Império Romano; no contexto, são os cristãos.
Nazareno: cristão; o árabe chama Eurico dessa forma porque sua roupa era adornada com uma cruz.
perfídia: traição.
remir: compensar, pagar a culpa.
sarraceno: árabe.
tenaz: firme, obstinado.
trajos: trajes.

1. A invasão e a ocupação árabe da península Ibérica tiveram causas políticas e econômicas. No entanto, o autor procura dar outro caráter à luta em que se envolveram Eurico e os árabes. Qual parece ser a finalidade da luta? Justifique sua resposta com palavras ou trechos do texto.

2. Ao ir ao encontro dos inimigos, o cavaleiro tem um plano em mente.

a) Qual é esse plano?

b) Durante o combate, o cavaleiro da cruz, Eurico, "parecia desprezar Muguite". Por que Eurico procedia desse modo?

3. Como se explica, no contexto de toda a obra, a frase de Eurico "Possa o sangue do mártir remir o crime do presbítero"?

O grotesco e o sublime no cinema

O primeiro romântico a levantar a teoria de uma arte que fundisse o grotesco e o sublime foi Victor Hugo, no "Prefácio" da peça teatral *Cromwell*. Os filmes *O corcunda de Notre-Dame* e *A Bela e a Fera* são expressões cinematográficas desse conceito romântico de convivência entre feiura física e beleza interior.

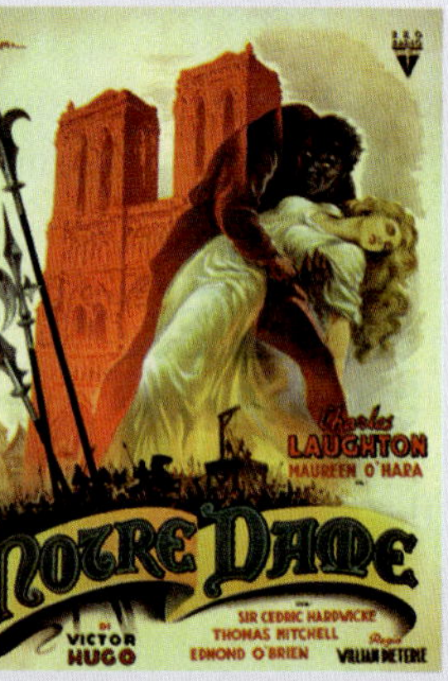

Reprodução

Cartaz do filme O corcunda de Notre-Dame.

4. Uma das atitudes do Romantismo é a fusão do grotesco e do sublime, isto é, a junção de aspectos maravilhosos e ao mesmo tempo repelentes, em um único ser. Com base no texto, indique características de Eurico e Hermengarda que comprovam essa atitude romântica.

5. Alexandre Herculano, ao filiar a raça portuguesa aos heroicos godos — povo que vivia na península Ibérica quando ocorreu a invasão árabe —, desejava destacar certos valores, como a fé cristã e o heroísmo, que, na sua visão, são também características do povo português. Que traços tipicamente românticos se revelam nesse procedimento do autor?

A segunda geração romântica

Essa geração representa a maturidade do movimento romântico, ao mesmo tempo que prenuncia a sua superação, em vista da presença de características realistas na produção literária de seus integrantes. Alguns dos autores dessa geração apresentam certos traços do "mal do século", comportamento fortemente marcado pelo pessimismo, pelo negativismo existencial, pelo mórbido e pelo sentimentalismo excessivo. É o caso do poeta Soares de Passos e de Camilo Castelo Branco em algumas de suas obras. Contudo, o próprio Camilo, como Júlio Dinis e o poeta João de Deus, já revela traços que apontam a superação do Romantismo e a transição para o Realismo e o Naturalismo, movimentos da segunda metade do século XIX.

Camilo Castelo Branco: o mestre da novela passional

Imagine a seguinte situação: um garoto de origem humilde fica órfão de mãe com 1 ano e de pai com 10 anos. Criado por uma tia e depois por uma irmã mais velha, recebe uma educação provinciana e irregular. Aos 16 anos, casa-se com uma aldeã, mas logo a abandona e vai tentar cursar Medicina no Porto e em Coimbra. Por desilusão amorosa, torna-se seminarista, mas passa a viver muitas aventuras amorosas. Foge com Ana Plácido, mulher casada com um rico comerciante brasileiro. Por crime de adultério, os amantes são presos. Nesse ínterim, publica a novela *Amor de perdição* (1862), que aproveita muito dessa experiência e lhe garante popularidade. Finalmente absolvido, liga-se definitivamente a Ana Plácido, com quem se casa após a morte do marido. A partir daí, dedica-se a escrever livros como forma de sobreviver e torna-se o escritor mais lido de Portugal. Apesar disso, desgostos na família (dificuldades financeiras, a loucura de um filho) e a ameaça de cegueira levam-no cada vez mais ao desespero. Sem possibilidade de cura, suicida-se.

Camilo Castelo Branco, autor de **Amor de perdição.**

Essa história não é o enredo de nenhum romance romântico, mas a síntese da biografia de Camilo Castelo Branco (1825-1890), um dos mais fecundos escritores da literatura portuguesa. Um exemplo claro de como, no Romantismo, a vida se confunde com a arte.

A obra

As narrativas camilianas normalmente se ambientam em lugares que fizeram parte da vida do autor: uma vila ou uma aldeia provinciana, a cidade do Porto, o convento em que os pais enclausuravam as filhas desobedientes, a taberna aldeã, etc. Povoam esse ambiente tipos campesinos, que vão de fidalgos provincianos preconceituosos a elementos da burguesia portuense; mulheres de todas as condições sociais, da camponesa e da operária à fidalga; o padre, o comerciante com negócios no Brasil, a freira, o ferrador, o pedreiro, o salteador de estrada.

A mola da ação de seus enredos é frequentemente o amor. O amor contrariado pelas convenções sociais ou o amor gerador de raptos, de emboscadas e riscos, de ódios implacáveis entre famílias. O direito a esse sentimento é defendido e os que se interpõem entre os amantes são ridicularizados ou tratados com ódio.

Como narrador, Camilo foi extraordinário, oscilando entre o lirismo e o sarcasmo. Vibra com as personagens e comumente intervém na história, tecendo comentários piedosos, indignados ou sarcásticos. Sua linguagem caracteriza-se pelo vocabulário rico e pela economia de recursos. Concisão e força caracterizam seu estilo.

Apesar disso, a qualidade da obra camiliana é irregular, uma vez que o autor, sobrevivendo de suas publicações, chegou a produzir mais de duzentas obras. Em sua vasta produção ficcional destacam-se o romance-folhetim *Mistérios de Lisboa*, em que as narrativas são de mistério ou de terror; a novela passional, gênero no qual o autor atinge a maturidade narrativa em *Amor de perdição*, *Amor de salvação* e *O romance de um homem rico*, que tematizam o amor trágico; a novela satírica de costumes, em que a exploração do humorismo permite a caracterização irônica e satírica geralmente do burguês rico, do português que tenta a fortuna no Brasil ou do provinciano que faz má figura em Lisboa, representada por *Coração, cabeça e estômago* e *A queda de um anjo*; e a novela histórica *O judeu*, biografia romanceada de Antônio José da Silva.

Romantismo: encontro da vida e da arte

Para o artista romântico, a arte não deve ser imitação, mas expressão direta da emoção, da intuição, da inspiração e da espontaneidade vividas por ele na hora da criação. Por isso, a obra, a seu ver, não pode ser retocada após a concepção, sob risco de comprometer a autenticidade e a qualidade do trabalho.

Crendo nisso, muitos artistas românticos viveram em busca de aventuras e fortes emoções para que, assim, pudessem colher experiências criadoras. Alguns se envolveram com alcoolismo e drogas; outros participaram de lutas sociais.

O brasileiro Álvares de Azevedo foi um desses poetas românticos para quem a vida se confundia com a arte: em apenas quatro anos, escreveu cerca de sete obras. Morreu com 20 anos. Sobre seu túmulo consta o verso "Foi poeta — sonhou — e amou na vida", de autoria dele próprio.

Na última fase de sua produção, Camilo deixou-se influenciar pelo romance naturalista e o imitou satiricamente nas obras *A corja*, *Eusébio Macário* e *Vulcões de lama*. Em *A brasileira dos Prazins*, contudo, o tratamento sério dado à obra mostra uma assimilação real, embora parcial, do Naturalismo, movimento da segunda metade do século XIX.

A novela passional

A novela passional foi o gênero em que Camilo Castelo Branco mais se destacou, além de ter sido o seu definidor e o seu maior representante em Portugal.

A novela é um gênero controvertido. Nasceu na Europa, durante a Baixa Idade Média, sob a forma de novela de cavalaria; posteriormente, renovou-se e se definiu como gênero com as narrativas picantes do humanista Boccaccio, no século XIV. Até o século XIX, quando Camilo Castelo Branco se tornou o mestre da novela romântica portuguesa, sofreu várias transformações. De modo simplificado, pode-se dizer que a novela é uma narrativa mais curta e com menos personagens do que o romance e com uma única ação central.

A novela camiliana da fase inicial constrói-se a partir de um esquema mais ou menos comum. Normalmente o protagonista é um jovem de vida des-

Novela, *novella*, *novel*, *short story* ou *long short story*

Muita confusão se tem feito com relação ao emprego do termo *novela*. Isso se deve sobretudo aos termos com que as línguas designam seus gêneros literários. A palavra *novela* vem do italiano *novella*, ou seja, pequenas histórias, como as de Boccaccio em seu *Decameron*. Contudo, em espanhol, por exemplo, o romance é chamado de *novela*; a nossa novela é chamada de *novela corta*, e o conto, de *cuento*. Em inglês, *novel* é o termo usado para designar o romance, *short story* para o conto e *long short story* para a novela. Além das diferenças de nomenclatura, em cada língua o gênero assume feições diferentes, o que dificulta ainda mais sua classificação.

regrada, que se deixa corromper pela vida social urbana. A seguir envolve-se com uma moça, e, a partir daí, dois tipos de desfecho podem ocorrer: ou ele a abandona, enfastiado, ou quer casar com ela e se regenerar, mas o pai da moça não aceita, pois prefere casá-la com um homem mais rico e mais ajustado socialmente.

> **Baixe obras da Internet!**
>
> Nos *sites* que seguem, você pode ler e baixar obras inteiras de Alexandre Herculano, Almeida Garrett, Júlio Dinis e Camilo Castelo Branco.
>
> - www.bibvirt.futuro.usp.br/index.html
> - www.mundocultural.com.br/biblioteca/index.asp
> - www.dominiopublico.gov.br

O triângulo amoroso é outro ingrediente da novela camiliana e normalmente conta com a oposição de mulheres de tipos diferentes. A mulher-anjo, delicada, pura e frágil, opõe-se à mulher fatal, mais independente e sedutora, como ocorre em *Amor de salvação*.

A contraposição desses perfis femininos quase sempre é feita com a finalidade de satirizar a falsa vida conjugal feliz.

Leitura

Amor de perdição é a mais famosa novela passional de Camilo Castelo Branco. Embora tenha relacionado a história à vida atribulada de um parente, Camilo incorporou à obra muito de suas próprias experiências na prisão e de seu relacionamento proibido com Ana Plácido, mulher casada.

Espécie de *Romeu e Julieta* à lusitana, *Amor de perdição* narra a história do amor impossível entre Simão Botelho e Teresa de Albuquerque, jovens pertencentes a famílias nobres e inimigas, que tentam afastar os apaixonados: Simão é enviado a Coimbra, enquanto Teresa, depois de se recusar a casar com seu primo Baltasar Coutinho, é encerrada num convento, no Porto. Simão, protegido pelo ferreiro João da Cruz e por Mariana, filha deste, permanece em Viseu. Na partida de Teresa, enfurece-se com a insolência de Baltasar e o mata a tiro, entregando-se em seguida à Justiça. Condenado à forca, tem depois sua sentença transformada em exílio. Nesse ínterim, Teresa, minada pela tristeza, adoece. No capítulo final, Simão embarca para o exílio e, a distância, avista o mosteiro em que Teresa se encontra e pressente sua morte. Tomado de febre, vem também a morrer na viagem. Ao ser lançado o corpo ao mar, Mariana, que sempre o amara e espontaneamente o acompanhava ao exílio, lança-se ao mar e une-se a ele.

O fragmento que segue pertence ao penúltimo capítulo da obra, momento em que os amantes, por carta, discutem seu destino.

"Dez anos! — dizia-lhe a enclausurada de Monchique. — Em dez anos terá morrido meu pai e eu serei tua esposa, e irei pedir ao rei que te perdoe, se não tiveres cumprido a sentença. Se vais ao degredo, para sempre te perdi, Simão, porque morrerás, ou não acharás memória de mim, quando voltares."

Como a pobre se iludia nas horas em que as débeis forças de vida se lhe concentravam no coração!

As ânsias, a lividez, o deperecimento tinham voltado. O sangue, que criara novo, já lhe saía em golfadas com a tosse.

Se por amor ou piedade o condenado aceitasse os ferrolhos três mil seiscentas e cinquenta vezes corridos sobre as suas longas noites solitárias, nem assim Teresa susteria a pedra sepulcral que a vergava de hora a hora.

Leandro Pontes/Band/AE

Simão (Miguel Thiré) e Teresa (Ana S. Folch) na novela Paixões proibidas, *cujo roteiro foi escrito a partir das obras de Camilo Castelo Branco.*

"Não esperes nada, mártir — escrevia-lhe ele. — A luta com a desgraça é inútil, e eu não posso já lutar. Foi um atroz engano o nosso encontro. Não temos nada neste mundo. Caminhemos ao encontro da morte... Há um segredo que só no sepulcro se sabe. Ver-nos-emos?

Vou. Abomino a pátria, abomino a minha família; todo este solo está aos meus olhos coberto de forcas, e quantos homens falam a minha língua, creio que os ouço vociferar as imprecações do carrasco. Em Portugal, nem a liberdade com a opulência; nem já agora a realização das esperanças que me dava o teu amor, Teresa!

Esquece-te de mim, e adormece no seio do nada. Eu quero morrer, mas não aqui. Apague-se a luz de meus olhos; mas a luz do céu, quero-a! Quero ver o céu no meu último olhar.

Não me peças que aceite dez anos de prisão. Tu não sabes o que é a liberdade cativa dez anos! Não compreendes a tortura dos meus vinte meses. A voz única que tenho ouvido é a da mulher piedosa que me esmola o pão de cada dia, e a do aguazil que veio dar-me a sarcástica boa nova de uma graça real, que me comuta o morrer instantâneo da forca pelas agonias de dez anos de cárcere.

Salva-te, se podes, Teresa. Renuncia ao prestígio dum grande desgraçado. Se teu pai te chama, vai. Se tem de renascer para ti uma aurora de paz, vive para a felicidade desse dia. E, se não, morre, Teresa, que a felicidade é a morte, é o desfazerem-se em pó as fibras laceradas pela dor, é o esquecimento que salva das injúrias a memória dos padecentes."

As palavras únicas de Teresa, em resposta àquela carta, significativa da turbação do infeliz, foram estas:

"Morrerei, Simão, morrerei. Perdoa tu ao meu destino... Perdi-te... Bem sabes que sorte eu queria dar-te... e morro, porque não posso, nem poderei jamais resgatar-te. Se podes, vive; não te peço que morra, Simão; quero que vivas para me chorares. Consolar-te-á o meu espírito... Estou tranquila... Vejo a aurora da paz... Adeus até ao céu, Simão."

(5. ed. São Paulo: Saraiva, s.d.)

aguazil: oficial de diligências; juiz.
débil: fraco.
degredo: exílio.
deperecimento: ato de desfalecer.
imprecação: praga, maldição.
lacerada: dilacerada, cortada.
lividez: palidez.
opulência: riqueza, luxo.
turbação: comoção, agitação.
vociferar: exclamar, bradar.

1. Teresa pede a Simão que aceite ficar dez anos preso em Portugal, em vez de dez anos exilado na África. Que razões levam a moça a pensar desse modo?

2. A heroína romântica normalmente é vista sob duplo enfoque: de um lado, certa fragilidade; de outro, a coragem e a persistência. Que elementos da caracterização de Teresa comprovam essa afirmação?

3. Simão, em sua carta, afirma: "E, se não, morre, Teresa, que a felicidade é a morte, é o desfazerem-se em pó as fibras laceradas pela dor, é o esquecimento que salva das injúrias a memória dos padecentes".

a) Verifica-se, nesse excerto, um posicionamento tipicamente romântico de Simão diante da morte. Explicite-o, comentando o significado da morte para a personagem.

b) O Romantismo apresenta um gosto acentuado pela linguagem figurada e metafórica. Identifique, no texto, esse procedimento.

Na vida real se morria por amor?

Sim, às vezes acontecia de os amantes matarem ou morrerem por amor. Veja o que contam os historiadores Philippe Ariès e Georges Duby:

> Em 1828, *Le Journal des Débats* divulga um crime passional. Uma jovem operária de dezenove anos, filha de alfaiates, cortejada por um colega de trabalho com vinte anos, que a acompanha até sua casa "segurando-lhe o braço", conta o fato à sua família: pode se casar com ele? Deliberam, julgam que o rapaz não tem seriedade nem talento suficiente [...]. Então vem a recusa e segue-se o assassinato cometido pelo pretendente rejeitado. A força do desejo se quebra contra o granito do grupo. Muitos processos do século XIX nos contam histórias de amores impossíveis.

(*História da vida privada*. São Paulo: Companhia das Letras, 1991. v. 4, p. 136.)

4. É próprio do herói romântico colocar as razões do coração acima das normas e convenções sociais, apesar dos conflitos e problemas existenciais que decorrem desse comportamento. Identifique na carta de Simão um fragmento que confirma o sentimento de desagregação experimentado por ele em relação à família e à sociedade portuguesa.

Júlio Dinis: o último sopro romântico

Júlio Dinis é o pseudônimo literário de Joaquim Guilherme Gomes Coelho (1839-1871), filho de um português e uma inglesa. Médico por profissão, Júlio Dinis ligou-se à grande burguesia do Porto e dedicou parte de seu tempo à leitura dos principais romancistas ingleses, pelos quais foi influenciado.

Com exceção de *Uma família inglesa*, que tem por ambiente o meio mercantil do Porto, os demais romances do autor ambientam-se no campo. *A morgadinha dos canaviais*, *Os fidalgos da casa mourisca* e *As pupilas do senhor reitor* têm como personagens pequenos proprietários e lavradores e como pano de fundo as transformações políticas e econômicas por que passava o país com o regime liberal.

Júlio Dinis é o último prosador significativo do Romantismo português. Sua obra ainda apresenta uma série de clichês românticos, tais como a vitória do amor sobre as convenções sociais, o predomínio dos sentimentos sobre a razão, a idealização da vida natural, a busca de uma linguagem simples e direta. Contudo, já demonstra certas características que prenunciam o movimento literário seguinte, o Realismo, como a preocupação em descrever com precisão a natureza e os comportamentos sociais; a objetividade ao fixar tipos sociais; a caracterização psicológica de personagens; o tom moralizante, que tem em vista divertir e ensinar ao mesmo tempo. Por esses aspectos, Júlio Dinis, ao lado de escritores como João de Deus e Tomás Ribeiro, representa um momento de transição do Romantismo para o Realismo.

As pupilas do senhor reitor é a obra mais conhecida de Júlio Dinis. Narra a história do lavrador José das Dornas e de seus filhos, Pedro e Daniel. Pedro assemelha-se ao pai; é um rapaz simples, integrado ao campo. Daniel, contudo, desde cedo mostra-se diferente, mais frágil e sensível. Aconselhado pelo reitor (o padre), o pai manda Daniel à cidade para realizar os estudos. Os anos passam e Pedro fica noivo de Clara; o casal espera a volta de Daniel para a realização do matrimônio. Quando este chega, envolve-se sentimentalmente com a noiva do irmão, dando início a uma série de mexericos. A intervenção do reitor e de Margarida (irmã de Clara e ex-namoradinha de Daniel quando criança) põe fim à situação. Num típico final feliz, Clara casa-se com Pedro, e Margarida com Daniel. Há a ideia de que o amor verdadeiro é capaz de resolver todas as confusões e pôr fim à maledicência.

Márcia Zoet/Agência O Globo

Cena da novela As pupilas do senhor reitor, *exibida pelo SBT em 1995.*

Veja a sequência do episódio da chegada de Daniel à cidade:

Pedro foi quem, ao cerrar da noite, pôs fim a este interrogatório, que levava jeitos de eternizar-se.

— Vem daí dar um passeio, Daniel; e de caminho hei de mostrar-te a minha mulher... a que há de ser.

— Ah... É verdade que estás para casar. Estimo que me dês ocasião de tomar desde já conhecimento com a que dentro em pouco chamarei irmã. Espero encontrá-la digna de ti. Vamos lá.

— Ide, ide, rapazes — observou José das Dornas. — Vais ver uma guapa cachopa, Daniel. Mas tu conhecê-la... É uma filha do Meadas.

— Ah!... sim... tenho uma ideia.

Cumpre-me confessar que Daniel não tinha tal ideia das filhas do Meadas. Enquanto esteve no Porto, e até nos curtos intervalos de férias que passara na terra, vivera ele muito estranho à vida do campo, para se recordar ainda das alcunhas, pelas quais, na aldeia, mais geralmente são conhecidas as famílias, do que ainda por os verdadeiros nomes e sobrenomes.

José das Dornas é que tinha uma ideia ao dizer aquilo: era de fazer lembrar ao filho o episódio da infância, que decidira da sua vida inteira.

Mas, ainda que sob o risco de indispor o ânimo das leitoras contra uma das principais personagens desta singelíssima história, farei aqui a desagradável, mas conscienciosa declaração, de que a imagem de Margarida andava, por aquele tempo, tão desvanecida já na memória de Daniel, que nem o nome, pelo qual fora sempre designada na terra a família da rapariga, lhe pôde avivar os traços.

Havia muitos anos que Daniel observava um sistema de vida, que de todo o trazia desafeito dos hábitos campestres e indiferente às coisas e pessoas da localidade que o vira nascer.

Encarnara-se intimamente nele o espírito das cidades. As momentosas questões que ocupavam as cabeças sérias da aldeia, faziam-no sorrir; as distrações que entretinham as mais levianas, obrigavam-no a bocejar.

Daniel não deixara mentir o prognóstico que aquelas duas boas velhas, das quais não sei se o leitor ainda se lembrará, tinham feito do jovem estudante de latim, ao verem-no passar, sobraçando os livros, para casa do reitor. Durante os seus anos de estudo fora efetivamente o filho de José das Dornas herói de numerosas aventuras de amor, de mui diverso caráter.

Deixando-se impressionar de circunstâncias insignificantes, que outro espírito, menos exaltado, receberia como indiferença, andava ele quase de contínuo sob o império, fértil em deleitosas sensações, de uma paixão nascente.

Este coração, eminentemente acessível e irritável, não tivera quase, até ali, um instante de sossego.

(São Paulo: Saraiva. p. 73-4.)

Para quem quer mais

Almeida Garret

Não te amo

Não te amo, quero-te: o amar vem d'alma.
E eu n'alma — tenho a calma,
A calma — do jazigo.
Ai! não te amo, não.

Não te amo, quero-te: o amor é vida.
E a vida — nem sentida
A trago eu já comigo.
Ai! não te amo, não!

Ai! não te amo, não; e só te quero
De um querer bruto e fero
Que o sangue me devora,
Não chega ao coração.

Não te amo. És bela; e eu não te amo, ó bela.
Quem ama a aziaga estrela
Que lhe luz na má hora
Da sua perdição?

E quero-te, e não te amo, que é forçado,
De mau, feitiço azado
Este indigno furor.
Mas oh! Não te amo, não.

E infame sou, porque te quero; e tanto
Que de mim tenho espanto,
De ti medo e terror...
Mas amar!... não te amo, não.

(In: Maria Ema T. Ferreira. *Antologia literária comentada – Século XIX.* 2. ed. Lisboa: Ulisseia. p. 48.)

João de Deus

> **João de Deus**
>
> O poeta **João de Deus** (1830-1896) afasta-se dos clichês literários do Ultrarromantismo. Sua poesia lírico-amorosa liga-se às formas poéticas tradicionais, especialmente às do cancioneiro medieval, e caracteriza-se pela simplicidade, espontaneidade e musicalidade. Dedicou-se também à poesia satírica, criticando os meios acadêmicos, militares e políticos. Foi uma espécie de mestre dos realistas, principalmente de Antero de Quental e Teófilo Braga. Este último foi responsável pela publicação da produção do poeta, reunida na obra *Campo de flores.*

Deus?

A Marco Antônio Canini

Quem me terá trazido a mim suspenso.
Antônio, alheado... ou a quem devo,
Enfim, dizer que em nada mais me enlevo.
A ninguém mais do coração pertenço?..

Se desço ao vale, ao alcantil me elevo,
Quem é que eu busco, em que será que eu penso?
És tu memória de horizonte imenso
Que me encheu a alma dum eterno enlevo?...

Segues-me sempre... e só por ti suspiro!
Vejo-te em tudo... terra e céu te esconde!
Nunca te vi... cada vez mais te admiro!

Nunca essa voz à minha voz responde...
E eco fiel até do ar que aspiro,
Sinto-te o hálito!... em minha alma ou onde?

(In: Cleonice Berardinelli, org. *João de Deus.* Rio de Janeiro: Agir. 1967. p. 57-8. Col. Nossos Clássicos.)

Camilo Castelo Branco

> O fragmento ao lado pertence à novela *A queda dum anjo*, de Camilo Castelo Branco, na qual o autor satiriza os costumes sociais e políticos portugueses no século XIX.
>
> Calisto Elói, o protagonista, é um provinciano de hábitos conservadores que encarna a figura do Portugal antigo. Eleito deputado, passa a residir em Lisboa, onde encontra casualmente uma prima distante, Efigênia, da qual passa a ser amante. O protagonista sofre então uma profunda transformação: deixa os trajes e hábitos retrógrados, entrega-se ao luxo e aos prazeres, viaja pela Europa, abandona a esposa e, politicamente, troca a oposição (miguelista) pela situação (liberal). O fragmento mostra Calisto despertando para o amor.

Eis que, a súbitas, do coração de Calisto ressalta a primeira faísca de amor!

Conheço que este desastre não se devia contar sem grandes prólogos. Sei que o leitor ficou passado com esta notícia. Grita que a inverossimilhança é flagrante. Não pode de boa mente consentir que se lhe desfigure a sisuda fisionomia moral do marido de D. Teodora Figueiroa. Quer que se limpe da fronte deste homem o estigma de um pensamento adúltero. Honrados desejos!

Mas eu não posso! Queria e não posso! Tenho aqui à minha beira o demônio da verdade, inseparável do historiador sincero, o demônio da verdade que não consentiu ao Sr. Alexandre Herculano dizer que Afonso Henriques viu coisas extraordinárias no céu do Campo de Ourique e a mim me não deixa dizer que Calisto Elói não adulterou em pensamento! Estes são os ossos malditos do ofício; esta é a condenação dos infelizes artífices que edificam para a posteridade, e exploram nas cavernas do coração humano os cimentos da sua obra.

Ai! Se Calisto Elói foi de repente assalteado do dragão do amor, como hei de eu inventar prelúdios e antecedências que a natureza não usou com ele?! Se o homem, espantado, a si mesmo se interrogava, e dizia: "Isto que é?!", como hei de dizer ao leitor o que foi aquilo?!

O que ele sabia e eu sei, é que, estando Calisto de Barbuda a jogar a sueca de parceiro com Adelaide, à razão de cruzado novo a partida, a menina passou a bolsinha de filigrana para a mão do parceiro, e disse-lhe:

— Administre-me o meu tesouro, Sr. Morgado. Tenho aí o meu dote.

— Pois sejam todos muito boas testemunhas da quantia que recebo da Exma Sra D. Adelaide, minha senhora — disse Calisto, esvaziando a bolsinha.

Com as moedas de prata e oiro, que a bolsa continha, saiu um pequeno coração de oiro esmaltado com iniciais.

— Ah! — acudiu Adelaide pressurosa — isto não!... — e retirou sofregamente o coraçãozinho.

Algum dos circunstantes disse:

— Então o Sr. Morgado não serve para administrar corações?!

— Serve para os dominar com a sua bondade, e enchê-los de afetuosa estima — respondeu com adorável graça a menina.

(Rio de Janeiro: Edições de Ouro, 1970. p. 84-5.)

Soares de Passos

Num álbum

Do sofrimento o arcanjo lamentoso
Sobre a face do mundo estende o braço:
Um diadema ofertava, e pavoroso:
"Para o que mais sofreu!" gritou no espaço.

Eis logo imensa turba se atropela,
Todos querem ganhar a prenda infausta:
Mas nenhum dos que chegam por obtê-la
Mostrava a taça da amargura exausta.

"Afastai-vos!" lhes brada o gênio esquivo,
Nenhum tocou do sofrimento a meta:
Tu, só tu mereceste o prêmio altivo;
"Ergue a fronte, coroa-te, poeta!"

(Porto: Casa de A. R. da Cruz Coutinho, 1875. p. 163.)

Soares de Passos (1826-1860), poeta ultrarromântico, popularizou-se principalmente pela composição "O noivado do sepulcro". Sua única obra intitula-se *Poesias*.

Para quem quer mais na Internet

Em nosso *site* (http://pl.atualeditora.com.br/portugues/site/paraquemquermais), você poderá ler e baixar outros textos de Almeida Garrett, Alexandre Herculano, Camilo Castelo Branco e Soares de Passos e conhecer um pouco da poesia de João de Lemos.

CAPÍTULO 16

Diálogos

O Romantismo tem sido referência e fonte de inspiração para muitos escritores do século XX e da atualidade, sejam portugueses, sejam brasileiros, sejam africanos de língua portuguesa. As leituras que você fará neste capítulo expressam a força dessa influência.

Diálogo com a pintura romântica

Você vai fazer, a seguir, a leitura de uma das mais importantes obras da pintura romântica, *A jangada do Medusa* (1819), um quadro de Theodore Géricault (1791-1824), um dos expoentes da pintura romântica.

Louvre, Paris

A jangada do Medusa *(1819), de Theodore Géricault.*

1. O quadro de Géricault retrata uma tragédia no mar. Essa obra difere da de outros pintores românticos, sobretudo aqueles da fase inicial, que incluem em suas telas certos valores trazidos pela Revolução Francesa, como *heroísmo*, *glória* e *triunfo*. Em contraposição a esses valores, o que se vê na tela *A jangada do Medusa*?

2. Considere as seguintes informações sobre a pintura clássica:

- geralmente apresenta poucas personagens, e seus elementos integram-se de forma harmônica, transmitindo a impressão de equilíbrio;
- cada personagem parece viver um drama pessoal, diferente dos dramas das outras personagens.

Observe o número e a disposição das personagens do quadro de Géricault e procure identificar o drama que cada um deles vive. Com base nessas observações, responda: O que diferencia o quadro romântico de Géricault dos quadros da pintura clássica?

O que era o *Medusa*?

Era uma fragata que levava soldados e colonos da França para o Senegal e afundou na costa africana. O capitão e seus oficiais ocuparam o bote salva-vidas e deixaram numa jangada improvisada os outros 149 passageiros, que ficaram doze dias, à deriva, no mar. Sobreviveram apenas quinze tripulantes, e conta-se que, em desespero, eles praticaram a antropofagia.

Louvre, Paris

3. Como você sabe, no Romantismo a natureza geralmente é acolhedora e integra-se com o homem de modo harmonioso. Observe as ondas do mar e considere a condição dos tripulantes em *A jangada do Medusa*. Essa relação entre homem e natureza também se verifica nesse quadro? Por quê?

4. O quadro opõe vários elementos, entre eles a luz e a sombra. Observe que, à frente e à direita dos homens que estão em pé acenando, vê-se ao longe um navio que pode ser a salvação do grupo.

a) Supondo-se que a luz que se abre no horizonte represente a vida, o que representaria a sombra?

b) Considerando-se que o navio ao longe talvez seja a única possibilidade de salvação do grupo, que efeito de sentido tem no quadro o fato de ele se colocar tão distante?

c) Observe a direção do vento que sopra sobre a vela. As perspectivas de o grupo ser resgatado são boas? Por quê?

d) Observe que o quadro não apresenta cores vivas, predominando um tom ocre e sombrio. Levante hipóteses: Que relação pode ter esse aspecto cromático com a condição dos tripulantes?

5. A composição do quadro é organizada a partir de duas pirâmides: a primeira é formada pelas cordas que sustentam a vela; a segunda, pelo grupo de tripulantes.

a) Considerando-se que na base da pirâmide humana estão os mortos e, no meio, os moribundos, o que representa o topo da pirâmide?

b) Se você tivesse de atribuir um nome a essa pirâmide, que nome lhe daria?

6. Considerando o contexto revolucionário em que o quadro foi criado, levante hipóteses: Por que, de certa forma, ele faz uma crítica ao governo francês da época?

7. Com base em seus conhecimentos de poesia romântica, identifique as características românticas presentes em *A jangada do Medusa*.

Diálogo da poesia moçambicana contemporânea com a canção e a poesia romântica brasileira

A seguir, você vai fazer a leitura comparada de dois poemas e de um trecho de letra de uma canção. O primeiro poema é de Adão Ventura, poeta brasileiro da atualidade; o segundo é de Craveirinha (1922-2003), poeta moçambicano do século XX; o trecho de letra é de uma canção de Chico Science e Lúcio Maia, gravada pelo grupo Nação Zumbi.

Negro forro

Minha carta de alforria
não me deu fazendas,
nem dinheiro no banco,
nem bigodes retorcidos.

Minha carta de alforria
costurou meus passos
aos corredores da noite
de minha pele.

(Adão Ventura. In: Italo Moriconi, org. *Cem melhores poemas brasileiros do século.* Rio de Janeiro: Objetiva, 2001. p. 275.)

forro: liberto da escravidão, alforriado.

Etnia

Somos todos juntos uma miscigenação
E não podemos fugir da nossa etnia
Índios, brancos, negros e mestiços
Nada de errado em seus princípios
O seu e o meu são iguais
Corre nas veias sem parar
Costumes, é folclore é tradição
Capoeira que rasga o chão
Samba que sai da favela acabada
É hip hop na minha embolada
[...]
Maracatu psicodélico
Capoeira da Pesada
Bumba meu rádio
Berimbau elétrico
Frevo, Samba e Cores
Cores unidas e alegria
Nada de errado em nossa etnia.

(http://letras.terra.com.br/nacao-zumbi/77662/)

Na cantiga do negro do batelão

Se me visses morrer
Os milhões de vezes que nasci...
Se me visses chorar
Os milhões de vezes que te riste...
Se me visses gritar
Os milhões de vezes que me calei
Se me visses cantar
Os milhões de vezes que morri
E sangrei
Digo-te, irmão europeu
Também tu
Havias de nascer
Havias de chorar
Havias de cantar
Havias de gritar
Havias de morrer
E sangrar...
Milhões de vezes como eu

(Craveirinha. Via Atlântica, n. 5. *Revista do Departamento de Letras Clássicas e Vernáculas da FFLCH da USP.* São Paulo, 2002. p. 100.)

batelão: tipo de embarcação.

Fundação Pierre Verger

1. Partindo de sua experiência pessoal, o eu lírico do poema "Negro forro" avalia os efeitos da abolição da escravatura. De acordo com a 1ª estrofe do poema, a abolição não trouxe "fazendas", "dinheiro no banco" nem "bigodes retorcidos".

a) O que esses elementos representam socialmente?

b) A que grupo social os elementos citados estão historicamente associados?

2. Na 2ª estrofe, o eu lírico do poema "Negro forro" trata, em linguagem metafórica, dos efeitos da alforria.

a) Interprete: O que a carta de alforria lhe trouxe?

b) Explique o uso da ironia no título do poema.

3. Observe agora o poema de Craveirinha. Dirigindo-se a um interlocutor, o eu lírico imagina uma situação hipotética – introduzida pela oração condicional "se me visses..." – que contrapõe duas realidades.

a) Quem é o interlocutor do eu lírico? Identifique no poema a expressão que justifica sua resposta.

b) Quais são as duas realidades contrapostas no poema?

4. Compare o poema do poeta brasileiro Adão Ventura ao do poeta africano Craveirinha. Apesar das diferenças históricas que envolvem o negro africano e o negro brasileiro, o que os textos apresentam em comum?

5. O 3º texto aborda a questão étnica no Brasil de um ponto de vista diferente.

a) Qual é esse ponto de vista?

b) Discuta com a classe: Para os autores da canção, os problemas que envolvem a relação entre negros e brancos estão superados?

c) De acordo com o texto, de que modo as diferenças étnicas se manifestam na cultura brasileira?

6. Compare os três textos lidos ao poema "Navio negreiro", de Castro Alves, poeta romântico brasileiro. Embora haja diferenças entre esses textos quanto ao lugar, à época e até à linguagem em que foram produzidos, todos eles apresentam em comum uma visão de qual seja o papel da poesia ou da arte. Qual é esse papel?

7. O jornalista e escritor Diogo Mainardi publicou um texto polêmico intitulado "Fora, Zumbi". Leia um fragmento desse texto:

> O movimento negro sempre lutou para que os negros se orgulhassem da própria cor. Eu aboliria essa ideia. Aboliria o Dia Nacional da Consciência Negra, a política de cotas, as ações afirmativas. Aboliria também o mito da miscigenação racial brasileira.
>
> Quando se considera toda a história da humanidade, os alemães são tão miscigenados quanto nós. Raça é uma noção arcaica. Não tem base científica. A luta contra o racismo não se dá glorificando a figura de Zumbi nos livros escolares, mas ensinando que os brancos são negros e os negros são brancos.
>
> (*Veja*, nº 1 801.)

Você concorda com o ponto de vista de Diogo Mainardi? Troque ideias com os colegas.

Diálogo da poesia angolana contemporânea com a prosa romântica brasileira

A seguir, você vai ler e comparar dois textos: o primeiro é um fragmento do romance romântico *Iracema*, do escritor brasileiro José de Alencar (1829-1877); o segundo, um poema de Antônio Jacinto (1924-1991), escritor angolano do século XX. Após a leitura dos textos, responda às questões propostas.

TEXTO I

Além, muito além daquela serra, que ainda azula no horizonte, nasceu Iracema.

Iracema, a virgem dos lábios de mel, que tinha os cabelos mais negros que a asa da graúna, e mais longos que seu talhe de palmeira.

O favo de jati não era doce como seu sorriso; nem a baunilha recendia no bosque como seu hálito perfumado.

Mais rápida que a ema selvagem, a morena virgem corria o sertão e as matas de Ipu, onde campeava sua guerreira tribo, da grande nação tabajara. O pé grácil e nu, mal roçando, alisava apenas a verde pelúcia que vestia a terra com as primeiras águas.

Um dia, ao pino do sol, ela repousava em um claro da floresta. Banhava-lhe o corpo a sombra da oiticica, mais fresca do que o orvalho da noite. Os ramos da acácia silvestre esparziam flores sobre os úmidos cabelos. Escondidos na folhagem os pássaros ameigavam o canto.

Iracema saiu do banho: o aljôfar d'água ainda a roreja, como à doce mangaba que corou em manhã de chuva. Enquanto repousa, empluma das penas do gará as flechas de seu arco, e concerta com o sabiá da mata, pousado no galho próximo, o canto agreste.

(José de Alencar. *Iracema*. 2. ed. Edição crítica de M. Cavalcanti Proença. Rio de Janeiro: Livros Técnicos e Científicos; São Paulo: Edusp, 1979. p. 12.)

aljôfar: gota d'água, gota de orvalho.
campear: dominar, imperar.
esparzir: espalhar, salpicar, disseminar.
graúna: ave de coloração preta com brilho violáceo e de bico preto.
jati: tipo de abelha.
mangaba: fruto da mangabeira.
oiticica: árvore de até 15 metros, com folhas alternadas e flores amarelas, em espigas.
recender: cheirar, exalar cheiro ou perfume.
rorejar: banhar gota a gota, gotejar, orvalhar.

Iracema: a lenda do Ceará

Iracema, que o autor chamou de "lenda do Ceará", é uma das mais belas realizações indianistas de nossa prosa romântica. O romance narra a lenda (criada pelo próprio Alencar) da origem do Ceará, Estado natal do autor, que teria surgido dos amores proibidos entre o guerreiro português Martim, que se encontrava em expedição no Brasil, e a virgem Iracema (anagrama de América), uma jovem índia, filha do pajé Araquém. Iracema estava impossibilitada de casar-se, porque conhecia o segredo da jurema — bebida mágica utilizada nos rituais religiosos da tribo — e deveria manter-se virgem e fiel a Tupã. Desobedecendo às tradições, Iracema relaciona-se com Martim, dando origem, pela perspectiva da obra, à civilização brasileira.

TEXTO II

Carta de um contratado

Eu queria escrever-te uma carta
amor,
uma carta que dissesse
deste anseio
de te ver
deste receio de te perder
deste mais que bem querer que sinto
deste mal indefinido que me persegue
desta saudade a que vivo todo entregue...
Eu queria escrever-te uma carta
amor,
uma carta de confidências íntimas
uma carta de lembranças de ti
de ti
dos teus lábios vermelhos como tacula
dos teus cabelos negros como dilôa
dos teus olhos doces como macongue
dos teus seios duros como maboque
do teu andar de onça
e dos teus carinhos
que maiores não encontrei por aí...
Eu queria escrever-te uma carta
amor,
que recordasse nossos dias na capôpa
nossas noites perdidas no capim
que recordasse a sombra que nos caía dos jambos
o luar que se coava das palmeiras sem fim
que recordasse a loucura
da nossa paixão
e a amargura de nossa separação...

Eu queria escrever-te uma carta
amor
que a não lesses sem suspirar
que a escondesses de papai Bombo
que a sonegasses a mamãe Kieza
que a relesses sem a frieza
do esquecimento
uma carta que em todo Kilombo
outra a ela não tivesse merecimento...
Eu queria escrever-te uma carta
amor,

Iracema na MPB

Assim como Peri, também Iracema tem servido aos nossos compositores da MPB como referência do lado primitivo e selvagem do Brasil. Na canção "Tropicália", por exemplo, Caetano Veloso contrapõe Iracema ao Brasil moderno nos versos "viva Iracema ma ma / viva Ipanema ma ma ma ma". Chico Buarque chegou a compor a canção "Iracema voou" a partir da personagem de Alencar. Conheça a canção no *site* do compositor: www.chicobuarque.com.br.

Sheila Oliveira

Estátua de Iracema na lagoa de Messejana, Fortaleza.

uma carta que te levasse o vento que passa
uma carta que os cajus e cafeeiros
que as hienas e palancas
que os jacarés e bagres
pudessem entender
para que se o vento a perdesse no caminho
os bichos e plantas
compadecidos de nosso pungente sofrer
de canto em canto
de lamento em lamento
de farfalhar em farfalhar
te levassem puras e quentes
as palavras ardentes
as palavras magoadas da minha carta
que eu queria escrever-te amor...
Eu queria escrever-te uma carta...
Mas ah meu amor, eu não sei compreender
por que é, por que é, por que é, meu bem
que tu não sabes ler
e eu — Oh! Desespero — não sei escrever também!

(Antônio Jacinto. In: Manuel Ferreira, org. *No reino de Caliban.* Lisboa: Seara Nova, 1976. p. 133-5.)

contratado: termo que designa a pessoa contratada para trabalhar na monagamba, isto é, região agrícola de Angola caracterizada por péssimas condições de vida e trabalho.
maboque: fruto do tamanho e cor da laranja e de casca dura.
pungente: comovente, aguda.
tacula: árvore nativa de Angola, de madeira vermelha.

Oratura na África

Moçambique e Angola foram colônias de Portugal até a década de 1970. Até essa data, esses países eram dependentes da metrópole também culturalmente e viviam um grave problema de analfabetismo. Isso não quer dizer, entretanto, que neles não havia uma intensa vida cultural e literária. Havia, sim, e tal era a importância dessa produção transmitida oralmente, que se costuma chamá-la de *oratura*, já que etimologicamente a palavra *literatura* se refere à produção escrita (*littera* = letra, escrita).

Num de seus depoimentos, o escritor Antônio Jacinto conta como foi seu primeiro contato com a poesia:

> O meu gosto pela leitura e pela poesia é influência da minha mãe. Na minha infância vivíamos no interior de Angola, numa terra muito pequena, muito isolada, com muito pouco convívio (Cambondo), e a minha mãe contava-me contos infantis, da tradição portuguesa e não só, e também ela conhecia — até de cor — poemas de poetas portugueses, que recitava e muitas vezes também cantava! Daí ficou esse gosto pela poesia e pela literatura.

1. O texto I, extraído das primeiras páginas de *Iracema*, de José de Alencar, descreve Iracema, a protagonista. A caracterização da personagem é feita por meio de comparações. Observe os quatro primeiros parágrafos.

a) A que elementos Iracema é comparada?

b) Nessa comparação, quem se destaca mais: a índia ou esses elementos?

c) Que característica romântica se observa nesse procedimento?

2. José de Alencar foi um dos principais escritores brasileiros empenhados no projeto romântico de construir uma identidade nacional. Por meio da literatura, o escritor pretendia libertar a cultura brasileira do domínio da cultura portuguesa. De que modo o escritor põe em prática esse projeto, no texto, considerando-se os aspectos da língua e do espaço?

3. No texto II, o eu lírico, estando distante da mulher amada, manifesta o desejo de escrever uma carta a ela.

a) O que o impossibilita de fazê-lo?

b) O eu lírico não pôde escrever a carta; no entanto, seus sentimentos deram origem a um poema. Na sua opinião, o poema consegue dizer aquilo que o eu lírico deseja dizer na carta?

4. O eu lírico do texto II, prevendo que talvez a carta não chegasse à mulher amada, pensa numa forma de ela ser transmitida. Leia o boxe "Oratura na África" e responda:

a) Que meios para a transmissão de sua mensagem o eu lírico imagina?

b) Que relação existe entre esses meios e a tradição da "oratura" africana?

5. O romance *Iracema* foi escrito após a independência política do Brasil. O poema de Antônio Jacinto foi escrito no período em que Angola ainda era uma colônia portuguesa. Considerando os contextos de produção dos textos, responda: Que importância têm, no poema, as várias referências feitas à fauna e à flora brasileiras e angolanas?

UNIDADE 6

História social do Realismo e do Naturalismo

SuperStock/Keystone

Les botteleurs, *de Jean-François Millet.*

[...] o Romantismo era a apoteose do sentimento; o Realismo é a anatomia do caráter. É a crítica do homem. É a arte que nos pinta a nossos próprios olhos – para nos conhecermos, para que saibamos se somos verdadeiros ou falsos, para condenarmos o que houve de mau na sociedade.

(Eça de Queirós)

Não tive filhos, não transmiti a nenhuma criatura o legado de nossa miséria.

(Brás Cubas, personagem de Machado de Assis)

Ama a arte. Dentre todas as mentiras é a que menos mente.

(Gustave Flaubert)

Os governos suspeitam da literatura porque é uma força que lhes escapa.

(Émile Zola)

Na segunda metade do século XIX, o contexto sociopolítico europeu mudou profundamente. Lutas sociais, tentativas de revolução, novas ideias políticas, científicas... O mundo agitava-se, e a literatura não podia mais, como no tempo do Romantismo, viver de idealizações, do culto do eu e da fuga da realidade. Era necessária uma arte mais objetiva, que atendesse ao desejo do momento: o de analisar, compreender, criticar e transformar a realidade. Como resposta a essa necessidade, surgem quase ao mesmo tempo três tendências antirromânticas na literatura, que se entrelaçam e se influenciam mutuamente: o Realismo, o Naturalismo e o Parnasianismo.

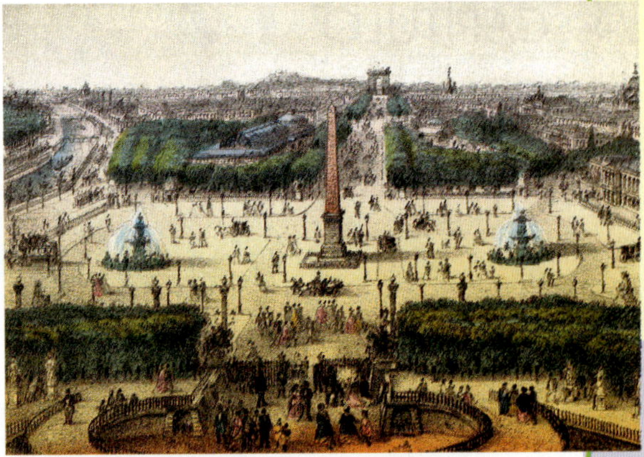
Bettman/Corbis/Latin Stock

A Praça da Concórdia, em Paris, no século XIX.

Fique ligado! Pesquise!

Para você ampliar seus conhecimentos sobre a literatura realista, naturalista e parnasiana e sobre o contexto da época, eis algumas sugestões:

VÍDEOS

A sedutora Madame Bovary, de Vincent Minnelli; *Germinal*, de Claude Berri; *Sacco e Vanzetti*, de Giuliano Montaldo; *Os companheiros*, de Mario Monicelli; *Tempos modernos*, de Charles Chaplin; *Brás Cubas*, de Júlio Bressane; *O primo Basílio*, de Daniel Filho; *O cortiço*, de Francisco Ramalho Jr.; *Memórias póstumas*, de André Klotzel; *O crime do padre Amaro*, de Carlos Carrera; *Os Maias*, de Luís Fernando Carvalho; *Dom*, de Moacyr Góes.

LIVROS

Madame Bovary, de Gustave Flaubert (Ediouro); *Ilusões perdidas*, de Honoré de Balzac (Ediouro); *Germinal*, de Émile Zola (Hemus); *O vermelho e o negro*, de Stendhal (Globo); *Os irmãos Karamazov*, de Dostoievski (Ediouro); *Guerra e paz* e *Anna Karenina*, de Léon Tolstoi (Itatiaia e Ediouro); *A brasileira dos Prazins*, de Camilo Castelo Branco (Nova Fronteira); *O primo Basílio*, *Os Maias* e *O crime do padre Amaro*, de Eça de Queirós (Ática); *Memórias póstumas de Brás Cubas*, *Dom Casmurro* e *Quincas Borba*, de Machado de Assis (Ática); *Capitu*, de Lygia Fagundes Telles e Paulo Emilio Salles Gomes (Siciliano); *O amor de Capitu*, de Fernando Sabino (Ática); *Capitu – Memórias póstumas*, de Domício Proença Filho (Artium); *O cortiço*, *Casa de pensão* e *O mulato*, de Aluísio Azevedo (Ática); *O missionário*, de Inglês de Souza (Ática); *O Xangô de Baker Street*, de Jô Soares (Companhia das Letras); *Antologia de poesia brasileira – Realismo e Parnasianismo* (Ática).

ARTES PLÁSICAS

Conheça a pintura realista, principalmente as obras de Gustave Courbet, Daumier e do pré-realista Millet. Pesquise em livros como: *Para entender a arte*, de Robert Cumming (Ática); *História da pintura*, de Wendy Beckett (Ática); *Estilos, escolas e movimentos*, de Charles Harrison (Cosac & Naify).

PESQUISA

Pesquise sobre correntes filosóficas e científicas como o positivismo, de Augusto Comte; o determinismo, de Hipolyte Taine; o evolucionismo, de Charles Darwin; o socialismo científico, de Marx e Engels.

SITES

www.itaucultural.org.br/aplicexternas/enciclopedia_ic/index.cfm?fuseaction=termos_texto&cd_verbete=3639
www.machadodeassis.org.br/
www.dominiopublico.gov.br
vidaslusofonas.pt/eca_de_queiros.htm
www.vidaslusofonas.pt/antero_de_quental.htm

CAPÍTULO 17

A linguagem do Realismo e do Naturalismo

Museu do Chiado

A volta do mercado *(1886), de Antônio Silva Porto, um dos mais importantes pintores do Naturalismo português.*

As teorias científicas e filosóficas levaram os escritores realistas e naturalistas a conceber uma literatura voltada para a realidade de seu tempo. Valendo-se de temas inovadores, esses escritores revelaram, com espírito crítico, participativo e reformista, o cotidiano massacrante, a falsidade e o egoísmo humano, a decadência das instituições, a impotência do homem diante do poder, as lutas sociais.

Leitura

Você vai ler, a seguir, três textos dos mais importantes escritores do Realismo português: um poema de Antero de Quental, um poema de Cesário Verde e um trecho em prosa de Eça de Queirós. Após a leitura, responda às questões propostas.

TEXTO I

Tormento do Ideal

Conheci a Beleza que não morre
E fiquei triste. Como quem da serra
Mais alta que haja, olhando aos pés a terra
E o mar, vê tudo, a maior nau ou torre,

Minguar, fundir-se, sob a luz que jorre;
Assim eu vi o Mundo e o que ele encerra
Perder a cor, bem como a nuvem que erra
Ao pôr do Sol e sobre o mar discorre.

Pedindo à forma, em vão, a ideia pura,
Tropeço em sombras na matéria dura,
E encontro a imperfeição de quanto existe.

Recebi o batismo dos poetas,
E, assentado entre as formas incompletas,
Para sempre fiquei pálido e triste.

(Antero de Quental. *Poesia e prosa.* São Paulo: Cultrix,1974. p. 49.)

TEXTO II

Horas mortas

[...]
Nauseiam-me, surgindo, os ventres das tabernas;
Na volta, com saudade, e aos bordos sobre as pernas,
Cantam, de braço dado, uns tristes bebedores.

Eu não receio, todavia, os roubos;
Afastam-se, a distância, os dúbios caminhantes;
E sujos, sem ladrar, ósseos, febris, errantes,
Amareladamente, os cães parecem lobos.

E os guardas, que revistam as escadas,
Caminham de lanterna e servem de chaveiros;
Por cima, as imorais, nos seus roupões ligeiros,
Tossem, fumando, sobre a pedra das sacadas.

E, enorme, nesta massa irregular
De prédios sepulcrais, com dimensões de montes,
A Dor humana busca os amplos horizontes,
E tem marés, de fel, como um sinistro mar!

Luminária Paulistana/Constança Lucas

(Cesário Verde. In: Massaud Moisés. *Presença da literatura portuguesa.* São Paulo: Difel, 1974. v. 3, p. 211-3.)

bordo: zigue-zague.
dúbio: duvidoso, incerto, ambíguo.
sepulcral: tumular.

TEXTO III

E mal lobrigava sintomas nascentes de realismo num beijo que estalava mais alto, numa brancura de saia que se arregaçava de mais — eis o nosso Alencar que soltava por sobre o país um grande grito de alarme, corria à pena, e as suas imprecações lembravam (a acadêmicos fáceis de contentar) o rugir de Isaías. Um dia, porém, Alencar teve uma destas revelações que prostram os mais fortes: quanto mais ele denunciava um livro como imoral, mais o livro se vendia como agradável! O Universo pareceu-lhe coisa torpe, e o autor de *Elvira* encavacou.

Desde então reduziu a expressão do seu rancor ao mínimo, a essa frase curta, lançada com nojo:

— Rapazes, não se mencione o *excremento*!

Mas essa noite teve o regozijo de encontrar aliados. Craft não admitia também o naturalismo, a realidade feia das coisas e da sociedade estabelecida nua num livro. A arte era uma idealização! Bem: então que mostrasse os tipos superiores duma humanidade aperfeiçoada, as formas mais belas do viver e do sentir... Ega, horrorizado, apertava as mãos na cabeça — quando do outro lado Carlos declarou que o mais intolerável no realismo eram os seus grandes ares científicos, a sua pretensiosa estética deduzida duma filosofia alheia, e a invocação de Claude Bernard, do experimentalismo, do positivismo, de Stuart Mill e de Darwin, a propósito duma lavadeira que dorme com um carpinteiro!

Assim atacado, entre dois fogos, Ega trovejou: justamente o fraco do realismo estava em ser ainda pouco científico, inventar enredos, criar dramas, abandonar-se à fantasia literária! A forma pura da arte naturalista devia ser a monografia, o estudo seco dum tipo, dum vício, duma paixão, tal qual como se tratasse dum caso patológico, sem pitoresco e sem estilo!...

— Isso é absurdo — dizia Carlos — os caracteres só se podem manifestar pela ação...

— E a obra de arte — acrescentou Craft — vive apenas pela forma...

Alencar interrompeu-os, exclamando que não eram necessárias tantas filosofias.

— Vocês estão gastando cera com ruins defuntos, filhos. O realismo critica-se deste modo: mão no nariz! Eu quando vejo um desses livros, enfrasco-me logo em água-de-colônia. Não discutamos o excremento.

(Eça de Queirós. *Os Maias*. In: Dirce Cortes Riedel. *Literatura portuguesa em curso*. Rio de Janeiro: Francisco Alves, 1975. p. 163-4.)

caracteres: características individuais, personalidades.
encavacar: embaraçar-se.
enfrascar-se: impregnar-se (de perfume).
excremento: fezes.
imprecação: maldição, xingamento.
lobrigar: entrever, perceber.
monografia: dissertação ou estudo minucioso de um tema.
patológico: doentio, relativo a doenças.
pena: caneta.
pitoresco: imaginoso, pictórico.
pretensiosa: presunçosa, vaidosa, presumida.
prostrar: abater, derrubar.
regozijo: entusiasmo, alegria.
torpe: desonesto, infame, impudico.

1. O Realismo, diferentemente do Romantismo, volta seus olhos para o mundo exterior. O que vê é bastante distinto da realidade idealizada pelos românticos.

a) No texto I, o eu lírico diz ter conhecido "a Beleza que não morre" e ter ficado triste. Na terceira estrofe, há uma explicação para a sua tristeza. Qual é ela?

b) O último verso do poema reitera o estado emocional do poeta. Como é esse estado? Qual é a causa dele?

Musée d'Orsay, Paris

Lavrando em Niveranis ***(1849-50), de Rosa Boneur, obra do Realismo francês.***

2. No texto II, o eu lírico percorre a cidade durante a madrugada e descreve tanto elementos humanos quanto elementos arquitetônicos da cidade. Como esses elementos são caracterizados? Justifique sua resposta com palavras e expressões do texto.

3. No texto III, Eça de Queirós mostra uma cena em que quatro personagens, reunidas em uma sala, discutem o novo estilo literário da época, o Realismo. Alencar, o escritor do grupo, qualifica a nova estética com um único termo: "excremento". Craft concorda com o ponto de vista de Alencar sobre o papel da arte? Se não, que concepção de arte ele tem?

4. Ao criticar o Realismo, Carlos menciona os fundamentos científicos do Naturalismo.
   a) Segundo ele, que correntes científicas e filosóficas do século XIX influenciaram o Realismo-Naturalismo na literatura?
   b) Na opinião de Ega, qual deveria ser o papel do Realismo?

5. Com base no estudo dos textos, faça uma síntese das principais características da linguagem do Realismo-Naturalismo.

Do texto ao contexto do Realismo e do Naturalismo

As ideias de liberdade difundidas pela Revolução Francesa espalham-se pela Europa no começo do século XIX. No período que vai de 1820 a 1848, as nações europeias esforçam-se para conter tanto o avanço dessas ideias quanto a expansão napoleônica.

O ano de 1848 antecipa aquilo que marcaria toda a segunda metade do século: lutas sociais e fermentação de ideias políticas.

A estrutura social

A sociedade europeia da segunda metade do século XIX vive os efeitos da Revolução Industrial e do amplo progresso científico e tecnológico que a acompanham, tais como a substituição do ferro pelo aço e do vapor pela eletricidade; o desenvolvimento de maquinaria automática, dos transportes e das comunicações; o aprimoramento da estrada de ferro; as primeiras experiências com automóveis (triciclos motorizados), etc. É uma época de progresso material, de benefícios econômicos para a burguesia industrial; contudo, o operariado vive um período de intensa crise e miséria.

The Bridgeman Art Library/Keystone

Cartaz da peça Germinal, *adaptada do romance Émile Zola.*

No ano de 1848, em vários países europeus, como Itália, Alemanha e França, ocorrem intensas conturbações sociais, produzidas por movimentos de origem popular e assentadas em ideias liberais, nacionalistas e socialistas. No mesmo ano é publicado o *Manifesto comunista*, de Karl Marx e Friedrich Engels, em que se defendia que o socialismo científico (sistema no qual existiria uma sociedade igualitária, sem a exploração do homem pelo homem) só seria alcançado por meio da luta de classes e da extinção da burguesia e do sistema capitalista. Tal teoria contrapunha-se às ideias do *socialismo utópico*, de Robert Owen, Proudhon e outros, que acreditavam na possibilidade de se chegar a uma organização comunista da sociedade sem luta de classes.

As ideias científico-filosóficas

Ao lado da fermentação político-social, verifica-se uma verdadeira onda de cientificismo e materialismo, que alguns chegam a identificar como uma continuidade ou uma segunda etapa do Iluminismo do século XVIII. Entre as mais importantes correntes da época, destacam-se:

- **positivismo:** criado por Augusto Comte, parte do princípio de que o único conhecimento válido é o conhecimento *positivo*, isto é, oriundo das ciências. É uma filosofia empírica, que se baseia na observação do mundo físico e, por isso, rejeita a metafísica. Acredita na capacidade do homem de amar e ser solidário socialmente.
- **determinismo:** criado por H. Taine, parte do princípio de que o comportamento humano é determinado por três aspectos básicos: o meio, a raça e o momento histórico.
- **darwinismo:** dando continuidade, sob outro enfoque, à teoria do *evolucionismo*, de Lamarck, Charles Darwin, em sua obra *Origem das espécies* (1859), apresenta a *teoria da seleção natural*, segundo a qual a natureza ou o meio selecionam, entre os seres vivos, aquelas variações que estão mais aptas a sobreviver e perpetuar-se. Assim, os mais fortes sobrevivem e procriam, e os mais fracos são eliminados antes disso.

Têm destaque, ainda, na época, as pesquisas no campo da Física, da Química, da Biologia e, principalmente, no da Medicina. São dessa época igualmente os primeiros esforços no sentido de criar três áreas científicas novas: a Sociologia, a Antropologia e a Psicologia.

A literatura realista e seu contexto

É nesse contexto sócio-político-científico que surgem o Realismo, o Naturalismo e o Parnasianismo. A alteração do quadro social e cultural exigia dos escritores outra forma de abordar a realidade: menos idealizada do que a romântica e mais objetiva, crítica e participante. Contudo há semelhanças e diferenças entre essas correntes. As semelhanças residem na objetividade, na luta contra o Romantismo e no gosto por descrições minuciosas.

Musée d'Orsay/RMN/Other Images

Émile Zola, o fundador do Naturalismo, por Édouard Manet.

A designação de *Realismo* ao movimento não é a mais adequada, porque em todas as épocas se pode identificar mais ou menos o realismo artístico, em oposição à fantasia e à imaginação. Contudo, o Realismo da segunda metade do século XIX preconiza maior aproximação com a realidade ao descrever os costumes, o relacionamento entre homem e mulher, as relações sociais, os conflitos interiores do ser humano, a crise das instituições (Estado, Igreja, família, casamento), etc.

O *Naturalismo* é uma tendência que procura dar um novo tratamento ao Realismo, atribuindo-lhe um caráter mais científico, com base nas teorias que circulavam na época. A exemplo da Medicina experimental e das experiências de laboratório, os naturalistas criam o *romance experimental* ou o *romance de tese*, em que são "provadas" certas teorias no laboratório humano ficcional: o romance. Frequentemente são realçados certos traços instintivos e patológicos do ser humano, identificado como um animal. E o enfoque é dado preferencialmente aos aglomerados humanos e às camadas mais pobres da população.

Diferentemente dos outros dois movimentos, que se voltam para a observação e para a análise da realidade, o *Parnasianismo* é uma tentativa de recuperar os ideais clássicos varridos pelo Romantismo e restabelecer o equilíbrio, a razão e a objetividade. Imitando os modelos greco-latinos, os parnasianos contentam-se em cultivar temas convencionais e aspiram ao perfeccionismo formal e ao purismo linguístico.

Desses três movimentos, o primeiro e o segundo mostram influência das ideias filosóficas, políticas e científicas da época, a ponto de o romance naturalista ser a própria expressão literária das ideias científicas vigentes.

CAPÍTULO 18

O Realismo em Portugal

Museu do Chiado, Portugal

No Tejo, marinha *(1897)*, de *João Vaz, um dos expoentes da pintura naturalista em Portugal.*

O Realismo em Portugal significou mais que uma renovação na literatura quanto a temas, linguagem e visão de mundo. Representou também uma tentativa de livrar o país da mentalidade romântico-cristã e levá-lo à "modernidade" por meio do contato com as novas ideias filosóficas e científicas que circulavam na Europa.

O Realismo teve início em Portugal com a Questão Coimbrã, episódio ocorrido em 1865. Nessa época, haviam finalmente cessado as lutas entre os liberais e as facções que representavam a velha monarquia deposta pela revolução de 1820.

Consolidado o liberalismo, Portugal conheceu, a partir de 1850, um período de estabilidade política, de progresso material e de intercâmbio com o resto da Europa. Coimbra, importante centro cultural e universitário da época, em 1864 ligava-se diretamente à comunidade europeia por meio da estrada de ferro.

Apesar dessas novidades no cenário político-cultural, a literatura portuguesa ainda se encontrava impregnada das velhas ideias românticas e árcades.

A Questão Coimbrã

Tibor Bognar/Corbis/LatinStock

Universidade de Coimbra.

Já havia alguns anos, os meios literários portugueses tinham como principal expressão o consagrado poeta romântico Castilho. Representante do academismo e do tradicionalismo literários, Castilho, idoso e cego, reunia em torno de si jovens escritores a quem protegia e por quem era tido como mestre.

A Questão Coimbrã teve início quando Castilho, ao escrever um posfácio elogioso ao livro *Poema da mocidade*, de seu protegido Pinheiro Chagas, aproveitou para criticar um grupo de poetas de Coimbra, a quem acusou de exibicionistas e obscurantistas. São citados no posfácio os escritores Teófilo Braga e Antero de Quental, que acabara de publicar a obra *Odes modernas*.

Antero de Quental respondeu a Castilho com uma carta aberta, em forma de panfleto, intitulada "Bom senso e bom gosto". Nela Antero criticava o apadrinhamento literário, praticado por Castilho, e a censura da livre expressão, como se observa neste trecho do texto:

> O que se ataca na escola de Coimbra não é uma opinião literária menos provada, uma concepção poética mais atrevida, um estudo ou uma ideia. Isso é pretexto apenas. Mas a guerra faz-se à independência irreverente de escritores que entendem fazer por si sós o caminho, sem pedir licença aos Mestres, mas consultando só o seu trabalho e a sua consciência.
>
> (In: Hernâni Cidade. *Antero de Quental*. Lisboa: Arcádia, s.d. p. 20.)

Para Antero, a agressão sofrida não se limitava ao plano estritamente literário ou pessoal; era, na verdade, uma reação do velho contra o novo, do conservadorismo contra o progresso, da literatura de salão contra a literatura viva e atuante exigida pelos novos tempos. Antero desejava modernizar o país, colocando-o ao lado das nações europeias mais desenvolvidas.

A Questão Coimbrã durou todo o segundo semestre de 1865, com publicações e ataques de ambos os lados. Também participaram dela, entre outros, Teófilo Braga, Ramalho Ortigão e Pinheiro Chagas. Eça de Queirós, embora fizesse parte do grupo coimbrão, não interveio na polêmica.

As conferências do Cassino e a geração de 70

Por volta de 1870, e tendo já concluído os estudos universitários em Coimbra, o grupo de amigos se reencontrou em Lisboa e passou a travar debates acerca da renovação cultural portuguesa. A volta de Antero de Quental — que estivera na França, na América e na ilha de São Miguel — dinamizou essas reuniões, que passaram a contar com leituras sistematizadas (principalmente de textos com as ideias socialistas de Proudhon) e a ter um objetivo definido. Como resultado desse esforço, nasceu a iniciativa ambiciosa das Conferências Democráticas, que visavam à reforma da sociedade portuguesa.

Essas conferências eram realizadas no Cassino Lisbonense, provocando escândalo. Depois de proferidas cinco conferências — entre elas, duas de Antero e uma de Eça de Queirós —, o governo proibiu a continuidade do ciclo, alegando que os oradores suscitavam "doutrinas e proposições que atacavam a religião e as instituições do Estado". Apesar da censura, o Realismo já era vitorioso em Portugal, e a partir de então se colheriam seus melhores frutos.

A produção literária

O Realismo português contou com um número considerável de escritores tanto na poesia quanto na prosa.

A **poesia** alcançou grande prestígio na época e se desdobrou em quatro direções:

- *a poesia realista propriamente dita*: caracterizada pela crítica social e pelo engajamento político, é representada por Antero de Quental, Guerra Junqueiro, Gomes Leal, Teófilo Braga e outros;
- *a poesia do cotidiano*: representada por Cesário Verde, que, parcialmente ligado à poesia realista, enfocou certos aspectos da realidade até então considerados pouco poéticos, como a vida nos centros urbanos e nas áreas industriais;
- *a poesia metafísica*: representada por Antero de Quental, volta-se para as indagações em torno da vida, da morte e de Deus;
- *a poesia parnasiana*: representada por João da Penha e outros, tem como principal objetivo resgatar a tradição clássica, deixada de lado pelo Romantismo.

Realistas portugueses na Internet

Nos *sites* que seguem, você pode ler e pesquisar mais a respeito de escritores como Antero de Quental, Eça de Queirós e outros. Pode também baixar obras inteiras, se quiser.

- www.instituto-camoes.pt/bases/literatura.htm
- www.ipn.pt/literatura/
- www.vidaslusofonas.pt/antero_de_quental.htm
- www.vidaslusofonas.pt/eca_de_queiros.htm
- bnd.bn.pt/ed/eca_queiros/index.html

A **prosa de ficção** seguiu a mesma orientação da poesia realista, porém dividindo-se entre o ataque à burguesia, à monarquia, ao clero, às instituições sociais, aos falsos valores e o compromisso com a doutrinação moral, social e filosófica. Nela se destacaram Eça de Queirós, Fialho de Almeida e Abel Botelho.

Antero de Quental: a eterna procura

Antero de Quental (1843-1891) foi o líder intelectual da geração que deu início ao Realismo em Portugal. Seus primeiros poemas, publicados em 1861, revelam tendências místicas. Os poemas publicados logo depois já mostram uma evolução para o racionalismo e radicalismo político.

Desejando conhecer de perto o clima revolucionário que se verificava nos meios políticos franceses, Antero viveu em Paris durante algum tempo, regressando depois a Lisboa, onde atuou entre o operariado, defendendo as ideias de Proudhon. Após a década de 1870, o poeta entrou em profunda crise existencial. Cético em relação aos movimentos sociais, passou a cultivar uma poesia de fundo filosófico e espiritual. Suicidou-se em 1891.

Iconographia

Antero de Quental, em 1887.

A poesia

A poesia de Antero de Quental é a síntese da trajetória biográfica do autor. Nela podem ser observados alguns núcleos centrais. Um deles aparece em suas primeiras obras, *Raios de extinta luz* e *Primaveras românticas*, em que estão presentes o lirismo amoroso, o erotismo e a religiosidade.

As *Odes modernas* (1865), que motivaram os acontecimentos da Questão Coimbrã, representam outro dos núcleos da poesia de Antero: a poesia realista propriamente dita, de engajamento político-filosófico, de ação social e irreverência.

A obra *Sonetos* (publicada em 1881) segue uma nova direção: a da reflexão metafísica e do pessimismo. Essa fase coincide com o período em que o autor esteve acometido por uma estranha doença, que o acompanhou até o suicídio, em 1891, e que hoje se supõe tenha sido uma psicose, distúrbio mental pouco conhecido na época.

Nos últimos anos de sua vida, Antero voltou-se para a meditação religiosa e para a reconciliação mística, de que são exemplos estes versos:

Esperemos em Deus! Ele há tomado
Em suas mãos a massa inerte e fria
Da matéria impotente e, num só dia,
Luz, movimento, ação, tudo lhe há dado.
[...]
Ó Deus, meu pai e abrigo! Espero!... eu
[creio!

("Salmo". In: Maria Ema T. Ferreira, org. *Antologia literária comentada*. 2. ed. Lisboa: Ulisseia, s.d. p. 203.)

Poesia e revolução

Durante a fase marcada pela poesia social, Antero de Quental escreveu:

> A Poesia moderna é a voz da Revolução. Que importa que a palavra não pareça poética às vestais literárias do culto da Arte pela Arte? No ruído espantoso do desabar do Império e da religião, há ainda uma harmonia grave e profunda, para quem a escutar com a alma penetrada do terror santo deste mistério que é o destino das Sociedades.

(In: Hernâni Cidade. *Antero de Quental*. Lisboa: Arcádia, s.d., p. 165.)

Leitura

Você vai ler, a seguir, dois sonetos de Antero de Quental, cada um deles representativo de uma das fases ou núcleos temáticos do poeta.

Hino à Razão

Razão, irmã do Amor e da Justiça,
Mais uma vez escuta a minha prece,
É a voz dum coração que te apetece,
Duma alma livre, só a ti submissa.

Por ti é que a poeira movediça
De astros e sóis e mundos permanece;
E é por ti que a virtude prevalece
E a flor do heroísmo medra e viça.

Por ti, na arena trágica, as nações
Buscam a liberdade, entre clarões;
E os que olham o futuro e cismam, mudos,

Por ti, podem sofrer e não se abatem,
Mãe de filhos robustos, que combatem
Tendo o seu nome escrito em seus escudos!

(In: Maria Ema T. Ferreira, org., op. cit., p. 173.)

Carmem Thiago

medrar: aparecer, fazer crescer.
viçar: desenvolver-se, crescer, alastrar-se.

O palácio da Ventura

Sonho que sou um cavaleiro andante.
Por desertos, por sóis, por noite escura,
Paladino do Amor, busco anelante
O palácio encantado da Ventura!

Mas já desmaio, exausto e vacilante,
Quebrada a espada já, rota a armadura...
E eis que súbito o avisto, fulgurante
Na sua pompa e aérea formosura!

Com grandes golpes bato à porta e brado:
Eu sou o Vagabundo, o Deserdado...
Abri-vos, portas de ouro, ante meus ais!

Abrem-se as portas de ouro, com fragor...
Mas dentro encontro só, cheio de dor,
Silêncio e escuridão — e nada mais!

(Idem, p. 188.)

Carmem Thiago

fragor: estrondo, estampido.
fulgurante: brilhante, lampejante.
pompa: esplendor, grande luxo.
ventura: sorte, felicidade, fortuna.

1. A respeito do poema "Hino à Razão", responda:

a) A quem o eu lírico se dirige, ou seja, quem é o seu interlocutor?

b) Por que as palavras *Razão*, *Amor* e *Justiça* estão grafadas com letras iniciais maiúsculas?

2. "Hino à Razão" é um soneto que se situa entre os poemas de cunho ideológico e político do autor. De acordo com o texto:

a) Qual é o papel da Razão no cenário das nações modernas?

b) Pode-se dizer que esse poema sofre influência do cientificismo da época? Por quê?

3. No soneto "O palácio da Ventura", o eu lírico manifesta duas atitudes diferentes em relação à vida. Quais são essas atitudes? Em que estrofes do soneto cada uma das atitudes está presente?

4. Cada um dos poemas representa um núcleo temático da obra de Antero de Quental. Compare-os e depois associe a um ou a outro estes núcleos:

a) pessimismo, reflexão existencial

b) crença num mundo melhor, movido pelo amor e pela justiça social

c) metafísica

d) visão heroica e transformadora da realidade

1. "Hino à Razão"
2. "O palácio da Ventura"

5. Antero de Quental é considerado um dos melhores sonetistas da língua portuguesa. A fim de constatar a propriedade com que o autor faz uso de recursos técnicos, responda:

a) Qual é o papel da anáfora (repetição total ou parcial no início de versos), do ritmo e das aliterações (com fonemas oclusivos) no poema "Hino à Razão"?

b) No texto "O palácio da Ventura", qual é a relação entre o ritmo e a imagem do "cavaleiro andante"?

Antero e o soneto

Veja o que o próprio Antero de Quental pensava do soneto:

> Que há no soneto? Uma unidade perfeita: desenha-se cada ideia parcial de per si, mas não tão independente das outras que não haja entre elas relação, até que, afinal, juntando tudo num só, se apresenta por todos os lados simultaneamente, como em resumo, o fecho — chave de oiro! Daí, unidade.

(In: Maria Ema T. Ferreira, org., op. cit., p. 182.)

Eça de Queirós: a ironia cortante

Eça de Queirós (1845-1900) é considerado o mais importante ficcionista do Realismo português e um dos maiores em língua portuguesa. Talentoso, exerceu influência não só sobre escritores portugueses ao longo da primeira metade do século XX, mas também sobre as literaturas brasileira e espanhola.

Eça estudou Direito em Coimbra, onde se ligou ao famoso grupo acadêmico da Escola de Coimbra. Manteve-se afastado da polêmica Questão Coimbrã, porém mais tarde contribuiu ativamente nas Conferências Democráticas do Cassino Lisbonense. Exerceu a advocacia em Lisboa e dirigiu, durante algum tempo, um jornal político na província. De regresso de uma viagem ao Oriente, entrou para o serviço diplomático. Nomeado cônsul, ausentou-se de Portugal por muitos anos, vivendo principalmente na França e na Inglaterra.

Iconographia

Um dos mais famosos retratos de Eça de Queirós, feito por Bordalo Pinheiro, em 1880.

Distante da pátria, pôde julgá-la desapaixonadamente, com rigor; e, também, manter contato com as grandes correntes de ideias do seu tempo. Essa experiência contribuiu para o alargamento da experiência intelectual e para o amadurecimento literário do autor.

Seus primeiros escritos — artigos e relatos breves, publicados na *Gazeta de Portugal* — foram reunidos postumamente sob o título de *Prosas bárbaras*.

Com a colaboração de Ramalho Ortigão escreveu um romance policial, *O mistério de Sintra*. Mais tarde, juntos ainda, fizeram publicar mensalmente *As Farpas*, jornal de crítica à política, às letras e aos costumes.

Caricatura de Eça de Queirós/Reprodução

Ensaiou na ficção com um conto intitulado *As singularidades duma rapariga loira*, em que trata o tema, a técnica e o estilo com originalidade, criando uma forma nova de narrar.

Em 1875, publicou sua primeira obra importante, *O crime do padre Amaro*. Nesse livro, que se filia à arte revolucionária de combate social e segue a mesma linha de *As Farpas*, Eça tece uma crítica violenta à vida social portuguesa, denunciando a corrupção do clero e a hipocrisia dos valores burgueses.

A essa obra seguiu-se *O primo Basílio*, romance fortemente influenciado por *Madame Bovary*, de Gustave Flaubert. O quadro de crítica social amplia-se: Eça focaliza a constituição moral de uma família da média burguesia da capital, estudando-a por meio de um caso de adultério feminino.

Nessa mesma linha publicou *Os Maias*, em que, tomando como pano de fundo um caso de incesto, critica a alta sociedade portuguesa da época, composta por figuras relacionadas à política, ao governo, às finanças e à literatura. Muitos críticos consideram *Os Maias* a mais perfeita obra de arte literária produzida em Portugal desde *Os lusíadas*, de Camões. À época de sua publicação, entretanto, causou escândalo por sua ousadia.

Destacam-se ainda na produção de Eça de Queirós *A ilustre casa de Ramires*, *A capital*, *A relíquia*, *O conde d'Abranhos* e *A cidade e as serras*. Este último romance, em que o autor mostra o contraste entre a vida na cidade e a vida simples e rústica no campo, é considerado por alguns críticos uma espécie de abandono, ou mesmo renúncia, dos ideais realistas.

Para expressar adequadamente sua visão de mundo, Eça criou um estilo solto, livre e transparente, em uma linguagem expressiva, que, incorporando a língua corrente em Lisboa, também contribuiu para aumentar seu público.

O celibato entre duas concepções

Em seu romance histórico *Eurico, o presbítero*, o romântico Alexandre Herculano abriu a discussão em torno do celibato: pode a Igreja — uma instituição regida por leis criadas por homens — proibir seus religiosos de amar como quaisquer outros seres humanos? Não estariam eles fadados à mutilação espiritual? Apesar do questionamento, a saída para o padre Eurico, que ama Hermengarda, é a morte.

Em *O crime do padre Amaro*, Eça de Queirós retomou o tema e o analisou pela perspectiva biológica do Realismo-Naturalismo: podem as leis da Igreja impedir os impulsos sexuais de um religioso? Ao contrário do romântico Eurico, Amaro é um padre que, depois de engravidar uma jovem devota, Amélia, e levá-la à morte, mantém-se ligado à Igreja por conveniência, como se nada tivesse acontecido. Eis o Realismo!

O primo Basílio

O romance *O primo Basílio*, de Eça de Queirós, critica a família pequeno-burguesa de Lisboa. Luísa, educada sob influência de frouxos princípios morais e religiosos, romântica e imaginativa por natureza e que sempre tivera uma vida ociosa, casa-se com Jorge, homem bom, inteligente e simpático. Na primeira ausência do marido, Luísa o trai, seduzida por Basílio, seu primo e antigo namorado, recém-chegado a Lisboa. Juliana, sua criada, apodera-se de algumas cartas e a chantageia. Basílio desaparece, deixando Luísa entregue às exigências de Juliana. Sebastião, um amigo da família, consegue reaver as cartas. Jorge regressa. Luísa adoece e morre. Jorge descobre-lhe a infidelidade.

Leitura

O texto a seguir é um fragmento do capítulo III de *O primo Basílio* e nele é retratado o reencontro de Basílio e Luísa.

Havia doze dias que Jorge tinha partido e, apesar do calor e da poeira, Luísa vestia-se para ir a casa de Leopoldina. Se Jorge soubesse, não havia de gostar, não! Mas estava tão farta de estar só! Aborrecia-se tanto! De manhã, ainda tinha os arranjos, a costura, a *toilette*, algum romance... Mas de tarde!

À hora em que Jorge costumava voltar do Ministério, a solidão parecia alargar-se em torno dela. Fazia-lhe tanta falta o seu toque de campainha, os seus passos no corredor!...

Ao crepúsculo, ao ver cair o dia, entristecia-se sem razão, caía numa vaga sentimentalidade: sentava-se ao piano, e os fados tristes, as cavatinas apaixonadas gemiam instintivamente no teclado, sob os seus dedos preguiçosos, no movimento abandonado dos seus braços moles. O que pensava em tolices então! E à noite, só, na larga cama francesa, sem poder dormir com o calor, vinham-lhe de repente terrores, palpites de viuvez.

....

Luísa desceu o véu branco, calçou devagar as luvas de *peau de suède* claras, deu duas pancadinhas fofas ao espelho na gravata de renda, e abriu a porta da sala. Mas quase recuou, fez "Ah?!", toda escarlate. Tinha-o reconhecido logo. Era o primo Basílio.

Houve um *shake-hands* demorado, um pouco trêmulo. Estavam ambos calados: — ela com todo o sangue no rosto, um sorriso vago; ele fitando-a muito, com um olhar admirado. Mas as palavras, as perguntas vieram logo, muito precipitadamente: — Quando tinha ele chegado? Se sabia que ele estava em Lisboa? Como soubera a morada dela?

Chegara na véspera no paquete de Bordéus. Perguntara no Ministério: disseram-lhe que Jorge estava no Alentejo, deram-lhe a *adresse*...

— Como tu estás mudada, Santo Deus!

— Velha.

— Bonita!

— Ora!

E ele, que tinha feito? Demorava-se?

Foi abrir uma janela, dar uma luz larga, mais clara. Sentaram-se. Ele no sofá muito languidamente; ela ao pé, pousada de leve à beira duma poltrona, toda nervosa.

Tinha deixado o "degredo" — disse ele. — Viera respirar um pouco à velha Europa. Estivera em Constantinopla, na Terra Santa, em Roma. O último ano passara-o em Paris. Vinha de lá, daquela aldeola de Paris! — Falava devagar, recostado, com um ar íntimo, estendendo sobre o tapete, comodamente, os seus sapatos de verniz.

Luísa olhava-o. Achava-o mais varonil, mais trigueiro. No cabelo preto anelado havia agora alguns fios brancos: mas o bigode pequeno tinha o antigo ar moço, orgulhoso e intrépido; os olhos, quando ria, a mesma doçura amolecida, banhada num fluido. Reparou na ferradura de pérola da sua gravata de cetim preto, nas pequeninas estrelas brancas bordadas nas suas meias de seda. A Bahia não o vulgarizara. Voltava mais interessante!

— Mas tu, conta-me de ti — dizia ele com um sorriso, inclinado para ela. — És feliz, tens um pequerrucho...

— Não — exclamou Luísa, rindo. — Não tenho! Quem te disse?

— Tinham-me dito. E teu marido demora-se?

— Três, quatro semanas, creio.

Quatro semanas! Era uma viuvez! Ofereceu-se logo para a vir ver mais vezes, palrar um momento pela manhã...

....

Houve um silêncio.

— Mas tu ias sair! — disse Basílio de repente, querendo erguer-se.

— Não! — exclamou. — Não! Estava aborrecida, não tinha nada que fazer, ia tomar ar. Não saio, já.

Ele ainda disse:

— Não te prendas...

— Que tolice! Ia a casa duma amiga passar um momento.

Tirou logo o chapéu; naquele movimento os braços erguidos repuxaram o corpete justo, as formas do seio acusaram-se suavemente.

Basílio torcia a ponta do bigode devagar; e vendo-a descalçar as luvas:

— Era eu antigamente quem te calçava e descalçava as luvas... Lembras-te?... Ainda tenho esse privilégio exclusivo, creio eu...

Ela riu-se.

— Decerto que não...

Basílio disse então, lentamente, fitando o chão:

— Ah! Outros tempos!

Ela via a sua cabeça bem feita, descaída naquela melancolia das felicidades passadas, com uma risca muito fina, e os cabelos brancos — que lhe dera a separação. Sentia também uma vaga saudade encher-lhe o peito; ergueu-se, foi abrir a outra janela, como para dissipar na luz viva e forte aquela perturbação. Perguntou-lhe então pelas viagens, por Paris, por Constantinopla.

Fora sempre o seu desejo viajar — dizia —, ir ao Oriente. Quereria andar em caravanas, balouçada no dorso dos camelos; e não teria medo, nem do deserto, nem das feras...

— Estás muito valente! — disse Basílio. — Tu eras uma maricas, tinhas medo de tudo... Até da adega, na casa do papá, em Almada!

Diferentes visões do adultério

No século XIX, as leis viam com diferença o adultério praticado pelo homem e o praticado pela mulher:

> O adultério do marido não pode ser levado ao tribunal correcional, exceto caso o infiel mantenha uma concubina em domicílio conjugal [...] Apenas neste caso a esposa pode dar queixa, e seu marido arrisca-se então a ter de pagar pesadíssima multa. [...] Em contraste, seja qual for o lugar em que se realize, o adultério da mulher constitui sempre um delito. A esposa infiel incorre em até dois anos de prisão.
>
> (Philippe Ariès e Georges Duby. *História da vida privada*. São Paulo: Cia. das Letras, 1991. p. 551-3.)

Alexandre Sassaki/Abril Imagem

Cena da minissérie O primo Basílio *(1988), da Globo, dirigida por Daniel Filho.*

Amor & Cia: releitura de Eça

O diretor de cinema brasileiro Helvécio Ratton, baseado na novela *Alves & Cia* (1883), de Eça de Queirós, lançou em 1998 *Amor & Cia*, filme que narra a história dos amores extraconjugais de Ludovina (Patrícia Pillar), que trai o marido (Marco Nanini) com o sócio deste (Alexandre Borges), bem ao estilo de *Madame Bovary*, de Flaubert.

Direção de Helvécio Ratton/Quimera Filmes

Cena do filme Amor & Cia.

Ela corou. Lembrava-se bem da adega, com a sua frialdade subterrânea que dava arrepios! A candeia de azeite pendurada na parede alumiava com uma luz avermelhada e fumosa as grossas traves cheias de teias de aranha, e a fileira tenebrosa das pipas bojudas. Havia ali às vezes, pelos cantos, beijos furtados...

....

— E estiveste então um ano em Paris?

Um ano divino. Tinha um apartamento lindíssimo, que pertencera a Lord Flamouth, Rue Saint-Florentin, tinha três cavalos...

E recostando-se muito, com as mãos nos bolsos:

— Enfim, fazer este vale de lágrimas o mais confortável possível!... Dize cá, tens algum retrato nesse medalhão?

— O retrato de meu marido.

— Ah! deixa ver!

Luísa abriu o medalhão. Ele debruçou-se; tinha o rosto quase sobre o peito dela. Luísa sentia o aroma fino que vinha de seus cabelos.

— Muito bem, muito bem! — fez Basílio.

Ficaram calados.

— Que calor que está! — disse Luísa. — Abafa-se, hem!

Levantou-se, foi abrir um pouco uma vidraça. O sol deixara a varanda. Uma aragem suave encheu as pregas grossas das bambinelas.

— É o calor do Brasil — disse ele. — Sabes que estás mais crescida?

Luísa estava de pé. O olhar de Basílio corria-lhe as linhas do corpo; e com a voz muito íntima, os cotovelos sobre os joelhos, o rosto erguido para ela:

— Mas, francamente, dize cá, pensaste que eu te viria ver?

— Ora essa! Realmente, se não viesses zangava-me. És o meu único parente... O que tenho pena é que meu marido não esteja...

— Eu — acudiu Basílio —, foi justamente por ele não estar...

Luísa fez-se escarlate. Basílio emendou logo, um pouco corado também:

— Quero dizer... talvez ele saiba que houve entre nós...

Ela interrompeu:

— Tolices! Éramos duas crianças. Onde isso vai!

— Eu tinha vinte e sete anos — observou ele, curvando-se.

Ficaram calados, um pouco embaraçados. Basílio cofiava o bigode, olhando vagamente em redor.

Bocejou ligeiramente, fitou um momento os seus sapatos muito aguçados, e com um movimento brusco, ergueu-se, tomou o chapéu.

— Já? Onde estás?

— No Hotel Central. E até quando?

Eça no cinema mexicano

O crime do padre Amaro, romance realista de Eça de Queirós, foi levado ao cinema pelo cineasta mexicano Carlos Carrera, em 2002.

Adaptando a história para os tempos de hoje, o filme mistura o drama amoroso vivido pela personagem de Eça, o padre Amaro, a elementos do século XX, como o tráfico de drogas, a guerrilha, o trabalho dos religiosos da Teologia da Libertação, etc.

Columbia Pictures

O ator Gael García Bernal no papel do padre Amaro.

— Até quando quiseres. Não disseste que vinhas amanhã com o rosário?

Ele tomou-lhe a mão, curvou-se:

— Já se não pode dar um beijo na mão duma velha prima?

— Por que não?

Pousou-lhe um beijo na mão, muito longo, com uma pressão doce.

— Adeus! — disse.

E à porta, com o reposteiro meio erguido, voltando-se:

— Sabes que eu, ao subir as escadas, vinha a perguntar a mim mesmo, como se vai isto passar?

— Isto quê? Vermo-nos outra vez? Mas perfeitamente. Que imaginaste tu?

Ele hesitou, sorriu:

— Imaginei que não eras tão boa rapariga. Adeus. Amanhã, hem?

(Rio de Janeiro: Aguilar, 1970. p. 585-92.)

bambinela: cortina.
cavatina: instrumento musical.
escarlate: vermelho, enrubescido.
intrépido: audaz, corajoso.
palrar: conversar.
paquete: navio, barco.
trigueiro: maduro, moreno.
varonil: viril, forte.

Eça na tevê e nos quadrinhos

A obra de Eça sempre despertou interesse entre os leitores portugueses e brasileiros e já foi adaptada várias vezes para a tevê e para a linguagem dos quadrinhos. No Brasil, a Rede Globo já fez uma minissérie a partir de *O primo Basílio* e, mais recentemente, de *Os Maias*.

Nos quadrinhos, suas obras foram adaptadas pelo argentino J. Taggino e pelo português E. T. Coelho.

Cristiana Isidoro/TV Globo/O Dia

Ana Paula Arósio e Fábio Assunção em cena de Os Maias.

1. Basílio, ao chegar de Paris, dirige-se à casa da prima, de quem fora namorado no passado.

a) Como Luísa se sentia, após a partida do marido? Como ocupava seu tempo?

b) Por que Luísa se encontrava vulnerável?

2. Basílio é um homem fino, sedutor e experiente. Seu objetivo é conquistar a prima, uma mulher de perfil romântico e inexperiente nos jogos amorosos. Identifique no texto:

a) as atitudes de Luísa que demonstram seu perfil romântico e o quanto ela ainda está envolvida com o primo;

b) o caráter frio e calculista de Basílio.

3. Em suas estratégias, Basílio insiste em falar do passado de ambos. Por quê?

4. Que referências feitas pelo narrador à personalidade de Luísa permitem ao leitor antever o adultério?

Para quem quer mais

Antero de Quental

Mais luz!

A Guilherme de Azevedo

Amem a noite os magros crapulosos,
E os que sonham com virgens impossíveis,
E os que se inclinam, mudos e impassíveis,
À borda dos abismos silenciosos...

Tu, Lua, com teus raios vaporosos,
Cobre-os, tapa-os e torna-os insensíveis,
Tanto aos vícios cruéis e inextinguíveis,
Como aos longos cuidados dolorosos!

Eu amarei a santa madrugada,
E o meio-dia, em vida refervendo,
E a tarde rumorosa e repousada.

Viva e trabalhe em plena luz: depois,
Seja-me dado ainda ver, morrendo,
O claro sol, amigo dos heróis!

(In: Maria Ema T. Ferreira, org., op. cit., p. 174.)

crapuloso: indivíduo de vida desregrada, libertino, devasso.

A um poeta

Tu que dormes, espírito sereno,
Posto à sombra dos cedros seculares,
Como um levita à sombra dos altares,
Longe da luta e do fragor terreno,

Acorda! é tempo! O sol, já alto e pleno,
Afugentou as larvas tumulares...
Para surgir do seio desses mares,
Um mundo novo espera só um aceno...

Escuta! é a grande voz das multidões,
São teus irmãos, que se erguem! são canções...
Mas de guerra... e são vozes de rebate!

Ergue-te, pois, soldado do Futuro,
E dos raios de luz do sonho puro,
Sonhador, faze espada de combate!

(Idem, p. 172-3.)

cedros: árvores de grande porte.
levita: sacerdote da antiga Jerusalém.

Guerra Junqueiro

Caminhavam por fim, ronceiros, devagar,
Os grandes carroções da Côngrua e Pé de Altar,
Puxados a duas mil parelhas de jumentos,
Zurrando esta epopeia heroica aos quatro ventos:

Senhor Pároco, toda a freguesia,
Uns quatro mil ônagros
Muito magros,
Vem trazer isto a Vossa Senhoria.
Desculpe, Senhor Pároco, a ousadia...

A oferta é bem mesquinha, é desgraçada,
Uns oitocentos moios simplesmente
De milho, de feijão, trigo e cevada.
E nós sabemos que um tão mau presente
Para o seu dente
Não chega a nada! não chega a nada!
Mas é boa a intenção;
Nós reservamos para si o pão,
E para nós a palha unicamente.
Dar ao senhor Prior
Miséria assim, é vergonhoso até...
Mas aceite este mimo sem valor...
Senhor Pároco, aceite-o, por quem é!...
E, agora, Senhor Pároco, a sua bênção,
Porque os ônagros pensam
Que ela salva das chamas infernais;
E em paga de tal dom, de tal carinho,
Rogaremos ao Céu pelo focinho
Lhe permita engordar cada vez mais.

Boa pinga e bom porco alentejano
E sempre nédio e alegre e satisfeito!...
Senhor Pároco, viva!... até pr'o ano...
Até pr'o ano... e muito bom proveito!...
O abade, vendo aquela espantosa ovação,
Cresceu como uma torre e inchou como um balão.
E ao mirar-se com garbo heroico e triunfal,
Surpreendeu-se de anel e cruz episcopal!
E, impando de vanglória e atônito de espanto,
Inchou mais meia légua e cresceu outro tanto!
Contemplou-se depois com majestade ufana,
E, oh Céus! viu-se vestido em púrpura romana!
Cardeal! cardeal! cardeal! que honra, que posição!
[...]

(*A velhice do Padre Eterno*. In: Massaud Moisés. *A literatura portuguesa através dos textos*. 17. ed. São Paulo: Cultrix, 1988. p. 287-8.)

Guerra Junqueiro (1850-1923) foi um dos mais combativos poetas do Realismo. Iniciando sua carreira com certa influência ultrarromântica, passou a uma fase de crítica social, lançando-se contra o clero em sua mais conhecida obra, *A velhice do Padre Eterno* (1885), da qual faz parte esse poema.

Em 1892, com *Os simples*, deu início a uma nova fase, retratando pessoas comuns: os camponeses, os pobres, os sonhadores, puros e ingênuos. Nessa obra se sentem os reflexos da crise religiosa que o poeta vivia e da qual resultam sentimentos como fé, esperança e caridade.

Cesário Verde

Noite fechada

Toca-se às grades, nas cadeias. Som
Que mortifica e deixa umas loucuras mansas!
A aljube, em que hoje estão velhinhas e crianças,
Bem raramente encerra uma mulher de "dom"!

E eu desconfio, até, de um aneurisma
Tão mórbido me sinto, ao acender das luzes;
À vista das prisões, da velha Sé, das Cruzes,
Chora-me o coração que se enche e que se abisma.

A espaços, iluminam-se os andares,
E as tascas, os cafés, as tendas, os estancos
Alastram em lençol os seus reflexos brancos;
E a Lua lembra o circo e os jogos malabares.

Duas igrejas, num saudoso largo,
Lançam a nódoa negra e fúnebre do clero:
Nelas esfumo um ermo inquisidor severo,
Assim que pela História eu me aventuro e alargo.

Na parte que abateu no terremoto,
Muram-me as construções retas, iguais, crescidas;
Afrontam-me, no resto, as íngremes subidas,
E os sinos dum tanger monástico e devoto.

Mas, num recinto público e vulgar,
Com bancos de namoro e exíguas pimenteiras,
Brônzeo, monumental, de proporções guerreiras,
Um épico doutrora ascende, num pilar!

E eu sonho o Cólera, imagino a Febre,
Nesta acumulação de corpos enfezados;
Sombrios e espectrais recolhem os soldados;
Inflama-se um palácio em face de um casebre.

Partem patrulhas de cavalaria
Dos arcos dos quartéis que foram já conventos:
Idade Média! A pé, outras, a passos lentos,
Derramam-se por toda a capital, que esfria.

Triste cidade! Eu temo que me avives
Uma paixão defunta! Aos lampiões distantes,
Enlutam-me, alvejando, as tuas elegantes,
Curvadas a sorrir às montras dos ourives.

E mais: as costureiras, as floristas
Descem dos *magasins*, causam-me sobressaltos;
Custa-lhes a elevar os seus pescoços altos
E muitas delas são comparsas ou coristas.

Museu do Chiado Portugal

Pequena fiandeira napolitana *(1877), de Antônio Silva Porto.*

E eu, de luneta de uma lente só,
Eu acho sempre assunto a quadros revoltados:
Entro na *brasserie*; às mesas de emigrados,
Ao riso e à crua luz joga-se o dominó.

(In: Carlos Felipe Moisés, org. *Cesário Verde — Poesia completa & Cartas escolhidas*. São Paulo: Cultrix/Edusp, 1982. p. 72-3.)

Cesário Verde (1855-1886) é considerado um dos poetas mais originais do Realismo português, pelo fato de ter sido, dos que integraram o movimento, o primeiro a extrair lirismo de assuntos até então considerados pouco poéticos, como o cotidiano da vida urbana, o comércio, os operários, os mendigos, as prostitutas, o gás que ilumina as ruas à noite, o desfile da burguesia privilegiada, etc. Essa perspectiva de um transeunte-observador aproxima-o das experiências que o poeta francês Charles Baudelaire vinha fazendo em seu país. Ambos são considerados precursores da poesia moderna. Veja, como exemplo, um trecho do poema "Paisagem", de Baudelaire:

Quero, para compor os meus castos monólogos,
Deitar-me ao pé do céu, assim como os astrólogos,
E, junto aos campanários, escutar sonhando
Solenes cânticos que o vento vai levando.
As mãos sob meu queixo, só, na água-furtada,
Verei a fábrica sem azáfama engolfada;
Torres e chaminés, os mastros da cidade,
E o vasto céu que faz sonhar a eternidade.

(Charles Baudelaire. *As flores do mal*. Trad. de Ivan Junqueira. Rio de Janeiro: Nova Fronteira, 1985. p. 317.)

Para quem quer mais na Internet

Em nosso *site* (http://pl.atualeditora.com.br/portugues/site/paraquemquermais), você poderá ler e baixar outros textos de Antero de Quental, Guerra Junqueiro, Gomes Leal, Cesário Verde e Eça de Queirós.

CAPÍTULO 19

Diálogos

O Realismo e o Naturalismo do século XIX tornaram-se referência para escritores de muitas gerações posteriores, seja para imitação, seja para rejeição. O Realismo, entre outras razões, por ter sido a primeira corrente literária a fazer um retrato crítico da sociedade e a sondagem interior do ser humano; o Naturalismo, por ter retratado as camadas mais humildes da população.

Diálogo com a pintura realista

Observe atentamente o quadro seguinte, de Gustave Courbet, pintor francês que introduziu o Realismo na pintura.

Museu de Belas Artes, Nantes

As peneiradoras de trigo (1854), *de Gustave Courbet.*

1. A propósito do ambiente retratado no quadro, responda:

a) Como ele se caracteriza?

b) Trata-se de um ambiente próprio da zona rural ou da zona urbana? Justifique sua resposta com elementos do quadro.

2. Observe as personagens que compõem a cena e responda às questões a seguir:

a) O que elas estão fazendo?

b) Levante hipóteses: Que vínculos pode haver entre elas?

c) Para elas, o que representa o trigo?

3. As primeiras telas de Courbet escandalizaram os salões de arte parisienses, por causa dos temas que abordavam, até então inéditos.

a) Na hierarquia social, que posição ocupavam as personagens retratadas?

b) Apesar da condição social das personagens, o quadro desperta algum sentimento de piedade ou compaixão nos espectadores?

Museu de Belas Artes, Nantes

4. Certa vez perguntaram a Courbet se ele era capaz de pintar um anjo. E ele respondeu: "Jamais poderei pintar um anjo, porque nunca vi nenhum".

a) Qual é o princípio realista presente nessa resposta do pintor?

b) Na sua opinião, o quadro põe em prática esse princípio realista? Justifique sua resposta.

5. Observe as cores em destaque no quadro. Que relação elas têm com o tema abordado pelo pintor?

6. Em primeiro plano, destaca-se uma moça.

a) O que sugerem os movimentos dela?

b) Interprete: O que a moça representa nesse quadro?

7. Um dos traços do Realismo é a crítica social. Considerando-se o contexto da época, o quadro faz uma crítica à sociedade de então? Justifique sua resposta.

Diálogo entre *O primo Basílio* e *Madame Bovary*

Da obra *Madame Bovary*, do romancista francês Gustave Flaubert, nasceu o *bovarismo*, tema amplamente explorado por escritores do próprio Realismo e também por escritores posteriores a ele. Você fará, a seguir, a leitura comparada de dois textos que abordam esse tema: o primeiro é um fragmento da própria obra de Flaubert, e o segundo, um fragmento do romance português *O primo Basílio*, de Eça de Queirós.

TEXTO I

Ema Bovary é uma mulher sonhadora, que vive em busca do amor ideal. Casa-se com Carlos Bovary, um médico inseguro e acomodado, e, depois de algum tempo, frustra-se com a rotina do casamento. No episódio a ser lido, ela está em vias de ter seu primeiro amante, Rodolfo, um jovem galante e conquistador.

Album/LatinStock

Cena do filme Madame Bovary *(1991), de Claude Chabrol.*

E apenas se viu livre de Carlos, subiu e trancou-se no quarto. Primeiro, sentiu-se numa espécie de atordoamento: revia as árvores, os caminhos, as valas, Rodolfo; sentia ainda a pressão de seus braços, enquanto a folhagem tremia e os juncos sibilavam.

Mas, vendo-se no espelho, ficou admirada com o próprio aspecto. Nunca tivera os olhos tão grandes, tão negros, nem assim tão profundos. Alguma coisa de sutil se espalhara por toda ela, transformando-a.

E dizia consigo mesma: — Tenho um amante! Um amante! — deleitando-se com essa ideia, como se fora uma nova puberdade que lhe sobreviesse.

Ia, afinal, possuir as alegrias do amor, a febre da felicidade, de que já desesperara. Entrava em algo de maravilhoso onde tudo era paixão, êxtase, delírio; uma imensidão azulada a envolvia, os píncaros do sentimento cintilavam sob a sua imaginação, e a vida cotidiana aparecia-lhe longínqua, distante, na sombra, entre os intervalos daquelas alturas.

Lembrou-se das heroínas dos livros que havia lido e a legião lírica dessas mulheres adúlteras punha-se a cantar em sua lembrança, com vozes de irmãs que a encantavam. Ela mesma se tornara como uma parte verdadeira de tais fantasias e concretizava o longo devaneio de sua mocidade, imaginando-se um daqueles tipos amorosos que ela tanto invejara antes. Além disso, Ema experimentava uma sensação de vingança. Pois não sofrera já bastante? Triunfava, todavia, agora, e o amor, por tanto tempo reprimido, explodia todo, com radiosa efervescência. Saboreava sem remorsos, sem inquietação, sem desassossego.

(Gustave Flaubert. *Madame Bovary*. Tradução de Araújo Nabuco. São Paulo: Abril Cultural, 1979. p. 122-3.)

devaneio: sonho, fantasia. **píncaro:** auge, ponto mais elevado.

TEXTO II

No primeiro dos dois episódios a serem lidos a seguir, Luísa acabara de receber um bilhete de Basílio, no qual o rapaz dizia estar perdidamente apaixonado por ela. No segundo, Luísa se prepara para o primeiro encontro amoroso com Basílio.

E Luísa tinha suspirado, tinha beijado o papel devotamente! Era a primeira vez que lhe escreviam aquelas sentimentalidades, e o seu orgulho dilatava-se ao calor amoroso que saía delas, como um corpo ressequido que se estira num banho tépido; sentia um acréscimo de estima por si mesma, e parecia-lhe que entrava enfim numa existência superiormente interessante, onde cada hora tinha o seu encanto diferente, cada passo conduzia a um êxtase, e a alma se cobria de um luxo radioso de sensações!

Ergueu-se de um salto, passou rapidamente um roupão, veio levantar os transparentes da janela... Que linda manhã! Era um daqueles dias do fim de agosto em que o estio faz uma pausa; há prematuramente, no calor e na luz, uma certa tranquilidade outonal; o sol cai largo, resplandecente, mas pousa de leve, o ar não tem o embaciado canicular, e o azul muito alto reluz com uma nitidez lavada; respira-se mais livremente; e já não se vê na gente que passa o abatimento mole da calma enfraquecedora. Veio-lhe uma alegria: sentia-se ligeira, tinha dormido a noite de um sono

O primo Basílio na canção de Marisa Monte

Deixa eu dizer que te amo
Deixa eu pensar em você
Isso me acalma me acolhe a alma
Isso me ajuda a viver

Esses versos são da canção "Amor *I love you*", de Marisa Monte e Carlinhos Brown, que ficou conhecida nacionalmente. No meio da canção, a voz grave de Arnaldo Antunes declama textualmente um trecho de *O primo Basílio*, exatamente o primeiro parágrafo do texto reproduzido ao lado. Se possível, ouça a canção e compare o texto reproduzido ao declamado por Arnaldo.

são, contínuo, e todas as agitações, as impaciências dos dias passados pareciam ter-se dissipado naquele repouso. Foi-se ver ao espelho; achou a pele mais clara, mais fresca, e um enternecimento úmido no olhar — seria então verdade o que dizia Leopoldina, que não havia como uma maldadezinha para fazer a gente bonita? Tinha um amante, ela!

....

Ia encontrar Basílio no *Paraíso* pela primeira vez. E estava muito nervosa [...]. Mas ao mesmo tempo uma curiosidade intensa, múltipla, impelia-a, com um estremecimentozinho de prazer. — Ia, enfim, ter ela própria aquela aventura que lera tantas vezes nos romances amorosos! Era uma forma nova do amor que ia experimentar, sensações excepcionais! Havia tudo — a casinha misteriosa, o segredo ilegítimo, todas as palpitações do perigo! Porque o aparato impressionava-a mais que o sentimento; e a casa em si interessava-a, atraía-a mais que Basílio!

(Eça de Queirós. *O primo Basílio e O mandarim*. São Paulo: Scipione, 1994. p. 113 e 123.)

Daniel Filho/Buena Vista International

Cartaz do filme **O primo Basílio** *(2007), de Daniel Filho.*

canicular: muito quente. **tépido:** morno.
Paraíso: nome dado por Basílio e Luísa à casa que alugaram para os encontros amorosos.

1. Releia este excerto do texto I:

"Ia, afinal, possuir as alegrias do amor, a febre da felicidade, de que já desesperara. Entrava em algo de maravilhoso onde tudo era paixão, êxtase, delírio"

Nesse episódio, Ema Bovary contrapõe duas realidades diferentes.

a) Quais são essas realidades?

b) Que palavra desse trecho demonstra que a personagem já há algum tempo esperava pela felicidade no casamento, mas sem sucesso?

2. Compare as duas personagens femininas quanto aos sentimentos que lhes despertam os homens que serão seus amantes. Ambas parecem estar entusiasmadas com a nova experiência que se aproxima, a ponto de se sentirem mudadas fisicamente.
Que alterações físicas e psicológicas a paixão provoca nas duas mulheres?

3. Nos dois textos, há referência às leituras que as personagens tinham feito no passado.

a) Que tipo de obras elas tinham lido?

b) Que influência essas obras exerceram sobre as duas personagens?

4. Releia este fragmento do texto I:

"Ema experimentava uma sensação de vingança. Pois não sofrera já bastante? Triunfava, todavia, agora, e o amor, por tanto tempo reprimido, explodia todo, com radiosa efervescência. Saboreava sem remorsos, sem inquietação, sem desassossego."

Ema, nesse trecho, justifica o adultério que está em vias de se concretizar.

a) Levante hipóteses: De quem supostamente ela se vinga?

b) Interprete: Por que ela supostamente estaria se "vingando" dessa pessoa?

5. No último trecho do texto II, lemos:

> "o aparato impressionava-a mais que o sentimento; e a casa em si interessava-a, atraía-a mais que Basílio!"

Por esse trecho, vemos que, além do amor a Basílio, outros motivos levavam Luísa ao adultério. Quais eram esses motivos?

6. Com suas críticas, o Realismo tinha uma missão reformadora, de aprimoramento da sociedade. Contudo, não combatia instituições, e sim pessoas ou grupos sociais. É o caso, por exemplo, de *O crime do padre Amaro*, de Eça de Queirós, cuja crítica recai sobre os maus religiosos, e não sobre a Igreja. Leia o boxe a seguir e, depois, conclua:

a) O que as obras de Flaubert e de Eça de Queirós criticam?

b) Pelo perfil e pelo destino das duas personagens femininas, é possível dizer que essas obras também fazem uma crítica ao Romantismo? Justifique sua resposta.

O adultério e a punição moral

Além do bovarismo, *Madame Bovary* e *O primo Basílio* apresentam outras semelhanças. No final das obras, por exemplo, as duas personagens femininas morrem (Ema, depois de se envenenar, e Luísa, depois de adoecer); os dois maridos descobrem a traição (Carlos, depois que Ema morre, e Jorge, quando Luísa está doente); Ema é vítima de um agiota, e Luísa, das chantagens de Juliana, a empregada que descobre o adultério da patroa.

Seria o destino trágico dessas mulheres uma forma de punição moral diante da sociedade?

Diálogo do Naturalismo brasileiro com a literatura africana

Você vai ler, a seguir, dois textos: o primeiro é um fragmento do romance *O cortiço*, do escritor naturalista brasileiro Aluísio Azevedo; o segundo é um fragmento do conto "Chigubo", do escritor moçambicano José Craveirinha.

TEXTO I

Neste episódio, Rita Baiana dança aos olhos de Jerônimo, português recém-chegado ao Brasil.

E viu a Rita Baiana, que fora trocar o vestido por uma saia, surgir de ombros e braços nus, para dançar. A lua destoldara-se nesse momento, envolvendo-a na sua cama de prata, a cujo refulgir os meneios da mestiça melhor se acentuavam, cheios de uma graça irresistível, simples, primitiva, feita toda de pecado, toda de paraíso, com muito de serpente e muito de mulher.

Ela saltou em meio da roda, com os braços na cintura, rebolando as ilhargas e bamboleando a cabeça, ora para

Di Cavalcanti. *Musa e músicos* (c. 1960).

Musa e músicos, *de Di Cavalcanti.*

a esquerda, ora para a direita, como numa sofreguidão de gozo carnal num requebrado luxurioso que a punha ofegante; já correndo de barriga empinada; já recuando de braços estendidos, a tremer toda, como se fosse afundando num prazer grosso que nem azeite em que se não toma pé e nunca se encontra fundo. Depois, como se voltasse à vida, soltava um gemido prolongado, estalando os dedos no ar e vergando as pernas, descendo, subindo, sem nunca parar com os quadris, e em seguida sapateava, miúdo e cerrado freneticamente, erguendo e abaixando os braços, que dobrava, ora um, ora outro, sobre a nuca, enquanto a carne lhe fervia toda, fibra por fibra titilando.

....

Naquela mulata estava o grande mistério, a síntese das impressões que ele recebeu chegando aqui: ela era a luz ardente do meio-dia; ela era o calor vermelho das sestas da fazenda; era o aroma quente dos trevos e das baunilhas, que o atordoara nas matas brasileiras; era a palmeira virginal e esquiva que se não torce a nenhuma outra planta; era o veneno e era o açúcar gostoso; era o sapoti mais doce que mel e era a castanha do caju, que abre feridas com o seu azeite de fogo; ela era a cobra verde e traiçoeira, a lagarta viscosa, a muriçoca doida, que esvoaçava havia muito tempo em torno do corpo dele, assanhando-lhe os desejos, acordando-lhe as fibras embambecidas pela saudade da terra, picando-lhe as artérias, para lhe cuspir dentro do sangue uma centelha daquele amor setentrional, uma nota daquela música feita de gemidos de prazer, uma larva daquela nuvem de cantáridas que zumbiam em torno da Rita Baiana e espalhavam-se pelo ar numa fosforescência afrodisíaca.

(Aluísio Azevedo. *O cortiço*. 9. ed. São Paulo: Ática, 1970. p. 56-7.)

cantárida: inseto verde-dourado, com reflexos avermelhados; triturado, dá origem a uma bebida afrodisíaca.

ilharga: cada uma das duas partes laterais entre as falsas costelas e os ossos do quadril.

luxurioso: sensual, lascivo.

meneio: balanço.

refulgir: brilhar.

sapoti: fruto pardo, carnoso e muito doce.

sofreguidão: impaciência, pressa.

TEXTO II

A tarde estava inteiramente fundida em sons. Sons fortes implorando, chamando. Sons da vida [...]

Armando e seus irmãos cantavam e levantando os pés e sacudindo os braços, dançavam. A terra fremia, os corpos fremiam. As mulheres e as crianças tinham *txa-txa* nas mãos e faziam o ritmo. Os olhos das crianças abriam-se redondos como sóis, as bocas rasgavam-se em gritos de canção. Pés, braços, vozes e tambores guiados de compasso enchiam a tarde de fundo da Munhuana, de mato e exotismo.

[...]

Mamana Rosa, mãos escondidas no xinvunvu, arrancava sons quentes de compasso. Mãos escondidas, Mamana Rosa estava dentro do ritmo do chigubo com seu xinvunvu gritando dolorido.

Negrinhos sentados e de pé batiam as palmas. Palmas e *txa-txa* eram irmãos e as

Caminho

Detalhe da capa do livro Hamina e outros contos, *de José Craveirinha.*

mambas levantavam-se e sacudiu a xiguila, os pés enterravam-se na terra, soltavam-na.

A areia espalhava-se no ar, caía devagar e levantava-se de novo. Caía, levantava-se, levantava-se e caía, levantava-se.

Os corpos delas agitavam-se em modelos de movimento. Voluptuosamente!

Da cintura para baixo a vida revolta-se e freme na carne e transforma-se em ritmo. O mundo está ali agora e os olhos dos homens estão cheios de tesoiros. Elas estão sérias nas caras e os corpos são vulcões. África dança e vive ao som do chigubo e as ancas são muitas histórias de luar e sombras de cajueiros em flor. África dança e o mundo está suspenso nos olhos dos homens palpitantes nas promessas latentes. Promessas de homens. Promessas de machos.

Vibrantes, as vozes pairam na copa dos eucaliptos de mãos entrelaçadas no som do *txa-txa* das crianças e das mulheres de xicatauanas frementes como pombas inquietas a querer voar.

Armando e seus companheiros dançam e a terra é o chigubo e o chigubo soa como voz de gente. Mas voz de gente forte. E zangada.

Os negros dançam, mulheres mexem os quadris, os olhos dos homens estão cheios de promessas. Promessas de coisas que ninguém pode falar, e para saber quando é tempo, quando é dia de falar.

[...]

(José Craveirinha. *Hamina e outros contos*. 2. ed. Lisboa: Caminho, s.d. p. 33-4.)

chigubo: tambor.
fremir: soar ruidosamente, estrondar.
txa-txa: onomatopeia que designa instrumento musical.
xicatauana: blusa.
xinvunvu: instrumento musical correspondente à cuíca brasileira.
(Para as palavras de origem africana, aproveitou-se o glossário que consta da referida edição da obra de José Craveirinha.).

1. Os dois textos se assemelham em alguns aspectos. Primeiramente, porque retratam uma situação coletiva parecida; em segundo lugar, porque Rita Baiana, sendo mulata, tem ancestrais africanos.

a) Qual é a situação retratada nos dois textos?

b) Que característica de Rita pode ser observada também nas mulheres moçambicanas retratadas no conto "Chigubo"?

2. Nos dois textos, na descrição das personagens e de seus movimentos, há muitas sugestões sensoriais. Além disso, em *O cortiço*, o narrador descreve a dança de Rita por meio de verbos de ação (*rebolar, bambolear, tremer, sapatear*) e de substantivos e adjetivos que contêm ideia de ação (*sofreguidão, gozo, requebrado, ofegante*).

a) Identifique, nos dois textos, sugestões visuais e auditivas.

b) Em *O cortiço*, o emprego de palavras que sugerem o movimento do corpo de Rita Baiana confere certa característica à personagem. Qual é essa característica?

c) Que palavra do conto "Chigubo" revela o mesmo tipo de efeito provocado pela dança das mulheres africanas?

3. Qual é a parte das mulheres que o narrador dos dois textos mais destaca? Por que, na sua opinião, isso ocorre?

4. Compare estes fragmentos dos dois textos:

> "ela era a cobra verde e traiçoeira, a lagarta viscosa, a muriçoca doida, que esvoaçava havia muito tempo em torno do corpo dele" (texto I)
>
> "Vibrantes, as vozes pairam na copa dos eucaliptos de mãos entrelaçadas no som do *txa-txa* das crianças e das mulheres de xicatauanas frementes como pombas inquietas a querer voar." (texto II)

Que característica naturalista se verifica na descrição das personagens?

5. Do ponto de vista de alguns movimentos que lutam pela causa negra no Brasil, o que Jerônimo sente por Rita Baiana, em *O cortiço*, ultrapassa a mera relação homem/mulher. Sendo branco e europeu e vivendo num país de escravos, Jerônimo veria em Rita apenas o sexo fácil e exótico, a mulher objeto.

a) Você concorda com esse ponto de vista?

b) E no conto "Chigubo", esse tipo de relação pode ser percebido? Por quê?

6. Identifique nos dois textos exemplos de como as personagens se fundem à paisagem local.

7. Observe estes trechos do conto de Craveirinha:

> - "África dança e vive ao som do chigubo e as ancas são muitas histórias de luar e sombras de cajueiro em flor."
> - "Os negros dançam, mulheres mexem os quadris, os olhos dos homens estão cheios de promessas. Promessas de coisas que ninguém pode falar, e para saber quando é tempo, quando é dia de falar."

À primeira leitura, palavras como *machos*, *ancas* e *quadris* nos levam a uma percepção sensual da cena. Entretanto, considerando que José Craveirinha (1922-2002) é um escritor que participou ativamente do processo de libertação de Moçambique e que na cena é a África que dança, esses fragmentos podem adquirir outros sentidos. Indique outra leitura possível da frase "Promessas de coisas que ninguém pode falar, e para saber quando é tempo, quando é dia de falar."

UNIDADE 7

História social do Simbolismo

A morte do escavador, ***(1890), do pintor simbolista alemão Carlos Schwabe.***

O fato de uma estética literária vigorar em determinado momento histórico não significa que todas as pessoas e grupos sociais daquele momento tenham vivido e pensado da mesma forma. Pode-se dizer que nas épocas históricas há uma *ideologia predominante*, mas não global.

Nas últimas décadas do século XIX, por exemplo, em meio à onda de cientificismo e materialismo que deu origem ao Realismo e ao Naturalismo, surge um grupo de artistas e intelectuais que põem em dúvida a capacidade absoluta da ciência de explicar todos os fenômenos relacionados ao homem. Não creem no conhecimento "positivo" e no progresso social prometidos pela ciência.

Pensam que, assim como a ciência, a linguagem é limitada. A primeira, para traduzir a complexidade humana, e a segunda, para representar a realidade como ela de fato é, podendo, no máximo, sugeri-la.

Estudar a literatura do período implica conhecer a crise espiritual que marcou esse momento histórico e ver de que modo ela acarretou uma nova forma de ver e sentir o mundo e, consequentemente, uma nova forma de expressão artística: a arte simbolista.

Sino de incêndio, grito de alarme
Nuvem de sangue num céu baço,
Quando irás ti visitar-me,
Trazendo a Morte pelo braço?

Eugênio de Castro

Eu vi a luz em um país perdido.
A minha alma é lânguida e inerme.
Oh! Quem pudesse deslizar sem ruído!
No chão sumir-se, como faz um verme...

Camilo Pessanha

AKG-images/LatinStock

Cabeça de mártir sobre uma taça *(1877), de Odilon Redon.*

Fique ligado! Pesquise!

Para você ampliar seus conhecimentos sobre o Simbolismo e a arte do final do século XIX, eis algumas sugestões:

VÍDEOS

O eclipse de uma paixão, de Agnieszka Holland; *Camille Claudel*, de Bruno Nuytten; *Sonhos*, de Akira Kurosawa (coletânea de histórias, entre as quais uma é relacionada ao pintor pós-impressionista Van Gogh); *Vida e obra de um gênio – Vincent e Theo*, de Robert Altman.

LIVROS

O médico e o monstro, de Robert Louis Stevenson (Nova Fronteira); *O retrato de Dorian Gray*, de Oscar Wilde (Imago); *Flores do mal*, de Charles Baudelaire (Nova Fronteira); *Uma temporada no inferno*, de Arthur Rimbaud (L&PM); *Mallarmé*, de Augusto de Campos, Décio Pignatari e Haroldo de Campos (Perspectiva); *Iluminuras*, tradução de Rodrigo Garcia Lopes e Maurício Arruda Mendonça (Iluminuras); *Cartas a Théo*, de Vincent van Gogh (L&PM)

ARTES PLÁSICAS

Conheça a obra dos pintores impressionistas e pós-impressionistas, como Manet, Renoir, Monet, Cézanne, Van Gogh, Gauguin, Toulouse-Lautrec e Klimt, e a dos pintores simbolistas, como Moreau, Redon, Schwabe e Gauguin. Conheça também, nas artes aplicadas, o movimento *art nouveau*, e leia *Vida e obra de Vincent van Gogh*, de Janice Anderson (Ediouro).

SITES

www.secrel.com.br/jpoesia/al.html
www.revista.agulha.nom.br/pk.html
www.secrel.com.br/jpoesia/clep.html
www.secrel.com.br/jpoesia/flor.html

PESQUISA

Pesquise sobre as relações entre o Simbolismo e o Romantismo, incluindo a tendência gótica.

CAPÍTULO 20

A linguagem do Simbolismo

As Ondinas (Heine) *(1908), de Adriano de Sousa Lopes, um dos pintores portugueses que dialogaram com a estética simbolista.*

Na segunda metade do século XIX, à margem do cientificismo e do materialismo então dominantes na sociedade industrial europeia, surgiu um grupo de artistas, os simbolistas, empenhados em resgatar certos valores românticos, como o desejo de transcendência, o mistério, o misticismo, a morte, a dor existencial.

Leitura

Há, a seguir, três poemas dos principais escritores do Simbolismo português: o primeiro é de Camilo Pessanha, o segundo de Antônio Nobre e o terceiro, de Eugênio de Castro. Leia-os e responda às questões propostas.

TEXTO I

Ao longe os barcos de flores

Só, incessante, um som de flauta chora,
Viúva, grácil, na escuridão tranquila,
— Perdida voz que de entre as mais se exila,
— Festões de som dissimulando a hora.

Na orgia, ao longe, que em clarões cintila
E os lábios, branca, do carmim desflora...
Só, incessante, um som de flauta chora,
Viúva, grácil, na escuridão tranquila.

E a orquestra? E os beijos? Tudo a noite, fora,
Cauta, detém. Só modulada trila
A flauta flébil... Quem há de remi-la?
Quem sabe a dor que sem razão deplora?

Só, incessante, um som de flauta chora...

(Camilo Pessanha. *Clepsidra e outros poemas.* Lisboa: Ática, 1969. p. 239-40.)

Col. Georg Schäfer, Schweinfurt

Paisagem idílica com banhistas ***(1900), de Ludwig von Hoffmann.***

cauta: precavida, prevenida.
carmim: cosmético avermelhado para lábios e face.
festão: ramalhete, grinalda.
flébil: lacrimoso, choroso, frágil.
grácil: delgado, delicado, fino.
modulada: melodiosa, harmoniosa, suave.
remir: libertar, livrar, resgatar.
trilar: gorjear

TEXTO II

Ó Virgens que passais, ao Sol-poente,
Pelas estradas ermas, a cantar!
Eu quero ouvir uma canção ardente,
Que me transporte ao meu perdido Lar.

Cantai-me, nessa voz onipotente,
O Sol que tomba, aureolando o Mar,
A fartura da seara reluzente,
O vinho, a Graça, a formosura, o luar!

Cantai! Cantai as límpidas cantigas!
Das ruínas do meu Lar desaterrai
Todas aquelas ilusões antigas

Que eu vi morrer num sonho, como um ai.
Ó suaves e frescas raparigas,
Adormecei-me nessa voz... Cantai!

(Antônio Nobre. In: Antonio Soares Amora. *Presença da literatura portuguesa.* São Paulo: Difel, 1974. v. 4, p. 68-9.)

Col. Particular

A musa ao nascer do sol ***(1918), de Alphonse Osbert.***

aureolar: envolver num círculo luminoso.
desaterrar: escavar.

TEXTO III

Ao cair da noite

Numa das margens do saudoso rio,
Contemplo a outra que sorri defronte:
Lá, sob o Sol, que baixa no horizonte,
Verdes belezas, enlevado, espio.

— Ali (digo eu), será menos sombrio
O viver que me põe rugas na fronte...
E erguendo-me, atravesso então a ponte,
Com meu bordão, cheio de fome e frio.

Chego. Desilusão! Da margem verde
Eis que o encanto, de súbito, se perde:
Bem mais bela era a margem que eu deixei!

Quero voltar atrás. Noite fechada!
E a ponte, pelas águas destroçada,
Por mais que a procurasse, não a achei!

(Eugênio de Castro. In: Antonio Soares Amora, op. cit., p. 49.)

bordão: cajado.
enlevado: maravilhado, extasiado.

1. O título do texto I, "Ao longe os barcos de flores", apresenta um apelo visual que, já no primeiro verso, não se mantém.

a) Que elemento passa a receber a atenção do poeta?

b) Esse elemento é caracterizado por palavras e expressões como *chora, viúva, só, na escuridão tranquila, perdida voz, exila, remi-la.* O que elas expressam?

c) A atribuição dessas características ao som de uma flauta constitui uma figura de linguagem. Qual é ela?

2. A linguagem simbolista não se volta para a representação da realidade. Ela procura sugerir a realidade por meio de elementos como formas, cores, luzes e sons. É por essa razão que os simbolistas apreciam a *musicalidade*, seja para falar de música, seja para imprimir musicalidade aos próprios versos.

a) Dos textos lidos, quais deles referem-se à música?

b) Destaque desses textos palavras e expressões relacionadas ao universo sonoro e musical.

c) Para criar musicalidade, os simbolistas costumam empregar vários recursos, tais como aliterações e assonâncias, rimas, repetições de palavras, paralelismos, etc. Identifique no texto I:

- um exemplo de aliteração e outro de assonância;
- um exemplo de sonoridade advinda de rimas;
- repetições de palavras ou paralelismos.

City Art Gallery, Manchester

Casa de campo ***(1874), de Dante Gabriel Rossetti.***

3. Para sugerir o indizível, os simbolistas fazem uso da sinestesia, ou seja, do cruzamento de diferentes campos sensoriais. Identifique dois exemplos de sinestesia, um no texto I e outro no texto II.

4. A expressão poética centrada no *eu* é um traço tanto do Romantismo quanto do Simbolismo. Contudo, enquanto o poeta romântico permanece na camada mais superficial da subjetividade, a das emoções, o poeta simbolista aprofunda-se, percorrendo o inconsciente, o mistério, a loucura, o sonho perdido.

a) Em qual ou quais dos poemas é abordado o tema do sonho ou do ideal perdido?

b) No texto III, que metáforas traduzem o real e o ideal? E que metáfora traduz a frustração pelo ideal perdido?

5. A linguagem simbolista retoma alguns procedimentos e temas já explorados no Romantismo, como subjetivismo, solidão, gosto por estados melancólicos, sofrimento existencial, ambientes noturnos.

a) Quais dos textos revelam atitude subjetiva e intimista? Justifique sua resposta com elementos linguísticos dos textos.

b) Quais revelam um estado de solidão e/ou melancolia?

c) Em quais está presente o tema da "dor de existir"? De que forma ele se manifesta nos textos?

d) Em quais há uma atmosfera noturna e misteriosa?

6. Contrapondo-se ao objetivismo do racionalismo e do cientificismo do século XIX, a linguagem simbolista é etérea, fluida, quase inapreensível. Dos poemas lidos:

a) Qual apresenta uma realidade mais difícil de apreender?

b) Qual emprega imagens mais concretas?

7. Com base no estudo dos textos, faça uma síntese das principais características da linguagem do Simbolismo.

Do texto ao contexto do Simbolismo

O movimento simbolista surge no último quarto do século XIX, na França, e representa a reação artística à onda de materialismo e cientificismo que envolvia a Europa desde a metade do século.

Tal qual o Romantismo, que reagira contra o racionalismo burguês do século XVIII (o Iluminismo), o Simbolismo rejeita as soluções racionalistas, empíricas e mecânicas apresentadas pela ciência da época e busca valores ou ideais de outra ordem, ignorados ou desprezados por ela: o espírito, a transcendência cósmica, o sonho, o absoluto, o nada, o bem, o belo, o sagrado, etc.

A origem dessa tendência espiritualista e até mística situa-se em camadas ou grupos da sociedade que ficaram à margem do processo de avanço tecnológico e científico do capitalismo do século XIX e da solidificação da burguesia no poder. São setores da aristocracia decadente e da classe média que, não vivendo a euforia do progresso material, da mercadoria e do objeto, reagem contra ela. Propõem a volta da supremacia do sujeito sobre o objeto, rejeitando desse modo o desmedido valor dado às coisas materiais.

Assim, os simbolistas procuram resgatar a relação do homem com o sagrado, com a liturgia e com os símbolos. Buscam o *sentimento de totalidade*, que se daria numa integração da poesia com a vida cósmica. A poesia torna-se desse modo uma espécie de religião.

Explorer Archives/Eyedia Presse/Other Images

Visitantes na Torre Eiffel, em Paris, em 1900.

A forma de tratar a realidade adotada pelos simbolistas é radicalmente diferente da dos realistas. Não aceitam a separação entre sujeito e objeto ou entre subjetivo e objetivo. Partem do princípio de que é impossível o retrato fiel do objeto, sendo papel do artista sugeri-lo, por meio de tentativas, sem querer esgotá-lo. Desse modo, a obra de arte nunca é perfeita ou acabada, mas aberta, podendo sempre ser modificada, ampliada ou refeita.

Os malditos

A concepção da realidade e da arte adotada pelos simbolistas suscita reações entre setores positivistas da sociedade. Chamados de *malditos* ou *decadentes*, os simbolistas ignoram a opinião pública, desprezam o prestígio social e literário, fechando-se numa quase religião da palavra e suas capacidades expressivas.

O Simbolismo — com as propostas de inovação, oposição e pesquisa apresentadas pela geração de Verlaine, Rimbaud e Mallarmé — não sobrevive muito. O mundo presencia a euforia capitalista, o avanço científico e tecnológico. A burguesia vive a *belle époque*, um período de prosperidade, de acumulação e de prazeres materiais que só terminaria com a eclosão da Primeira Guerra Mundial, em 1914.

Nesse contexto, o Simbolismo desaparece. Mas deixa ao mundo um alerta sobre o mal-estar trazido pela civilização moderna e industrializada, além de códigos literários novos, que abrirão campo para as correntes artísticas do século XX, principalmente o Expressionismo e o Surrealismo, também preocupados com a expressão e com as zonas inexploradas da mente humana, como o inconsciente e a loucura.

Mallarmé

Stéphane Mallarmé (1842-1898) era destacado poeta simbolista e também amigo de muitos pintores simbolistas. Os objetivos básicos desse movimento artístico eram expressar ideias por meio da cor e do traço e concentrar-se em imagens místicas ou fantásticas. Abaixo, vemos Mallarmé numa água-forte executada por Gauguin, com um corvo ao fundo. Acredita-se que a ave seja referência direta ao poema "O corvo", de Edgar Allan Poe, publicado em 1845. Em 1886, o poeta Jean Moréas (Iannis Papadiamantopoulos, grego emigrado para a França) lançou o *Manifesto simbolista*, inspirado pela obra de Mallarmé.

(Wendy Beckett. *História da pintura*. São Paulo: Ática, 1997. p. 321.)

National Gallery of Art, Washington, D.C.

Mallarmé, retratado por Gauguin, com um corvo ao fundo.

CAPÍTULO 21

O Simbolismo em Portugal

Museu do Chiado, Portugal

Amor e Psiché *(1891), do pintor simbolista português José Veloso Salgado. Misturando elementos da tradição clássica com onirismo, atmosfera brumosa e erotismo, essa tela ganhou o 3º lugar no* Salon *de Paris de 1891.*

O Simbolismo português nasceu do empenho de alguns escritores em atualizar os códigos literários vigentes, ainda predominantemente realistas. Marcada pelo espírito decadentista do fim de século, a produção simbolista encontra na poesia de Camilo Pessanha sua expressão mais original.

A publicação da obra *Oaristos* (1890), de Eugênio de Castro, tem sido apontada como o marco introdutório do movimento simbolista em Portugal.

O Simbolismo português surgiu no final do século XIX, num momento em que a crise espiritual e o decadentismo de certos meios filosóficos e artísticos europeus coincidem com o sentimento de pessimismo e de frustração do povo português, relacionados com algumas causas históricas.

Portugal, sob ameaças da Inglaterra – que culminaram com o Ultimato de 1890 –, viu cair por terra o projeto de ampliar suas possessões na África e dominar toda a faixa de terra que liga o oceano Atlântico ao Índico. Em 1891, ocorreu o fracasso da primeira insurreição de caráter republicano, seguida de uma crise política – com esfacelamento de partidos políticos, ditaduras e regicídio, em 1907-1908 – que se estendeu até a República, em 1910. Além disso, o quadro político foi agravado por crises econômicas e financeiras que afetaram toda a Europa.

Eugênio de Castro, com *Oaristos*, pretendia atualizar a literatura portuguesa em relação à tendência que, desde a década de 1850, vinha ganhando prestígio na França e se firmaria, nas décadas de 1870 a 1890, com Verlaine, Rimbaud e Mallarmé.

A obra *Oaristos* causou escândalo nos meios artísticos portugueses e abriu um caminho novo à produção poética local.

Simbolistas portugueses na Internet

www.bibvirt.futuro.usp.br/index.php/textos/literatura/por_autor
www.secrel.com.br/jpoesia
www.institutocamoes.pt/cvc/sabermaissobre/pessanha/03.html

Várias obras – inclusive algumas do próprio Eugênio de Castro – e escritores ligados ao Simbolismo apareceram nos anos seguintes. Também teve repercussão em Portugal a obra *Só* (1892), de Antônio Nobre, publicada em Paris, onde o poeta português residia.

Apesar da importância desses dois poetas na implantação e divulgação do Simbolismo em Portugal, o poeta hoje considerado a principal expressão do movimento é Camilo Pessanha, que quase não participou desse processo, em virtude de sua mudança, em 1984, para Macau, colônia portuguesa na China.

Os principais nomes do Simbolismo português são:

- **na poesia:** Eugênio de Castro, com *Oaristos* (1890); Antônio Nobre, com *Só* (1892); Camilo Pessanha, com *Clepsidra* (1920);
- **no teatro:** Júlio Dantas, com *A ceia dos cardeais* (1902).

Camilo Pessanha: a dor cósmica

Camilo Pessanha (1867-1926) foi o poeta português que melhor atendeu aos pressupostos teóricos do movimento simbolista, tanto do ponto de vista formal quanto do ponto de vista ideológico.

Em 1890, juntamente com Eugênio de Castro, teve contato com o grupo dos Nefelibatas, que discutia ideias simbolistas. Três anos depois, formando-se em Direito em Coimbra, partiu para Macau como professor do Liceu.

A experiência do poeta no Oriente – que resultou no aprendizado da língua e da cultura chinesa e até em traduções do chinês para o português – com certeza influenciou a sua poesia, rica em símbolos, imagens alegóricas e alusões.

Viciado em ópio, marcado por doenças, profundamente pessimista perante a vida e o mundo, Camilo Pessanha não se preocupava em reunir seus poemas em obra. Enviava alguns deles de vez em quando para revistas portuguesas, e só em 1916 foi "descoberto" pela revista *Centauro*, dirigida por Luís de Montalvor. Porém, só a partir de 1920,

Camilo Pessanha na capa da edição portuguesa de **Clepsidra.**

quando foi publicada sua única obra, *Clepsidra*, o escritor passou a ser difundido e valorizado.

A geração de escritores que iria introduzir o Modernismo em Portugal, em 1915, entre eles Fernando Pessoa e Mário de Sá-Carneiro, recebeu influências de Camilo Pessanha e tinha por ele grande admiração.

Do ponto de vista formal, a poesia de Camilo Pessanha destaca-se pela musicalidade, pela presença de elipses, sinestesias, metáforas, símbolos, ambiguidades, fragmentação e riqueza de imagens auditivas e visuais.

Os temas são aqueles relacionados à concepção pessimista, desistente e cética do autor diante da vida: a mágoa, a dor e a morte.

O poema de abertura de *Clepsidra* ilustra essa postura:

Os Nefelibatas

Esse vocábulo foi criado por Rabelais como denominação de um povo imaginário que vive sobre as nuvens. No Brasil e em Portugal, o termo designa os simbolistas ou os decadentistas, em razão de sua aversão ao mundo objetivo e seu apego ao mundo intuitivo e transcendental.

Inscrição

Eu via a luz em um país perdido.
A minha alma é lânguida e inerme.
Oh! Quem pudesse deslizar sem ruído!
No chão sumir-se, como faz um verme...

(Biblioteca Ulisseia de Autores Portugueses, n. 25.)

A própria palavra escolhida para intitular a obra, *clepsidra*, já remete a um dos principais temas de que se ocupou o autor. De origem grega, significa "relógio d'água" — objeto que era utilizado para marcar o tempo de que aos oradores dispunham para falar —, o que sugere tanto a fluidez, a liquidez do tempo quanto a sua irreversibilidade. Outro sentido possível da palavra, apoiado na mitologia, tem relação com Hidra, "serpente gigantesca com inumeráveis cabeças que nascem e se desenvolvem à medida que são cortadas, simbolizando a impotência humana perante o que lhe é exterior e adverso. Desse modo, a clepsidra pode simbolizar a fragilidade da condição e do saber humanos".*

Leitura

O texto que segue é o primeiro soneto de *Clepsidra*. A atmosfera vaga e evanescente do poema dá a medida exata do princípio simbolista de *sugerir* em vez de falar diretamente, ou, ainda, do desejo de traduzir o impreciso, aquilo a que Verlaine se referia ao dizer "antes de tudo, a música, uma harmonia de sons que faz sonhar".

Caminho

Tenho sonhos cruéis; n'alma doente
Sinto um vago receio prematuro.
Vou a medo na aresta do futuro,
Embebido em saudades do presente...

Saudades desta dor que em vão procuro
Do peito afugentar bem rudemente,
Devendo, ao desmaiar sobre o poente,
Cobrir-me o coração dum véu escuro!...

Porque a dor, esta falta d'harmonia,
Toda a luz desgrenhada que alumia
As almas doidamente, o céu d'agora,

Sem ela o coração é quase nada:
Um sol onde expirasse a madrugada,
Porque é só madrugada quando chora.

(*Clepsidra e outros poemas*, cit., p. 37.)

* Isabel Pascoal, na "Introdução" de *Clepsidra*.

1. O caráter lírico do poema lido advém sobretudo da exposição dos sentimentos do eu lírico. Observe algumas das imagens do poema: "sonhos cruéis", "alma doente", "medo", "saudades do presente", "véu escuro", etc. Como se sente o eu lírico diante da vida e do mundo?

2. O tempo predominante no poema é o presente, como se verifica pelas formas verbais *tenho*, *sinto*, *vou*, *alumia* e outras. No entanto, na primeira estrofe, o eu lírico faz uma projeção para o futuro, nestes versos:

> "Vou a medo na aresta do futuro,
> Embebido em saudades do presente..."

a) Que contradição reside nas "saudades" sentidas pelo eu lírico?

b) Logo, o futuro representa uma perspectiva para o eu lírico?

3. A dor, a angústia e o sofrimento são elementos constantes na poesia de Camilo Pessanha. Não se trata, contudo, de uma dor de natureza amorosa.

a) Qual é a natureza da dor vivida pelo eu lírico?

b) De acordo com as ideias do poema, que interpretação pode ser dada ao verso "Sem ela [a dor] o coração é quase nada"?

4. A poesia de Camilo Pessanha é valorizada pela riqueza sonora e musical e pela originalidade de suas imagens. Tais qualidades podem ser encontradas também no soneto "Caminho"? Justifique.

Para quem quer mais

Camilo Pessanha

Violoncelo

Chorai arcadas
Do violoncelo!
Convulsionadas,
Pontes aladas
De pesadelo...

De que esvoaçam,
Brancos, os arcos...
Por baixo passam,
Se despedaçam,
No rio, os barcos.

Fundas, soluçam
Caudais de choro...
Que ruínas (ouçam)!
Se se debruçam
Que sorvedouro!...

Trêmulos astros...
Soidões lacustres...
— Lemos e mastros...
E os alabastros
Dos balaústres!

Urnas quebradas!
Blocos de gelo...
— Chorai arcadas,
Despedaçadas,
Do violoncelo.

(*Clepsidra* e outros poemas, cit., p. 79-80.)

Antônio Nobre

Meus dias de rapaz, de adolescente
Abrem a boca a bocejar, sombrios:
Deslizam vagarosos, como os Rios,
Sucedem-se uns aos outros, igualmente.

Nunca desperto de manhã, contente.
Pálido sempre com os lábios frios,
Ora, desfiando os meus rosários pios...
Fora melhor dormir, eternamente!

Mas não ter eu aspirações vivazes,
E não ter, como têm os mais rapazes,
Olhos boiando em sol, lábio vermelho!

Quero viver, eu sinto-o, mas não posso:
E não sei, sendo assim enquanto moço,
O que serei, então, depois de velho.

(*Só*. Porto: Tavares Martins, 1966. p. 153.)

Antônio Nobre

A rigor, Antônio Nobre (1867-1900) não pertence a nenhum movimento literário. Sua poesia liga-se à tradição romântica, em virtude de certas características, como egocentrismo, interesse pela cultura e pela língua popular, pelo saudosismo em relação à infância e pelo pessimismo advindo da doença. Porém, certas atitudes, como a tristeza, o sofrimento e a fatalidade da desventura e da desgraça, associam-se ao Simbolismo e ao decadentismo do final do século. Por outro lado, as inovações que incorpora à poesia portuguesa — fragmentação, coloquialidade linguística, fluxo de consciência, imagens surpreendentes — aproximam o poeta do Modernismo, movimento que surgiria em Portugal no século XX.

Eugênio de Castro

Um sonho

Na messe, que enlourece, estremece a quermesse...
O Sol, o celestial girassol, esmorece...
E as cantilenas de serenos sons amenos
Fogem fluidas, fluindo à fina flor dos fenos...
    As estrelas em seus halos
    Brilham com brilhos sinistros...
    Cornamusas e crótalos
    Cítolas, cítaras, sistros,
    Soam suaves, sonolentos,
    Sonolentos e suaves,
    Em suaves,
    Suaves, lentos lamentos
    De acentos
    Graves,
    Suaves...
Flor! enquanto na messe estremece a quermesse
E o Sol, o celestial girassol esmorece,
Deixemos estes sons tam serenos e amenos,
Fujamos, Flor! à flor destes floridos fenos...
    Soam vesperais as Vésperas...
    Uns com brilhos de alabastros,
    Outros louros como nêsperas,
    No céu pardo ardem os astros...

Eugênio de Castro

As inovações de *Oaristos* — obra com que Eugênio de Castro introduziu o Simbolismo em Portugal — ocorrem principalmente no plano formal: exploração do verso alexandrino com cesuras diferentes, rimas originais, aliterações. Em razão de seu esteticismo e da adoção do princípio da "arte pela arte", Eugênio de Castro é associado à tradição da poesia clássica, sobretudo na fase final de sua obra.

Como aqui se está bem! Além freme a quermesse...
— Não sentes um gemer dolente que esmorece?
São os amantes delirantes que em amenos
Beijos se beijam, Flor! à flor dos frescos fenos...

....

Penumbra de veludo. Esmorece a quermesse...
Sob o meu braço lasso o meu Lírio esmorece...
Beijo-lhe os boreais belos lábios amenos,
Beijo que freme e foge à flor dos flóreos fenos...

....

Teus lábios de cinábrio, entreabre-os! Da quermesse
O rumor amolece, esmaece, esmorece...
Dá-me que eu beije os teus morenos e amenos
Peitos! Rolemos, Flor! à flor dos flóreos fenos...

....

Três da manhã. Desperto incerto... E essa quermesse?
E a Flor que sonho? e o sonho? Ah! tudo isso esmorece!
No meu quarto uma luz luz com lumes amenos,
Chora o vento lá fora, à flor dos flóreos fenos...

(*Obras poéticas de Eugênio de Castro*. Lisboa: Parceria A. M. Pereira, 1968. p. 58-61.)

Para quem quer mais na Internet

Em nosso *site* (http://pl.atualeditora.com.br/portugues/site/paraquemquermais), você poderá ler e baixar outros textos dos principais simbolistas portugueses.

CAPÍTULO 22

Diálogos

O Simbolismo, ao mesmo tempo que deu continuidade a várias das propostas fundadas pelo Romantismo, também se tornou referência para vários escritores do século XX, que colheram no movimento sugestões temáticas e formais.

Neste capítulo, você vai fazer duas leituras. Na primeira, vai ler e interpretar uma pintura de Odilon Redon, uma das principais expressões do Simbolismo na pintura. Na segunda, vai observar a retomada e o desenvolvimento da tradição gótica, por meio do diálogo entre dois poetas de períodos diferentes da literatura: Charles Baudelaire, escritor francês pós-romântico, considerado um dos pais do Simbolismo, e Camilo Pessanha, simbolista português.

Diálogo com a pintura simbolista

Observe atentamente a pintura abaixo, de Odilon Redon.

Museu de Belas-Artes, Bordeaux

O homem alado *(antes de 1880), também chamado* **O anjo perdido***, de Odilon Redon.*

1. Observe a figura retratada.

a) Qual é a personagem retratada?

b) O que ela está fazendo?

c) Considerando-se que a personagem tem asas, a ação é compatível com ela? Por quê?

d) O que expressam o semblante da personagem e seu gesto com o braço direito erguido?

2. Observe o espaço em que a personagem se encontra.

a) Como ele é?

b) Você diria que é um espaço que se situa na Terra ou no céu?

3. Algumas correntes artísticas têm mais interesse, e outras menos, em retratar fielmente a realidade. Como essa pintura simbolista retrata a realidade?

4. Odilon Redon era um pintor simbolista que experimentava diferentes efeitos de luz e cor.

a) Que cores predominam no quadro?

b) Em que medida essas cores contribuem para criar a atmosfera simbolista da pintura?

5. Eis algumas das características da poesia simbolista:

- subjetivismo
- antimaterialismo
- transcendência
- interesse pelas zonas profundas da mente humana e pela loucura
- linguagem que sugere, em vez de nomear
- onirismo (universo do sonho)
- misticismo
- dor de existir
- interesse pelo noturno, pelo mistério e pela morte
- atmosfera vaga e fluida

Verifique quais desses traços podem ser encontrados na pintura de Redon.

6. Observe na legenda o título original do quadro e responda: A hesitação quanto ao título coincide com a personagem retratada? Por quê?

Museu de Belas-Artes, Bordeaux

Detalhe de O homem alado, *de Redon.*

Diálogo entre a poesia de Charles Baudelaire e a de Camilo Pessanha

TEXTO I

Spleen — LXXVII

Quando, pesado e baixo, o céu como tampa
Sobre a alma soluçante, assolada aos açoites,
E que deste horizonte, a cercar toda a campa
Despeja-nos um dia mais triste que as noites;

Quando se transformou a Terra em masmorra úmida,
Por onde essa esperança, assim como um morcego
Vai tangendo paredes ante uma asa túmida
Batendo a testa em tetos podres, sem apego;

Quando a chuva estirou os seus longos filames
Como as grades de ferro em uma ampla cadeia,
E um povoado mudo de aranhas infames
Até os nossos cérebros estende as teias,

Súbito, os sinos saltam com ferocidade
E atiram para o céu um gemido fremente,
Tal aquelas errantes almas sem cidade
Que ficam lamentando-se obstinadamente.

— E féretros sem fim, sem tambor ou pavana,
Lentos desfilam dentro em mim; e a Esperança,
Vencida, chora, a Angústia, feroz e tirana,
A negra flâmula em meu curvo crânio lança.

(Charles Baudelaire. In: José Lino Grünewald, org. e trad. *Poetas franceses do século XIX*. Rio de Janeiro: Nova Fronteira, 1991. p. 63.)

Museu Gustave Moreau, Paris

Leda, *do pintor simbolista francês Gustave Moreau.*

açoite: chicote, látego.
assolar: pôr por terra, destruir, arruinar.
campa: laje sepulcral; sino de pequeno tamanho, sineta.
féretro: caixão (de defuntos), esquife; tumba.
filame: amarras que prendem a âncora de um navio.
pavana: composição musical; tipo de dança renascentista; palmatória (instrumento de castigo).
***spleen*:** tédio, melancolia.
tanger: tocar, roçar.
túmido: saliente, inchado, proeminente.

TEXTO II

Quem poluiu, quem rasgou os meus lençóis de linho,
Onde esperei morrer — meus tão castos lençóis?
Do meu jardim exíguo os altos girassóis
Quem foi que os arrancou e lançou no caminho?

Quem quebrou (que furor cruel e simiesco!)
A mesa de eu cear — tábua tosca de pinho?
E me espalhou a lenha? E me entornou o vinho?
— Da minha vinha o vinho acidulado e fresco...

Ó minha pobre mãe!... Nem te ergas mais da cova.
Olha a noite, olha o vento. Em ruína a casa nova...
Dos meus ossos o lume a extinguir-se breve.

Não venhas mais ao lar. Não vagabundes mais.
Alma da minha mãe... Não andes mais à neve,
De noite a mendigar às portas dos casais.

(Camilo Pessanha. In: Massaud Moisés, org. *A literatura portuguesa através dos textos.* 17. ed. São Paulo: Cultrix, 1988. p. 370-1.)

Museu do Chiado, Portugal

Contemplação, *de Antonio Carneiro, pintor simbolista português.*

1. O Simbolismo é a linguagem da música. Embora o poema "Spleen LXXVII", de Baudelaire, seja uma tradução, o tradutor procurou manter certas sonoridades do texto original, como se nota na aliteração do fonema /s/ em *céu, sobre, soluçante, assolada, açoites, súbito, os, sinos, saltam, ferocidade*. Identifique no poema de Camilo Pessanha situações em que a sonoridade dos versos e das palavras se destaca.

2. Compare o poema de Baudelaire ao soneto de Camilo Pessanha. Que semelhança há entre eles, levando-se em conta a visão de mundo do eu lírico de cada texto? Comprove sua resposta com fragmentos dos textos.

3. No poema de Camilo Pessanha, a presença de vocábulos como "morrer", "cova", "ruína", "vagabundes", "alma" cria uma atmosfera noturna, opressiva e macabra, típica da tradição gótica. Destaque do poema de Baudelaire palavras e expressões que criam uma atmosfera semelhante à do poema de Camilo Pessanha.

4. Observe a segunda e a última estrofes do poema de Baudelaire.

a) A que é comparada a esperança na segunda estrofe?

b) Na última estrofe, quem vence a luta entre a angústia e a esperança?

5. Observe agora o poema de Camilo Pessanha. Levante hipóteses: Que relação há entre a descrição da casa feita nos dois quartetos e o pedido que o eu lírico faz à mãe nos dois tercetos?

UNIDADE 8

História social do Modernismo

Júlio Pomar. *Fernando Pessoa*, 1973.

Fernando Pessoa *(1973), de Júlio Pomar.*

No início do século XX, a Europa assiste a um formidável conjunto de transformações em todos os domínios das atividades humanas. Invenções, desenvolvimento científico e tecnológico, lutas sociais, guerra mundial, revolução comunista – tudo isso forma o cenário em que surge a arte moderna, um dos momentos mais radicais de renovação artística.

Em Portugal, essas inovações coincidem com um conturbado período da vida política, que leva o país à proclamação da República (1910). Renasce, assim, o espírito nacionalista, que tentará, mais uma vez, modernizar o país e colocá-lo ao lado das grandes nações europeias.

De modo geral, o que marca o espírito da arte moderna é o desejo de libertar-se das amarras do passado e buscar uma nova forma de expressão artística, de acordo com a mentalidade do século XX.

Tudo o que hoje existe no campo da literatura, das artes plásticas e da música está de alguma forma relacionado às propostas e às experiências trazidas pela arte moderna no começo do século XX, que você estudará nesta unidade.

Ó rodas, ó engrenagens, *r-r-r-r-r-r-r* eterno!
Forte espasmo retido dos maquinismos em fúria!
Em fúria fora e dentro de mim,
Por todos os meus nervos dissecados fora,
Por todas as papilas fora de tudo com que eu sinto!

(Fernando Pessoa)

Amadeo de Souza-Cardoso, *Cavaleiros*, 1913 (NNAM, Paris)

Queriam-me casado, fútil, quotidiano e tributável?
Queriam-me o contrário disto, o contrário de qualquer coisa?
Se eu fosse outra pessoa, fazia-lhes, a todos, a vontade.
Assim, como sou, tenham paciência!
Vão para o diabo sem mim,
Ou deixem-me ir sozinho para o diabo!
Para que havemos de ir juntos?

(Fernando Pessoa)

Fique ligado! Pesquise!

Para saber mais sobre as origens da arte moderna e seu contexto histórico-cultural, sugerimos:

VÍDEOS

Tempos modernos, de Charles Chaplin; *1900*, de Bernardo Bertolucci; *Metrópolis*, de Fritz Lang; *O encouraçado Potemkin*, de Sergei Eisenstein; *Reds*, de Warren Beatty; *Sacco e Vanzetti*, de Giuliano Montaldo; *O fantasma da liberdade, O discreto charme da burguesia*, de Luis Buñuel. Nacional: *Paixão e guerra no sertão de Canudos, de Antônio Olavo*; *Os amores de Picasso*, de James Ivory; *Rumo ao paraíso perdido*, de Mário Andreacchio; *The wall*, de Alan Parker.

LIVROS

Mensagem, de Fernando Pessoa (Moderna); *O ano da morte de Ricardo Reis*, de José Saramago (Companhia das Letras); *A confissão de Lúcio*, de Mário de Sá-Carnero (Moderna); *Os pintores cubistas*, de Guillaume Apollinaire (L&PM); *Futurismo*, de Richard Humphreys (Cosac & Naify); *Expressionismo*, de Shulamith Behr (Cosac & Naify); *Modernismo*, de Charles Harrison (Cosac & Naify); *A aventura brasileira de Blaise Cendrars*, de Alexandre Eulálio (Edusp/Fapesp/Imprensa Oficial); *O Bestiário ou cortejo de Orfeu*, de Guillaume Apollinaire (Iluminuras); *A poesia de Orpheu*, de Fátima Freitas Morna (Comunicação).

MÚSICA

Ouça a música do compositor francês Claude Debussy e do brasileiro Heitor Villa-Lobos. Ouça também poemas de Fernando Pessoa musicados por André Luís no CD *Mensagem* (Trama).

ARTES PLÁSICAS

Conheça a obra de Picasso, Boccioni, Kandinsky, Max Ernst, Picabia, Gauguin, Marcel Duchamp, Magritte, Salvador Dalí, Le Corbusier, De Chirico, Léger, Miró e dos brasileiros Anita Malfatti, Tarsila do Amaral, Di Cavalcanti e Portinari.

SITES

poetas.mortos.sites.uol.com.br/brasil.htm
www.wap.estadao.com.br/450/escritores15a.htm
www.pacc.ufrj.br/literaria/viagens.html
www.let.puc-rio.br/Catedra/revista/4Sem_14.html

CAPÍTULO 23

A linguagem do Modernismo

Pousada de ciganos *(1923), de Eduardo Viana, pintor modernista português.*

Antipassadismo cultural e liberdade de criação são as principais marcas da arte moderna. Empenhados em demolir os padrões e a ideologia realista-naturalista vigentes e em não se prender a normas rígidas, os artistas modernos valorizavam o ilogismo e a subjetividade.

Você vai ler a seguir três poemas: o primeiro, de autoria do poeta Guilhaume Apollinaire, um dos principais poetas do cubismo francês e amigo pessoal dos pintores Picasso e Braque; o segundo, de Blaise Cendrars, poeta franco-suíço que se ligou ao Futurismo e ao Cubismo europeus e, tendo vindo a São Paulo na década de 1920, exerceu forte influência sobre os modernistas brasileiros; o terceiro, do poeta português Fernando Pessoa. Durante a leitura dos textos, fique atento à linguagem que apresentam.

Leitura

TEXTO I

As janelas

Do vermelho ao verde todo amarelo morre
Quando cantam as araras nas florestas natais
[...]
Aves chinesas de uma asa só voando em dupla
É preciso um poema sobre isso
Enviaremos mensagem telefônica
Traumatismo gigante
Faz escorrer os olhos
Garota bonita entre jovens turinenses
O moço pobre se assoava na gravata branca
Você vai erguer a cortina
E agora veja a janela se abre
Aranhas quando as mãos teciam a luz
Beleza palidez insondáveis violetas
Tentaremos em vão ter algum descanso
Vamos começar à meia-noite
Quando se tem tempo tem-se a liberdade
Marisco Lampreia múltiplos Sóis e o Ouriço do crepúsculo
Um velho par de sapatos amarelos diante da janela
Tours
As Torres são as ruas
[...]
Ó Paris
Do vermelho ao verde todo jovem perece
Paris Vancouver Hyère Maintenon Nova York e as Antilhas
A janela se abre como uma laranja
O belo fruto da luz

(Guillaume Apollinaire. Tradução de Décio Pignatari. In: Décio Pignatari, org. *31 poetas e 214 poemas – Do Rig-Veda e Safo a Apollinaire*. São Paulo: Companhia das Letras, 1997. p. 109-10.)

Tate Gallery, Londres

Janelas abertas simultaneamente *(1912), do pintor cubista Delaunay, uma das obras da série "As janelas", na qual Apollinaire se inspirou para escrever o poema ao lado.*

lampreia: animal marinho.

TEXTO II

São Paulo

Adoro esta cidade
São Paulo do meu coração
Aqui nenhuma tradição
Nenhum preconceito
Antigo ou moderno
Só contam este apetite furioso esta confiança
[absoluta este otimismo esta audácia este
[trabalho este labor esta especulação que fazem
[construir dez casas por hora de todos os estilos
[ridículos grotescos belos grandes pequenos
[norte sul egípcio ianque cubista

Aurelio Becherini

Vista do Parque Anhangabaú e do Teatro Municipal de São Paulo em 1918.

Sem outra preocupação que a de seguir as estatísticas prever o futuro o conforto a utilidade
[a mais-valia e atrair uma grande imigração
Todos os países
Todos os povos
Gosto disso
As duas três velhas casas portuguesas que sobram são faianças azuis

(Blaise Cendrars. Tradução de Teresa Thieriot. In: C. A. Calil e T. Thieriot, orgs. *Etc..., Etc... (Um livro 100% brasileiro) – Antologia de textos de Blaise Cendrars.* São Paulo: Perspectiva/Secretaria de Estado da Cultura, SP, 1976.)

faiança: louça de barro ou de pó de pedra coberta por esmalte opaco.
mais-valia: na teoria marxista, lucro, retido pelo capitalista, resultante da diferença entre o que ele paga pela mão de obra e o valor que ele cobra pela mercadoria produzida por essa força de trabalho.

TEXTO III

Tenho uma grande constipação,
E toda a gente sabe como as grandes constipações
Alteram todo o sistema do universo,
Zangam-nos contra a vida,
E fazem espirrar até à metafísica.
Tenho o dia perdido cheio de me assoar.
Dói-me a cabeça indistintamente.
Triste condição para um poeta menor!
Hoje sou verdadeiramente um poeta menor.
O que fui outrora foi um desejo; partiu-se.

Adeus para sempre, rainha das fadas!
As tuas asas eram de sol, e eu cá vou andando.
Não estarei bem se não me deitar na cama.
Nunca estive bem senão deitando-me no universo.

Excusez un peu... Que grande constipação física!
Preciso de verdade e da aspirina.

(Fernando Pessoa. *Obra poética.* Rio de Janeiro: Aguilar, 1965. p. 384.)

excusez un peu: do francês, "desculpe-me".

1. À primeira vista, a linguagem modernista causa grande estranhamento mesmo para o leitor atual. Uma das razões desse estranhamento decorre do emprego da técnica da *simultaneidade de imagens*, isto é, a junção de elementos aparentemente sem relação uns com os outros. O uso dessa técnica dá a impressão de *fragmentação da realidade*, como se uma câmara estivesse captando *flashes*.

a) Identifique exemplos do emprego dessa técnica nos três poemas.

b) Na sua opinião, em qual dos poemas a técnica da livre associação de pensamentos chega a dificultar a compreensão do texto?

2. Outro traço de destaque na arte moderna como um todo é o *urbanismo* ou a *modernidade* como tema, isto é, a valorização das cidades, do trabalho, das fábricas e das coisas cotidianas da vida. Na obra de alguns autores, também é valorizada a noção de progresso advindo da industrialização e das máquinas.

a) Em qual ou quais dos poemas está presente o tema do urbanismo?

b) Em qual ou quais dos poemas se nota uma visão positiva a respeito do crescimento das cidades?

3. Outra das propostas dos modernistas é trabalhar com *temas do cotidiano* e com *elementos-surpresa*, insólitos. Outra ainda é a inclinação para o *humor*, a piada, a ironia, o sarcasmo, a irreverência.

a) Qual dos poemas retrata o cotidiano?

b) Qual dos poemas dá mostras de humor ou irreverência?

c) Qual ou quais dos poemas apresentam elementos-surpresa? Justifique sua resposta com elementos do texto.

Le Bateu Ivre, *de Blaise Cendrars, poeta francês que também tinha interesse pelas artes plásticas.*

4. Os poetas modernistas eram contrários à submissão a regras para criar. Propunham as "palavras em liberdade", o que significava não se prender a regras preconcebidas. No lugar da métrica, propunham o uso do verso livre (sem um número predeterminado de sílabas poéticas); em vez de formas fixas, inventavam novas formas a cada novo poema.

a) Observe a métrica dos versos dos três poemas. Eles fazem uso do verso regular ou do verso livre?

b) Observe que o 6º verso do poema de Blaise Cendrars é bastante longo. Levando em conta os comentários do boxe "O desafio do verso livre", explique: O que justifica o tamanho desse verso?

O desafio do verso livre

Quando o Modernismo propôs o fim do verso regular, muitos acharam que tinha ficado fácil ser poeta, pois qualquer pessoa saberia empregar o verso livre.

Com o tempo, entretanto, foi ficando claro que o emprego do verso livre, sob certo sentido, é muito mais difícil que o do verso regular. Isso porque, se antes o próprio verso regular definia antecipadamente o momento em que ele deveria terminar, com o verso livre isso não acontece. Cada situação exige uma solução diferente e é aí que os bons poetas, criativos e inteligentes, se destacam entre a maioria.

5. Outra manifestação da proposta de "palavras em liberdade" é o uso não convencional da pontuação e de outras regras ortográficas. Como se dá o uso da pontuação nesses textos?

6. Uma marca da modernidade é a reflexão sobre a própria criação literária. No poema de Pessoa:

a) O que representam a "rainha das fadas" e as "asas de sol"?

b) Que concepções de criação artística estão em contradição nas duas últimas estrofes?

7. Reúna-se com seus colegas de grupo e, com base no estudo dos três textos, montem um quadro com as principais características da linguagem modernista.

As correntes de vanguarda

É difícil falar em uma linguagem da literatura modernista em Portugal, uma vez que ali, como na Europa toda, não houve uma arte moderna uniforme. Houve, sim, no continente, um conjunto de tendências artísticas, muitas vezes originárias de países diferentes, com propostas específicas, embora as aproximassem certos traços mais ou menos comuns, como o sentimento de liberdade criadora, o desejo de romper com o passado, a expressão da subjetividade e certo irracionalismo.

Paris era o principal centro cultural europeu da época, o lugar de onde as novas ideias artísticas se irradiavam para Portugal e para o resto do mundo ocidental. Essas tendências, que surgiram na Europa antes, durante e depois da Primeira Guerra Mundial, receberam o nome de **correntes de vanguarda**.

Vanguarda: antecipar o futuro!

Do francês *avant-garde*, a palavra *vanguarda* significa "o que marcha na frente". Artística ou politicamente, são chamados *vanguardas* os grupos, ou correntes que apresentam uma proposta e/ou uma prática inovadoras. Como se tivessem "antenas" que captassem as tendências do futuro, as vanguardas acreditam perceber, ou compreender, antes de todos, aquilo que mais tarde será o senso comum. Sua missão é, por meio de suas ações (muitas vezes incompreendidas), fazer o futuro acontecer agora.

As vanguardas europeias

O Cubismo

O movimento cubista teve início na França, em 1907, com o quadro *Les demoiselles d'Avignon*, do pintor espanhol Pablo Picasso. A partir de então, em torno de Picasso e do poeta francês Apollinaire formou-se um grupo de artistas que cultivaria as técnicas cubistas até o término da Primeira Guerra Mundial, em 1918.

A convivência entre escritores e artistas plásticos desse grupo favoreceu uma rica troca de ideias e técnicas, de modo que os poetas assimilavam técnicas pictóricas, e os pintores, ideias filosóficas e poéticas.

Os pintores cubistas opõem-se à objetividade e à linearidade da arte realista e da renascentista. Buscando novas experiências com a perspectiva, os cubistas procuram decompor os objetos representados em diferentes planos geométricos e ângulos retos, que se interceptam e se sucedem, de tal forma que o espectador, com o seu olhar, possa remontá-los e ter uma visão do todo, de face e de perfil, como se tivesse dado uma volta em torno deles.

Les demoiselles d'Avignon, *de Picasso, a obra que deu início ao Cubismo.*

Na literatura, essas técnicas da pintura correspondem à fragmentação da realidade, à superposição e simultaneidade de planos (por exemplo, mistura de assuntos, espaços e tempos diferentes). A literatura cubista apresenta, assim, características como ilogismo, humor, anti-intelectualismo, instantaneísmo, simultaneidade, linguagem predominantemente nominal e mais ou menos caótica.

As principais expressões do Cubismo europeu foram: na pintura, Picasso, Braque, Picabia, Léger, Mondrian; na literatura, Apollinaire, Cendrars e outros.

Certos traços do movimento cubista, como fragmentação da realidade, predominância de substantivos e *flashes* cinematográficos, podem ser observados nos versos a seguir, do poeta francês Blaise Cendrars:

[...]

O Gigante deitado
A Gávea
O Bico de Papagaio
O Corcovado
O Pão de Açúcar que os
[companheiros de Jean
[de Léry chamavam de
[Pote de Manteiga
E as estranhas agulhas da Serra
[dos Órgãos
Bom dia Vocês

(*Etc... Etc... (Um livro 100% brasileiro)*. São Paulo: Perspectiva, 1977.)

The view across the bay *(1921), de Juan Gris.*

Musee National d'Art Moderne, Centre Georges Pompidou, Paris

O Futurismo

Em 1909, no jornal parisiense *Le Figaro*, o italiano Filippo Tommasio Marinetti publica o *Manifesto Futurista*, que surpreende os meios culturais europeus pelo caráter violento e radical de suas propostas.

Muito mais do que por obras, o movimento difunde-se por meio de manifestos (mais de trinta) e conferências, tendo sempre à frente a figura de seu líder, Marinetti.

Eis algumas das propostas do primeiro manifesto, de 1909:

1. Nós queremos cantar o amor ao perigo, o hábito à energia e à temeridade.
2. Os elementos essenciais de nossa poesia serão a coragem, a audácia e a revolta.
3. Tendo a literatura até aqui enaltecido a imobilidade pensativa, o êxtase e o sono, nós queremos exaltar o movimento agressivo, a insônia febril, o passo ginástico, o salto mortal, a bofetada e o soco.
4. Nós declaramos que o esplendor do mundo se enriqueceu com uma beleza nova: a beleza da velocidade. Um automóvel de corrida com seu cofre adornado de grossos tubos como serpentes de fôlego explosivo... um automóvel rugidor, que parece correr sobre a metralha, é mais belo que a *Vitória de Samotrácia*.

....

9. Nós queremos glorificar a guerra — única higiene do mundo —, o militarismo, o patriotismo, o gesto destrutor dos anarquistas, as belas ideias que matam, e o menosprezo à mulher.
10. Nós queremos demolir os museus, as bibliotecas, combater o moralismo, o feminismo e todas as covardias oportunistas e utilitárias.

11. Nós cantaremos as grandes multidões movimentadas pelo trabalho, pelo prazer ou pela revolta; as marés multicoloridas e polifônicas das revoluções nas capitais modernas; a vibração noturna dos arsenais e dos estaleiros sob suas violentas luas elétricas; as estações glutonas comedoras de serpentes que fumam; as usinas suspensas nas nuvens pelos barbantes de suas fumaças; as pontes para pulos de ginastas lançadas sobre a cutelaria diabólica dos rios ensolarados; os navios aventureiros farejando o horizonte; as locomotivas de grande peito, que escoucinham os trilhos, como enormes cavalos de aço freados por longos tubos, e o voo deslizante dos aeroplanos, cuja hélice tem os estalos da bandeira e os aplausos da multidão entusiasta.

(Apud Gilberto Mendonça Teles. *Vanguardas europeias e Modernismo brasileiro*. Petrópolis: Vozes, 1983. p. 91-2.)

Gallery of Modern Art, Milan/Scala Archives/Image Plus

Composição futurista *(1918), de Giacomo Balla.*

Os poemas da primeira fase de Álvaro de Campos, um dos heterônimos de Fernando Pessoa, marcados por elementos da vida moderna, ilustram claramente uma influência do Futurismo. Observe:

[...]
Ó fazendas nas montras! Ó manequins! ó últimos figurinos!
Ó artigos inúteis que toda a gente quer comprar!
Olá grandes armazéns com várias seções!
Olá anúncios elétricos que vêm e estão e desaparecem!
Olá tudo com que hoje se constrói, com que hoje se é diferente de ontem!
Eh, cimento armado, beton de cimento, novos processos!
Progressos dos armamentos gloriosamente mortíferos!
Couraças, canhões, metralhadoras, submarinos, aeroplanos!

Amo-vos a todos, a tudo, como uma fera.
Amo-vos carnivoramente,
Pervertidamente e enroscando a minha vista
Em vós, ó coisas grandes banais, úteis, inúteis,
Ó coisas todas modernas,
Ó minhas contemporâneas, forma atual e próxima
Do sistema imediato do Universo!
Nova Revelação metálica e dinâmica de Deus!

Museum of Modern Art, New York

Escultura futurista de Umberto Baccioni.

("Ode triunfal". In: Fernando Pessoa. *Obra poética*. Rio de Janeiro: Nova Aguilar, 1965. p. 308.)

O Expressionismo

O Impressionismo era uma corrente da pintura que valorizava a *impressão*, isto é, um movimento do exterior para o interior, forma subjetiva de perceber a realidade.

No começo do século XX, tanto na França quanto na Alemanha, surgem grupos de pintores que desejam alterar o enfoque da pintura impressionista, percorrendo o caminho contrário, isto é, partindo da subjetividade para o mundo exterior. Esses pintores, chamados de *expressionistas* na

Alemanha e de *fauvistas* na França, buscam fazer da obra de arte um reflexo direto de seu mundo interior. Há uma valorização da *expressão*, isto é, do modo como forma e conteúdo livremente se unem para dar vazão às sensações do artista no momento da criação. Essa liberdade da expressão assemelha-se à das "palavras em liberdade" dos futuristas.

Durante e depois da Primeira Guerra, o Expressionismo assumiu um caráter mais social e combativo, interessando-se pelos horrores da guerra, pelas condições de vida desumanas das populações carentes, etc.

Dentre as principais propostas do Expressionismo, destacam-se:

- A arte não é imitação, mas criação subjetiva, livre. A arte é expressão dos sentimentos.
- A realidade que circunda o artista é horrível, por isso ele a deforma ou a elimina, criando a arte abstrata.
- A razão se torna objeto de descrédito.
- A arte é criada sem obstáculos convencionais, o que representa um repúdio à repressão social.
- A intimidade e a vivência da dor derivam do sentido trágico da vida e causam uma deformação significativa, torturada.
- A arte se desvincula do conceito de belo e feio, torna-se uma forma de contestação.

Na literatura, especificamente, o Expressionismo apresenta estas características: linguagem fragmentada, elíptica, constituída por frases nominais (basicamente aglomerados de substantivos e adjetivos), sem verbos, sem sujeito; despreocupação formal: sem rimas, sem estrofes, sem musicalidade. Ideologicamente, os poetas expressionistas visam combater a fome, a inércia e os valores do mundo burguês.

Destacam-se, dentre os artistas ligados ao Expressionismo: na pintura, Kandinski, Paul Klee, Chagall, Munch; na arquitetura, Erich Mendelsohn; na literatura, August Stramm, Kasimir Edschmid e, mais tarde, Herman Hesse e Thomas Mann; no teatro, Kayser e Brecht (fase inicial); na música, Schoenberg; e, no cinema, Wiene.

Eis um fragmento do poema expressionista "O meu tempo", do poeta alemão Wilheim Klem:

Cantos e metrópoles, lavinas febris,
Terras descoradas, polos sem glória,
Miséria, heróis e mulheres da escória,
Sobrolhos espectrais, tumulto em carris.

Soam ventoinhas em nuvens perdidas.
Os livros são bruxas. Povos desconexos.
A alma reduz-se a mínimos complexos.
A arte está morta. As horas reduzidas.

(Apud Lúcia Helena. *Movimentos da vanguarda europeia*. São Paulo: Scipione, 1993. p. 33.)

Nasjonalgalleriet, Oslo, Norway

O grito *(1893), de Munch. "Certa noite, conta o autor, eu caminhava por uma via, a cidade de um lado e o fiorde embaixo. Sentia-me cansado, doente... O sol se punha e as nuvens tornavam-se vermelho-sangue. Senti um grito passar pela natureza; pareceu-me ter ouvido o grito. Pintei esse quadro, pintei as nuvens como sangue real. A cor uivava."*

O Dadaísmo

Durante a Primeira Guerra Mundial, a Suíça mantém-se neutra. Para ela acorrem artistas e intelectuais de todos os pontos da Europa, abrigando-se em Zurique. Alguns desses "fugidos de guerra" reúnem-se no Cabaret Voltaire, ponto de encontro e espaço cultural onde nasce o movimento dadaísta.

Criado a partir do clima de instabilidade, medo e revolta provocado pela guerra, o movimento dadá pretende ser uma resposta à nítida decadência da civilização que o conflito representa. Daí provém a irreverência, o deboche, a agressividade e o ilogismo dos textos e manifestações dadaístas.

Os dadás entendem que, enquanto a Europa se banha em sangue, o cultivo da arte não passa de hipocrisia e presunção. Por isso é preciso ridicularizá-la, agredi-la, destruí-la.

Muitas são as atitudes demolidoras dos artistas dadaístas a partir de 1916: noitadas em que predominavam palhaçadas, declamações absurdas, exposições inusitadas, além dos espetáculos-relâmpago que faziam de improviso nas ruas, em meio a urros, vaias, gritos, palavrões e à total incompreensão da plateia.

Quanto às obras artísticas, especificamente, é pequena a produção do Dadaísmo suíço. Mas o movimento será reforçado pelas experiências análogas do artista Marcel Duchamp, que ridicularizam o mito mercantilista da civilização norte-americana, com os seus *ready-made*. A técnica do *ready-made* consiste em extrair um objeto do seu uso cotidiano e, com nenhuma ou pequenas alterações, atribuir-lhe um valor artístico. Ficaram famosos certos objetos, como o urinol ou uma roda de bicicleta enxertada numa cadeira, elevados à condição de objetos de arte por Duchamp.

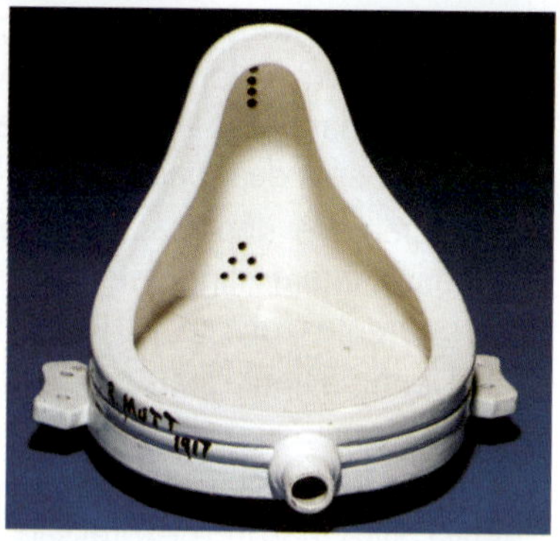

Urinol *(1917)* **e Roda de bicicleta** *(1913), de Marcel Duchamp, obras que utilizam a técnica do* **ready-made.**

Na literatura, o Dadaísmo caracteriza-se pela agressividade, pela improvisação, pela desordem, pela rejeição a qualquer tipo de racionalização e equilíbrio, pela livre associação de palavras (técnica da "escrita automática", que seria mais tarde aproveitada pelo Surrealismo) e pela invenção de palavras com base na exploração apenas do seu significante. Um exemplo dessas propostas é o poema fonético *'Die Schlacht'* ('A batalha'), de Ludwig Kassak:

> Berr... bum, bumbum, bum...
> Ssi... bum, papapa bum, bumm
> Zazzau... Dum, bum, bumbumbum
> Prä, prä, prä... ra, hä-hä, aa...
> Hahol...
>
> (Apud Gilberto Mendonça Teles, op. cit., p. 113.)

Destacam-se ainda, envolvidos com as propostas dadaístas, os seguintes artistas: Max Ernst, Francis Picabia, Philippe Soupault, André Breton e outros.

A orientação anarquista e niilista do movimento, bem como a falta de um programa de arte, não lhe permite longa duração. Tristan Tzara e André Breton desentendem-se. Com o término da guerra havia alguns anos, era hora de reconstruir o que fora demolido: a Europa e a arte. Tzara insiste em manter a linha original do movimento; Breton, rompendo com o Dadaísmo, abandona o grupo para criar o movimento surrealista, uma das mais importantes correntes artísticas do século XX.

O que significa *dadá*?

Segundo Tristan Tzara, o líder dadaísta, a palavra *dadá* não significa nada:

> Encontrei o nome casualmente ao meter uma espátula num tomo fechado do Petit Larousse e lendo logo, ao abrir-se o livro, a primeira linha que me saltou à vista: DADÁ.

Eis, também, um fragmento do Manifesto do Senhor Antipirina, o primeiro manifesto dadaísta:

> Dadá permanece no quadro europeu das fraquezas, no fundo é tudo merda, mas nós queremos doravante cagar em cores diferentes para ornar o jardim zoológico da arte de todas as bandeiras dos consulados.

O Surrealismo

O movimento surrealista tem início na França a partir da publicação do *Manifesto do Surrealismo* (1924), de André Breton. Diversos pintores aderem ao movimento, interessados nas propostas artísticas de Breton, ligadas ao subconsciente e à psicanálise (Breton tinha sido psicanalista).

Dois são os aspectos que marcam o Surrealismo em seu início: as experiências criadoras automáticas e o imaginário extraído do sonho.

Londres, Tate Gallery

Metamorfose de Narciso *(1937), de Salvador Dalí.*

Freud, na psicanálise, e Bergson, na filosofia, já haviam destacado a importância do mundo interior do ser humano, as zonas desconhecidas ou pouco conhecidas da mente humana. Encaravam o inconsciente, o subconsciente e a intuição como fontes inesgotáveis e superiores de conhecimento do homem, pondo assim em segundo plano o pensamento sensível, racional e consciente.

O automatismo artístico consiste em extravasar diretamente os impulsos criadores do subconsciente, sem nenhum controle da razão ou do pensamento. Significa pôr na tela ou no papel os desejos interiores profundos, sem se importar com coerência, significados, adequação, etc. Na literatura, esse princípio recebeu o nome de "escrita automática".

A outra linha de atuação surrealista, a onírica, busca a transposição do universo dos sonhos para o plano artístico.

O sonho, na concepção de Freud, é a manifestação das zonas ocultas da mente, o inconsciente e o subconsciente. Os surrealistas pretendiam criar uma arte livre da razão, que fosse a expressão direta dessas zonas ocultas, como se o artista, ao criar, estivesse sonhando acordado.

Nessas duas linhas de pesquisa e trabalho, são frequentes certas atitudes surrealistas, como o ilogismo, o devaneio, o sonho, a loucura, a hipnose, o humor negro, as imagens violentas, o impacto do inusitado, etc.

O Surrealismo tem repercussão em vários domínios da arte. Na literatura, destacam-se André Breton, Louis Aragon, Antonin Artaud; nas artes plásticas, Salvador Dalí, Max Ernst, Joan Miró, Jean Harp; no cinema, Luis Buñuel.

A rejeição do Surrealismo ao mundo burguês, racional, mercantil e moralista levaria alguns membros do grupo a ter ligações com o comunismo. Para alcançar o objetivo maior do movimento — amor, liberdade e poesia —, eles acreditavam ser necessária uma transformação radical da sociedade, por meio da qual se pusesse fim ao modo de produção capitalista e à estrutura de classes sociais.

A adesão desses membros, particularmente de André Breton, às ideias socialistas provoca no movimento uma cisão interna, que se agrava com a Segunda Guerra Mundial (1939-1945), e colabora para a desarticulação do grupo.

Embora o Surrealismo tenha oficialmente desaparecido com a Segunda Guerra, resquícios do movimento ou tentativas de recuperá-lo são vistos até os dias de hoje, o que comprova sua força criadora e a contemporaneidade de suas propostas.

Curiosamente, o movimento surrealista ganha força em Portugal somente a partir de 1947, quando é formado o Grupo Surrealista de Lisboa, reunindo pintores, críticos e poetas.

Le bon temps *(1911), de René Magritte.*

Do texto ao contexto do Modernismo

As duas primeiras décadas do século XX representam, para a maior parte do mundo ocidental, um momento contraditório, cheio de conflitos e rupturas em relação a muitos dos valores e ideias do século anterior. Todos os setores da vida humana — social, político, econômico, cultural e tecnológico — sofrem mudanças que alterarão profundamente a visão de mundo do homem moderno.

A *belle époque*: luxo, prazeres e lutas sociais

A ciência e a técnica, que já contavam com algumas conquistas desde a segunda metade do século XIX — como o transporte ferroviário, o barco a vapor e a eletricidade —, apresentam na transição para o século XX conquistas e invenções que darão maior dinamismo à vida moderna: as transmissões radiofônicas, o aeroplano, o automóvel e o cinematógrafo, entre outras.

Muitas dessas conquistas favorecem diretamente o setor industrial, levando à acumulação de capitais e a novos investimentos, dos quais resulta uma farta produção de artigos manufaturados. Vive-se nas classes dominantes um clima de euforia e confiança.

As burguesias industrial e financeira e a classe média gozam os prazeres materiais que a vida moderna lhes pode oferecer. Tem-se a sensação de conforto e de segurança, como se nada pudesse abalar a "doçura de viver".

Culturalmente, vive-se a chamada *belle époque*, que se caracteriza por uma intensa atividade artística, principalmente em Paris e Viena. Para essas cidades acorrem artistas de toda a parte da Europa, atraídos por seu ritmo intenso de vida, pelos modismos, pela vida noturna, pelos bares e cabarés e pelas novidades artísticas introduzidas por correntes de vanguarda.

Gérard Mathieu

Foto do* hall *central da Casa van Eetvelde, em Bruxelas, 1899.

Folkwangschulle, Essen.

Cartaz de Alfonso Muncha, divulgando o espetáculo de Sarah Bernhardt.

Contudo, conforme vinha ocorrendo desde a Revolução Industrial, no século XVIII, a classe operária continua à margem do progresso material. Lutando, então, por melhores condições de vida e de trabalho, os trabalhadores empenham-se na defesa de ideias socialistas e anarquistas, fundam associações e sindicatos, fazem greves.

A guerra e o fim da *belle époque*

Em 1914 estoura a Primeira Guerra Mundial, por razões de ordem política e econômica, entre as quais o nacionalismo extremo de algumas nações e a necessidade cada vez maior de colônias fornecedoras de matérias-primas e consumidoras de produtos manufaturados.

Hulton – Deutsch Collection

Cavalaria britânica diante de igreja destruída na Bélgica, em 1918.

A Primeira Guerra Mundial põe fim ao excesso de otimismo da *belle époque*. A sensação de equilíbrio é primeiramente quebrada pelas tentativas frustradas de evitar a guerra, empreendidas por meio de alianças que permitiriam o equilíbrio de forças entre as nações europeias (Tríplice Aliança: Império Austro-Húngaro; Tríplice Entente: Inglaterra, França e Rússia). Posteriormente, o conflito viria confirmar a fragilidade dessas nações e o sentido ilusório dos valores da *belle époque*.

A Revolução Russa, em 1917, conduz a classe trabalhadora ao poder. A "ameaça" do comunismo alastra-se pelo mundo e a sensação de paz deixa de existir — mesmo após o fim da guerra.

Terminada a guerra, em 1918, um clima de incerteza domina toda a década de 1920. Os países envolvidos, que antes euforicamente disputavam mercados consumidores, vivem agora crises econômicas e sociais. A Europa está endividada; a Alemanha, derrotada; a Itália, humilhada. Os problemas que levaram à guerra não haviam sido resolvidos, mas apenas adiados até a Segunda Guerra Mundial, iniciada em 1939.

As correntes de vanguarda e o contexto

Ao lado desse quadro político-econômico conturbado que caracteriza o início do século, surgem por toda a Europa, durante a *belle époque* e depois dela, diversas correntes artísticas que refletem o espírito caótico e violento da época. São as chamadas "vanguardas europeias", movimentos de caráter agressivo e experimental que rompem radicalmente os padrões de arte tradicional.

Paris, Musée Picasso/RMN/Other Images

A pintura de Pablo Picasso e a busca de nova forma de representação artística.

Como uma clara reação ao racionalismo e ao objetivismo das correntes científicas e literárias ainda predominantes na cultura desde a segunda metade do século XIX, as vanguardas defendem o *irracionalismo*, rejeitando a análise positivista e buscando uma compreensão mais subjetiva do homem e de seus problemas.

Trata-se, portanto, da implantação de uma nova estética, de outra ordem de valores artísticos, subjetiva e ao mesmo tempo moderna, sintonizada com as grandes conquistas da era da máquina e da velocidade. Por isso, quase todas as correntes de vanguarda europeias assumem, num primeiro momento, uma postura destruidora em relação ao passado, o que não as impede, contudo, de realizar importantes conquistas, dado seu caráter experimentalista, tais como maior integração entre os vários domínios da arte e busca de novas técnicas e linguagem, comuns à música, à literatura e às artes plásticas.

Apesar de as primeiras décadas do século XX terem se caracterizado pelo clima de caos e destruição decorrente da guerra e pelo caráter demolidor das correntes de vanguarda, é nelas, principalmente, que se encontram os elementos que ou abrem ou abrirão caminho para uma nova arte, a arte do século XX.

CAPÍTULO 24

O Modernismo em Portugal: a primeira geração

Col. Arq. José Almada Negreiros

Jogo de cartas *(1947), do poeta e pintor Almada Negreiros.*

No início do século XX, Portugal vivia um período de intensa mudança política e cultural. Fim da monarquia, efeitos da guerra, reavivamento do sentimento nacionalista, influências das correntes de vanguarda — tudo isso preparava o cenário para o despertar do Modernismo português e para o surgimento de um dos principais autores da literatura em língua portuguesa: Fernando Pessoa.

O Modernismo português surgiu em 1915, com a publicação da revista *Orpheu*, influenciado pelas correntes de vanguarda que começavam a se constituir na Europa e pela Primeira Guerra Mundial, iniciada em 1914. Portugal, nesse momento, atravessava um período conturbado politicamente. O rei D. Carlos e seu filho tinham sido assassinados, o que provocara uma grave crise política, responsável pela proclamação da República em 1910.

Formaram-se, então, duas facções políticas: a republicana, que defendia e fundamentava ideologicamente o golpe de 1910, e a antirrepublicana, que arrebanhava setores conservadores, monarquistas e integralistas. Esta, insatisfeita com os rumos políticos tomados pelo país, articulava-se em torno de Antônio Sardinha, dando origem ao integralismo português, movimento de extrema direita. Os integralistas chegaram ao poder em 1926 e, em 1928, Salazar, representante desse grupo, assumiu o governo e deu início a uma ditadura que só teria fim em 1974, com a Revolução dos Cravos.

O avanço do nazifascismo

A ascensão de Salazar ao poder, em Portugal, deu início em toda a Europa a um período de avanço de ideologias nazifascistas (nazismo, fascismo, integralismo) e de luta contra a expansão comunista.

Em Portugal, a ditadura salazarista durou até 1974. Na Espanha, Franco subiu ao poder em 1936 e governou o país até 1976.

Chico Buarque comemorou a Revolução dos Cravos, ocorrida em Portugal, com a canção "Tanto mar":

Foi bonita a festa, pá
Fiquei contente
Ainda guardo renitente um velho cravo
[para mim

(www.chicobuarque.com.br)

As revistas e o espírito de renovação

A repercussão da queda da monarquia e da proclamação da República foi enorme junto ao povo e à cultura portuguesa. Foram retomadas com entusiasmo antigas discussões sobre a grandiosidade da nação portuguesa, perdida a partir do declínio da Renascença; o espírito nacionalista e saudosista do povo português foi reaceso; vários artistas e intelectuais se lançaram num projeto de reconstrução da cultura portuguesa.

Um exemplo dessa preocupação é a criação, em 1910, de *A Águia*, revista mensal de literatura, arte, ciência, filosofia e crítica social que se apresentava como porta-voz de um movimento de "renascença portuguesa". A revista foi dirigida, entre outros, por Teixeira de Pascoaes e Jaime Cortesão e contou com a colaboração de Mário de Sá-Carneiro e Fernando Pessoa.

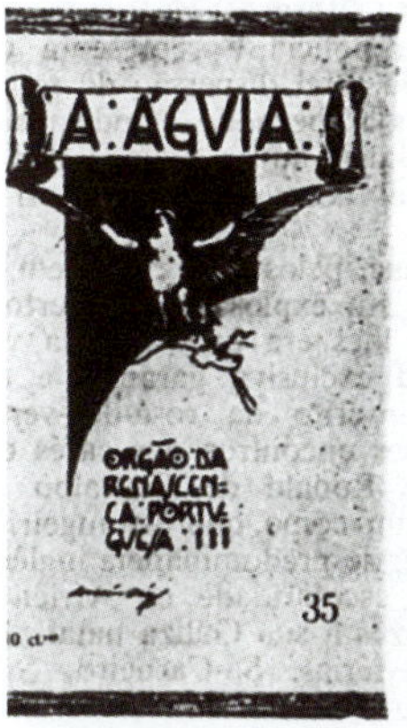

Revistas A Águia, *em que Fernando Pessoa colaborou como ensaísta crítico, e* Seara Nova, *presenças marcantes na vida cultural portuguesa à época do Modernismo.*

Além de *A Águia*, muitas outras revistas apareceram entre as décadas de 1910 e 1920 em Portugal, tornando o ambiente cultural ainda mais propício a mudanças. Entre elas destacam-se *Orpheu* (surgida em 1915), *Centauro* (1916), *Exílio* (1916), *Ícaro* (1916), *Portugal Futurista* (1917), *Seara Nova* (1921) e *Athena* (1924).

À parte desse espírito de renovação e ruptura, destacam-se dois escritores ainda ligados a modelos do século XIX, mas cujas obras representam um importante salto qualitativo: Aquilino Ribeiro e Florbela Espanca (conheça um pouco do trabalho da escritora na seção **Para quem quer mais**).

A geração da revista *Orpheu*

O orfeísmo, ou a primeira geração do Modernismo português, organizou-se em torno da revista *Orpheu*, a mais importante das publicações da época. A revista notabilizou-se não só pelo escândalo que provocou, mas também pelos textos publicados e pela influência que exerceu sobre as gerações seguintes.

Revista trimestral que contou com apenas dois números — o terceiro, apesar de produzido, não chegou a ser impresso —, *Orpheu* é o resultado da convivência de jovens artistas que se reuniam nos cafés de Lisboa e buscavam trocar informações e experiências. Tinham em comum a disposição para revolucionar e atualizar a cultura portuguesa e o projeto de divulgá-la no cenário europeu por meio de uma revista que se chamaria *Europa*.

As tendências artísticas presentes em *Orpheu* eram diversificadas. Ao mesmo tempo que se viam velhos valores simbolistas e decadentistas do final do século XIX, via-se também a reformulação desses mesmos valores, orientada pelas novidades propostas pelo Futurismo e pelo Cubismo.

Entre outros, participaram de *Orpheu* e fizeram parte da primeira geração modernista em Portugal Fernando Pessoa, Mário de Sá-Carneiro, Almada Negreiros, Luís de Montalvor e o brasileiro Ronald de Carvalho. Desse grupo, merecem destaque os três primeiros.

Fernando Pessoa: o caleidoscópio poético

Fernando Pessoa (1888-1935) é o principal escritor do Modernismo português e, ao lado de Camões, um dos maiores poetas portugueses de todos os tempos. Nasceu em Lisboa, ficou órfão de pai aos 5 anos e, em 1895, dirigiu-se para a África do Sul com a mãe e o padrasto, nomeado cônsul em Durban. Voltando a Portugal em 1905, escreveu em língua inglesa ainda durante algum tempo, fase da qual resultou a obra *35 sonnets*, publicada em 1918.

Col. CAMJAP/FCG. Foto: José Manuel Costa Alves

Retrato de Fernando Pessoa, ***pintado em 1954 por Almada Negreiros.***

O escritor colaborou em várias revistas literárias e atuou como crítico em *A Águia*, dirigida por Teixeira de Pascoaes, intelectual nacionalista e visionário que teve grande influência sobre ele.

Cultivou tanto a poesia quanto a prosa (contos). Escreveu também alguns textos de estrutura dramática — chamados por ele próprio de "poemas dramáticos" —, como o drama *O marinheiro*, além de ensaios sobre arte e crítica literária. Foi um estudioso da astrologia e do ocultismo.

Mas é na poesia que Fernando Pessoa mais chama a atenção. Sua singularidade e sua criatividade são incomparáveis em toda a literatura de língua portuguesa e, talvez, em toda a literatura universal. Tais atributos se devem à intrigante questão da *heteronímia*.

O roçar das línguas

Caetano Veloso, reconhecendo a importância de Fernando Pessoa, reverencia-o, bem como a Luís de Camões e Guimarães Rosa, em sua música "Língua". Os três, por sua importância histórica e por sua inventividade, podem ser considerados os "papas" da literatura em língua portuguesa. Eis um fragmento da canção:

Gosto de sentir a minha língua roçar
A língua de Luís de Camões
[...]
Gosto do Pessoa na pessoa
Da rosa no Rosa.

Heteronímia: máscara e essência

Fernando Pessoa não foi apenas criador de obras literárias, mas também um criador de escritores. Em outras palavras, o seu projeto de arte era tão vasto e sua inteligência, imaginação e capacidade criadora tão amplas, que não lhe bastava criar uma única obra, mesmo que contivesse vários volumes e títulos. Por isso, por meio da imaginação, concebeu várias entidades poéticas, com biografia, traços físicos, profissão, ideologia e estilo próprios.

Ao todo, foram mais de setenta os heterônimos desenvolvidos, semidesenvolvidos ou apenas esboçados. Entre eles destacam-se os três heterônimos perfeitos — Alberto Caeiro, Ricardo Reis e Álvaro de Campos –, seguidos de Bernardo Soares, Coelho Pacheco, Alexandre Search e Charles Robert Anon (a quem o escritor atribuiu os primeiros poemas ingleses que produziu), Frederico Reis, Antônio Mora, Vicente Guedes. E, é claro, não se pode esquecer o próprio nome Fernando Pessoa, que, utilizado também como assinatura de muitos textos, constitui mais uma face da multifacetada obra do escritor.

As razões que teriam levado Fernando Pessoa a esse projeto de arte tão grandioso e ousado têm sido objeto de estudo há décadas e provavelmente ainda deverão ser por muitos anos. A própria obra – riquíssima em reflexões filosóficas e estéticas – contém inúmeras respostas, que, embora não satisfaçam a todas as perguntas, pelo menos oferecem pistas.

Veja, por exemplo, como os versos de Álvaro de Campos respondem à questão.

> Multipliquei-me, para me sentir,
> Para me sentir, precisei sentir tudo.
> Transbordei, não fiz senão extravasar-me,
> despi-me, entreguei-me,
> E há em cada canto da minha alma um altar a um deus diferente.

Contudo, o mais impressionante depoimento do autor sobre a heteronímia está na carta datada de 13/1/1935, escrita ao poeta e crítico Casais Monteiro em resposta à pergunta que este lhe fizera sobre o que era a heteronímia. Eis alguns fragmentos dessa carta:

[...] Vou entrar na gênese dos meus heterônimos literários, que é afinal o que V. quer saber. [...]

Aí por 1912, salvo erro [...] veio-me à ideia escrever uns poemas de índole pagã. Esbocei umas coisas em verso irregular [...] e abandonei o caso. Esboçara-se-me, contudo, uma penumbra mal urdida, um vago retrato da pessoa que estava a fazer aquilo. (Tinha nascido, sem que eu soubesse, o Ricardo Reis.)

Costa Pinheiro. Fernando Pessoa Heterônimo, 1978

Fernando Pessoa heterônimo *(1978), por Costa Pinheiro.*

Ano e meio, ou dois anos depois, lembrei-me um dia de fazer uma partida ao Sá-Carneiro — de inventar um poeta bucólico [...]. Levei uns dias a elaborar o poeta mas nada consegui. Num dia em que finalmente desistira — foi em 8 de março de 1914 — acerquei-me de uma cômoda alta e, tomando um papel, comecei a escrever, de pé, como escrevo sempre que posso. E escrevi trinta e tantos poemas a fio, numa espécie de êxtase cuja natureza não conseguirei definir. Foi o dia triunfal da minha vida, e nunca poderei ter outro assim. Abri com um título — "O Guardador de Rebanhos". E o que se seguiu foi o aparecimento de alguém em mim, a quem dei desde logo o nome de Alberto Caeiro. Desculpe-me o absurdo da frase: aparecera em mim o meu mestre. Foi essa a sensação imediata que tive. E tanto assim que, escritos que foram esses trinta e tantos poemas, imediatamente, peguei noutro papel e escrevi, a fio, também, os seis poemas que constituem a "Chuva Oblíqua", de Fernando Pessoa. Imediatamente e totalmente... Foi o regresso de Fernando Pessoa Alberto Caeiro a Fernando Pessoa ele só. Ou melhor, foi a reação de Fernando Pessoa contra a sua inexistência como Alberto Caeiro.

Aparecido Alberto Caeiro, tratei logo de lhe descobrir — instintiva e subconscientemente — uns discípulos. Arranquei do seu falso paganismo o Ricardo Reis latente, descobri-lhe o nome, e ajustei-o a si mesmo, porque nessa altura já o via. E, de repente, e em derivação oposta à de Ricardo Reis, surgiu-me impetuosamente um novo indivíduo. Num jato, e à máquina de escrever, sem interrupção nem emenda, surgiu a "Ode Triunfal" de Álvaro de Campos — a Ode com esse nome e o homem com o nome que tem.

....

Como escrevo em nome desses três?... Caeiro por pura e inesperada inspiração, sem saber ou sequer calcular que iria escrever. Ricardo Reis depois de uma deliberação abstrata, que subitamente se concretiza numa ode. Campos quando sinto um súbito impulso para escrever e não sei o quê. [...]

(In: Fernando Pessoa. *Obra poética*. Rio de Janeiro: Aguilar, 1965. p. 674-6.)

partida: brincadeira, pirraça.
urdido: tecido, disposto, tramado.

Alberto Caeiro: a poesia da sensação

Alberto Caeiro é considerado por Fernando Pessoa o seu mestre, assim como o de Ricardo Reis e Álvaro de Campos. Espécie de poeta-filósofo, que extrai seu pensamento não de livros nem da civilização, mas de seu contato direto com as coisas e com a natureza, Alberto Caeiro crê que o homem complicou demais as coisas com a metafísica, com suas teorias filosóficas e científicas, com suas religiões. Por isso defende a simplicidade da vida e a *sensação* como único meio válido para a obtenção do conhecimento:

O jogo de espelhos

Em um trecho da carta que escreveu a Casais Monteiro, Pessoa diz:

> **Sinto-me múltiplo.** Sou como um quarto com inúmeros espelhos fantásticos que torcem para reflexões falsas uma única anterior realidade que não está em nenhuma e está em todas. [...] Sinto-me viver vidas alheias, em mim, incompletamente, como se o meu ser participasse de todos os homens [...].
>
> [...]
>
> **"SÊ PLURAL COMO O UNIVERSO!"**

(Apud Amélia Pinto Pais. *História da literatura em Portugal*. Lisboa: Areal, 2005. p. 66.)

Creio no mundo como num malmequer
Porque o vejo. Mas não penso nele
Porque pensar é não compreender...

O Mundo não se fez para pensarmos nele
(Pensar é estar doente dos olhos)
Mas para olharmos para ele e estarmos de acordo...

Eu não tenho filosofia: tenho sentidos...
Se falo na Natureza não é porque saiba o que ela é,
Mas porque a amo, e amo-a por isso,
Porque quem ama nunca sabe o que ama
Nem sabe por que ama, nem o que é amar...

Amar é a eterna inocência,
E a única inocência não pensar...

(*Obra poética*, cit., p. 204-5.)

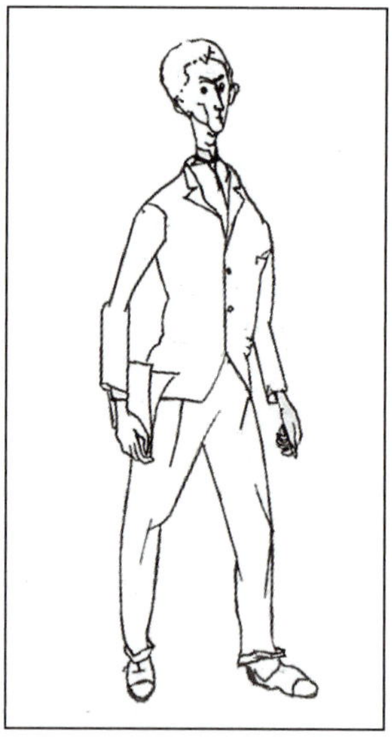

Alberto Caeiro, em desenho de Almada Negreiros.

Essas *sensações* — que são os pensamentos do poeta — são captadas por todos os órgãos de sentido, mas principalmente pela visão. Veja os versos a seguir.

O essencial é saber ver,
Saber ver sem estar a pensar,
Saber ver quando se vê,
E nem pensar quando se vê
Nem ver quando se pensa.

Mas isso (tristes de nós que trazemos a alma vestida!)
Isso exige um estudo profundo,
Uma aprendizagem de desaprender.

(Idem, p. 217.)

Integrado nas leis do Universo como se fosse uma árvore ou um animal qualquer, Caeiro vive apenas o presente e, com uma postura quase infantil, sem subjetivismo ou idealizações, procura *ver* o real como ele se configura, na sua simplicidade, sem mistérios, porque estes estão na imaginação do homem:

O mistério das cousas? Sei lá o que é mistério!
O único mistério é haver quem pense no mistério.

Leitura

O poema abaixo é a parte IX de "O guardador de rebanhos", de Alberto Caeiro.

Sou um guardador de rebanhos.
O rebanho é os meus pensamentos.
E os meus pensamentos são todos sensações.
Penso com os olhos e com os ouvidos
E com as mãos e os pés
E com o nariz e a boca.

Pensar uma flor é vê-la e cheirá-la
E comer um fruto é saber-lhe o sentido.

Por isso quando num dia de calor
Me sinto triste de gozá-lo tanto,
E me deito ao comprido na erva,
E fecho os olhos quentes,

Sinto todo o meu corpo deitado na realidade,
Sei a verdade e sou feliz.

(*Obra poética*, cit., p. 212-3.)

1. O eu lírico do texto se diz um "guardador de rebanhos". No entanto, ele não arrebanha bois nem ovelhas. O que arrebanha?

2. Destaque um ou mais versos do texto que ilustrem a atitude de substituir o racionalismo pelo sensacionismo cultivada pelo eu lírico.

3. Releia os dois últimos versos do poema. O que é para o eu lírico:

a) a realidade?

b) a verdade?

c) a felicidade?

4. Como se vê no poema lido, a produção de Alberto Caeiro tende à simplicidade de ideias. Observe agora o poema no plano da expressão, isto é, a estrofação, a métrica dos versos, o vocabulário, o ritmo, a sonoridade em geral, etc. Forma e conteúdo estão em harmonia ou não? Justifique.

Ricardo Reis: o sopro clássico

O heterônimo Ricardo Reis representa a faceta clássica da obra de Fernando Pessoa. De acordo com a biografia que lhe criou o autor, Reis é monarquista, educado em colégio de jesuítas, amante das culturas grega e latina e residente no Brasil.

Como seu mestre Caeiro, também é indiferente à vida social, valoriza a vida campestre e a simplicidade das coisas. Contudo, enquanto Caeiro sente-se feliz, integrado à natureza, Reis se sente o fruto de uma civilização cristã decadente, que caminha fatalmente para a destruição.

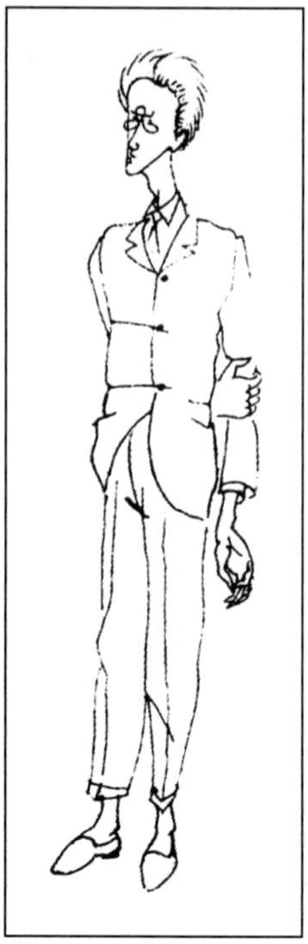

Ricardo Reis, por Almada Negreiros.

A morte de Ricardo Reis

Em 1984, José Saramago publicou um livro curioso, considerado por alguns sua obra-prima: *O ano da morte de Ricardo Reis*.

> A ideia que originou o livro é simples e engenhosa. Quando morre, em 1935, Fernando Pessoa só havia "matado" um de seus heterônimos, Alberto Caeiro; que teria acontecido com os outros?, pensou Saramago. É assim que resolve contar como, após receber um telegrama de Álvaro de Campos informando-o da morte de Pessoa, Ricardo Reis resolve deixar o Brasil, onde morava, e voltar para Lisboa, local em que passará o último ano de sua vida, em meio a dois amores, encontros com o fantasma de seu criador e todos os eventos de uma conturbada Europa que vivia os prenúncios da Segunda Guerra Mundial.
>
> (Adriano Schwartz. *Folha de S. Paulo*, 18/10/1998.)

No plano individual, há a consciência da passagem do tempo e da inevitabilidade da morte. Nada resta a fazer, pois o destino de cada um já foi traçado pelo fado (fatalidade). Observe os versos a seguir.

Tudo que cessa é morte, e a morte é nossa
Se é para nós que cessa. Aquele arbusto
Fenece, e vai com ele
Parte da minha vida.
Em tudo quanto olhei fiquei em parte.
Com tudo quanto vi, se passa, passo,
Nem distingue a memória
Do que vi do que fui.

A cada qual, como a statura, é dada
A justiça: uns faz altos
O fado, outros felizes.
Nada é prêmio: sucede o que acontece.
Nada, Lídia, devemos
Ao fado, senão tê-lo.

(*Obra poética*, cit.)

fado: destino.
fenecer: morrer naturalmente.

Porém, enquanto a morte não chega, convém aproveitar os prazeres que a vida pode oferecer, mas sem excessos:

Amemo-nos tranquilamente, pensando que
[podíamos,
Se quiséssemos, trocar beijos e abraços e carícias,
Mas que mais vale estarmos sentados ao pé um
[do outro
Ouvindo correr o rio e vendo-o.

(Idem, p. 191.)

De acordo com as teorias do filósofo grego Epicuro, o homem deve buscar uma vida de prazeres naturais, de equilíbrio, sem paixões violentas. Ricardo Reis, numa atitude tipicamente epicurista, desconfia da felicidade extrema; por isso a evita ou a controla com a razão.

Enquanto a visão de mundo de Caeiro reside no objeto, nas coisas, a de Reis é extraída das próprias ideias, da abstração filosófica.

Ricardo Reis, enfim, é um neoclássico, por várias razões: pelo espírito grave e estilo elevado; pela busca de perfeição e equilíbrio; pelo intelectualismo e convencionalismo; pela frieza e distanciamento na relação amorosa; pela presença da mitologia pagã.

Leitura

Só o ter flores pela vista fora
Nas áleas largas dos jardins exatos
Basta para podermos
Achar a vida leve.

De todo o esforço seguremos quedas
As mãos, brincando, pra que nos não tome
Do pulso, e nos arraste.
E vivamos assim,

Buscando o mínimo de dor ou gozo,
Bebendo a goles os instantes frescos,
Translúcidos como água
Em taças detalhadas.

Da vida pálida levando apenas
As rosas breves, os sorrisos vagos,
E as rápidas carícias
Dos instantes volúveis.

Pouco tão pouco pesará nos braços
Com que, exilados das supernas luzes,
Escolhermos do que fomos
O melhor pra lembrar

Quando, acabados pelas Parcas, formos,
Vultos solenes de repente antigos,
E cada vez mais sombras,
Ao encontro fatal

Do barco escuro no soturno rio,
E os nove abraços do horror estígio,
E o regaço insaciável
Da pátria de Plutão.

(*Obra poética*, p. 257-8.)

álea: fileira de arbustos ou de árvores.
estígio: relativo a Estige, rio do inferno na mitologia grega.
Parcas: entidades que, segundo a mitologia, fiavam, enovelavam e cortavam o fio da vida.
Plutão: deus do fogo.
queda: caída.
regaço: cavidade formada por vestuários entre os joelhos e a cintura de quem está sentado; colo.
superna: superior.

Julio Pomar "Fernando Pessoa" 1986

Fernando Pessoa *(1986), por Julio Pomar.*

1. O poema apresenta um conteúdo filosófico, desenvolvendo reflexões acerca de como viver. De acordo com a concepção do eu lírico:

a) De que forma deve ser o relacionamento com a pessoa amada? Retire do poema um trecho que comprove sua resposta.

b) O que se leva da vida? Retire do poema um trecho que comprove sua resposta.

2. Ao refletir sobre a vida, o eu lírico acaba por expressar também seu ponto de vista sobre a morte. Qual é o significado da morte para o eu lírico?

3. O poema apresenta várias características que podem ser relacionadas com a tradição da cultura clássica greco-latina. Identifique, no poema, atitudes, trechos ou ideias que exemplifiquem as seguintes características da tradição clássica:

a) racionalismo;

b) universalismo;

c) mitologia pagã.

4. No plano das ideias, como se vê, o poema se filia à tradição clássica. Observe-o agora no plano da expressão: a estrofação, a métrica, o vocabulário e as construções sintáticas dos versos. Esses aspectos formais estão em sintonia com o plano das ideias? Por quê?

Álvaro de Campos: a energia futurista

Dos três heterônimos, Álvaro de Campos é o mais afinado com a tendência modernista, particularmente com o Futurismo. Engenheiro formado em Glasgow, conforme a biografia que Pessoa criou para ele, Campos é um homem voltado para o *presente*, apesar de trazer consigo saudades do tempo de menino.

Como seu mestre Alberto Caeiro, emprega o verso livre. Seu verso contém, porém, uma energia explosiva, que o difere da quase poesia em prosa de Caeiro. Procurando transmitir o espírito do mundo moderno, um mundo de máquinas, de multidões e de velocidade, a poesia de Álvaro de Campos é solta, às vezes desleixada, febril, verdadeira inspiração sem comando, cheia de gritos que exclamam e interrogam. Tais traços revelam a influência do poeta americano Walt Whitman sobre Álvaro de Campos ou sobre Fernando Pessoa.

Como Caeiro, também Campos é sensacionista. Entretanto, o sensacionismo que o caracteriza é moderno, construído a partir das sensações da vida urbana e industrial:

Álvaro de Campos, por Almada Negreiros.

Eia comboios, eia pontes, eia hotéis à hora do jantar
Eia aparelhos de todas as espécies, férreos, brutos, mínimos,
Instrumentos de precisão, aparelhos de triturar, de cavar,
Engenhos, brocas, máquinas rotativas!
Eia! eia! eia!
Eia eletricidade, nervos doentes da Matéria!
Eia telegrafia-sem-fio, simpatia metálica do Inconsciente!
Eia túneis, eia canais, Panamá, Kiel, Suez!
Eia todo o passado dentro do presente!
Eia todo o futuro já dentro de nós! eia!
Eia! eia! eia!
....

(*Obra poética*, cit.)

Na poesia de Álvaro de Campos se verificam três fases: a fase decadentista, ligada à poesia do final do século XIX; a futurista, em que se destaca o poema "Ode marítima", publicado com escândalo na revista *Orpheu*; e a fase pessoal, de descontentamento e aridez interior.

A fase final de Campos, em que o poeta aparece como cosmopolita melancólico e devaneador, aproxima-o do ortônimo Fernando Pessoa ele-mesmo, pela presença da saudade da infância e da dor de pensar.

Leitura

Seguem alguns fragmentos de um dos mais conhecidos poemas de Fernando Pessoa. O poema é da terceira fase da poesia de Álvaro de Campos, a fase da "dor de pensar".

Tabacaria

Não sou nada.
Nunca serei nada.
Não posso querer ser nada.
À parte isso, tenho em mim todos os sonhos do
[mundo.
....
Que sei eu do que serei, eu que não sei o que
[sou?
Ser o que penso? Mas penso ser tanta coisa!
E há tantos que pensam ser a mesma coisa que
[não pode haver tantos!

Miguel Yeco, O teatro íntimo do ser, 1986

O teatro íntimo do ser *(1986), de Miguel Yeco.*

....
(Come chocolates, pequena;
Come chocolates!
Olha que não há mais metafísica no mundo senão chocolates.
Olha que as religiões todas não ensinam mais que a confeitaria.
Come, pequena suja, come!
Pudesse eu comer chocolates com a mesma verdade com que comes!
Mas eu penso e, ao tirar o papel de prata, que é de folha de estanho,
Deito tudo para o chão, como tenho deitado a vida.)
....
Fiz de mim o que não soube,
E o que podia fazer de mim não o fiz.
O dominó que vesti era errado.
Conheceram-me logo por quem não era e não desmenti, e perdi-me.
Quando quis tirar a máscara,
Estava pegada à cara.
Quando a tirei e me vi ao espelho,
Já tinha envelhecido.
Estava bêbado, já não sabia vestir o dominó que não tinha tirado.
Deitei fora a máscara e dormi no vestiário
Como um cão tolerado pela gerência
Por ser inofensivo
E vou escrever esta história para provar que sou sublime.
....
Mas o Dono da Tabacaria chegou à porta e ficou à porta
Olho-o com o desconforto da cabeça mal voltada

E com o desconforto da alma mal-entendendo.
Ele morrerá e eu morrerei.
Ele deixará a tabuleta, eu deixarei versos.
A certa altura morrerá a tabuleta também, e os versos também.
Depois de certa altura morrerá a rua onde esteve a tabuleta,
E a língua em que foram escritos os versos.
Morrerá depois o planeta girante em que tudo isto se deu.
Em outros satélites de outros sistemas qualquer coisa como gente
Continuará fazendo coisas como versos e vivendo por baixo de coisas como tabuletas,
Sempre uma coisa defronte da outra,
Sempre uma coisa tão inútil como a outra,
Sempre o impossível tão estúpido como o real,
Sempre o mistério do fundo tão certo como o sono de mistério da superfície.
Sempre isto ou sempre outra coisa ou nem uma coisa nem outra.

Mas um homem entrou na Tabacaria (para comprar tabaco?)
E a realidade plausível cai de repente em cima de mim
Semiergo-me enérgico, convencido, humano,
E vou tencionar escrever estes versos em que digo o contrário.

Acendo um cigarro ao pensar em
[escrevê-los
E saboreio no cigarro a libertação de
[todos os pensamentos.
Sigo o fumo como um rota própria,
E gozo, num momento sensitivo e
[competente,
A libertação de todas as especulações
E a consciência de que a metafísica é uma
[consequência de estar mal disposto.

Costa Pinheiro

Os óculos do poeta Álvaro de Campos – heterônimo de Fernando Pessoa *(1980), por Costa Pinheiros.*

Depois deito-me para trás na cadeira
E continuo fumando.
Enquanto o Destino mo conceder, continuarei fumando.
(Se eu casasse com a filha da minha lavadeira
Talvez fosse feliz.)
Visto isto, levanto-me da cadeira. Vou à janela.

O homem saiu da Tabacaria (metendo troco na algibeira das calças?)
Ah, conheço-o; é o Esteves sem metafísica.
(O Dono da Tabacaria chegou à porta.)
Como por um instinto divino o Esteves voltou-se e viu-me.
Acenou-me adeus, gritei-lhe *Adeus ó Esteves!*, e o universo
Reconstruiu-se-me sem ideal nem esperança, e o Dono da Tabacaria sorriu.

(*Obra poética*, cit., p. 362-6.)

algibeira: bolso.
dominó: túnica com capuz e mangas para disfarce de mascarados no carnaval.

1. O eu lírico do poema faz considerações a respeito de si mesmo, de sua identidade e de sua relação com o mundo.

a) Como o eu lírico se sente diante da realidade em que vive?

b) Tendo como referência a questão da identidade individual e social de cada ser humano, explique a crítica e a autocrítica existente nestes versos:

> Quando quis tirar a máscara,
> Estava pegada à cara.

2. No texto, são feitas três referências à metafísica. *Metafísica* ("além da física"), no sentido habitual, é todo conhecimento ou especulação filosófica relacionados com o ser ou com sua transcendência. No poema, é com certo desprezo que o eu lírico trata a metafísica, como no verso "Olha que não há mais metafísica no mundo senão chocolates".

a) Apesar disso, o eu lírico pratica a metafísica no poema? Justifique.

b) Qual a vantagem, segundo a visão expressa no texto, em comer bombons, como faz a menina, ou ser como "o Esteves sem metafísica"?

c) Com base na opinião do eu lírico sobre a metafísica, explique o sentido dos versos "(Se eu casasse com a filha da minha lavadeira / Talvez fosse feliz.)".

3. Observe que, na 5ª estrofe, o eu lírico faz uma verdadeira "viagem" mental, especulando sobre seu próprio futuro e sobre o futuro do mundo. Suas reflexões são interrompidas por um fato concreto; um homem (Esteves) entra na tabacaria, fazendo com que a "realidade plausível" caia sobre o eu lírico. Este, agora "acordado", diz:

> Semiergo-me enérgico, convencido, humano,
> E vou tencionar escrever estes versos em que digo o contrário.

a) Com base nesses versos, levante hipóteses: É provável que o eu lírico pretendesse tratar de temas metafísicos ou de temas reais? Por quê?

b) Ele conseguiu seu objetivo? Justifique.

c) Ao dizer, então, que "a metafísica é uma consequência de estar mal disposto", o eu lírico está blefando ou não? Por quê?

Fernando Pessoa ele-mesmo: a canção de Portugal

É difícil dizer se Fernando Pessoa ortônimo condiz mais com aquilo que, de fato, era e pensava o poeta, ou se vem a constituir mais um heterônimo. Além disso, não se pode perder de vista o grandioso projeto de reconstrução da cultura portuguesa alimentado pelo poeta. A fragmentação do eu em vários eus, em vez de diluir, na verdade compõe um rico painel de Portugal, seja como síntese das mais variadas tendências literárias e filosóficas, seja como síntese de tipos humanos.

Fernando Pessoa.

Contudo, o ortônimo Fernando Pessoa é portador de certos traços, como o nacionalismo e o saudosismo, que coincidem com os do homem Fernando Pessoa.

Por exemplo, em 1912, Pessoa escrevia em *A Águia*: "E a nossa grande Raça partirá em busca de uma Índia nova, que não existe no espaço, em naus que são construídas 'daquilo de que os sonhos são feitos'".

É com esse tom visionário e nacionalista que Pessoa ele-mesmo escreveu *Mensagem*, iniciada em 1913 e publicada em 1934 (um ano antes de sua morte). A obra, idealizada por Fernando Pessoa como uma versão moderna da epopeia e com o nome de *Portugal*, acabou resultando numa mistura entre o épico e o lírico.

Épico porque canta os mitos e os heróis coletivos de Portugal, lembrando diretamente *Os lusíadas*, de Luís de Camões; lírico porque expõe os sentimentos de melancolia, saudosismo e euforia de um eu lírico que ora é uma personagem histórica, ora pode ser o próprio poeta.

Retomando o passado grandioso das navegações e das descobertas, Fernando Pessoa procura reacender a chama da conquista, que, tendo sido importante característica do povo português no passado, se apagara com o desaparecimento do rei D. Sebastião, na África. *Mensagem* canta não o Portugal real, de seu tempo, metido num marasmo sem fim, mas o Portugal *sonhado* por seus heróis, loucos e alucinados. É uma obra nacionalista que procura reviver o sonho da grandiosidade da nação, perseguido por vários poetas desde o século XVII. Os seguintes versos do poema "Prece" demonstram esse esforço de Fernando Pessoa:

Mas a chama, que a vida em nós criou,
Se ainda há vida ainda não é finda.
O frio morto em cinzas a ocultou:
A mão do vento pode erguê-la ainda.

Dá o sopro, a aragem, — ou desgraça ou ânsia —,
Com que a chama do esforço se remoça,
E outra vez conquistemos a Distância —
Do mar ou outra, mas que seja nossa!

(*Obra poética*, cit.)

Cantando e declamando Fernando Pessoa

Alguns dos melhores poemas da obra *Mensagem*, de Pessoa, foram musicados pelo compositor André Luiz Oliveira. O resultado está no CD também chamado *Mensagem* (Gradiente, Estúdio Eldorado): onze poemas e onze melodias que vale a pena conferir, principalmente porque são cantados pelas maiores vozes da nossa MPB: Caetano Veloso, Gal Costa, Ney Matogrosso, Gilberto Gil, Elba Ramalho e outros.

O ator Paulo Autran também declama dezessete poemas de Fernando Pessoa no volume 7 da coleção Poesia Falada (Luz da Cidade).

Reprodução

Mas a parte verdadeiramente lírica de Fernando Pessoa ele-mesmo se acha em *Cancioneiro*. Sem que haja um conjunto uniforme de temas ou filosofia definida, nessa obra são explorados temas como saudade, solidão, infância, vida, arte e se encontram atitudes como ceticismo, nostalgia, tédio. Além disso, é patente a consciência que o autor tem de si como poeta que se insere numa tradição da poesia lírica, assim como da ligação de sua poesia com a de Almeida Garrett e Antônio Nobre.

Fernando Pessoa ele-mesmo é, sobretudo, o poeta da inteligência e da imaginação, como exemplificam os versos a seguir.

Isto

Dizem que finjo ou minto
Tudo que escrevo. Não.
Eu simplesmente sinto
Com a imaginação.
Não uso o coração.

Tudo o que sonho ou passo,
O que me falha ou finda
É como que um terraço
Sobre outra coisa ainda.
Essa coisa é que é linda.

Por isso escrevo em meio
Do que não está ao pé,
Livre do meu enleio,
Sério do que não é.
Sentir? Sinta quem lê!

....

(*Obra poética*, cit., p. 165.)

Em busca do processo de criação artística

Fernando Pessoa pertence a uma galeria de artistas que demonstraram não apenas interesse pela criação de obras de arte, mas também uma verdadeira paixão pelo processo de criação. Dessa galeria fazem parte nomes ilustres, como Leonardo da Vinci, Paul Valéry, T. S. Eliot e João Cabral de Melo Neto.

No quadro de Magritte ao lado, no qual se lê a frase "Isto não é um cachimbo", verifica-se que o pintor tinha pelas questões estéticas o mesmo interesse que Fernando Pessoa.

Bruxelas, Courtesy Galerie Isy Brachot

Os dois mistérios *(1966)*, de *René Magritte*.

Leitura

O poema que segue integra a obra *Cancioneiro* e é, provavelmente, o mais conhecido de Fernando Pessoa.

Autopsicografia

O poeta é um fingidor.
Finge tão completamente
Que chega a fingir que é dor
A dor que deveras sente.

E os que leem o que escreve,
Na dor lida sentem bem,
Não as duas que ele teve,
Mas só a que eles não têm.

E assim nas calhas de roda
Gira, a entreter a razão,
Esse comboio de corda
Que se chama o coração.

(*Obra poética*, cit., p. 164-5.)

calha: cano de zinco ou de cobre em que se escoam águas pluviais.
comboio: trem; grupo de carros com o mesmo destino.

Fundação Calouste Gulbenkian, CAMJAP, Lisboa

Autorretrato *(1948)*, de *Almada Negreiros*.

1. O poema apresenta como tema a criação artística, desenvolvendo-o em três planos ou em três níveis, demarcados pelas estrofes. De que trata cada uma das estrofes?

2. Levando em conta que o poeta é um fingidor, levante hipóteses: Por que, de acordo com a 1ª estrofe, o poeta "chega a fingir que é dor / A dor que deveras sente"?

3. De acordo com a 2ª estrofe:

a) A que dores se refere o texto no verso "Não as duas que ele teve"?

b) Os leitores não sentem as duas dores do poeta, "Mas só a que eles não têm".
Levante hipóteses: Que dor pode ser essa sentida pelos leitores?

4. Na última estrofe, são aproximados dois elementos que, historicamente, são a base da criação artística em todos os tempos, ora com o predomínio de um, ora com o predomínio de outro.

a) Quais são esses elementos?

b) Que importância têm esses elementos no jogo da criação literária?

5. O poema tem como título "Autopsicografia". O termo *psicografia* significa relação mediúnica estabelecida entre dois seres humanos, um morto e um vivo, sendo este o meio pelo qual aquele se manifesta por escrito; o prefixo *auto-* significa "por si mesmo". Levando em conta esses dados e considerações sobre realidade, imaginação ou fingimento observadas no poema, dê uma interpretação coerente ao título do poema.

Mário de Sá-Carneiro: labirinto e busca

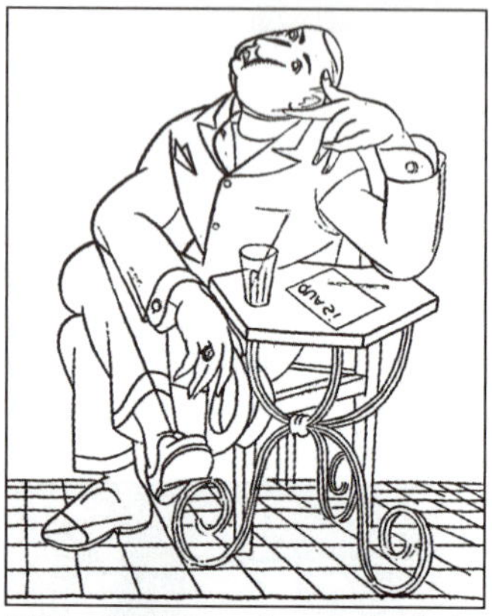

Mário de Sá-Carneiro, companheiro de Fernando Pessoa, retratado por Almada Negreiros.

Ao lado de Fernando Pessoa, Mário de Sá-Carneiro (1890-1916), também participante da revista *Orpheu*, é outra figura de destaque da primeira geração do Modernismo português. O escritor nasceu em Lisboa e ficou órfão de mãe aos 2 anos de idade. O pai, envolvido com a carreira militar, viagens e uma vida boêmia, deixou o filho aos cuidados dos avós, que viviam em uma quinta.

Cercado de mimos e distanciado das dificuldades práticas da vida, Sá-Carneiro tornou-se um adolescente inadaptado, de difícil comunicação com as pessoas, sobretudo com as mulheres, provavelmente por causa de seu complexo de obesidade.

Iniciou sua carreira literária no liceu (equivalente ao ensino médio, atualmente), onde escreveu a peça teatral *Amizade*, em parceria com o amigo (também órfão e inadaptado como ele) Tomás Cabreira Jr. Sá-Carneiro ficou marcado para sempre pela forma como se deu a morte desse amigo, que se suicidou no pátio da escola, diante dos colegas e dos professores, numa mistura de desespero e exibicionismo.

Talvez por causa dessa experiência, a ideia de suicídio esteja presente em várias obras de Sá-Carneiro e o tenha perseguido até a morte.

Os versos do poema "Quase", de Mário de Sá-Carneiro, ilustram esse sentimento de frustração e autodestruição. Coincidentemente, o grupo musical Pato Fu também criou uma canção intitulada "Quase", com a mesma perspectiva diante da vida. Compare os dois textos:

De tudo houve um começo... e tudo errou...
— Ai a dor de ser — quase, dor sem fim... —
Eu falhei-me entre os mais, falhei em mim,
Asa que se elançou mas não voou...

(Mário de Sá-Carneiro. *Obra poética.* Lisboa: Europa-América. s.d., p. 89.)

Ela é quase tudo o que eu sonhei
E eu sou quase aquilo que sempre evitei
E falhei, sim, falhei...
Quase um amor
Quase um caminho
Que me deixou
Quase sozinho
E quase que fiquei contente

("Quase", de John Ulhoa. © by Universal Music Publishing Brasil/Rotomusic Produções e Eventos.)

De fato, a ideia de suicídio acabou se concretizando. Depois de se dedicar à prosa, à poesia e ao teatro, numa vida agitada em meio aos ambientes artísticos de Paris e Lisboa, o escritor, com apenas 25 anos, suicidou-se num quarto de hotel parisiense, deixando cartas para o amigo Fernando Pessoa, para a amante e para o pai.

Tanto as personagens da prosa de ficção quanto o eu lírico dos poemas de Sá-Carneiro são geralmente seres voltados para si mesmos, com a personalidade em desagregação. Por isso, buscam um "outro" no seu próprio interior, um duplo que completasse o vazio existencial e o negativismo do eu primeiro.

Esse desdobramento de personalidade lembra as experiências do amigo Fernando Pessoa com seus heterônimos. Contudo, há uma diferença essencial: enquanto em Pessoa os desdobramentos resultam numa obra rica e diversificada, com várias vozes ou poetas independentes, em Sá-Carneiro a dissociação do eu quase sempre conduz à frustração e à autoflagelação. Provavelmente o suicídio do autor deveu-se à sua incapacidade de conciliar esses dois mundos ou de suportar o mundo real, com seu moralismo e suas convenções. Toda a obra de Sá-Carneiro — de que fazem parte a peça *Amizade*, as novelas de *Princípio* e *Céu em fogo*, a narrativa *A confissão de Lúcio* e o livro de poemas *Dispersão* — foi escrita entre 1912 e 1916.

Leitura

Os versos seguintes são um fragmento do poema "Dispersão", escrito em 1912, em Paris. O poema integra a obra homônima, publicada em 1914.

Dispersão

Perdi-me dentro de mim
Porque eu era labirinto,
E hoje, quando me sinto,
É com saudades de mim.

Passei pela minha vida
Um astro doido a sonhar.
Na ânsia de ultrapassar,
Nem dei pela minha vida...

Para mim é sempre ontem,
Não tenho amanhã nem hoje:
O tempo que aos outros foge
Cai sobre mim feito ontem.

(O Domingo de Paris
Lembra-me o desaparecido
Que sentia comovido
Os Domingos de Paris:

Porque um domingo é família,
É bem-estar, é singeleza,
E os que olham a beleza
Não têm bem-estar nem família).

O pobre moço das ânsias...
Tu, sim, tu eras alguém!
E foi por isso também
Que te abismaste nas ânsias.

A grande ave doirada
Bateu asas para os céus,
Mas fechou-as saciada
Ao ver que ganhava os céus.

Como se chora um amante,
Assim me choro a mim mesmo:
Eu fui amante inconstante
Que se traiu a si mesmo.

Não sinto o espaço que encerro
Nem as linhas que projeto:
Se me olho a um espelho, erro —
Não me acho no que projeto.

Regresso dentro de mim
Mas nada me fala, nada!
Tenho a alma amortalhada.
Sequinha, dentro de mim.

Não perdi a minha alma,
Fiquei com ela, perdida.
Assim eu choro, da vida,
A morte da minha alma.

(*Obras completas de Mário de Sá-Carneiro — Poesias*. Lisboa: Ática, s.d., v. 2, p. 61-5.)

Constança Lucas

1. No poema, o eu lírico faz uma espécie de avaliação de sua trajetória de vida, tratando de momentos vividos no passado e de momentos que vive no presente.
   a) Observe os tempos verbais empregados no texto. Eles confirmam ou negam essa divisão temporal? Por quê?
   b) Tomando por base a 3ª estrofe, que tipo de expectativa o eu lírico tem para o presente e para o futuro?
   c) Que significado tem o passado para o eu lírico?
   d) Como se sente o eu lírico no presente? Comprove sua resposta retirando um ou dois versos do poema.

2. Como é comum nos escritos de Sá-Carneiro, o poema põe em questão a identidade do eu lírico.
   a) Interprete estes versos:

> Não sinto o espaço que encerro
> Nem as linhas que projeto:
> Se me olho a um espelho, erro —
> Não me acho no que projeto.

   b) Retire do texto exemplos de desdobramento da personalidade ou da busca de um "outro" dentro do eu.

3. Justifique o título do poema a partir das ideias nele contidas.

A confissão de Lúcio

A confissão de Lúcio é a mais significativa obra em prosa de Mário de Sá-Carneiro. Desenvolvendo o tema da "busca do outro", em si mesmo, a obra é uma narrativa em primeira pessoa na qual Lúcio faz uma retrospectiva de sua vida, particularmente do período precedente à sua prisão (que o excluíra da vida social por dez anos), decorrente do fato de ter sido acusado da morte do seu amigo Ricardo de Loureiro.

Ambientada no meio intelectual e artístico de Paris no começo do século, a obra retrata a amizade entre Lúcio e Ricardo de Loureiro, ambos escritores. Para Ricardo, contudo, a amizade entre ambos era impossível, já que, de acordo com o seu ponto de vista, a verdadeira amizade exige o relacionamento físico; logo, era inviável a amizade entre os dois, por pertencerem ao mesmo sexo.

Diante desse impasse, muito mais social do que psicológico, Ricardo cria a figura fantasmática de Marta, projeção de seu lado feminino e por meio da qual passa a se relacionar sexualmente com Lúcio.

A partir daí, a narração envereda por um universo absurdo e ilógico, que confere ao autor um papel de precursor de movimentos como o Surrealismo e o Realismo fantástico.

No fragmento a seguir, Ricardo explica a Lúcio quem era realmente Marta, até então tida como esposa de Ricardo e amante de Lúcio.

> — Sim! Marta foi tua amante, e não foi só tua amante... Mas eu não *soube* nunca quem eram os seus amantes. Ela é que mo dizia sempre... *Eu é que lhos mostrava sempre!*
>
> "Sim! Sim! Triunfei encontrando-a!... Pois não te lembras já, Lúcio, do martírio da minha vida? Esqueceste-o?... Eu não podia ser amigo de ninguém... não podia experimentar afetos... Tudo em mim ecoava em ternura... eu só adivinhava ternuras... E, em face de quem as pressentia, só me vinham desejos de carícias, desejos de posse para *satisfazer* os meus enternecimentos, sintetizar as minhas amizades...

Um relâmpago de luz ruiva me cegou a alma.

O artista prosseguiu:

— Ai, como eu sofri... como eu sofri!... Dedicavas-me um grande afeto; eu queria vibrar esse teu afeto — isto é: retribuir-to; e era-me impossível!... Só se te beijasse, se te enlaçasse, se te possuísse... Ah! mas como *possuir* uma criatura do nosso sexo?...

"Devastação! Devastação! eu via a tua amizade, nitidamente a via, e não a lograva sentir!... Era todo de ouro falso...

"Uma noite, porém, finalmente, uma noite fantástica de branca, triunfei! Achei-A... sim, *criei-A! criei-A*... Ela é só minha, entendes?, é só minha! Compreendemo-nos tanto, que Marta é como se fora a minha própria alma. Pensamos da mesma maneira; igualmente sentimos. *Somos nós-dois*... Ah!, e desde essa noite eu soube, em glória soube, vibrar dentro de mim o teu afeto — retribuir-to: mandei-A ser tua! Mas estreitando-te ela, era eu próprio quem te estreitava... Satisfiz a minha ternura: Venci! E ao possuí-la, eu sentia, *tinha nela*, a amizade que te devera dedicar — como os outros sentem na alma as suas afeições. Na hora em que a achei, tu ouves?, foi como se a minha alma, sendo sexualizada, se tivesse materializado. *E só com o espírito te possuí, materialmente!* Eis o meu triunfo... Triunfo inigualável! Grandioso segredo!...

(Publicações Europa-América, s.d. p.131-2.)

Para quem quer mais

Alberto Caeiro

Fernando Pessoa no seu espaço poético (1978/79), de Costa Pinheiro.

O mistério das cousas? Sei lá o que é mistério!
O único mistério é haver quem pense no mistério.
Quem está ao sol e fecha os olhos,
Começa a não saber o que é o sol
E a pensar muitas cousas cheias de calor.
Mas abre os olhos e vê o sol,
E já não pode pensar em nada,
Porque a luz do sol vale mais que os pensamentos
De todos os filósofos e de todos os poetas.
A luz do sol não sabe o que faz
E por isso não erra e é comum e boa.

Metafísica? Que metafísica têm aquelas árvores?
A de serem verdes e copadas e de terem ramos
E a de dar fruto na sua hora, o que não nos faz pensar,
A nós, que não sabemos dar por elas.
Mas que melhor metafísica que a delas,
Que é a de não saber para que vivem
Nem saber que o não sabem?

"Constituição íntima das cousas"...
"Sentido íntimo do Universo"...
Tudo isto é falso, tudo isto não quer dizer nada.
É incrível que se possa pensar em cousas dessas.
É como pensar em razões e fins
Quando o começo da manhã está raiando, e pelos lados das árvores
Um vago ouro lustroso vai perdendo a escuridão.

Pensar no sentido íntimo das cousas
É acrescentado, como pensar na saúde
Ou levar um copo à água das fontes.

O único sentido íntimo das cousas
É elas não terem sentido íntimo nenhum.

Não acredito em Deus porque nunca o vi.
Se ele quisesse que eu acreditasse nele,
Sem dúvida que viria falar comigo
E entraria pela minha porta dentro
Dizendo-me, *Aqui estou!*

(Isto é talvez ridículo aos ouvidos
De quem, por não saber o que é olhar para as cousas,
Não compreende quem fala delas
Com o modo de falar que reparar para elas ensina.)

Mas se Deus é as flores e as árvores
E os montes e sol e o luar,
Então acredito nele,
Então acredito nele a toda a hora,
E a minha vida é toda uma oração e uma missa,
E uma comunhão com os olhos e pelos ouvidos.

Mas se Deus é as árvores e as flores
E os montes e o luar e o sol,
Para que lhe chamo eu Deus?
Chamo-lhe flores e árvores e montes e sol e luar;
Porque, se ele se fez, para eu o ver,
Sol e luar e flores e árvores e montes,
Se ele me aparece como sendo árvores e montes
E luar e sol e flores,
É que ele quer que eu o conheça
Como árvores e montes e flores e luar e sol.

E por isso eu obedeço-lhe,
(Que mais sei eu de Deus que Deus de si próprio?),
Obedeço-lhe a viver, espontaneamente,
Como quem abre os olhos e vê,
E chamo-lhe luar e sol e flores e árvores e montes,
E amo-o sem pensar nele,
E penso-o vendo e ouvindo,
E ando com ele a toda hora.

(In: Fernando Pessoa. *Obra poética,* cit., p. 207-8.)

Ricardo Reis

Fernando Pessoa sentado no jardim *(1933), de Almada Negreiros.*

Vem sentar-te comigo, Lídia, à beira do rio.
Sossegadamente fitemos o seu curso e aprendamos
Que a vida passa, e não estamos de mãos enlaçadas.
(Enlacemos as mãos.)

Depois pensemos, crianças adultas, que a vida
Passa e não fica, nada deixa e nunca regressa,
Vai para um mar muito longe, para ao pé do Fado,
Mais longe que os deuses.

Desenlacemos as mãos, porque não vale a pena cansarmo-nos.
Quer gozemos, quer não gozemos, passamos como o rio.
Mais vale saber passar silenciosamente
E sem desassossegos grandes.

Sem amores, nem ódios; nem paixões que levantam a voz,
Nem invejas que dão movimento demais aos olhos,
Nem cuidados, porque se os tivesse o rio sempre correria,
E sempre iria ter ao mar.

Amemo-nos tranquilamente, pensando que podíamos,
Se quiséssemos, trocar beijos e abraços e carícias,
Mas que mais vale estarmos sentados ao pé um do outro
Ouvindo correr o rio e vendo-o.

Colhamos flores, pega tu nelas e deixa-as.
No colo, e que o seu perfume suavize o momento —
Este momento em que sossegadamente não cremos em nada,
Pagãos inocentes da decadência.

Ao menos, se for sombra antes, lembrar-te-ás de mim depois
Sem que a minha lembrança te arda ou te fira ou te mova,
Porque nunca enlaçamos as mãos, nem nos beijamos
Nem fomos mais do que crianças.

E se antes do que eu levares o óbolo ao barqueiro sombrio,
Eu nada terei que sofrer ao lembrar-me de ti.
Ser-me-ás suave à memória lembrando-te assim — à beira-rio,
Pagã triste e com flores no regaço.

(Idem, p. 256-7.)

Álvaro de Campos

Vista de Lisboa, Portugal.

Lisbon revisited

(1923)

Não: não quero nada.
Já disse que não quero nada.

Não me venham com conclusões!
A única conclusão é morrer.

Não me tragam estéticas!
Não me falem em moral!
Tirem-me daqui a metafísica!
Não me apregoem sistemas completos, não me enfileirem conquistas
Das ciências (das ciências, Deus meu, das ciências!) —
Das ciências, das artes, da civilização moderna!

Que mal fiz eu aos deuses todos?

Se têm a verdade guardem-a!

Sou um técnico, mas tenho técnica só dentro da técnica.
Fora disso sou doido, com todo o direito a sê-lo.
Com todo o direito a sê-lo, ouviram?

Não me macem, por amor de Deus!

Queriam-me casado, fútil, quotidiano e tributável?
Queriam-me o contrário disto, o contrário de qualquer coisa?
Se eu fosse outra pessoa, fazia-lhes, a todos, a vontade.
Assim, como sou, tenham paciência!
Vão para o diabo sem mim,
Ou deixem-me ir sozinho para o diabo!
Para que havemos de ir juntos?

Não me peguem no braço!
Não gosto que me peguem no braço. Quero ser sozinho.
Já disse que sou sozinho!
Ah, que maçada quererem que eu seja da companhia!

Ó céu azul — o mesmo da minha infância —
Eterna verdade vazia e perfeita!
Ó macio Tejo ancestral e mudo.
Pequena verdade onde o céu se reflete!
Ó mágoa revisitada, Lisboa de outrora de hoje!
Nada me dais, nada me tirais, nada sois que eu me sinta.

Deixem-me em paz! Não tardo, que eu nunca tardo...
E enquanto tarda o Abismo e o Silêncio quero estar sozinho.

(Idem, p. 356-7.)

Fernando Pessoa ele-mesmo

Pobre velha música!
Não sei por que agrado,
Enche-se de lágrimas
Meu olhar parado.

Recordo outro ouvir-te.
Não sei se te ouvi
Nessa minha infância
Que me lembra em ti.

Com que ânsia tão raiva
Quero aquele outrora!
E eu era feliz? Não sei:
Fui-o outrora agora.

(Idem, p. 140-1.)

Mar portuguez

Ó mar salgado, quanto do teu sal
São lágrimas de Portugal!
Por te cruzarmos, quantas mães choraram.
Quantos filhos em vão resaram!
Quantas noivas ficaram por casar
Para que fosses nosso, ó mar!

Valeu a pena? Tudo vale a pena
Se a alma não é pequena.
Quem quere passar além do Bojador
Tem que passar além da dor.
Deus ao mar o perigo e o abysmo deu.
Mas nelle é que espelhou o céu.

(Idem, p. 82.)

Nevoeiro

Nem rei nem lei, nem paz nem guerra,
Define com perfil e ser
Este fulgor baço da terra
Que é Portugal a entristecer —
Brilho sem luz e sem arder,
Como o que o fogo-fátuo encerra.

Ninguém sabe que coisa quere.
Ninguém conhece que alma tem,
Nem o que é mal nem o que é bem.
(Que ânsia distante perto chora?)
Tudo é incerto e derradeiro.

Tudo é disperso, nada é inteiro.
Ó Portugal, hoje és nevoeiro...

É a Hora!

Valete, Fratres.

(Idem, p. 89.)

Mário de Sá-Carneiro

Escavação

Numa ânsia de ter alguma cousa,
Divago por mim mesmo a procurar,
Desço-me todo, sem nada achar,
E minh'alma perdida não repousa!

Nada tendo, decido-me a criar:
Brando a espada: sou luz harmoniosa
E chama genial que nada ousa
Unicamente à força de sonhar...

Mas a vitória fulva esvai-se logo...
E cinzas, cinzas só, em vez de fogo...
Onde existo que não existo em mim?
....
....

Um cemitério falso sem ossadas,
Noites d'amor sem bocas esmagadas —
Tudo outro espasmo que princípio ou fim...

Paris 1913 — maio 3.

(*Obra poética*, cit., p. 83.)

Florbela Espanca

Amar!

Eu quero amar, amar perdidamente!
Amar só por amar: aqui... além...
Mais Este e Aquele, o Outro e toda a gente...
Amar! Amar! E não amar ninguém!

Recordar? Esquecer? Indiferente!...
Prender ou desprender? É mal? É bem?
Quem disser que se pode amar alguém
Durante a vida inteira é porque mente!

Há uma primavera em cada vida:
É preciso cantá-la assim florida,
Pois se Deus nos deu voz, foi pra cantar!

E se um dia hei de ser pó, cinza e nada
Que seja a minha noite uma alvorada,
Que me saiba perder... pra me encontrar...

(In: Massaud Moisés. *A literatura portuguesa através dos textos*. 17. ed. São Paulo: Cultrix, 1988. p. 424.)

Florbela Espanca (1894-1930) não se filiou a nenhum movimento literário, mas sua obra recebeu influências de Antero de Quental (no cultivo do soneto) e de Antônio Nobre (pelo caráter sentimental e pela presença da morte).

Abordando temas como sofrimento, solidão, desencanto e erotismo, sua obra situa-se na literatura de orientação saudosista, produzida no final do século XIX e início do século XX.

Atualmente, a obra de Florbela Espanca vem sendo muito apreciada pelo público português e brasileiro e alguns de seus poemas chegaram a ser adaptados para a linguagem musical. O cantor e compositor Fagner, por exemplo, musicou o soneto "Fanatismo".

Reprodução

Para quem quer mais na Internet

Se você quer ler outros textos de Fernando Pessoa e Florbela Espanca, sugerimos acessar nosso *site*: http://pl.atualeditora.com.br/portugues/site/paraquemquermais.

CAPÍTULO 25

O Modernismo em Portugal: a segunda geração

Tiber Begnar/Alamy/Other Images

Coimbra, palco da renovação presencista.

Já no final da década de 20, um grupo de acadêmicos de Coimbra funda a revista Presença. *Sem romper com a geração anterior, os presencistas pretendem abrir novos canais de participação para aqueles que ficaram fora do orfeísmo e, ao mesmo tempo, trazer à literatura portuguesa uma discussão mais profunda sobre teoria da literatura e novas formas de expressão.*

O presencismo, ou a segunda geração do Modernismo português, articulou-se em torno da revista *Presença*, lançada em 1927. Portugal vivia então uma forte crise política, gerada pelo golpe integralista de 1926, que levaria o país à ditadura dois anos depois. Um sentimento de pessimismo político e descrença na República tomava conta do país.

Presença deveria ser uma publicação estritamente literária, sem nenhum compromisso com correntes políticas, sociais ou religiosas. O objetivo central a ser alcançado com sua divulgação era levar adiante o projeto de modernidade iniciado por *Orpheu* e varrer resquícios de romantismo, historicismo e decadentismo que ainda perduravam na cultura portuguesa. Ao mesmo tempo, influenciados por pensadores e escritores como Bergson, Freud, Gide e Proust, os presencistas queriam trazer à literatura portuguesa uma discussão teórica mais consistente sobre as formas de expressão literária.

Portanto, sem que houvesse rupturas com a geração anterior, os membros da *Presença* buscavam opções estéticas que configurassem uma *literatura viva.* José Régio, um dos fundadores da revista, assim se posiciona no primeiro número, no artigo intitulado "Literatura viva":

> Em Arte, é vivo tudo o que é original. É original tudo o que provém da parte mais virgem, mais verdadeira e mais íntima duma personalidade artística. A primeira condição duma obra viva é pois ter uma personalidade e obedecer-lhe.
>
> (Apud Massaud Moisés. *A literatura portuguesa.* São Paulo: Cultrix, 1977. p. 317.)

Capa de um dos números da revista* Presença, *órgão literário que deu início à segunda fase do Modernismo português.

De acordo com o ponto de vista do crítico literário Benjamin Abdala Junior:

> [...] os presencistas divulgaram a concepção vitalista da obra de arte, de forma abstrata. O artista deveria ser "original", "sincero", e revelar a sua "verdade" mais "profunda", conceitos, como se vê, nebulosos. Para tanto, deveria ser ainda um indivíduo "superior" e situar-se acima dos fatos sociais, buscando suas essencialidades individuais. Como é de observar, essas ideias estavam efetivamente distantes da teorização da modernidade artística e bastante próximas de uma espécie de romantismo de ênfase na psicologia.
>
> (Apud Maria Aparecida Santilli e Suely Fadul Villibor Flory. *Literaturas de língua portuguesa – Marcos e marcas.* São Paulo: Arte & Ciência, 2007. p. 282.)

Entre os presencistas, destacam-se José Régio e João Gaspar Simões. Também fizeram parte do grupo Adolfo Casais Monteiro, Miguel Torga, Branquinho da Fonseca e Edmundo de Bettencourt.

José Régio: a poesia entre Deus e o diabo

José Régio (1901-1969) é dos mais significativos escritores portugueses do século XX e, provavelmente, a principal expressão do grupo formado em torno da revista *Presença*, da qual foi um dos fundadores e diretores. O poeta nasceu em Vila do Conde (Porto), estudou Letras em Coimbra e exerceu o magistério.

Sua vasta produção, iniciada com a publicação de *Poemas de Deus e do diabo*, em 1925, dois anos antes da criação da revista *Presença*, abrange a poesia, o romance, o conto, o teatro e a crítica literária.

Entre outras obras em verso, publicou *As encruzilhadas de Deus* e *Mas Deus é grande*. Seu primeiro romance, *Jogo da cabra cega* (1934), é considerado um dos marcos da prosa contemporânea; sucederam-no *Davam grandes passeios aos domingos* e *A velha casa* (ciclo de cinco romances). No teatro, entre outras peças, escreveu *Jacob e o anjo* e *Benilde ou a virgem-mãe*.

José Régio.

De modo geral, a produção de José Régio caracteriza-se pela abordagem introspectiva e psicanalítica e pela sondagem dos conflitos e das aspirações do homem em sua relação com o mundo.

O tema religioso ganha destaque especial porque põe a nu as contradições do ser humano, dividido entre o bem e o mal, entre o espírito e a matéria, entre Deus e o diabo.

Nos poemas de fundo religioso dos primeiros livros de José Régio, costuma haver uma identificação entre o eu lírico e a figura de Cristo, ambos irmanados pela dor, pelo sofrimento e pelo sentimento de inadaptação ao mundo. O poema seguinte ilustra essa atitude.

Cristo

Quando eu nasci, Senhor! Já tu lá estavas,
Crucificado, lívido, esquecido.
Não respondeste, pois, ao meu gemido,
Que há muito tempo já que não falavas...

Redemoinhavam, longe, as turbas bravas,
Alevantando ao ar fumo e alarido.
E a tua benta Cruz de Deus vencido,
Quis eu erguê-la em minhas mãos escravas!

A turba veio então, seguiu-me os rastros;
E riu-se, e eu nem sequer fui açoitado,
E dos braços da Cruz fizeram mastros...

Senhor! Eis-me vencido e tolerado:
Resta-me abrir os braços a teu lado,
E apodrecer contigo à luz dos astros!

(*Poemas de Deus e do diabo*. 8. ed. Porto: Brasília Ed., 1972. p. 31.)

Leitura

O poema a seguir pertence à obra *Poemas de Deus e do diabo* e é um dos mais conhecidos de José Régio. (Maria Bethânia, no disco *Nossos momentos*, Philips, 1982, declama esse texto. Se possível, ouça-a.)

Cântico negro

"Vem por aqui" — dizem-me alguns com [olhos doces,
Estendendo-me os braços, e seguros
De que seria bom que eu os ouvisse
Quando me dizem: "vem por aqui"!
Eu olho-os com olhos lassos,
(Há, nos meus olhos, ironias e cansaços)
E cruzo os braços,
E nunca vou por ali...
A minha glória é esta:
Criar desumanidade!
Não acompanhar ninguém.
— Que eu vivo com o mesmo sem-vontade
Com que rasguei o ventre a minha Mãe.

Não, não vou por aí! Só vou por onde
Me levam meus próprios passos...

Se ao que busco saber nenhum de vós responde,
Por que me repetis: "vem por aqui"?
Prefiro escorregar nos becos lamacentos,
Redemoinhar aos ventos,
Como farrapos, arrastar os pés sangrentos,
A ir por aí...

Se vim ao mundo, foi
Só para desflorar florestas virgens,
E desenhar meus próprios pés na areia inexplorada!
O mais que faço não vale nada.

Como, pois, sereis vós
Que me dareis impulsos, ferramentas, e coragem
Para eu derrubar os meus obstáculos?...
Corre, nas vossas veias, sangue velho dos avós,
E vós amais o que é fácil!

Eu amo o Longe e a Miragem,
Amo os abismos, as torrentes, os desertos...

Ide! tendes estradas,
Tendes jardins, tendes canteiros,
Tendes pátrias, tendes tetos,
E tendes regras, e tratados, e filósofos, e sábios.
Eu tenho a minha Loucura!
Levanto-a, como um facho, a arder na noite escura,
E sinto espuma, e sangue, e cânticos nos lábios...
Deus e o Diabo é que me guiam, mais ninguém.
Todos tiveram pai, todos tiveram mãe;
Mas eu, que nunca principio nem acabo,
Nasci do amor que há entre Deus e o Diabo.

Ah, que ninguém me dê piedosas intenções!
Ninguém me peça definições!
Ninguém me diga: "vem por aqui"!
A minha vida é um vendaval que se soltou.
É uma onda que se alevantou.
É um átomo a mais que se animou...
Não sei por onde vou,
Não sei para onde vou
— Sei que não vou por aí!

(*Poemas de Deus e do diabo*, cit., p. 57-9.)

Ilustração do próprio José Régio para o poema "Cântico negro".

lasso: cansado, fatigado.

1. O eu lírico dirige-se a seus interlocutores, criticando-os por seus valores e por sua visão de mundo. De acordo com o texto:

a) Quem provavelmente são esses interlocutores e qual a sua visão de mundo?

b) Em que os valores do eu lírico diferem dos valores de seus interlocutores?

c) Como se sente o eu lírico em sua relação com o mundo?

2. Na penúltima estrofe do poema, é apontada uma causa possível da inadaptação do eu ao mundo. Identifique-a e explique-a.

3. Com base nas ideias do poema, justifique o seu título.

José Régio, em seu prefácio a *Poemas de Deus e do diabo*, explicita os princípios que norteiam sua postura tanto diante do mundo, conforme se observa no poema "Cântico negro", quanto diante da própria arte:

> Só por um Modernismo assim aberto lutou na *Presença* e tem continuado a lutar até hoje: pela liberdade que pertence a cada artista original de forjar ele mesmo, e para si mesmo, as suas leis ou evasões. Melhor: de se não submeter senão aos limites, regras, fugas, caracteres a que o submeta a sua própria natureza humano-artística.

4. José Régio persegue, na literatura portuguesa, a tradição de Guerra Junqueiro, cuja poesia é marcada por um tom grandiloquente e dramático. Em "Cântico negro", o caráter dramático do texto reside, sobretudo, no tom declamatório dos versos e na força de algumas imagens.

a) Destaque alguns versos que comprovem essa afirmação.

b) Que aspectos do poema se identificam com a representação teatral?

Miguel Torga: os mitos da terra e do céu

Arquivo Diário de Notícias

Miguel Torga.

Miguel Torga, pseudônimo de Adolfo Correia da Rocha (1907-1995), formou-se em Medicina pela Universidade de Coimbra, onde se juntou ao grupo que vinha publicando a revista *Presença*. Alguns anos depois, contudo, rompe com o grupo e, juntamente com Branquinho da Fonseca, funda as revistas *Sinal* e *Manifesto*.

Ao lado de José Régio, Miguel Torga é uma das principais expressões da orientação lírico-dramática que caracterizou a poesia da segunda geração do Modernismo em Portugal. Tal qual se verifica na obra de Régio, a produção de Torga é marcada por inquietações religiosas e questionamentos existenciais de fundo cristão. Há uma permanente tentativa de comunicação com o mundo, que se frustra em virtude do egoísmo ou da indiferença do mundo ou do próprio eu. O que resta dessa experiência são sensações de desespero, angústia existencial e revolta.

Proveniente da região de Trás-os-Montes, o autor imprime à sua obra vários elementos da mitologia rural — a terra, a água, o vento, o pão, etc. —, que servem tanto para a riqueza imagética de seus versos e de sua prosa quanto para a construção de uma riquíssima simbologia bíblica.

O autor cultivou a poesia, em obras como *Ansiedade*, *Rampa*, *Abismo*, a prosa de ficção, em *Pão ázimo*, *A criação do mundo*, *Bichos*, e o teatro, em *Sinfonia*, *Terra firme e mar*.

Leitura

O conto que segue pertence ao livro *Bichos*, publicado em Portugal em 1940.

Jesus

Comiam todos o caldo, recolhidos e calados, quando o menino disse:

— Sei um ninho!

A Mãe levantou para ele os olhos negros, a interrogar. O Pai, esse, perdido no alheamento costumado, nem ouviu. Mas o pequeno, ou para responder à Mãe, ou para acordar o Pai, repetiu:

— Sei um ninho!

O velho ergueu finalmente as pálpebras pesadas, e ficou atento, também.

A criança, então, um tudo-nada excitada, contou. Contou que à tarde, na altura em que regressava a casa com a ovelha, vira sair um pintassilgo de dentro dum grande cedro. E tanto olhara, tanto afiara os olhos para a espessura da rama, que descobrira o manhuço negro, lá no alto, numa galha.

Bichos, do ótimo escritor português Miguel Torga (Nova Fronteira; 156 páginas [...]), reúne catorze histórias que têm animais como protagonistas. Os bichos de Torga, no entanto, não passam de metáforas para que ele vasculhe tormentos dos próprios seres humanos: a insegurança, a fragilidade, a traição. O melhor conto é justamente o menor, "Jesus", que em duas páginas e meia narra a descoberta de um ninho de pintassilgo por um menino muito especial.

(Rinaldo Gama. *Veja*, 10/7/96.)

A Mãe bebia as palavras do filho, a beijá-lo todo com a luz da alma. O pai regressou ao caldo.

Mas o menino continuou. Disse que então prendera a cordeira a uma giesta e trepara pela árvore acima.

De novo o Pai levantou as pálpebras cansadas, e ficou tal e qual a Mãe: inquieto, com a respiração suspensa, a ouvir.

E o pequeno ia subindo. O cedro era enorme, muito grosso e muito alto. E o corpito, colado a ele, trepava devagar, metade de cada vez. Firmava primeiro os braços; e só então as pernas avançavam até onde podiam. Aí paravam, fincadas na casca rija.

A subida levou tempo. Foi até preciso descansar três vezes pelo caminho, nos tocos duros dos ramos. Por fim, o resto teve de ser a pulso, porque eram já só vergônteas as pernadas da ponta.

Capa da edição portuguesa de Bichos *(1944), de Miguel Torga.*

Transidos, nem o Pai nem a Mãe diziam nada. Deixavam apavorados, mudos, que o pequeno chegasse ao cimo, à crista, e pusesse os olhos inocentes no ovo pintado. O ninho tinha só um ovo.

Aqui, o menino fez parar o coração dos pais. Inteiramente esquecido da altura a que estava, procedera como se viver ali, perto do céu, fosse viver na terra, sem precisão dos braços cautelosos agarrados a nada. E ambos viram num relance o pequeno rolar, cair do alto, da ponta do cedro, no chão duro e mortal de Nazaré.

Mas a criança, apesar de mostrar, sem querer, que de todo se alheara do abismo sobre que pairava, não caiu. Acontecera outra coisa. Depois de pegar no ovo, de contente, dera-lhe um beijo. E, ao simples calor da sua boca, a casca estalara ao meio e nascera lá de dentro um pintassilgo depenadinho.

E o menino contava esta maravilha com sua inocência costumada, como quando repetia a história de José do Egipto, que ouvira ler a um vizinho.

Por fim, pôs amorosamente o passarinho entre a penugem da cama, e desceu. E agora, um nada comprometido, mas cheio da sua felicidade, sabia um ninho.

A ceia acabou num silêncio carregado. Só depois, à volta do lume quente do cepo de oliveira em brasido, é que os pais disseram um ao outro algumas palavras enigmáticas, que o pequeno não entendeu. Mas para quê entender palavras assim? Queria era guardar dentro de si a imagem daquele passarinho depenado e pequenino. Isso, e ao mesmo tempo olhar cheio de deslumbramento os dedos da Mãe, que, alvos de neve, fiavam linho.

E tanto se encheu da imagem do pintassilgo, tanto olhou a roca, o fuso, e aqueles dedos, destros e maravilhosos, que daí a pouco deixou cair a cabeça tonta de sono no regaço virgem da Mãe.

(Rio de Janeiro: Nova Fronteira, 1996. p. 79-81.)

brasido: brasa, braseiro.
cepo: tronco.
cordeira: filhote de ovelha.
giesta: planta.
José do Egipto: personagem bíblica, que faz parte do *Gênesis*.
manhuço: expressão portuguesa: provavelmente se refere ao ninho de pintassilgo.
Nazaré: cidade em que nasceu Jesus.
regaço: cavidade do vestido entre a cintura e os joelhos.
roca: haste de madeira em que se enrola o linho.
transidos: assustados.
vergônteas: ramos.

1. O conto possui dois planos narrativos: um deles é a situação que estamos conhecendo no presente, à hora do jantar; o outro é a situação vivida e narrada pelo garoto.

a) Apesar de serem planos distintos, eles se misturam, de forma que a história passada se reflete na história presente, principalmente no comportamento dos pais. Indique um trecho do texto em que tal técnica se comprova.

b) Aos poucos, a narrativa ganha uma tensão crescente. Por que ocorre isso? Qual é o auge dessa tensão?

2. O conto apresenta várias referências bíblicas, o que leva a crer que a história do garoto esteja simbolizando outra história.

a) Que história ela sugere?

b) A quem corresponde, nessa outra história, cada um dos elementos da família do garoto?

3. O conto intitula-se "Jesus", personagem da história cristã que tanto pode ser associada à ideia de morte quanto a ideia de vida. Relacionando as situações vividas pelo garoto aos significados que tem Jesus na cultura cristã, responda:

a) Que situação do conto se associa à ideia de sacrificio, sofrimento e morte?

b) Que situação se associa à ideia de vida e bondade?

4. Contos de Natal são histórias que narram o nascimento de Cristo ou de outra criança. Pode-se afirmar que o texto lido é um conto de Natal? Por quê?

Para quem quer mais

Branquinho da Fonseca

Não gosto de viajar. Mas sou inspetor das escolas de instrução primária e tenho obrigação de correr constantemente todo o país. Ando no caminho da bela aventura, da sensação nova e feliz, como um cavaleiro andante. Na verdade lembro-me de alguns momentos agradáveis, de que tenho saudades, e espero ainda encontrar outros que me deixem novas saudades. É uma instabilidade de eterna juventude, com perspectivas e horizontes sempre novos. Mas não gosto de viajar. Talvez só por ser uma obrigação e as obrigações não darem prazer. Entusiasmo-me com a beleza das paisagens, que valem como pessoas, e tive já uma grande curiosidade pelos tipos rácicos, pelos costumes, e pelas diferenças de mentalidade do povo de região para região. Num país tão pequeno, é estranhável tal diversidade. Porém não sou etnógrafo, nem folclorista, nem estudioso de nenhum desses aspectos e logo me desinteresso. Seja pelo que for, não gosto de viajar. Já pensei em pedir demissão. Mas é difícil arranjar outro emprego equivalente a este nos vencimentos. Ganho dois mil escudos e tenho passe nos comboios, além das ajudas de custo. Como vivo sozinho, é suficiente para as minhas necessidades. Posso fazer algumas economias e, durante o mês de licença que o Ministério me dá todos os anos, poderia ir ao estrangeiro. Mas não vou. Não posso. Durante este mês quero estar quieto, parado, preciso de estar o mais parado possível. Acordar todas essas trinta manhãs no meu quarto! Ver durante trinta dias se-

Branquinho da Fonseca, nascido em 1905, formou-se em Direito pela Universidade de Coimbra e, ao lado de Miguel Torga, participou da revista *Presença*. Embora tenha cultivado também a poesia e o teatro, foi na ficção que o autor encontrou sua principal expressão.

Pelo fato de desenvolver uma prosa introspectiva e simbólica, com fortes matizes oníricos, em que o real se mistura ao imaginário, Branquinho da Fonseca se aproxima das experiências surrealistas.

Dentre outras obras, o autor, considerado um dos melhores contistas modernos em Portugal, escreveu *Poemas*, *Mar coalhado*, *Rio turvo mar santo*. A obra *O Barão*, da qual se lê o fragmento ao lado, é considerada sua obra-prima no gênero.

guidos a mesma rua! Ir ao mesmo café, encontrar as mesmas pessoas!... Se soubessem como é bom! Como dá uma calma interior e como as ideias adquirem continuidade e nitidez! Para pensar bem é preciso estar quieto. Talvez depois também cantasse, mas a Natureza exige certa monotonia. As árvores não podem mexer-se. E os animais só por necessidade física, de alimento ou de clima, devem sair de sua região. Acerca disso tenho ideias claras e uma experiência bem definida. E até, talvez, a única coisa sobre que tenho ideias firmes e uma experiência suficiente [...]

(*O Barão*. São Paulo: Verbo, 1973. p. 7-10.)

Antônio Botto

Anda um ai na minha vida
Que me lembra a cada passo
A distância que separa
O que eu digo do que eu faço.

Quem mo deu
— Partiu!...
Deixou-me na agrura
Interminável e fria
De ter de o guardar
Como único recurso
De poder viver ainda...

Anda um ai na minha vida,
Como lágrima que passa,
Que passa — mas, que não finda.
Dizê-lo? — nada lucrava.
Guardá-lo? — morro a senti-lo.

Anda um ai na minha vida
Que me lembra a cada passo
A distância que separa
O que eu digo do que eu faço.

(In: Massaud Moisés. *Presença da literatura portuguesa*. 3. ed. São Paulo: Difel, 1974. p. 60.)

Antônio Botto (1902-1959) participou de várias revistas portuguesas, como *Athena e Águia*, e, além de em Portugal, viveu em Angola e no Brasil, onde faleceu.

Cultivou a poesia, o conto e o teatro, mas foi nos dois primeiros gêneros que obteve maior êxito.

Sua obra poética articula-se em torno de dois focos de interesse: de um lado, a poesia "realista", voltada para o retrato da vida urbana lisboeta; de outro, uma poesia erótica, expressão da sexualidade ambígua do autor.

Dentre outras obras, escreveu *Motivos de beleza, Curiosidades estéticas, Dandismo, Ciúme, As canções de Antônio Botto.*

CAPÍTULO 26

Do Neorrealismo ao Surrealismo

Museu do Chiado, Portugal

Varina comendo melancia (*1949*), *do pintor neorrealista português Júlio Pomar.*

No final da década de 1930, coincidindo com a eclosão da Segunda Guerra Mundial, surge, em Portugal, o Neorrealismo, um movimento literário que combate o fascismo e a literatura dita "descompromissada", defendida pela revista Presença, *e propõe uma literatura social, documental, combativa e reformadora. E, a partir de 1950, essa literatura se renova, enriquecendo-se com atitudes existencialistas e surrealistas.*

O Neorrealismo

Jacques Haillot/Sygma/Corbis/Latin Stock

Manifestação de rua em Lisboa, em 1974, durante a Revolução dos Cravos.

O surgimento do Neorrealismo em Portugal está diretamente relacionado com a resistência à ditadura salazarista, ao antifascismo e à eclosão da Segunda Guerra Mundial (1939-45).

Colocando-se contrários ao esteticismo e ao psicologismo da geração presencista, os neorrealistas defendiam uma literatura engajada, combativa, voltada para os problemas político-sociais da nação.

Extrapolando os domínios da literatura, o movimento teve repercussão em diferentes campos da cultura, como a crítica literária, a historiografia e a linguística.

Ferreira de Castro (1898-1974), um dos precursores da nova tendência, já vinha desenvolvendo uma ficção realista, com caráter de reportagem, de compromisso com a verdade dos fatos, como exemplifica seu romance A selva (1930), um retrato da exploração dos seringueiros da Amazônia brasileira.

A influência de Castro, somada à influência do romance social norte-americano e do romance regionalista brasileiro da década de 1930 — que contou com obras de caráter marcadamente político, produzidas por escritores como Graciliano Ramos, Jorge Amado e Rachel de Queiroz —, levou prosadores portugueses a adotar a secura da linguagem, os temas da infância e da adolescência, a análise das relações sociais sob uma perspectiva de luta de classes.

É o que se verifica em *Gaibéus* (1939), de Alves Redol, obra que oficializa o início do Neorrealismo em Portugal. No prefácio dessa obra, o escritor reafirma a posição teórica do movimento: "Este romance não pretende ficar na literatura como obra de arte. Quer ser, antes de tudo, um documentário humano fixado no Ribatejo".

A literatura empenhada

Na década de 1930, com a expansão do nazifascismo, surgiram muitas obras e muitos escritores — em grande parte identificados com as ideias socialistas — que produziam uma literatura engajada, isto é, faziam com seus escritos a defesa de causas sociais e políticas. Em Portugal, por exemplo, o romance *Gaibéus*, de Alves Redol, denuncia a opressão e as precárias condições de vida e trabalho dos camponeses do Norte. No Brasil, *Vidas secas*, de Graciliano Ramos, denuncia as condições sub-humanas dos nordestinos vitimados pela seca.

Principais autores

Entre os inúmeros autores neorrealistas, há aqueles que, num primeiro momento, escrevem romances e contos ligados aos ideais neorrealistas, como Alves Redol (*Gaibéus*, *Avieiros* e *Fanga*), Soeiro Pereira Gomes (*Esteiros*), Manuel da Fonseca (*Aldeia Nova*, *Cerromaior* e *Seara de vento*), Fernando Namora (*Retalhos da vida de um médico*) e Carlos Oliveira (*Casa na duna*, *Alcateia* e *Pequenos burgueses*). Em linhas gerais, esses romances e contos documentam a escravidão do homem humilde ao trabalho e ao homem que o explora e fazem uma profunda crítica à burguesia, responsabilizando-a pelos problemas do país.

Posteriormente, a intenção documental neorrealista de alguns desses autores cede lugar a uma linguagem mais elaborada e a uma dimensão psicológica mais ampla das personagens, como exemplificam os romances *Barranco de cegos*, de Alves Redol, e *O homem disfarçado* e *Domingo à tarde*, de Fernando Namora.

Outros escritores participam do movimento neorrealista em sua obras de estreia, mas se renovam ao longo de sua carreira literária, assimilando princípios de outras tendências – do Existencialismo ou do Surrealismo –, como veremos a seguir.

É importante assinalar que é muito difícil delimitar as fronteiras do Neorrealismo na literatura portuguesa. Alguns críticos e historiadores falam em gerações neorrealistas; alguns apontam o fim do movimento em 1968; outros, em 1974, quando terminou a ditadura salazarista; e há, ainda, os que reconhecem traços neorrealistas em autores contemporâneos.

O certo é que o romance neorrealista, até meados de 1950, continuou preso às estruturas tradicionais, sob a influência de Eça de Queirós, embora ocorressem alguns casos isolados de libertação, como os romances *Nome de guerra*, de Almada Negreiros, *Apenas uma narrativa*, de Antônio Pedro, e *Húmus*, de Raul Brandão.

Alves Redol

Alves Redol (1911-1969) nasceu em Vila Franca de Xira, em Portugal, e, quando adolescente, viveu quatro anos em Angola. Atuou na imprensa e filiou-se ao Partido Comunista Português. Em 1936, proferiu uma conferência em que apoiava os pressupostos teóricos do *realismo socialista*, a exemplo do que fazia Maximo Gorki na União Soviética.

Em obras como *Gaibéus, Marés* (1941), *Avieiros* (1942), retratou a vida difícil dos trabalhadores do Alentejo, do Ribatejo e das margens do Tejo, respectivamente. Também explorou, em obras como *Porto Manso* (1946), o tema dos trabalhadores do Alto Douro, vinculados ao cultivo de uvas e à produção de vinho.

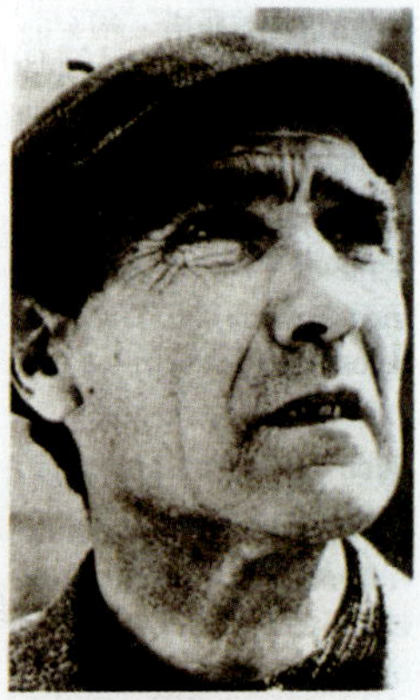

O escritor Alves Redol.

Contudo, na opinião dos críticos, é *Barranco de cegos* a obra-prima do escritor, a que concilia os temas sociais com a questão estética. Nessa obra – que gira em torno dos conflitos de um prepotente latifundiário que tem dificuldade de se adaptar à realidade econômica de seu tempo –, o autor desenvolve uma narrativa não linear, feita sob diferentes pontos de vista e em diferentes vozes, e cria uma metáfora da situação do país.

Alves Redol também escreveu peças de teatro, entre as quais se destaca *Forja* (1948).

Leitura

Gaibéus narra a vida dos gaibéus – modestos camponeses do Norte – em uma plantação de arroz de Lezíria, focalizando sua chegada, seu trabalho e sua partida. A ação transcorre nesse espaço restrito, que o grupo de ceifeiros, presos à terra e ao patrão, só consegue transpor pela imaginação, à noite, quando descansa às margens do rio Tejo.

O texto seguinte, o início do capítulo "Mensagem da nuvem negra", mostra um dos inúmeros episódios da vida sempre igual dos gaibéus.

Pareciam cercados no trabalho pelo braseiro de um fogo que alastrasse na Lezíria Grande. Como se da Ponta de Erva ao Vau a leiva se consumisse nas labaredas de um incêndio que irrompesse ao mesmo tempo por toda a parte.

O ar escaldava; lambia-lhes de febre os rostos corridos pelo suor e vincados por esgares que o esforço da ceifa provocava. O Sol desparecera há muito, envolvido pela massa cinzenta das nuvens cerradas. Os ceifeiros não o sentiam penetrar-lhes a carne abalada pela fadiga. Lento, mas persistente, parecia ter-se dissolvido no ar que respiravam, pastoso e espesso. Trabalhavam à porta de uma fornalha que lhes alimentava os pulmões com metal em fusão.

Quase exaustos, os peitos arfavam num ritmo de máquinas velhas saturadas de movimento.

A ceifa, porém, não parava, e ainda bem — a ceifa levava o seu tempo marcado. Se chovesse, o patrão apanharia um boléu de aleijar, diziam os rabezanos na sua linguagem taurina. Eles próprios não a desejavam; se as foices não cortassem arroz, as jornas acabariam também. E se ao sábado o apontador não enchesse a folha, as fateiras não trariam pão e conduto da vila.

Então os dias tornar-se-iam ainda mais penosos e o degredo por terras estranhas mais insuportável.

Vencidos pelo torpor, os braços não param. Lançam as foices no eito, juntando os pés de arroz na mão esquerda, e o hábito arrasta-os em gestos quase automáticos, mais um passo e outro, a caminho da maracha que fecha o extremo de cada canteiro. Caminham sempre no mesmo balouçar de ombros; as pegadas do seu esforço ficam marcadas na resteva lodosa.

Talvez muitos deles pensem que o arroz deitado nas gavelas repousa primeiro do que os seus corpos. Se pudessem deter-se também, por instantes, e descansarem depois a cabeça nos montes de espigas que deixam atrás de si, a ceifa poderia animar.

Mas o bafo que vem da seara queima mais em cada minuto e as cabeças dos alugados pesam já tanto como o cabo das foices nos braços esgotados. Estão atafulhadas de amarelo, de pensamentos e de grãos de fogo que a canícula doente lhes insuflou no sangue.

Ninguém entoa cantigas para animar, embora os capatazes tenham incitado as raparigas cantaroleiras para o fazer. Nos ranchos não há agora quem saiba cantar.

Como podem as cachopas entrar em cantos ao desafio, se os peitos parecem fendidos pela fadiga e o ar que respiram se tornou lava do vulcão da planície?!...

— Auga!... Auga!... gritam os rapazes aguadeiros.

....

Para o ceifeiro rebelde os brados dos aguadeiros assemelham-se a gritos de socorro no meio do incêndio. Sente-se mais abatido do que os outros, porque compreende as causas da angústia do rancho e sabe que os outros sofrem mais. Ele tem um norte. E os camaradas ainda não encontraram bússola.

"Se todos a tivessem..."

O ceifeiro rebelde pende mais a cabeça para a seara, como se as torturas e as esperanças lhe pesassem.

A ceifa não para — a ceifa não para nunca.

O Agostinho Serra tem os seus encargos, fala deles a toda a hora, e se começa a chover apanha um boléu dos grandes. A Senhora Companhia não perdoa a renda da terra, haja o que houver.

De quando em quando, um deixa a foice e vai saltando as travessas para se ir abaixar a boa distância do olhar dos capatazes.

E procuram todos o mesmo rumo. É que um deles passou ao companheiro do lado que na regadeira do meio a água ainda corre para os canteiros mais rezentos.

A notícia correu de ceifeiro em ceifeiro. Por isso levam todos o mesmo rumo quando largam a foice nas travessas.

Deitados de borco na linha que faz berço às águas, podem refrescar o rosto e molhar a cabeça à vontade. Um deles atirou-se para dentro da regadeira, querendo apagar a chama que lhe consumia o corpo. Quando voltou ao rancho, disse ao capataz que caíra à regadeira, numa explicação tola.

— Empeci num almeirão, seu Francisco.

— Vais fresco, vais. Largas-te aí com algumas sezões que não te ajudas com elas. Vai lá mudar de fato, homem.

(Portugal: Publicações Europa-América, 1980.)

atafulhado: cheio em demasia.
boléu: queda, baque.
cachopa: moça.
empeçar: emaranhar, enredar.
gavela: feixe de espigas.
jorna: salário diário.
seara: campo de cereais.

1. O Neorrealismo demonstra gosto por agrupamentos coletivos, preferindo colocar todo o grupo como personagem principal.
Por que, na sua opinião, o narrador não singulariza os gaibéus?

2. Trace um perfil das condições de vida do gaibéu.

3. Dentre os ceifeiros, destaca-se o ceifeiro rebelde.
a) O que o diferencia dos outros?
b) Qual é a intenção do narrador ao inserir entre os gaibéus anônimos o ceifeiro rebelde e sua ideologia?

4. Agostinho Serra é o patrão, cuja figura se reduplica nos capatazes.
Que papel os capatazes desempenham nessa sociedade rural? Justifique com elementos do texto.

5. Esse texto, predominantemente descritivo, é rico em plasticidade e proporciona ao leitor um quadro vivo e fiel do ambiente em que trabalham os gaibéus.
a) Que outro movimento literário apresenta essas mesmas características?
b) Quais são os objetivos do narrador ao retratar essa realidade?

Os *Cadernos de Poesia*

Na década de 1940, muitos escritores que não se filiavam nem à revista *Presença*, cujo último número foi publicado em 1940, nem ao grupo neorrealista, organizam os *Cadernos de Poesia* (1940-52), cujas publicações contavam com textos de escritores de diversas correntes e tendências. Na primeira série dessas publicações, defendia-se o lema "Poesia é só uma" e ficava explícito o compromisso de divulgar "poesia atual sem dependência de escolas ou grupos literários, estéticas ou doutrinas, fórmulas ou programas".

José Sena (1919-1978).

Assim, participaram desses cadernos tanto escritores consagrados, vindos da *Presença*, quanto escritores novos, como Ruy Cinatti, Tomás Kim, Jorge de Sena, José Augusto França, José Blanc de Portugal, que mais tarde se consagrariam.

Jorge de Sena, um dos escritores mais atuantes dos *Cadernos*, comenta:

> Quando, de certo modo, a gente que fez os *Cadernos de Poesia* [...] buscou ao mesmo tempo um retorno à criação vanguardista, uma autonomia da criação em relação ao "político" (o que não implicava hostilidade em relação ao neorrealismo) e uma individual pesquisa incompatível com manifestos e a pretensa preposição de um "movimento", evidente seria que tal posição não seria compreendida, ou sê-lo-ia o suficiente para ser atacada ou silenciada por todos os interesses já investidos na vida literária, e que todos fingiam ser os representantes daquele vanguardismo que fora proclamado, parcialmente, em 1915.
>
> (Apud Amélia Pinto Pais. *História da literatura em Portugal.* Porto: Areal. s.d. p. 197.)

Os anos 50: do Surrealismo ao Existencialismo

Na década de 1950, surgem duas novas tendências na literatura portuguesa. De um lado, a dos autores de orientação existencialista, nitidamente influenciados pelo Existencialismo, cuja expressão máxima, na filosofia, foram Jean Paul Sartre e Heidegger. De outro lado, a dos escritores de orientação surrealista, influenciados tardiamente pelo Surrealismo de André Breton.

Fazem parte do grupo existencialista autores como Vergílio Ferreira, Urbano Tavares Rodrigues e José Cardoso Pires, entre outros.

Vergílio Ferreira (1916), inicialmente neorrelista, envereda pelo Existencialismo, criando romances que enfocam a procura do sentido da existência ou a dor diante do reconhecimento do absurdo da existência, destacando-se na sua produção três grandes obras: *Aparição, Estrela polar e Alegria breve.*

Urbano Tavares Rodrigues (1923) revela nas obras *A porta dos limites* e *A noite roxa* nítida influência do Existencialismo francês, embora nelas se infiltrem elementos caracteristicamente portugueses, frutos de sua adolescência vivida no Alentejo. Posteriormente, sua ficção envereda por temas cosmopolitas: dramas protagonizados por seres marginalizados numa sociedade de pós-guerra; retratos femininos; a morte como uma situação-limite em oposição a um cotidiano pequeno-burguês vazio. Exemplificam essa fase: *Bastardos do sol* e *Imitação da felicidade.*

José Cardoso Pires (1925), em *O anjo ancorado*, faz a crítica de uma geração cética que, em vez de agir, pensa: "Quando um país não nos dá oportunidade de agir, contentamo-nos em pensar". Com os romances *O hóspede de Job* e *O Delfim*, o autor atinge a plena maturidade literária.

Entre os novos, citam-se ainda Fernanda Botelho (*A gata e a fábula*), Augusto Abelaira (*As boas intenções*), Maria Judite de Carvalho (*Tanta gente, Mariana*).

Quanto à literatura de orientação surrealista, já havia manifestações dela na obra de alguns integrantes do grupo Orpheu. Contudo, somente em 1947 surge **o Grupo Surrealista de Lisboa**, integrado por José Augusto-França, Mário Cesariny de Vasconcelos, Alexandre O'Neill e Antônio Pedro. As propostas de Breton, como o automatismo psíquico, a escrita automática, as pesquisas em torno do desejo e do insconsciente, são observadas na obra desses autores.

O movimento deixa de existir oficialmente em 1952; porém, a influência dessa corrente artística pode ser observada na obra de diversos autores, anteriores e posteriores ao Grupo Surrealista de Lisboa.

Leitura

O texto a seguir pertence ao romance *Aparição*, de Vergílio Ferreira. *Aparição* tem como personagem central um professor do Liceu de Évora, Alberto Soares, com seu drama existencial: o absurdo da morte e a busca de uma justificativa para a vida. O trecho destacado mostra a personagem diante da morte do pai.

Senti um arrepio na ameaça do contacto com uma carne morta. Mas reagi. Que mãos profanas para te tocarem, meu velho? Que outras mãos senão estas da piedade, de um coração despedaçado? Sofro. Vou até ao quarto onde meu pai dorme. Veste as calças de saragoça dos trabalhos agrícolas, as botas ferradas, que não quis tirar para a festa de família. Evaristo recusa-se a colaborar conosco. E, para se justificar, desata aos berros outra vez. Temos de chamar o Antônio. E ele vem, baixo, grosso, a cabeça já branca e uma selva de cabelos no peito descoberto. Entra no quarto, benze-se e atira-se ao trabalho. O mais difícil era descalçar as botas. Eu e o Tomás seguramos o corpo, ele puxa. Não vai. Manda-nos afastar, aproxima-se do ouvido do meu pai e diz-lhe coisas em voz baixa. E depois sozinho, suavemente, tirou as duas botas.

— Todos os mortos se fazem rogados — explicou-nos. — Então a gente pede e eles dão um jeito.

Céus! Onde a minha repugnância? Tudo me esqueceu. Corpo morto, carne morta. Como as pedras. Trabalho com aplicação, quase com gosto. As calças, a camisa, sapatos de verniz — os sapatos é o Antônio quem os calça. Eis-te pronto, meu velho, para a grande viagem. Estás sereno, a face gravada de doçura, de perdão a tudo, à vida, à morte. E uma comoção lenta umedece-me os olhos. Vou até ao meu quarto, abro as janelas para a noite.

Então bruscamente, ataca-me todo o corpo, as vísceras, a garganta, o absurdo negro, o absurdo córneo, a estúpida inverossimilhança da morte. Como é possível? Onde a realidade profunda da tua pessoa, meu velho? Onde não os teus olhos mas o teu olhar?, não a tua boca, mas o espírito que a vivia? Onde não os teus pés ou as tuas mãos mas *aquilo* que eras *tu* e se exprimia aí? Vejo, vejo, céus, ou *vejo aquilo que te habitava e eras tu e sei* que isso não era nada, que era um puro arranjo de nervos, carne e ossos agora a apodrecerem. Mas o que me estrangula de pânico, me sufoca de vertigem é teres sido *vivo,* é tu estares ainda todo uno para mim, na memória do teu riso, no tom da tua voz, que era lenta, sossegada, nas ideias que punhas a viver entre nós, na realidade fulgurante de seres uma pessoa. Recordo-te totalizado, olho-te. Que é que te habita, que é que está em ti e és tu? Não, não é a carne, não é o corpo: é aquilo que lá mora, aquilo que ainda dura de ti nestas salas, neste ar, *aquilo que eras tu*, o teu modo único de ser, aquilo a que nós falávamos, atravessando a tua parte visível. E, no entanto, sei, sei que *esse tu* real que te habitava não era senão a sua morada; como o espaço de uma casa, a intimidade do *home*, são as paredes que o fazem: derrubada a casa, a intimidade que lá havia também morre...

(Lisboa: Portugália, 1959. p. 44.)

1. Depois de preparar o pai morto para a grande viagem, o narrador-personagem, sozinho, em seu quarto, reflete sobre a existência. Segundo o texto, qual é o maior drama da existência?

2. No 4º parágrafo, o narrador-personagem faz a si mesmo uma série de perguntas sobre o sentido da vida e chega a uma conclusão. Qual é ela?

3. Com base na sua resposta anterior, explique por que o narrador-personagem se sente angustiado, sufocado.

4. Valendo para todos os homens a pergunta que o narrador-personagem faz sobre o pai, teríamos a seguinte questão: O que é que está em nós e o que somos nós? De acordo com ele, não é a carne, não é o corpo. Que expressão do texto define, então, o que somos?

Para quem quer mais

Manuel da Fonseca

Os olhos do poeta

O poeta tem olhos de água para refletirem todas as cores do mundo, e as formas e as proporções exatas, mesmo das coisas que os sábios desconhecem. Em seu olhar estão as distâncias sem mistério que há entre as estrelas, e estão as estrelas luzindo na penumbra dos bairros de miséria, com as silhuetas escuras dos meninos vadios esguedelhados ao vento.

Em seu olhar estão as neves eternas dos Himalaias vencidos e as rugas maceradas das mães que perderam os filhos na luta entre as pátrias e o movimento ululante das cidades marítimas onde se falam todas as línguas da terra e o gesto desolado dos homens que voltam ao lar com as mãos vazias e calejadas e a luz do deserto incandescente e trémula, e os gestos dos polos, brancos, brancos, e a sombra das pálpebras sobre o rosto das noivas que não noivaram e os tesouros dos oceanos desvendados maravilhando com contos de fada à hora da infância e os trapos negros das mulheres dos pescadores esvoaçando como bandeiras aflitas e correndo pela costa de mãos jogadas pró mar amaldiçoando a tempestade:

— todas as cores, todas as formas do mundo se agitam e gritam nos olhos do poeta.

Do seu olhar, que é um farol erguido no alto de um promontório, sai uma estrela voando nas trevas tocando de esperança o coração dos homens de todas as latitudes. E os dias claros, inundados de vida, perdem o brilho nos olhos do poeta que escreve poemas de revolta com tinta de sol na noite de angústia que pesa no mundo.

(In: Benjamin Abdala Júnior. *Literaturas de língua portuguesa – Marcos e marcas.* Portugal/São Paulo: Arte & Ciência, 2007. p. 343-4.)

Jorge de Sena

Camões dirige-se aos seus contemporâneos

Podereis roubar-me tudo:
as ideias, as palavras, as imagens,
e também as metáforas, os temas, os motivos,
os símbolos, e a primazia
nas dores sofridas de uma língua nova,
no entendimento de outros, na coragem
de combater, julgar, de penetrar
em recessos de amor para que sois castrados.
E podereis depois não me citar,
suprimir-me, ignorar-me, aclamar até
outros ladrões mais felizes.
Não importa nada: que o castigo
será terrível. Não só quando
vossos netos não souberem já quem sois
terão de me saber melhor ainda
do que fingis que não sabeis,
como tudo, tudo o que laboriosamente pilhais,
reverterá para o meu nome. E mesmo será meu,
tido por meu, contado como meu,
até mesmo aquele pouco e miserável
que, só por vós, sem roubo, haveríeis feito.
Nada tereis, mas nada: nem os ossos,
que um vosso esqueleto há-de ser buscado,
para passar por meu. E para os outros ladrões,
iguais a vós, de joelhos, porem flores no túmulo.

(*As metamorfoses.* In: Alberto da Costa e Silva e Alexei Bueno, orgs. *Antologia da poesia contemporânea.* Rio de Janeiro: Lacerda, 1999. p. 87.)

Tomas Kim

Antes da metralha

Antes da metralha e do dedo da morte...
Antes dum corpo jovem, anônimo,
apodrecer, esquecido, à chuva...
Ou singrar, boiando, nas águas mansas...
Ou se despedaçar contra o céu indiferente...

Antes do pavor e do pranto e da prece...
Um adeus longo e triste
aos poemas amontoados no fundo da gaveta
e à renúncia ao teu amor brando
e às noites calmas e ao sonho inacabado...

Antes da morte sem mistério...
Um adeus longo e triste
à luta de que não se partilhou!

(*Os quatro cavaleiros.* In: Alberto da Costa e Silva e Alexei Bueno, orgs., op. cit., p. 72.)

Capa do nº 1 da revista Lusíada, *fundada no Porto, em 1952.*

Mário Cesariny de Vasconcelos

mágica

É uma estrada no céu silenciosa
um anão sem ninguém que o suspeite
é um braço pregado a uma rosa
um mamilo escorrendo leite

São edênicos anjos expulsos
sonhando quietude e distância
são homens marcados nos pulsos
é uma secreta elegância

São velhos demônios ociosos
fitando o céu bailando ao vento
são gritos rápidos, nervosos
que destroem todo o pensamento

É o frio deserto marinho
operando na escuridão
é o corpo que geme sozinho
é a veia do coração

São aranhas jovens, pernaltas
arrastando embrulhos para o mar
são altas colunas tão altas
que o chão ameaça estalar

São espadas voantes são vielas
passeios de todos e nenhuns
são grandes rectas paralelas
são grandes silêncios comuns

É uma edição reduzida
das aras da história sagrada
é a técnica mais proibida
da mágica mais procurada

É uma estrada no céu silenciosa
por um domingo extenso e plácido
é um anoitecer cor de rosa
um ar inocente, ácido

(*Manual de prestidigitação.* In: Alberto da Costa e Silva e Alexei Bueno, orgs., op. cit., p. 132-3.)

Alexandre O'Neill

A vacas tresmalhadas

As vacas tresmalhadas pelo asfalto
da cidade, fazem fugir quem passa.
Amarelo... Vermelho! Uma atravessa.
É apanhada, seco, dá um salto,

desentranhada um mugido e, abatida,
põe nos olhos mansíssimos a vida,
Que pascigo escolheste, amável bicho?
Se não fora o olhar, já eras lixo.

Vaca malhada tresmalhada, vaca
de leite em sangue, atormentado nó
pulsando no asfalto, agora saca
dos misérrimos bofes o seu muuuu

derradeiro. Já sem dor ou protesto,
é da cidade a vaca mais um resto.

(*De ombro na ombreira*. In: Alberto da Costa e Silva e Alexei Bueno, orgs., op. cit., p. 152.)

Agustina Bessa Luís

O texto a seguir pertence ao romance *A sibila*, cujo enredo gira em torno de uma família de provincianos, encabeçada pelo casal Maria e Francisco, que tem cinco filhos: Estina e Quina e três rapazes. O livro centra-se mais nas figuras femininas, sobretudo em Quina, a sibila do título. O trecho escolhido mostra um pouco da complexa psicologia da heroína.

Claudine Petrolli / AE

Agustina Bessa Luís, uma das principais expressões do romance contemporâneo português.

Quina não era bonita. Tinha de seu pai a estatura, que era pequena, e as falas um tanto capciosas, o gênio profundamente equilibrado. Possuía a virtude de ser frívola apenas com as coisas frívolas, e, o que era mais, compreender exatamente onde havia, de fato, frivolidade. Todos os seus defeitos eram, um por um, os de tia Balbina, sua madrinha. Era, como ela, mentirosa e chicaneira, gostava de grandes relações e não tolerava tudo quanto não conseguia obter. O apuro de educação com que fora criada Estina faltou-lhe a ela, e Quina empenhava-se em demonstrar que superaria sempre essa ou qualquer educação. A mãe habituara-se a vê-la acudir a todas as lidas, presente nas sachas, nas lavouras, nas regas, e na casa, vacilante já, faziam falta braços ativos e o feitio esfogueteado da moça. Mas às vezes pensava que Quina estava feita mulher, chamando já as falas dos casadoiros, e que não fazia honra especial à casa da Vessada, cujas raparigas primavam pelos dons de tecedeiras, com bom conhecimento de caligrafia para tecer "saudade", "felicidade", "lembrança", nas barras das toalhas com efeitos de puxados muito artísticos. Ora, Quina não era, pela instrução, mais do que qualquer moça que se aluga por salário anual, com os "usos", isto é, determinadas mudas de roupa de estamenha e de linho. "Tenho que mandá-la ensinar" — prometia, a si mesma, Maria. Entretanto, a casa viu-se envolvida numa dessas querelas, história terrível, de águas, de justiça, e que o povo parece tomar como um derivativo do vício do jogo. Maria, e logo depois Quina, litigavam como se jogassem. A primeira ficava reduzida a um farrapo, cegava-se, estorcia-se de paixão, morria e revivia a cada contestação e a cada minuto. Esquecia a razão, e arruinava-se prazenteiramente até ao último ceitil; até ao último momento esperava vencer e recuperar tudo, e, se lhe explicavam miudamente as impossibilidades desse resultado, não compreendia. Quina era diferente. Tinha grande fé nas artimanhas dos advogados, achava que sempre, sem exceção, se pode iludir a lei. Cultivava-se em coisas do foro, fazia-se importuna, corria de um juiz a um influente e deste a um delegado, agia de modo próprio, desejava precipitar o lento esmoer da burocracia judicial, comprava testemunhas, impunha teorias, desprezava os legistas que não a favoreciam, e considerava letra morta os seus artigos. Era, enfim, calamitosa e insuportável. De qualquer modo, a questão ficou perdida; a casa da Vessada definitivamente soçobrava.

(Rio de Janeiro: Nova Fronteira, 1982. p. 33-34.)

Agustina Bessa Luís: a paixão da escrita

Dentre as revelações da prosa portuguesa no período compreendido entre os anos 50 e 60, destaca-se a escritora **Agustina Bessa Luís**, a quem deve ser feita uma referência especial.

Originária de um meio social de antigas famílias da aristocracia rural de Entre-Minho-e-Douro, Agustina consegue, em seus romances e contos, conciliar regionalismo e universalismo, analisando com profundidade personagens de seu meio social, muitas vezes decadentes social e economicamente, e personagens do povo que com elas coabitam.

Alheia às influências estrangeiras (o Existencialismo francês, por exemplo) ou portuguesas (presencismo, Neorrealismo ou Surrealismo) e fundindo as experiências literárias de Camilo Castelo Branco ou Raul Brandão com uma visão muito pessoal da cultura e da sociedade portuguesas, Agustina renova o romance de seu país. Confirmam seu talento de grande ficcionista, dentre outros, os romances: *A sibila, Ternos guerreiros, Sermão de fogo, Crônica do cruzado Osb e As fúrias.*

Para quem quer mais na Internet

Se você deseja conhecer mais a fundo a produção dos escritores neorrealistas, existencialistas e surrealistas portugueses, sugerimos acessar os seguintes *sites:*

http://www.vidaslusofonas.pt/soeiro.htm
http://literaturaportuguesadoseculoxx.blogspot.com/2008/11/conto-de-soeiro-perreira-gomes.html
http://www.vidaslusofonas.pt/namora.htm
http://www.jornaldepoesia.jor.br/alexan.html
http://www.jornaldepoesia.jor.br/mcesariny.html
http://www.secrel.com.br/jpoesia///cina.html

CAPÍTULO 27

Tendências da literatura portuguesa contemporânea

O andrógino *(1971), de Lima de Freitas.*

A partir da década de 1960, a literatura portuguesa trilha caminhos semelhantes aos da literatura brasileira. Por um lado, convivem e se influenciam mutuamente escritores vindos de gerações anteriores: do presencismo, do Neorrealismo e do Surrealismo; por outro, surgem novos escritores, que, sem defender uma plataforma de grupo ou de geração, trilham caminhos pessoais, buscando novas experiências estéticas, às vezes advindas de outros países, como o Concretismo brasileiro, ou de outras linguagens, como o cinema.

A Revolução dos Cravos (1974), que pôs fim a 48 anos de salazarismo, deu origem a uma *literatura de guerra*, produzida por escritores envolvidos diretamente nos conflitos das colônias portuguesas na África. Entre esses escritores, destacam-se João de Melo, Manuel Alegre e Antônio Lobo Antunes.

Em paralelo, o retorno à democracia despertou nos escritores portugueses o desejo de recontar sua história por uma ótica crítica e social, contrapondo-se ao discurso colonialista imposto pela ditadura salazarista. São representantes dessa perspectiva Antônio Lobo Antunes, José Saramago e Mário Cláudio.

A poesia

António Ramos Rosa.

A produção poética portuguesa esteve, nos anos 1950-60, associada à publicação de diversas revistas literárias, especialmente *A Árvore* e *A Távola Redonda*. Em torno dessas revistas, surgiram escritores como Cristovam Pavia, Egito Gonçalves, Raul de Carvalho, Antônio Ramos Rosa, Sebastião da Gama, Antônio Manuel Couto Viana e David Mourão-Ferreira.

Em 1961, desponta a tentativa de estruturação de um movimento de vanguarda – empreendida pelo grupo universitário *Poesia 61* –, apoiada principalmente nas experiências concretistas brasileiras. Nesse grupo incluem-se Herberto Helder, Ana Hatherly, Melo e Castro, Fiama Hasse Pais Brandão e Gastão Cruz.

Os poetas do período procuravam incorporar às suas obras as novidades trazidas pela teoria da comunicação e pelo estruturalismo da linguística. Exploravam com ênfase as possibilidades de significação do signo linguístico, dando ênfase à sua dimensão fônica, visual e plástica.

No seguinte depoimento, o poeta brasileiro Alexei Bueno faz referência à diversidade das tendências da poesia portuguesa contemporânea.

Mas eu falava da variedade da poesia portuguesa contemporânea. Passamos da poesia pura de Herberto Helder à de fundo fortemente ético de Jorge de Sena; da ironia cotidiana de um António Gedeão à riqueza formal dos poetas de 61: Gastão Cruz e Fiama Hasse Pais Brandão, entre outros; da inflexão clássica de José Saramago ou da sóbria musicalidade de Luís Filipe de Castro Mendes aos experimentalismos de E. M. de Melo e Castro e Ana Hatherly; das imensas construções líricas de Ruy Belo até os mestres do poema curto, como Albano Martins e Casimiro de Brito; da severidade essencial de António Osório à riqueza sonora das formas em romance, com rimas toantes, de David Mourão-Ferreira; da violência barrocamente individualista de Al Berto ao tom classicamente elegíaco de Paulo Teixeira; da filiação tradicionalista de um Pedro Homem de Melo aos registros decididamente modernos de Luiza Neto Jorge; da ironia pungente de Assis Pacheco à elegância meditativa de Nuno Júdice; da reflexão filosófica e essencial de Fernando Echevarría ao barroquismo expressivo de João Miguel Fernandes Jorge; do uso direto do inconsciente de António Maria Lisboa ao metalinguismo de António Ramos Rosa; da concisão de Carlos de Oliveira à expansão neorromântica de Natália Correia. E os exemplos iriam longe, a distinguir as diferenças entre José Blanc de Portugal, Raul de Carvalho, António Manuel Couto Viana, Fernando Guimarães, João Rui de Sousa, Helder Macedo, Liberto Cruz, Diogo Alcoforado, Fátima Maldonado, Eduardo Guerra Carneiro, Nuno Guimarães, António Franco Alexandre, Helder Moura Pereira, José Augusto Seabra, Maria Teresa Horta, Armando Silva Carvalho, Manuel Gusmão, e ainda além deles. É nessa variedade de dicções e de tradições que consiste, a meu ver, a específica riqueza da poesia portuguesa contemporânea [...].

(Alberto da Costa e Silva e Alexei Bueno, orgs. *Antologia da poesia contemporânea*. Rio de Janeiro: Lacerda, 1999. p. 32.)

Leitura

O poema que segue integra a obra *A secreta viagem*, de David Mourão-Ferreira.

Prelúdio

Tombam secretas madrugadas
e rios densos de pavor
de tuas pernas devassadas
por meu instinto e meu amor.

Em teus joelhos levantados
tocam as pontas de uma estrela.
(Quaisquer receios de pecados
empalidecem à luz dela...)

E as tuas ancas repousadas,
para que meu corpo se concentre,
esperam, cativas, — que as espadas
de amor se cravem no teu ventre.

Milton Rodrigues

(In: Maria Alberta Meneres e E. M. de Melo e Castro, orgs. *Antologia da novíssima poesia portuguesa.* Lisboa: Círculo de Poesia/Livraria Morais, 1961. p. 98.)

1. A palavra *prelúdio* tem vários sentidos, entre os quais se destacam: iniciação, primeiros passos, exercício prévio, prenúncio, ensaio da voz ou do instrumento.
Identifique qual ou quais desses sentidos a palavra assume no contexto do poema. Justifique sua resposta.

2. Que versos da segunda estrofe comprovam uma concepção profana do amor?

3. Retire da última estrofe do poema:
- **a)** um exemplo de aliteração;
- **b)** a palavra que representa um símbolo fálico;
- **c)** a palavra que conota aprisionamento amoroso na relação dialética entre o eu e o outro.

David Mourão-Ferreira: a busca do equilíbrio

David Mourão-Ferreira (1927-1996) foi um dos mais importantes escritores de sua geração. Tanto na poesia quanto na prosa, alcançou raro equilíbrio entre forma e conteúdo, ou entre tradição e modernidade. Cultivou a poesia, o canto, a novela e o romance, mas a poesia é que mais se destaca em sua obra. Foi também professor universitário, ensaísta e divulgador cultural na rádio e na televisão.

Entre outras obras, escreveu *A secreta viagem* (1950), *Infinito pessoal ou a arte de amar* (1966), *Os amantes* (1968), *Amor feliz* (1986).

O teatro

Grandes poetas e prosadores modernos portugueses concentraram sua força dramática na tentativa de proporcionar ao gênero teatral um pouco de modernismo. Empenharam-se nessa direção, entre outros, Almada Negreiros (*Deseja-se mulher*), Branquinho da Fonseca (*A grande estrela*), José Régio (*Jacob e o anjo*), Raul Brandão (*O doido e a morte*), Jorge de Sena (*O indesejado*).

De acordo com o professor Fernando Mendonça, a peça *O mundo começou às 5 e 47*, de Luís

Francisco Rebello, encenada em 1946, marca o início da moderna literatura dramática portuguesa, uma vez que é a partir de então que a produção teatral se revigora, buscando novos temas e recursos cênicos.

> Duas tendências dominantes parecem dividir os dramaturgos dos últimos vinte anos: a temática do homem-só e em luta contra grupos podres de convenções; a temática do homem como animal social, o cômico e o trágico dos seus desajustes, como vencido e como vencedor no esquema da vida que os outros lhe impõem ou que ele impõe aos outros. Problemas, pois, do homem ilhado e do arquipélago social.
>
> (Femando Mendonça. *Para o estudo do teatro em Portugal – 1946-1966*. Assis: Faculdade de Filosofia, Ciências e Letras de Assis, 1971. p. 149.)

Reprodução

Cena da peça Felizmente há luar!, *de Luís Sttau Monteiro, encenada em 1978.*

Além de Francisco Rebello, citam-se ainda como grandes dramaturgos do moderno teatro português Bernardo Santareno (*O crime da aldeia velha*), Luís Sttau Monteiro (*Felizmente há luar!*), José Cardoso Pires (*O render dos heróis*), Augusto Abelaira (*O nariz de Cleópatra*).

A prosa

Por volta de 1960, a prosa portuguesa foi influenciada pelo chamado *nouveau roman* francês, que substituiu ou, em alguns casos, prolongou a influência do existencialismo. Alfredo Margarido, com as obras *No fundo deste canal* e *A centopeia*, e Artur Portela Filho, com *O código de Hamurabi*, tentaram implantar o novo romance em Portugal, porém sem sucesso.

O novo romance teve vida breve, embora se encontrem indícios de sua influência em obras de outros ficcionistas. Atenção especial deve ser dada aos romances *Rumor branco*, de Almeida Faria, e *Os mastins* e *O disfarce*, de Álvaro Guerra. Em *Rumor branco*, as personagens, na maioria adolescentes pertencentes à burguesia tradicional alentejana, procuram libertar-se do clima familiar opressivo em que vivem. *Os mastins* centram-se alegoricamente no imobilismo político e social português, que predominou durante a ditadura de Salazar; *O disfarce* penetra a fundo nos acontecimentos exteriores resultantes desse imobilismo — a guerra colonial.

Com a Revolução dos Cravos, surgem na ficção duas outras tendências (mencionadas no início do capítulo): a *literatura de guerra*, que aborda a guerra colonial ou os conflitos do colonialismo, e a *literatura de fundo histórico*, que procura resgatar, de modo explícito ou alegórico, a história recente de Portugal, tanto tempo oprimido e silenciado pela ditadura salazarista. Ao primeiro grupo, pertencem escritores como Antônio Lobo Antunes, com seu *Conhecimento do inferno*; Wanda Ramos, com *Percurso*; Francisco Assis Pacheco, com *Walt*; e Martins Garcia, com *A fome*. Ao segundo grupo, pertencem José Saramago, com *Levantado do chão* e *Memorial do convento*; José Cardoso Pires, com *Balada da praia dos cães*; Augusto Abelaira, com *Sem teto, entre ruínas*; e Jorge de Sena, com *Sinais de fogo*.

Marcio Fernandes/AE

José Saramago.

José Saramago: a utopia e a crítica da realidade

José Saramago, nascido em 1922, é o mais conhecido escritor da literatura portuguesa contemporânea e, depois de ganhar o prêmio Nobel, tornou-se o mais conhecido escritor em língua portuguesa.

Filho de camponeses, o autor exerceu profissões humildes, como serralheiro, mecânico e desenhista técnico, até tornar-se funcionário público, jornalista autodidata e escritor. Dessa experiência provêm, com certeza, sua identificação com as camadas populares e a defesa dos trabalhadores na luta contra seus opressores. Ideologicamente, sempre se assumiu como homem de esquerda e ateu, isso mesmo depois do fim da União Soviética — o que lhe tem trazido discriminações em vários países, inclusive Portugal.

Saramago estreou na literatura em 1947, com o romance *Terra do pecado*. Depois disso passou a se dedicar ao jornalismo, ficando vinte anos sem publicar literatura.

A fase atual de seu trabalho, que se caracteriza pela conquista de um estilo marcadamente pessoal, inicia-se com a obra *Levantado do chão* (1980). Abolindo os sinais convencionais de pontuação, o autor vale-se exclusivamente da vírgula e do ponto. Com parágrafos que podem ter páginas inteiras, ele conduz a narrativa às vezes de forma ágil e leve, às vezes de forma lenta e intrincada, conforme sua intenção. A fala do narrador frequentemente se mistura à fala das personagens, isoladas apenas pela vírgula, o que exige uma leitura atenta.

Muitas de suas obras resultam de pesquisa histórica, como *A jangada de pedra* (1986), *História do cerco de Lisboa* (1989) e *Memorial do convento* (1982), o seu maior sucesso. Com uma história que se passa no final do século XVII, este último romance narra a construção do convento de Mafra e tem como pano de fundo o Absolutismo, a Inquisição e o despertar das ideias iluministas.

"Levantados do chão"

Em 1997, José Saramago, Chico Buarque de Holanda e Milton Nascimento se uniram para o lançamento do livro *Terra*, de Sebastião Salgado, uma obra fotográfica que registra a luta dos sem-terra no Brasil.

A introdução do livro é de Saramago e em algumas páginas constam versos de Chico que constituem a letra das músicas do CD que foi lançado junto com o livro. Veja alguns versos da canção "Levantados do chão" (título quase homônimo de uma das obras de Saramago), cuja música é de Milton Nascimento:

Como estão? Desgarrados da terra?
Como assim? Levantados do chão?
Como embaixo dos pés uma terra
Como água escorrendo da mão?
[...]
Habitar uma lama sem fundo?
Como em cama de pó se deitar?
Num balanço de rede sem rede
Ver o mundo de pernas pro ar?

Em várias das obras do escritor, há uma atmosfera onírica e surpreendente, que se aproxima das situações insólitas criadas pelo Surrealismo ou pelo realismo fantástico. Em *A jangada de pedra*, por exemplo, a península Ibérica se desprende do continente; em *Ensaio sobre a cegueira* (1995), um surto de cegueira se alastra entre os habitantes de uma cidade; em *Todos os nomes* (1997), uma obra de atmosfera kafkiana, um correto funcionário público da Conservadoria, o Sr. José — responsável pelos arquivos que guardam o registro das realizações de cada uma das pessoas da cidade —, passa a investigar, na vida real, o paradeiro de uma mulher cujos papéis desaparecem da Conservadoria.

Cia. das Letras

Em *Ensaio sobre a lucidez* (2004), Saramago volta ao tema de *Ensaio sobre a cegueira*, retomando algumas personagens e a atmosfera de absurdo do livro anterior, só que agora transposto para uma nova situação insólita: durante as eleições de um país imaginário, os votos não vão nem para os partidos de esquerda, nem para os de centro, nem para os de direita; são todos votos em branco. O branco dos votos, nesse livro, substitui o branco da cegueira, do outro livro.

Em 2008, Saramago faz no Brasil o lançamento mundial do livro *A viagem do elefante.* A história se baseia em um fato verídico, ocorrido em 1551, quando dom João III, então rei de Portugal, decidiu presentear o arquiduque da Áustria com um elefante indiano. Então, foi formada uma comitiva de homens e bois, que acompanhou o animal de Lisboa até Viena. Durante a viagem, como quase ninguém conhecia um elefante, sua passagem por vilas e aldeias provocava festa e espanto. Saramago aproveita-se desse fato insólito para destilar seu tradicional humor e para, criticamente, mostrar a difícil relação entre os homens, bem como entre os homens e os animais.

Cia. das Letras

Partindo de contextos que vão desde a Idade Média em Portugal até os conflitos do homem urbano contemporâneo na virada do milênio, Saramago propicia em seus livros profundas reflexões sobre temas universais e atemporais, como a dominação e a manipulação política por parte dos poderosos, a participação do povo na construção da História, as barreiras que se opõem aos mais profundos sentimentos humanos, como o amor e a solidariedade, a falta de consciência do homem, sua incomunicabilidade, a solidão, o sentido da vida e da morte.

Saramago, que também é poeta e dramaturgo, escreveu ainda, entre outros, os romances *O ano da morte de Ricardo Reis* (1984) e *O evangelho segundo Jesus Cristo* (1991).

Cia. das Letras

Ensaio sobre a cegueira ou o ensaio sobre a (des)razão

Diante do semáforo, vários motoristas esperam o sinal verde. Finalmente ele aparece, mas o carro que está à frente da fila não arranca. Depois de protestos e buzinadas, os motoristas saem de seus carros para ver o que está acontecendo. Surpreendem-se: o motorista daquele automóvel havia subitamente ficado cego.

Assim se inicia a intrigante narrativa de *Ensaio sobre a cegueira*. Depois desse episódio, muitos outros, sucessivamente, vão formando um cenário de caos e horror: os habitantes, um a um, vão ficando cegos, os serviços públicos vão sendo suspensos, começam a ocorrer assaltos a supermercados, as pessoas já não conseguem sair de casa, corpos se amontoam pela cidade, em estado de putrefação. Os valores e os papéis sociais caem por terra, e as pessoas passam a praticar atos e crimes os mais ignóbeis. Vive-se a ética da desrazão.

Saramago e Buñuel

A situação insólita criada em *Ensaio sobre a cegueira* assemelha-se à do filme surrealista *O anjo exterminador* (1962), de Luis Buñuel.

Depois de uma ópera, um grupo de pessoas da alta sociedade se reúne na casa de um milionário para jantar. Porém, no fim da noite, algo inexplicável os impede de sair da casa. Os dias vão passando, os alimentos vão acabando e, aos poucos, as pessoas vão se despindo das regras sociais e mostrando a face oculta de seu ser. Assassinato, estupro e traição são alguns dos comportamentos que afloram em meio à selvageria do grupo de seletos.

Leitura

O texto que você vai ler a seguir retrata uma cena do cotidiano de um grupo de sete cegos, liderados pela mulher do médico, a única pessoa da cidade que não perdeu a visão. Neste episódio, ela acaba de ler um livro para os companheiros.

Nessa noite houve novamente leitura e audição, não tinham outra maneira de se distraírem, lástima que o médico não fosse, por exemplo, violinista amador, que doces serenatas poderiam então ouvir-se neste quinto andar, os vizinhos invejosos diriam, Aqueles, ou lhes corre bem a vida, ou são uns inconscientes e julgam poder fugir à desgraça rindo-se da desgraça dos mais. Agora não há outra música senão a das palavras, e essas, sobretudo as que estão nos

20th Century Fox, Miramax Films

Cena do filme Ensaio sobre a cegueira, *de Fernando Meirelles.*

livros, são discretas, ainda que a curiosidade trouxesse a escutar à porta alguém do prédio, não ouviria mais do que um murmúrio solitário, este longo fio de som que poderá infinitamente prolongar-se, porque os livros do mundo, todos juntos, são como dizem que é o universo, infinitos. Quando a leitura terminou, noite dentro, o velho da venda preta disse, A isto estamos reduzidos, a ouvir ler, Eu não me queixo, poderia ficar assim para sempre, disse a rapariga dos óculos escuros, Nem eu me estou a queixar, só digo que apenas servimos para isto, para ouvir ler a história de uma humanidade que antes de nós existiu, aproveitamos o acaso de haver aqui ainda uns olhos lúcidos, os últimos que restam, se um dia eles se apagarem, não quero nem pensar, então o fio que nos une a essa humanidade partir-se-á, será como se estivéssemos a afastar-nos uns dos outros no espaço, para sempre, e tão cegos eles como nós, Enquanto puder, disse a rapariga dos óculos escuros, manterei a esperança, a esperança de vir a encontrar os meus pais, a esperança de que a mãe deste rapaz apareça, Esqueceste-te de falar da esperança de todos, Qual, A de recuperar a vista, Há esperanças que é loucura ter, Pois eu digo-te que se não fossem essas já eu teria desistido da vida, Dá-me um exemplo, Voltar a ver, Esse já conhecemos, dá-me outro, Não dou, Porquê, Não te interessa, E como sabes que não me interessa, que julgas tu conhecer de mim para decidires, por tua conta, o que me interessa e o que não me interessa, Não te zangues, não tive intenção de magoar-te, Os homens são todos iguais, pensam que basta ter nascido de uma barriga de mulher para saber tudo de mulheres, Eu de mulheres sei pouco, de ti nada, e quanto a homem, para mim, ao tempo que isso vai, agora sou um velho, E zarolho, além de cego, não tens mais nada para dizeres contra ti, Muito mais, nem tu imaginas quanto a lista negra das autorrecriminações vai crescendo à medida que os anos passam, Nova sou eu, e já estou bem servida, Ainda não fizeste nada de verdadeiramente mau, Como podes sabê-lo, se nunca viveste comigo, Sim, nunca vivi contigo, Por que repetiste nesse tom as minhas palavras, Que tom, Esse, Só disse que nunca vivi contigo, O tom, o tom, não finjas que não compreendes, Não insista, peço-te, Insisto, preciso saber, Voltamos às esperanças, Pois voltemos, O outro exemplo de esperança que me recusei a dar era esse, Esse, qual, A última autorrecriminação da minha lista, Explica-te, por favor, não entendo de charadas, O monstruoso desejo de que não venhamos a recuperar a vista, Porquê, Para continuarmos a viver assim, Queres dizer, todos juntos ou tu comigo, Não me obrigues a responder, Se fosses só um homem poderias fugir à resposta, como todos fazem, mas tu mesmo disseste que és um velho, e um velho, se ter vivido tanto tem algum sentido, não deveria virar a cara à verdade, responde, Eu contigo, E por que queres tu viver comigo, Esperas que o diga diante de todos eles, Fizemos uns diante dos outros as coisas mais sujas, mais feias, mais repugnantes, com certeza não é pior o que tens para dizer-me, Já que o queres, então seja, porque o homem que eu ainda sou gosta da mulher que tu és, Custou assim tanto a fazer a declaração de amor, Na minha idade, o ridículo mete medo, Não foste ridículo, Esqueçamos isto, peço-te, Não tenciono esquecer nem deixar que esqueças, É um disparate, obrigaste-me a falar, e agora, E agora é a minha vez, Não digas nada de que te possas arrepender, lembra-te da lista negra, Se eu estiver a ser sincera hoje, que importa que tenha de arrepender-me amanhã, Cala-te, Tu queres viver comigo e eu quero viver contigo, Estás doida, Passaremos a viver juntos aqui, como um casal, e juntos continuaremos a viver se tivermos de nos separar dos nossos amigos, dois cegos devem poder ver mais do que um, É uma loucura, tu não gostas de mim, Que é isso de gostar, eu nunca gostei de ninguém, só me deitei com homens, Estás a dar-me razão, Não estou, Falaste de sinceridade, responde-me então se é mesmo verdade gostares de mim, Gosto o suficiente para querer estar contigo, e isto é a primeira vez que o digo a alguém, Também não mo dirias a mim se me tivesse encontrado antes por aí, um homem de idade, meio calvo, de cabelos brancos, com uma pala num olho e uma catarata no outro, A mulher que eu então era não o diria, reconheço, quem o disse foi a mulher que sou hoje, Veremos então o que terá para dizer a mulher que serás amanhã, Põe-me à prova, Que ideia, quem seria eu para pôr-te à prova, a vida é que decide essas coisas, Uma já ela decidiu.

(*Ensaio sobre a cegueira*. São Paulo: Companhia das Letras, 1995. p. 289-92.)

1. Releia este trecho da narrativa: "Quando a leitura terminou, noite dentro, o velho da venda preta disse, A isto estamos reduzidos, a ouvir ler, Eu não me queixo, poderia ficar assim para sempre, disse a rapariga dos óculos escuros".

a) Identifique nesse trecho a fala do narrador e a das personagens.

b) De que recursos o autor se valeu para delimitar as falas de cada um?

2. No diálogo entre o velho da venda preta e a rapariga dos óculos escuros, o velho, referindo-se aos olhos da mulher do médico, que ainda podem ver, afirma: "se um dia eles se apagarem, não quero nem pensar, então o fio que nos une a essa humanidade partir-se-á, será como se estivéssemos a afastar-nos uns dos outros no espaço, para sempre, e tão cegos eles como nós".

a) Explique essa afirmação do velho.

b) A condição de cegueira absoluta, pela perspectiva do velho, pode ser vista como a era da desrazão? Por quê?

Enigmas do olhar

A percepção visual da realidade, que tanto interessa a Saramago em *Ensaio sobre a cegueira*, também foi objeto de pesquisa de pintores de todos os tempos, como é o caso do surrealista Salvador Dalí.

No quadro abaixo, por exemplo, os cisnes e os tocos refletidos na água têm a aparência de elefantes, mas, se virarmos o quadro de cabeça para baixo, os cisnes se transformam em elefantes, e vice-versa.

Cavalieri Holding Co. Inc. Genebra

Cisnes refletindo elefantes *(1937), de Salvador Dalí.*

3. No diálogo das duas personagens, o velho diz que tem um monstruoso desejo: o de que as pessoas não recuperem a vista. Qual é a razão de tal desejo?

4. A cegueira de que quase todos são vítimas por um lado brutaliza o ser humano, levando-o à condição de animal irracional; por outro, pode aproximar as pessoas. Explique por que, com base no relacionamento entre o velho e a moça.

5. No final dessa obra, as personagens voltam a recuperar a visão, mas estão agora irremediavelmente modificadas, pois, depois daquela experiência, já não podem ver o mundo da mesma forma que antes.

a) Ao abrirmos a obra, deparamos com a seguinte epígrafe: "Se podes olhar, vê. Se podes ver, repara". Estabeleça diferenças entre *olhar*, *ver* e *reparar*.

b) A visão que se tem da realidade está associada diretamente à consciência de cada indivíduo. No poema "Tabacaria", Álvaro de Campos diz: "Se eu casasse com a filha da minha lavadeira / Talvez fosse feliz". Considerando esse dado, responda: Por que a mulher do médico é a personagem que mais sofre na obra?

c) As personagens, depois de recuperarem a visão, passam a perceber a realidade de modo diferente. O leitor da obra, por sua vez, é conduzido pelo narrador ao mundo da cegueira para emergir dele com uma visão cada vez mais clara e ampla da realidade. Com qual dos verbos mencionados na epígrafe (*olhar*, *ver* e *reparar*) essa visão se relaciona?

Antônio Lobo Antunes

Antônio Lobo Antunes (1941) é, ao lado de José Saramago, um dos principais escritores portugueses contemporâneos. Seus romances já foram traduzidos para mais de vinte idiomas, e seu nome foi citado várias vezes para o Prêmio Nobel de Literatura.

Suas narrativas, que manifestam clara consciência crítica em relação à situação histórico-cultural contemporânea, extrapolam o contexto estritamente português e refletem a condição do homem europeu atual.

Cultivou os *romances de guerra*, que têm por tema a luta de libertação das colônias portuguesas na África, e os *romances históricos*, que, afrontando o memorialismo cultural português incentivado pelo salazarismo, buscam uma abordagem crítica da história social e política de Portugal.

Entre outras obras, escreveu *Memória de elefante* (1979), *Os cus de Judas* (1979), *Conhecimento do inferno* (1981), *A ordem natural das coisas* (1992), *Exortação aos crocodilos* (1999), *Ontem não te vi em Babilônia* (2006).

O texto a seguir integra *A ordem natural das coisas*, romance que se volta para o interior das personagens, as quais, em grandes monólogos, recordam o passado e vão montando um quebra-cabeça de lembranças entrecruzadas.

Hector Guerrero/Reuters/Latin Stock

Antônio Lobo Antunes.

(eu prometo que não desligo, eu converso contigo, somos árvores muito grandes que custam a abater, somos as últimas árvores deste bairro sem árvores, exceto as da mata que por milagre resistem à fúria sem razão dos construtores, talvez as formem de azulejo, talvez as encaixilhem em marquises de alumínio, como encaixilharam os pomares e os bezerros do Poço do Chão, levantando à nossa volta um presente sem passado, uma espécie de futuro onde só as torneiras têm direito a lágrimas, somos árvores muito grandes, mãe, somos árvores, mas em que lugar, explique-me, se encontra o espaço das raízes se nos macadamizaram e amadeiraram e alcatifaram a terra, se mesmo o chão do cemitério cobriram de ladrilhos e se para o meu corpo embora magro agora, reduzido a uma sombra que teima e que protesta, nem dois palmos de ervas sobejam e este apartamento se apequena até a exata dimensão do meu espanto, de forma que inventei a Rua Ivens, de forma que inventei Tavira e Esposende e Joanesburgo e Loures, de forma que inventei Alcântara e o rio e os comboios e Peniche e ignoro se o Tejo existe ainda, e a praia da Cruz Quebrada, e os esgotos por onde se escoa esta cidade que de tanto a amar odeio, mas não inventei Mortágua, não inventei São Martinho do Porto, não inventei Benfica, Benfica não, não inventei Benfica, não inventei a agonia do meu pai, não inventei o fim de minha mãe, não inventei esta morte, eu converso contigo, eu não vou me embora, eu não desligo já, mas como comunicar-te, mana, o terror que me espera se de sentimentos não falo, detesto a intimidade da tristeza, detesto o que no medo existe de untuoso, o que no desespero existe de obsceno, nunca ri muito também, acho que não sei rir, quando a minha filha dobrou o riso pela primeira vez eu receei por ela, caminhava a cambalear ao meu encontro de mãos espalmadas na parede, filha, filhinha, Sofia, eu não desligo já, eu converso contigo, mesmo se não formos árvores muito grandes é difícil abater-nos e mesmo que nos abatam ficaremos nos retratos, nos álbuns, nos espelhos, nos objetos que nos prolongam e recordam, nos relógios, meu Deus, que pararão conosco no momento em que pararmos, e tu sorrindo para mim, há tantos anos, o até hoje único sorriso, desculpa, que me fez chorar)

(Rio de Janeiro: Rocco, 1996. p. 259-60.)

Para quem quer mais

Sophia de Mello Breyner Andresen

Cidade

Cidade, rumor e vaivém sem paz das ruas,
Ó vida suja, hostil, inutilmente gasta,
Saber que existe o mar e as praias nuas,
Montanhas sem nome e planícies mais vastas
Que o mais vasto desejo,
E eu estou em ti fechada e apenas vejo
Os muros e as paredes e não vejo
Nem o crescer do mar nem o mudar das luas.

Saber que tomas em ti a minha vida
E que arrastas pela sombra das paredes
A minha alma que fora prometida
Às ondas brancas e às florestas verdes.

(*Poesia*. In: Alberto da Costa e Silva e Alexei Bueno, op. cit., p. 80.)

E. M. de Melo e Castro

A decisão do grito

Decidiu-se que a minha voz seria
um grito
e a minha mão uma arma.

Resolveu-se que o grito seria tudo
o que eu pensasse
e a morte o que agisse.

Um dia apareci homem entre os homens,
e ninguém se espantou,
antes se congratularam estatisticamente.

Só eu, perdido entre tantos gritos
e estrangulado
pelas minhas duas mãos peludas, só eu
estremeci de pavor e fugi, fugi.

Durante anos parti os espelhos
com murros poderosos;
durante anos seguidos ensurdeci aos berros
aos berros!

Depois esqueci-me de como era. Só sei gritar,
gritar, gritar, e conto já com milhares de mortes
e destruições perfeitíssimas.

(*Ignorância da alma*. In: Alberto da Costa e Silva e Alexei Bueno, op. cit., p. 250.)

Gastão Cruz

O sol amarga a luz apodreceu
a presença do sono gela a boca
quem encontrou no cemitério verde
o cadáver intacto deste choro?

Dorme-se e apodrece o pesadelo
o sol nunca existiu e o resto é lodo
temos a boca aberta ao desespero
e do choro jamais alguém falou

Encerramos num círculo a garganta
o corpo dilatado os órgãos lisos
quando já temos sobre a voz o pântano

das luzes e dos fornos incendidos
e a pausa necessária da cidade
e o cadáver dos astros abatidos

(*A morte percutiva*. In: Alberto da Costa e Silva e Alexei Bueno, op. cit., p. 351.)

José Tolentino Mendonça

A mão, o muro, o mundo

A mão preferida pelo silêncio
evoca sobre o muro
um alfabeto sem vincos

não é mão é uma luz que sobe pela colina
um atalho entre as estevas
um incêndio na mata
a rapariga louca, grita contra a noite
na enseada

A mão preferida pelo silêncio
folheia o livro dos incêndios
torna-se irremediavelmente suja
sobre o muro traça os vincos
os primeiros versos

A mão preferida pelo silêncio
não conhece repouso
quando atravessa a noite da enseada

é a mão trémula
pobre
assinalada pela escassez extrema dos nomes

(*Longe não sabia.* In: Alberto da Costa e Silva e Alexei Bueno, op. cit., p. 446.)

Helder Moura Pereira

A mágoa é um vício, a ele volto
pelas madeiras desta casa, as memórias
são mais que os sinais pendurados
ao longo das paredes, não descrevo
o que vejo. O que sinto quase
está no silêncio, deixa de ser tempo
o tempo da noite, nos papéis
há desenhos que o matam, pontos
ganhos, contas de somar, fáceis
artimanhas evitando as palavras. Nada
difere de como ponho a mão na testa,
de como se afasta o sol para trás
dos castanheiros. Tento dizer
que sou como vós, leves amantes
de suaves lazeres, contradigo, desminto,
nada acontece. Para o dia de hoje
um pequeno esboço de tristeza, derrota
de cumprir, tarefa de vencer, antes
da noite os ombros, as rugas, terão
significado preciso. Só o recomeço
será tempo de sorrisos.

(*Gestos de miradoiro.* In: Alberto da Costa e Silva e Alexei Bueno, op. cit., p. 400.)

Para quem quer mais na Internet

Se você deseja aprofundar seus conhecimentos sobre os autores portugueses contemporâneos, sugerimos acessar os seguintes *sites:*

http://cvc.instituto-camoes.pt/literatura/contemporaneos.htm
http://blog.josesaramago.pt
http://www.secrel.com.br/Jpoesia/ag59saiao.htm
http://www.secrel.com.br/JPOESIA/hh.html
http://www.revista.agulha.nom.br/brey.html~

CAPÍTULO 28

Panorama das literaturas africanas de língua portuguesa

Carmo Correia/Alamy/Other Images

Construção histórica de Maputo, Moçambique, que revela a influência arquitetônica lusitana.

Cultivada muitas vezes por portugueses ou por filhos de portugueses que viviam na África, a literatura produzida nos países africanos de língua portuguesa foi durante muito tempo considerada mera extensão da literatura portuguesa.

Contudo, embora seja difícil traçar a linha divisória entre a literatura portuguesa e as literaturas africanas em nossa língua, pode-se dizer que o florescimento dessas literaturas se deu concomitantemente ao início da discussão sobre a identidade nacional.

A crise política instaurada pela Revolução dos Cravos (1974), que pôs fim à ditadura salazarista em Portugal, era o elemento que faltava para que o processo de libertação das colônias portuguesas na África fosse consumado.

Tal qual ocorrera no Brasil-Colônia durante o século XVIII, há muito vinha se consolidando nessas colônias um forte sentimento antilusitano e o interesse de intelectuais e artistas em valorizar a paisagem local, os dialetos nativos e a busca de uma identidade própria de seu povo.

Oratura e literatura

Em 1975, quando as colônias africanas alcançaram sua independência política, apenas 10% dos angolanos eram alfabetizados. Esse dado dá uma ideia de como a maior parte da população dessas colônias desconhecia a produção literária escrita, restrita a uma elite.

Portanto, ainda estavam distantes as condições essenciais para se considerar a produção literária desses países um sistema literário, conceito criado pelo teórico Antonio Candido. Segundo o estudioso, um sistema literário passa a existir quando há um grupo de escritores que, ancorados na tradição, produz obras para um público cuja recepção acaba por influenciar os escritores e a produção de novas obras, e assim por diante.

Apesar disso, havia e ainda há nesses países uma rica tradição literária oral, composta por poemas, lendas e narrativas, provérbios e músicas. A respeito dessa peculiaridade, comenta o crítico angolano Luís Kandjimbo:

> A literatura angolana sob a forma escrita sedimenta-se apenas no século XIX. Porém, a criação verbal oral é bem mais antiga. Remonta aos primórdios da própria comunicação humana. Por isso, qualquer definição de literatura angolana hoje não pode perder de vista aquele segmento a que se chama oratura ou literatura oral. Trata-se de um acervo de textos orais que podem, presentemente, ser conservados com recurso à escrita.
>
> (Apud Tania Macêdo e Rita Chaves. *Literaturas de língua portuguesa: marcos e marcas – Angola.* São Paulo: Arte & Ciência, 2007. p. 18.)

No processo de construção da literatura desses países, a contraposição entre oratura (literatura oral) e literatura (escrita) equivalia, num primeiro momento, à oposição tradições africanas × modelos literários europeus. Entretanto — tal como ocorreu no Brasil com nossos escritores românticos em relação às tradições culturais indígenas —, coube às primeiras gerações de escritores africanos superar essa oposição e, na busca da construção de uma literatura nacional, extrair da tradição oral o material necessário para criar/recriar a literatura escrita.

Conto oral angolano

Veja o registro de parte de um conto oral angolano, que se assemelha aos contos e fábulas que conhecemos:

O leão e o chacal

O leão tinha um bode. O chacal possuía uma cabra. O chacal vai ao leão e diz:

— Majestade, empresta-me o teu bode para fazer criação com a minha cabra. Quando esta tiver parido, eu virei trazer-te o bode com o respectivo pagamento.

Passado algum tempo, a cabra pariu dois cabritinhos — uma fêmea e um macho. Então o chacal agarra no bode e na cabrinha, leva-os ao leão e diz:

[...]

(In: Tania Macêdo e Rita Chaves, op. cit., p. 28.)

Literatura e jornalismo

No Brasil do século XIX, a imprensa e a literatura estiveram muito próximas. Não sendo possível aos escritores literários sobreviver exclusivamente de suas obras, o jornalismo era para eles uma alternativa profissional, e, muitas vezes, a própria imprensa lhes servia como meio de difundir seus escritos literários, como ocorreu com José de Alencar e Machado de Assis.

Nas colônias portuguesas africanas não foi diferente. Desde a década de 1840, já havia em Moçambique, Angola e Cabo Verde uma imprensa oficial (isto é, controlada pela metrópole portuguesa), que cada vez mais estava em simbiose com a literatura. Os periódicos eram o meio de difusão de textos e folhetins produzidos por escritores africanos e, também, o meio de expressão e contestação de intelectuais e escritores subjugados pelo colonialismo português.

Em Moçambique, por exemplo, importantes escritores, como José Craveirinha, Rui Nogar e Virgílio de Lemos, entre outros, publicaram seus textos em *O brado literário*, periódico que circulou naquele país entre 1918 e 1974.

Assim, jornalismo, literatura e resistência política caminharam juntos no processo de construção e consolidação da identidade cultural das colônias portuguesas na África.

Bruno Barbier/Corbis/LatinStock

O cotidiano nas ruas do Cabo Verde.

A formação das literaturas africanas e a identidade nacional

Tanto no Brasil quanto nas colônias africanas de língua portuguesa, a busca de uma identidade nacional teve início no contexto das lutas contra o colonialismo português, já que pensar a identidade cultural de uma *nação* implica vê-la como tal, isto é, não mais como colônia de uma metrópole, mas como país independente, com autonomia política, econômica, cultural, linguística, religiosa.

O Modernismo brasileiro – que, com a Semana de Arte Moderna, em 1922, comemorava o centenário da Independência do Brasil e retomava a discussão empreendida pelos primeiros românticos a respeito da necessidade de criar uma literatura de identidade nacional – exerceu forte influência sobre os escritores africanos de língua portuguesa, impulsionando-os a buscar também uma literatura própria, de libertação política e renovação estética. Veja um exemplo dessa influência:

> Aqui onde estou, no outro lado do mesmo mar,
> tu me preocupas, Manuel Bandeira,
> meu irmão atlântico.
>
> (Jorge Barbosa. "Carta a Manuel Bandeira". In: Maria Aparecida Santili. *Literaturas de língua portuguesa:* marcos e marcas – Cabo Verde. São Paulo: Arte & Ciência, 2007. p. 27.)

Vejamos, agora, algumas particularidades da literatura de três países africanos de língua portuguesa: Angola, Moçambique e Cabo Verde.

Literatura em Angola

No texto a seguir, o escritor angolano Pepetela é quem comenta como foi o processo de formação da literatura angolana:

> As primeiras obras literárias escritas por angolanos e publicadas em Angola datam da segunda metade do século XIX. (...) Alguns pesquisadores lançam a hipótese de antes de

1849, ano em que foi editado o livro de poemas *Espontaneidades da minha alma*, de Maia Ferreira, iniciando a edição de obras de autores angolanos, ter havido outros patrícios a escrever, mas até hoje ainda não conseguiram mostrar-nos as evidências. Por isso se tem considerado ser esse o ano do início. E para curiosidade poderei acrescentar que a primeira obra de ficção publicada se trata do romance "Scenas d'África" de Pedro Félix Machado, em 1880. Esta geração da segunda metade do século XIX produzia poesia, ficção, relatos de viagem, mas sobretudo textos jornalísticos.

(Apud Tania Macêdo e Rita Chaves, op. cit., p. 37.)

Werner Forman Archive/Courtesy Christie's/Image Plus

Escultura angolana do século XIX, proveniente da cultura chokwe.

As propostas estéticas do Modernismo brasileiro de 1922 e as discussões em torno da nacionalidade, como já foi dito, exerceram forte influência sobre os escritores angolanos, para quem a literatura era uma forma de resistência política e cultural à opressão em que viviam.

O surgimento no Brasil de obras como as de Jorge Amado, nas quais muitas vezes o negro figura como protagonista, teve forte impacto sobre o imaginário dos escritores angolanos, acentuando o seu desejo de libertação política e estética em relação ao colonizador português.

No final da década de 1940 e início da de 1950, quando sopravam na Europa os ventos democráticos do pós-guerra, a literatura de Angola viveu um momento produtivo, de afirmação. Em 1948, Antônio Jacinto, Viriato da Cruz e Agostinho Neto lançaram o movimento Vamos Descobrir Angola, que novamente punha em discussão a questão da identidade nacional e valorizava a redescoberta do país por meio do resgate de suas lendas, provérbios e adivinhas.

Embora a produção desse período tenha mantido o caráter de crítica e resistência política ao colonialismo português, ela não deixou de lado a preocupação estética, alcançando um bom equilíbrio entre forma e conteúdo.

Com a Revolução dos Cravos (1974), em Portugal, e a eclosão de guerras nas colônias africanas, os escritores africanos passaram a cultivar uma literatura nitidamente social e engajada. Alguns, inclusive, envolveram-se diretamente na política e chegaram a participar da guerra de libertação. Em Angola, por exemplo, os escritores Antônio Jacinto, Agostinho Neto e Viriato da Cruz fizeram parte do Movimento Popular de Libertação de Angola. Os versos a seguir, de Agostinho Neto, que se tornou o primeiro presidente da nação angolana, traduzem o espírito desse momento.

[...]
Não esperemos os heróis
sejamos nós os heróis
unindo as nossas vozes e os nossos braços
cada um no seu dever
e defendamos palmo a palmo a nossa terra
escorracemos o inimigo
e cantemos numa luta viva e heroica
desde já
a independência real da nossa pátria.

("Depressa". In: Tania Macêdo e Rita Chaves, op. cit., p. 86.)

Dominique Aubert/Sygma/Corbis/Latin Stock

Parada Militar da Unita (União Nacional para a Total Independência de Angola), em 1987.

Além de Viriato da Cruz, Antônio Jacinto e Agostinho Neto, já mencionados, destacam-se na literatura angolana João Melo, Arlindo Barbeiros, José Luandino Vieira, Boaventura Cardoso, Manuel Rui e Rui Duarte de Carvalho.

Leitura

Leia o poema a seguir, de Maurício Gomes, poeta que integrou o movimento Vamos Descobrir Angola, nos anos 1950.

Exortação

Ribeiro Couto e Manuel Bandeira,
poetas do brasil,
do brasil, nosso irmão,
disseram:
"— É preciso criar a poesia brasileira,
de versos quentes, fortes, como o Brasil,
sem macaquear a literatura lusíada."

Angola grita pela minha voz,
pedindo a seus filhos nova poesia!

Deixemos moldes arcaicos,
ponhamos de lado,
corajosamente, suaves endeixas,
brandas queixas,
e cantemos a nossa terra
e toda a sua beleza.

Angola, grande promessa do futuro,
forte realidade do presente,
inspira novos ideais
encerra ricos motivos

É preciso inventar a poesia de Angola!

[...]

Essa nova poesia,
forte, terna, nova e bela,
Amálgama de lágrimas e sangue,
[sublimação de muito
sofrimento,
Afirmação duma certeza.

Poesia inconformista,
diferente,
será revolucionária,
como arte revolucionária,
desprezando regras estabelecidas,
ideias feitas, pieguices, transcendências...

Poesia nossa, única, inconfundível,
diferente,
quente, que lembre o nosso sol,
suave, lembrando nosso luar...
que cheire o cheiro do mato,
tenha as cores do nosso céu,
o nervosismo do nosso mar,
o paroxismo das queimadas,
o cantar das nossas aves,
rugir de feras, gritos de negros,
gritos de há muitos anos,
de escravos, de engenhos das roças,
no espaço vibrando, vibrando...

Sons magoados, tristíssimos, enervantes,
de quissanges e marimbas...
versos que encerrem e expliquem
todo o mistério desta terra,
versos nossos, úmidos, diferentes,
que, quando recitados, nos façam
[reviver o drama negro
e suavizem corações,
iluminem consciências,
e evoquem paisagens
e mostrem caminhos,
rumos
auroras...
Uma poesia nossa, nossa, nossa!
— cântico, reza, salmo, sinfonia,
que uma vez cantada,
rezada,
escutada,
faça toda a gente sentir
faça toda gente dizer:
— É a poesia de Angola!

(In: Tania Macêdo e Rita Chaves, op. cit., p. 61-66.)

almálgama: reunião, mistura, ajuntamento.
marimba: tambor. **quissange:** música.

1. A primeira estrofe do poema cita nominalmente dois escritores brasileiros, Ribeiro Couto e Manuel Bandeira, que pertenceram à primeira geração do nosso Modernismo. Sabendo que essa geração empenhava-se, entre outras coisas, pelo resgate das tradições da cultura popular brasileira e pela definição de uma identidade nacional, responda: O que justifica a citação desses poetas no poema de Maurício Gomes?

2. O título do poema é "Exortação". O que o poema procura exortar?

3. Observe estes versos do poema:

> Deixemos moldes arcaicos,
> ponhamos de lado,
> corajosamente, suaves endeixas,
> brandas queixas,
> [...]
> desprezando regras estabelecidas,
> ideias feitas, pieguices, transcendências...

Intertextualidade com Bandeira

O poema "Exortação", de Maurício Gomes, mantém intertextualidade com o poema "Evocação do Recife", de Manuel Bandeira. Veja:

> [...]
> A vida não me chegava pelos jornais nem
> [pelos livros
> Vinha da boca do povo na língua errada do
> [povo
> Língua certa do povo
> Porque ele é que fala gostoso o português do
> [Brasil
> Ao passo que nós
> O que fazemos
> É macaquear
> A sintaxe lusíada
> [...]

(*Estrela da vida inteira.* 2. ed. Rio de Janeiro: José Olympio, 1970. p. 116-7.)

a) De acordo com esses versos, o que a nova "poesia de Angola" deve desprezar? Comprove sua resposta com palavras e expressões do texto.

b) Portanto, qual é a visão do poeta sobre a função da nova "poesia de Angola"?

4. Observe as duas últimas estrofes do poema.

a) A partir de que elementos — temas, assuntos — deve ser feita a nova "poesia de Angola"? Comprove sua resposta.

b) Considerando o contexto em que o poema foi escrito, é possível dizer que ele tem um caráter anticolonialista? Por quê? Justifique sua resposta.

5. Releia estes versos finais do poema.

> Uma poesia nossa, nossa, nossa!
> — cântico, reza, salmo, sinfonia,
> que uma vez cantada,
> rezada,
> escutada,
> faça toda a gente sentir
> faça toda a gente dizer:
> — É a poesia de Angola!

a) O que justifica a repetição da palavra *nossa* no 1º verso desse fragmento?

b) Por que o poeta mistura elementos de diferentes naturezas, como *cântico*, *reza*, *salmo* e *sinfonia* para caracterizar a nova "poesia de Angola"?

Literatura em Moçambique

Em Moçambique, como nas demais colônias portuguesas na África, as primeiras manifestações literárias ocorreram na imprensa e deram início a uma fase da literatura moçambicana que vai, segundo a pesquisadora Fátima Mendonça, da década de 1920 até o final da década de 1940. Durante esse período, os escritores lidaram com o problema da aculturação portuguesa e com a questão da diversidade linguística que caracterizava o país. Afinal, em que língua o escritor deveria registrar seus escritos? Na língua do colonizador português ou em uma das várias línguas nativas de Moçambique?

Atlantide Phototravel/Corbis/Latin Stock

Maputo, capital de Moçambique.

Nos anos 1950, surgiu um movimento que tinha o intuito de criar um espaço literário nacional capaz de captar o espírito de *moçambicanidade* do país, ou seja, levar à definição de uma identidade nacional. Desse movimento, destacam-se importantes escritores e obras, como *Godido* e *outros contos*, de João Dias; *Nós matamos* o *cão tinhoso*, de Luis Bernardo Honwana; *Portagem*, de Orlando Mendes; e a poesia de José Craveirinha, Noémia de Souza, Rui Nogar, Rui Guerra e Rui Knopfli, entre outros.

Em 1964, teve início a luta armada de libertação nacional. Até 1975, ano em que Moçambique conquistou sua independência política, a literatura voltou-se para os fatos históricos, cantando a luta armada e a revolução. *Chigubo* (cujo significado em dialeto local é "grito de guerra"), por exemplo, de Craveirinha, foi publicada em 1964.

Nesse período, era natural que alguns escritores, por motivos de nascimento, por laços familiares ou por ideologia, ficassem divididos entre a colônia e a metrópole. Mia Couto, Leite Vasconcelos e outros escritores, porém, assumiram definitivamente sua cidadania moçambicana.

Terminado o período de guerras de libertação nacional, surgiu um grande número de obras de qualidade. Entre elas, *Silêncio escancarado* (1982), de Rui Nogar, e *Terra sonâmbula* (1992), de Mia Couto, que, certamente, têm partes escritas ainda durante a guerra.

Depois de José Craveirinha (1922-2003) – aclamado por alguns como o maior poeta moçambicano de todos os tempos e um dos responsáveis pela construção da moçambicanidade na literatura –, destacam-se na atual literatura moçambicana Mia Couto, autor de poesia, contos e romances, com vários livros publicados, entre eles *Terra sonâmbula*, *O último voo do flamingo*, *Venenos de Deus, remédios do diabo*; Paulina Chiziane, autora dos romances *Balada de amor ao vento* e *Ventos do apocalipse*; Ungulani Ba Ka Khosa, autor de *Ualalapi*; e os poetas Eduardo White e Luís Carlos Patraquim.

Mia Couto

Mia Couto (1955) é o escritor moçambicano mais conhecido no exterior. Iniciou sua carreira com uma obra de poemas, *Raiz de orvalho* (1983), e, posteriormente, passou a publicar contos, crônicas e romances. Recriador da linguagem, frequentemente suas obras são comparadas às do escritor brasileiro Guimarães Rosa.

Gaillarde Raphaval/Gamma/Eyedia Presse/ Other Images

Mia Couto.

Leitura

A seguir, você vai ler um texto de Mia Couto, publicado no livro de contos *Histórias abensonhadas* (1994).

Nas águas do tempo

Meu avô, nesses dias, me levava rio abaixo, enfilado em seu pequeno concho. Ele remava, devagaroso, somente raspando o remo na correnteza. O barquito cabecinhava, onda cá, onda lá, parecendo ir mais sozinho que um tronco desabandonado.

— *Mas vocês vão aonde?*

Era a aflição de minha mãe. O velho sorria. Os dentes, nele, eram um artigo indefinido. Vovô era dos que se calam por saber e conversam mesmo sem nada falarem.

— *Voltamos antes de um agorinha,* respondia.

Nem eu sabia o que ele perseguia. Peixe não era. Porque a rede ficava amolecendo o assento. Garantido era que, chegada a incerta hora, o dia já crepusculando, ele me segurava a mão e me puxava para a margem. A maneira como me apertava era a de um cego desbengalado. No entanto, era ele quem me conduzia, um passo à frente de mim. Eu me admirava da sua magreza direita, todo ele musculíneo. O avô era um homem em flagrante infância, sempre arrebatado pela novidade de viver.

[...]

De repente, meu avô se erguia no concho. Com o balanço quase o barco nos deitava fora. O velho, excitado, acenava. Tirava seu pano vermelho e agitava-o com decisão. A quem acenava ele? Talvez a ninguém. Nunca, nem por um instante, vislumbrei por ali alma deste ou de outro mundo. Mas o avô acenava seu pano.

— *Você não vê lá, na margem? Por trás do cacimbo?*

Eu não via. Mas ele insistia, desabotoando os nervos.

— *Não é lá. É láááá. Não vê o pano branco a dançar-se?*

Para mim havia era a completa neblina e os receáveis aléns, onde o horizonte se perde. Meu velho, depois, perdia a miragem e se recolhia, encolhido no seu silêncio. E regressávamos, viajando sem companhia de palavra.

[...]

Certa vez, no lago proibido, eu e vovô aguardávamos o habitual surgimento dos ditos panos. Estávamos na margem onde os verdes se encaniçam, aflautinados. Dizem: o primeiro homem nasceu de uma dessas canas. O primeiro homem? Para mim não podia haver homem mais antigo que meu avô. Acontece que, dessa vez, me apeteceu espreitar os pântanos. Queria subir à margem, colocar pé em terra não firme.

— *Nunca! Nunca faça isso!*

O ar dele era de maiores gravidades. Eu jamais assistira a um semblante tão bravio em meu velho. Desculpe-me: que estava descendo do barco mas era só um pedacito de tempo. Mas ele ripostou:

— *Neste lugar, não há pedacitos. Todo o tempo, a partir daqui, são eternidades.*

Eu tinha um pé meio-fora do barco, procurando o fundo lodoso da margem. Decidi me equilibrar, busquei chão para assentar o pé. Sucedeu-me então que não encontrei nenhum fundo, minha perna descia engolida pelo abismo. O velho acorreu-me e me puxou. Mas a força que me sugava era maior que o nosso esforço. Com a agitação, o barco virou e fomos dar com as costas posteriores na água. Ficamos assim, lutando dentro do lago, agarrados às abas da canoa.

De repente, meu avô retirou o seu pano do barco e começou a agitá-lo sobre a cabeça.

— *Cumprimenta também, você!*

[...]

Nessa noite, ele me explicou suas escondidas razões. Meus ouvidos se arregalavam para lhe decifrar a voz rouca. Nem tudo entendi. No mais ou menos, ele falou assim:

— *nós temos olhos que se abrem para dentro, esses que usamos para ver os sonhos. O que acontece, meu filho, é que quase todos estão cegos, deixaram de ver esses outros que nos visitam. Os outros? Sim, esses que nos acenam da outra margem. E assim lhes causamos uma total tristeza. Eu levo-lhe lá nos pântanos para que você aprenda a ver. Não posso ser o último a ser visitado pelos panos.*

— *Me entende?*

Menti que sim. Na tarde seguinte, o avô me levou uma vez mais ao lago. Chegados à beira do poente ele ficou a espreitar. Mas o tempo passou em desabitual demora. O avô se inquietava, erguido na proa do barco, palma da mão apurando as vistas. Do outro lado, havia menos que ninguém. Desta vez, também o avô não via mais que a enevoada solidão dos pântanos. De súbito, ele interrompeu o nada:

— *Fique aqui!*

E saltou para a margem, me roubando o peito no susto. O avô pisava os interditos territórios? Sim, frente ao meu espanto, ele seguia um passo sabido. A canoa ficou balançando, em desequilibrismo com meu peso ímpar. Presenciei o velho a alonjar-se com a discrição de uma nuvem. Até que, entre a neblina, ele se declinou em sonho, na margem da miragem. Fiquei ali, com muito espanto, tremendo de um frio arrepioso.

Pela primeira vez, eu coincidia com meu avô na visão do pano. Enquanto ainda me duvidava foi surgindo, mesmo ao lado da aparição, o aceno do pano vermelho do meu avô. Fiquei indeciso, barafundido. Então, lentamente, tirei a camisa e agitei-a nos ares. E vi: o vermelho do pano dele se branqueando, em desmaio de cor. Meus olhos se neblinaram até que se poentaram as visões.

Enquanto remava um demorado regresso, me vinham à lembrança as velhas palavras de meu avô: a água e o tempo são irmãos gêmeos, nascidos do mesmo ventre. E eu acabava de descobrir em mim um rio que não haveria nunca de morrer. A esse rio volto agora a conduzir meu filho, lhe ensinando a vislumbrar os brancos panos da outra margem.

(In: Tania Macêdo e Rita Chaves. *Literaturas de língua portuguesa:* marcos e marcas — Moçambique. São Paulo: Arte & Ciência, 2007. p. 136-40.)

1. Mia Couto é um escritor inventivo, que recria a linguagem, obtendo sentidos inusitados.

a) Identifique no texto alguns neologismos, ou seja, palavras inventadas pelo autor.

b) Você teve dificuldade para compreender o sentido desses neologismos? Por que você acha que isso acontece?

2. O avô frequentemente navega com o menino próximo às margens do rio.

a) O que ele pretende com isso?

b) Como o avô explica ao neto sua capacidade de ver "os panos"?

Moçambique descobre o Brasil

Em entrevista à professora Vera Maquêa, Mia Couto comenta:

Uma das vias pelas quais chegou o Brasil [a Moçambique] foi uma revista chamada *O Cruzeiro*. O *Cruzeiro* chega com desenhos do Ziraldo... com a Raquel de Queiroz. De repente, os nossos escritores descobrem o Brasil. E aí foi uma relação fascinante em que escritores como Jorge Amado, Graciliano Ramos, Lins do Rego, toda essa gente, mas também poetas como Manuel Bandeira, exercem uma influência determinante em Moçambique. Há então uma espécie de redescoberta de nós próprios por via desse desafio às potencialidades do idioma comum.

(Apud Tânia Macêdo e Vera Marquêa, op. cit., p. 199.)

3. As ações das personagens, somadas ao uso de expressões como "receáveis aléns", "olhos que se abrem para dentro", "solidão dos pântanos" e "interditos territórios", entre outras, criam certa atmosfera no conto. Como é essa atmosfera?

4. Já quase no final do conto, o avô desce do barco e pisa "os interditos territórios". Nesse momento, o neto consegue ver os panos na margem, inclusive o pano vermelho de seu avô, que começa a mudar de cor.

a) Interprete a mudança de cor do pano do avô.

b) O avô conseguiu atingir seu objetivo? Por quê?

5. O conto tem por título "Nas águas do tempo". Segundo o avô, "a água e o tempo são irmãos gêmeos, nascidos do mesmo ventre".

a) Considerando o desfecho do conto, dê uma interpretação coerente à frase do avô.

b) O que representa o rio que o narrador, no último parágrafo do texto, diz ter dentro de si?

c) Que relação existe entre a metáfora do rio e o ensinamento que o narrador transmite a seu filho?

6. Você diria que o texto apresenta um fundo filosófico? Por quê?

Literatura em Cabo Verde

O surgimento de uma literatura própria em Cabo Verde está diretamente relacionado, como nas demais ex-colônias portuguesas na África, com a questão da identidade nacional. A crítica aponta a obra *Arquipélago* (1935), de Jorge Barbosa (1902-1971), como o marco da literatura cabo-verdiana propriamente dita e o despertar de uma consciência nacional no país.

Em 1936, foi lançada *Claridade*, revista de arte e letras que se propunha a redescobrir Cabo Verde, em busca de uma identidade nacional. Em torno dessa revista e de outras publicações que surgiram mais tarde, como *Certeza* (1944) e o *Suplemento cultural* da revista *Cabo Verde* (1958), *Raízes* (1977) e *Ponto e vírgula* (1983), é que se têm organizado os escritores literários do país.

Tal qual ocorrera com as demais colônias portuguesas na África, também em Cabo Verde o Modernismo brasileiro exerceu forte influência sobre os escritores locais, especialmente em relação às questões de identidade, como mostra o seguinte poema de Jorge Barbosa.

Patrice Thomas/Hemis/Corbis/Latin Stock

"Ilhas perdidas / no meio do mar, / esquecidas / num canto do mundo / – que as ondas embalam, / maltratam, / abraçam..." (versos do poeta Jorge Barbosa sobre o arquipélago que forma seu país, Cabo Verde).

Carta para o Brasil

Eu gosto de você, Brasil,
porque Você é parecido com a minha terra
[...]
É o seu povo que se parece com o meu,
É o seu falar português
que se parece com o nosso,
ambos cheios de um sotaque vagaroso,
de sílabas na ponta da língua,
de alongamentos timbrados nos lábios
e de expressões ternissímas e desconcertantes.

(In: Maria Aparecida Santilli. *Literaturas de língua portuguesa:* marcos e marcas – Cabo Verde. São Paulo: Arte & Ciência, 2007. p. 28.)

Tiveram participação na revista *Claridade*, entre outros, os escritores Baltasar Lopes, Manuel Lopes, Ovídio Martins e Arnaldo França

A revista *Certeza*, lançada em 1944, reuniu escritores da "nova geração". Opondo-se ao tom pessimista cultivado por alguns participantes de *Claridade*, o grupo de *Certeza* discutia o Neorrealismo em voga em Portugal naquele momento e se voltava às questões políticas e sociais. Fizeram parte desse grupo Arnaldo França, Teixeira de Sousa, Orlanda Amarílis, Teobaldo Virgínio, Antônio Aurélio Gonçalves e o escritor neorrealista português Manuel Ferreira, que, em virtude de seu envolvimento com a causa e a cultura cabo-verdiana, conquistou dupla cidadania literária.

No contexto da literatura cabo-verdiana contemporânea, também se destacam os escritores Osvaldo Osório, Armênio Vieira, Germano Almeida, Daniel Felipe, Vera Duarte e Davi Hopffer.

Leitura

Você vai ler a seguir um poema de Onésimo Silveira (1935), que integra o primeiro livro do autor, *Hora grande*, publicado em 1962.

Hora grande

1
O mar sairá
Das nossas ilhas,
Das nossas ruas
Das nossas casas
Das nossas almas...

O mar irá para o mar
E limpos finalmente do lodo das algas
E libertos do sal de nosso sorriso de enteados
Seremos frutos de nós mesmos
Nascendo da barriga negra da terra...

2
Os náufragos
Do lago da nossa quietação
Erguerão os seus braços de todas as cores
E as suas mãos se fartarão
Da luz de um poente maduro!

3
Nas feridas do seu parto
As raízes do nosso umbigo beberão a seiva
E no ventre da "mamãe terra"
Germinarão as sementes das nossas certezas
E nos embriagaremos da carne dos seus frutos...

As crianças nascerão sem metas nos olhos
E as suas mãos sujar-se-ão
Do mel do nosso olhar...

As crianças serão as crianças!
Negras e loiras e brancas
Serão pétalas da mesma flor...

(In: Maria Aparecida Santilli. *Literaturas de língua portuguesa:* marcos e marcas – Cabo Verde, cit., p. 80-1.)

1. O poema está organizado em seis estrofes e três partes numeradas. Observe o tempo verbal utilizado em todo o poema. Conclua: A que tempo o eu lírico se refere: ao presente, ao passado ou ao futuro?

2. Há, no poema, várias imagens relacionadas a parto.

a) O que representa o parto do um novo Cabo Verde?

b) Por que se enfatiza, na parte 1, a "barriga negra da terra"?

3. Na parte 2, o que os "náufragos" representam?

4. A parte 3 descreve como será esse tempo imaginário.

a) Dê uma interpretação coerente a estes versos: "As crianças nascerão sem metas nos olhos", "As crianças serão crianças".

b) Nesse tempo imaginário, como deverá se colocar a questão étnica?

5. Dê uma interpretação coerente ao título do poema, "Hora grande".

Cabo Verde: uma história de dominação

Cabo Verde é um arquipélago formado por dez ilhas situadas na costa ocidental da África. Conquistadas pelos navegantes portugueses em 1456, as ilhas, um importante ponto estratégico nas rotas que ligavam Portugal ao Brasil e aos demais países africanos, chegaram a ser invadidas por ingleses no século XVI e por piratas franceses no século XVIII.

© Robert Harding World Imagery/Corbis/LatinStock

Para quem quer mais

Angola

José Luandino Vieira

Até que, em hora de já cozinhar, chegaram as desejadas, quem que tudo muda — comida vira pitéu na simples soma desses verdes: os tomates — berridados os europeus, de coração-de-boi ou maçã, só quindas dos de-quimbundo. Eles, com suas cebolas iguais, frutos pequenos, tímidos, humílimos, onde a sapiência da terra escondeu só sumos e gostos, sem desperdício de águas. Essenciais: — *"sem tomate de quimbundo, um molho é só um molho..."*, sentença aplaudida de sá Kaveia ka Usudi, ex-quitandeira, Sousa saída no Dondo, raptada lá vivia por casamento enviuvado já, hábitos. As todas abóboras, verdadeiras e falsas, as de mapupo até, quando ninguém que lembrava sementes de muteta e foi um grito e bater de palmas. As dinhanguas, orgulhosas, e suas folhas: diá-kimbuango, riscada, a que dá supimpa quizaca; diá-kasódio, alegria das crianças queimando os dedos nas brasas das cinzas para lhes tirarem, assada é que é; a amelanciada diá-kimbuatata, e dos guisados. E dinhungos, ferrenhos dos funje, caríssimos — mas que dá para tudo. *"Muteta dela com ovos e carne..."* — sá Kaveia recusou contra nga Mabunda e venceu porém: que o almoço devia de seguir a linha do simples, não funguisar. *"Kiakudikila, kiazanga..."* — sabedorias.

(*Lourentinho Dona Antónia de Sousa & Eu*. In: Cremilda de Araújo Medina. *Sonha Mamana África*. São Paulo: Epopeia, 1987. p. 246.)

Pepetela

Eu, o narrador, sou muatiânvua.

Meu pai era um trabalhador bailundo da Diamang, minha mãe uma kimbundo do Songo.

O meu pai morreu tuberculoso com o trabalho das minas, um ano depois de eu nascer. Nasci na Lunda, no centro do diamante. O meu pai cavou com a picareta a terra virgem, carregou vagões de erra, que ia ser separada para dela se libertarem os diamantes. Morreu num hospital da Companhia, tuberculoso. O meu pai pegou com as mãos rudes milhares de escudos de diamantes. A nós não deixou um só, nem sequer o salário de um mês. O diamante entrou-lhe no peito, chupou-lhe a força, chupou, até que ele morreu.

O brilho do diamante são as lágrimas dos trabalhadores da Companhia. A dureza do diamante é ilusão: não é mais que gotas de suor esmagadas pelas toneladas de terra que o cobrem.

Nasci no meio de diamantes, sem os ver. Talvez porque nasci no meio de diamantes, ainda jovem senti atração pelas gotas do mar imenso, aquelas gotas-diamante que chocam contra o casco dos navios e saltam para o ar, aos milhares, com o brilho leitoso das lágrimas escondidas.

O mar foi por mim percorrido durante anos, de norte para sul, até à Namíbia, onde o deserto vem misturar-se com a areia da praia, até ao Gabão e ao Ghana, e ao Senegal, onde o verde das praias vai amarelecendo, até de novo se confundir com elas na Mauritânia, juntando a África do Norte à África Austral, no amarelo das suas praias. Marinheiro do Atlântico, e mesmo do Índico eu fui. Cheguei até à Arábia, e de novo encontrei as praias amarelas de Moçâmedes e Benguela, onde cresci. Praias de Benguela, praias da Mauritânia, praias da Arábia, não são as amarelas praias de todo o Mundo?

Em todos os portos tive uma mulher, em cada porto uma maka. Até que, um dia, estava eu nos Camarões, ouvi na rádio o ataque às prisões, no 4 de Fevereiro. O meu barco voltava para o sul e não cheguei a Angola. Fiquei em Matadi, ex-Congo Belga. Lumumba tinha morrido, a ferida sangrava ainda, a ferida só ficou sarada quando o 4 de Fevereiro estalou.

Onde eu nasci, havia homens de todas as línguas vivendo nas casas comuns e miseráveis da Companhia. Onde eu cresci, Bairro Benfica, em Benguela, havia homens de todas as línguas sofrendo as mesmas amarguras. O primeiro bando a que pertenci tinha mesmo meninos brancos, e tinha miúdos nascidos de pai umbundo, tchokue, kímbundo, fiote, kuanhama.

As mulheres que eu amei eram de todas as tribos, desde as Reguibat do Marrocos às Zulu da África do Sul. Todas eram belas e sabiam fazer amor, melhor umas que outras, é certo. Qual a diferença entre a mulher que esconde a face com um véu ou a que o deforma com escarificações?

Querem hoje que eu seja tribalista!

De que tribo?, pergunto eu. De que tribo, se eu sou de todas as tribos, não só de Angola, como de África? Não falo eu o swahili, não aprendi eu o huassa com um nigeriano? Qual é a minha língua, eu, que não dizia uma frase sem empregar palavras de línguas diferentes? E agora, que utilizo para falar com os camaradas, para deles ser compreendido? O português. A que tribo angolana pertence a língua portuguesa?

Eu sou o que é posto de lado, porque não seguiu o sangue da mãe kimbundo ou o sangue do pai umbundo. Também Sem Medo, também Teoria, também Comissário, e tantos outros mais.

A imensidão do mar que nada pode modificar ensinou-me a paciência. O mar une, o mar estreita, o mar liga. Nós também temos o nosso mar interior, que não é o Kuanza, nem o Loje, nem o Kunene. O nosso mar, feito de gotas-diamante, suores e lágrimas esmagados, o nosso mar é o brilho da arma bem oleada que faísca no meio da verdura do Mayombe, lançando fulgurações de diamante ao sol da Lunda.

Eu, Muatiânvua, de nome de rei, eu que escolhi a minha rota no meio dos caminhos do Mundo, eu, ladrão, marinheiro, contrabandista, guerrilheiro, sempre à margem de tudo (mas não é a praia uma margem?), eu não preciso de me apoiar numa tribo para sentir a minha força. A minha força vem da terra que chupou a força de outros homens, a minha força vem do esforço de puxar cabos e dar à manivela e de dar murros na mesa duma taberna situada algures no Mundo, à margem da rota dos grandes transatlânticos que passam, indiferentes, sem nada compreenderem do que é o brilho-diamante da areia duma praia.

(*Mayombe*. In: Cremilda de Araújo Medina, op. cit., p. 342-3.)

Antônio Jacinto

Poema da alienação

Não é este ainda o meu poema
o poema da minha alma e do meu sangue
não
Eu ainda não sei nem posso escrever o meu
poema
o grande poema que sinto já circular em mim

O meu poema anda por aí vadio
no mato ou na cidade
na voz do vento
no marulhar do mar
no Gesto e no Ser

O meu poema anda por aí afora
envolto em panos garridos
vendendo-se
vendendo
"malimonje malimonjééé"

O meu poema corre nas ruas
com um quibalo podre à cabeça
oferecendo-se
oferecendo
"carapau sardinha matona
jiferrera jiferreréé..."

[...]

O meu poema vem do Musseque
ao sábado traz a roupa
à segunda leva a roupa
ao sábado entrega a roupa e entrega-se
à segunda entrega-se e leva a roupa

O meu poema está na aflição
da filha da lavadeira
esquiva
no quarto fechado
do patrão nuinho a passear
a fazer apetite a querer violar

[...]

O meu poema anda na praça trabalha
[na cozinha
vai à oficina
enche a taberna e a cadeia
é pobre roto e sujo
vive na noite da ignorância
o meu poema nada sabe de si
nem sabe pedir

O meu poema foi feito para se dar
para se entregar
sem nada exigir

Mas o meu poema não é fatalista
o meu poema é um poema que já quer
e já sabe
o meu poema seu eu-branco
montado em mim-preto
a cavalgar pela vida.

(In: Cremilda de Araújo Medina, op. cit., p. 381-3.)

Moçambique

José Craveirinha

Quero ser tambor

Tambor está velho de gritar
ó velho Deus dos homens
deixa-me ser tambor
só tambor gritando na noite quente dos trópicos.

E nem flor nascida no mato do desespero.
Nem rio correndo para o mar do desespero.
Nem zagaia temperada no lume vivo do desespero.
Nem mesmo poesia forjada na dor rubra do desespero.

Nem nada!

Só tambor velho de gritar na lua cheia da minha terra.
Só tambor de pele curtida ao sol da minha terra.
Só tambor cavado nos troncos duros da minha terra!

Eu!
Só tambor rebentando o silêncio amargo da Mafalala.
Só tambor velho de sangrar no batuque do meu povo.
Só tambor perdido na escuridão da noite perdida.

Ó velho Deus dos homens
eu quero ser tambor.
E nem rio
e nem flor
e nem zagaia por enquanto
e nem mesmo poesia.

Só tambor ecoando a canção da força e da vida
só tambor noite e dia
dia e noite só tambor
até à consumação da grande festa do batuque!

Oh, velho Deus dos homens
deixa-me ser tambor
só tambor!

(In: Cremilda de Araújo Medina, op. cit., p. 160.)

Noêmia de Sousa

Se me quiseres conhecer

Para Antero

Se me quiseres conhecer,
estuda com olhos de bem ver
esse pedaço de pau preto
que um desconhecido irmão maconde
de mãos inspiradas
talhou e trabalhou
em terras distantes lá do Norte.

Ah, essa sou eu:
órbitas vazias no desespero de possuir a vida,
boca rasgada em ferida de angústia,
mãos enormes, espalmadas,
erguendo-se em jeito de quem implora e ameaça,
corpo tatuado feridas visíveis e invisíveis
pelos chicotes da escravatura...
Torturada e magnífica
altiva e mística,
África da cabeça aos pés,
— ah, essa sou eu.
Se quiseres compreender-me
vem debruçar-te sobre a minha alma
[de África,
nos gemidos dos negros no cais
nos batuques frenéticos do muchopes
na rebeldia dos machanganas
na estranha melodia se evolando
duma canção nativa, noite dentro

E nada mais me perguntes,
se é que me queres conhecer...
Que não sou mais que um búzio de carne,
onde a revolta de d'África congelou
seu grito inchado de esperança.

(Idem, p. 187.)

Luís Carlos Patraquim

Metamorfose

Ao Poeta José Craveirinha

quando o medo puxava lustro à cidade
eu era pequeno
vê lá que nem casaco tinha
nem sentimento do mundo grave
ou lido Carlos Drummond de Andrade

os jacarandás explodiam na alegria secreta de serem vagens
e flores vermelhas
e nem lustro de cera havia
para que o soubesse
na madeira da infância
sobre a casa

a Mãe não era ainda mulher
e depois ficou Mãe
e a mulher é que é a vagem e a terra
então percebi a cor
e metáfora
mas agora morto Adamastor

tu viste-lhe o escorbuto e cantaste a madrugada
das mambas cuspideiras nos trilhos do mato
falemos dos casacos e do medo
tamborilando o som e a fala sobre as planícies verdes
e as espigas de bronze
as rótulas já não tremulam não e a sete de Março
chama-se Junho desde um dia de há muito com meia dúzia
de satanhocos moçambicanos todos poetas gizando
a natureza e o chão no parnaso das balas
falemos da madrugada e ao entardecer
porque a monção chegou
e o último insone povoa a noite de pensamentos grávidos
num silêncio de rãs a tisana do desejo
enquanto os tocadores de viola
com que latas de rícino e amendoim

percutem outros tendões da memória
e concreta
a música é o brinquedo
a roda
e o sonho
das crianças que olham os casacos e riem
na despudorada inocência deste clarão matinal
que tu
clandestinamente plantaste
AOS GRITOS

(Idem, p. 79.)

Cabo Verde

Ovídio Martins

Chuva em Cabo Verde

Choveu
Festa na terra
Festa nas ilhas
Soluçam os violinos choram os violões
nos dedos rápidos dos tocadores
"Dança mulata
dança mulata
menininha sabe como vocês não tem
E elas sabinhas
dão co'as cadeiras
dão co'as cadeiras

Choveu
Festa na terra
Festa nas ilhas
Já tem milho pa cachupa
Já tem milho pa cuscus
Nas ruas nos terreiros
por toda banda
as mornas unem os pares
nos bailes nacionais
Mornas e sambas
mornas e marchas
mornas e mornadas

Choveu
Festa na terra
Festa nas ilhas
que cantam e dançam
e riem e choram de contentamento
Soluçam os violinos, choram os violões
nos dedos rápidos dos tocadores

"Dança mulata
dança mulata
menininha sabe como vocês não tem
E elas sabinhas
dão co'as cadeiras
dão co'as cadeiras
dão co'as cadeiras

(Idem, p. 475-6.)

Manuel Lopes

Marcos

Aos companheiros da Claridade *que lançaram os alicerces da independência literária das ilhas crioulas de Cabo Verde.*

Onde sombras se acumulam
renascerão outras imagens
e hão-de calar-se vozes que ululam
suas improvisadas mensagens.

Falsos demiurgos de gestos inseguros
cada palavra em seus lábios morrerá
nos ritmos prematuros
que em vãos tumultos vão se pagando já.

Sobre os farrapos de verdes panos
esquálidas e frias mãos
semeiam medos e lançam dados...

Que restará irmãos
dos velhos enganos
nestes caminhos de mortos sismos
e espaço fechados?

Nas escarpas do mar gemendo a cada
[impulso
atónito e severo à beira dos abismos
galgando pulso a pulso
em chaga os pés
de joelhos
invocarei a raiva de Moisés
para rasgar novos mares vermelhos...

(Idem, p. 443.)

Para quem quer mais na Internet

Se você deseja conhecer outros textos de autores africanos, acesse os *sites* http://pintopc.home.cern.ch/pintopc e http://www.scribd.com/doc/2870545/Do-Rovuma-ao-Maputo-Antologia-Autores-Africanos.

CAPÍTULO 29

Diálogos

A arte do nosso tempo deve muito ao espírito de irreverência e experimentação que caracterizou o Modernismo. Ruptura com o verso convencional, experiências com o aspecto visual do poema, o lirismo inspirado nas cidades grandes, tudo isso, que é tão comum na arte atual, já existia nas primeiras décadas do século XX.

Diálogo com a pintura cubista

Observe atentamente esta pintura:

Museo Nacional Centro de Arte Reina Sofia, Madrid, Spain

Guernica *(1937), de Pablo Picasso.*

1. Picasso criou Guernica em 1937, exatamente trinta anos depois de ter pintado a tela *Les demoiselles d'Avignon*, com a qual deu início ao Cubismo. Em linhas gerais, essa corrente caracteriza-se, na pintura, pela decomposição dos objetos em diferentes planos, pelo uso de formas geométricas e por colagens. É possível identificar influências do Cubismo em *Guernica*? Justifique sua resposta.

2. *Guernica* é uma obra de denúncia social, feita com o objetivo de sensibilizar as pessoas do mundo inteiro para a tragédia ocorrida na aldeia basca assim denominada. Observe as cores do quadro e duas personagens de destaque: a mulher com criança no colo, à esquerda, e o cavalo, no centro.

a) Considerando que cor significa vida, relacione o branco, o preto e o cinza utilizados no quadro com o tema que ele aborda.

b) O que as feições da mulher e do cavalo expressam?

c) A que a língua pontiaguda de cada um deles se assemelha?

O bombardeio de Guernica

Guernica é uma antiga aldeia da região basca da Espanha, país de origem de Picasso.

Em 1937, a Espanha vivia os efeitos da Guerra Civil, travada entre os republicanos e as forças extremistas de direita lideradas pelo general Franco, apoiado pelo nazismo alemão e pelo fascismo italiano.

Em abril de 1937, com a finalidade única de mostrar força, Franco ordenou o bombardeio, por aviões alemães, da indefesa cidade de Guernica. Da população de 7 mil habitantes, 1 654 foram mortos e 889 ficaram feridos.

Picasso, indignado, pintou o quadro *Guernica* em poucas semanas, procurando despertar a opinião pública para a tragédia. Por determinação do pintor, a obra permaneceu em Paris até o fim da ditadura franquista, em 1975. Hoje se encontra no museu Reina Sofia, em Madri.

3. *Guernica* é um quadro que sugere a destruição de forma direta, sem recorrer a muitos símbolos. Apesar disso, há no quadro alguns elementos de forte significação simbólica: o cavalo, o touro (no alto, à esquerda) e a flor (embaixo, no centro, acima da mão com espada). Considerando o contexto de guerra e destruição em que estão inseridos, busque sentidos coerentes para esses elementos.

4. A imagem ao lado é o quadro em que Goya retratou uma situação trágica vivida pelos espanhóis: a invasão da Espanha pelo exército napoleônico, em 1808, e o fuzilamento de espanhóis nas ruas. Compare a figura central do quadro com a figura humana que está à direita no quadro de Picasso.

Prado, Madrid, Spain

Fuzilamentos de 3 de maio de 1808, *de Goya.*

a) Que semelhanças existem entre essas duas personagens?

b) E entre as situações vividas pelos espanhóis, em 1808 e 1937?

c) Na sua opinião, Picasso quis criar relações intertextuais com o quadro de Goya?

5. Picasso é autor de uma frase que ficou muito conhecida: "A arte é uma mentira que nos faz perceber a verdade". Na sua opinião, o quadro Guernica exemplifica essa afirmação? Justifique.

Diálogo da poesia de Manuel Bandeira com a literatura africana

A literatura brasileira de diferentes épocas tem sido fonte de inspiração para muitos escritores africanos de língua portuguesa. Leia os poemas a seguir e observe o diálogo entre o modernista Manuel Bandeira e o poeta cabo-verdiano Ovídio Martins (1928-1999).

Vou-me embora pra Pasárgada

Vou-me embora pra Pasárgada
Lá sou amigo do rei
Lá tenho a mulher que eu quero
Na cama que escolherei
Vou-me embora pra Pasárgada

Vou-me embora pra Pasárgada
Aqui eu não sou feliz
Lá a existência é uma aventura
De tal modo inconsequente
Que Joana a Louca de Espanha
Rainha e falsa demente
Vem a ser contraparente
Da nora que eu nunca tive

E como farei ginástica
Andarei de bicicleta
Montarei em burro brabo
Subirei no pau de sebo
Tomarei banhos de mar!
E quando estiver cansado
Deito na beira do rio
Mando chamar a mãe-d'água
Pra me contar as histórias
Que no tempo de eu menino
Rosa vinha me contar
Vou-me embora pra Pasárgada

Em Pasárgada tem tudo
É outra civilização
Tem um processo seguro
De impedir a concepção
Tem telefone automático
Tem alcaloide à vontade
Tem prostitutas bonitas
Para a gente namorar

E quando eu estiver mais triste
Mas triste de não ter jeito
Quando de noite me der
Vontade de me matar
— Lá sou amigo do rei —
Terei a mulher que eu quero
Na cama que escolherei
Vou-me embora pra Pasárgada

(Manuel Bandeira. *Estrela da vida inteira*. 2. ed. Rio de Janeiro: J. Olympio, 1970. p. 127.)

Stefan Kolumban/Pulsar Imagens

Rosa: a ama-seca que cuidou de Manuel Bandeira e seus irmãos quando meninos.
alcaloide: substância química que é encontrada em plantas e, entre outros fins, serve para a fabricação de drogas.

Antievasão

Pedirei
Suplicarei
Chorarei

Não vou para Pasárgada

Atirar-me-ei ao chão
e prenderei nas mãos convulsas
ervas e pedras de sangue

Não vou para Pasárgada

Gritarei
Berrarei
Matarei

Não vou para Pasárgada.

(Ovídio Martins. In: *Literaturas de língua portuguesa:* marcos e marcas – Cabo Verde. São Paulo: Arte & Ciência, 2007. p. 53.)

1. Os versos "Vou-me embora pra Pasárgada / Aqui eu não sou feliz" exprimem o desejo do eu lírico de fugir da realidade concreta e adentrar outro tipo de realidade, sonhada ou idealizada. Esse desejo se associa ao escapismo dos escritores românticos e, aliás, a oposição existente no texto entre o *aqui* e o *lá* faz lembrar diretamente os versos da "Canção do exílio", de Gonçalves Dias. Veja:

> Minha terra tem primores
> Que tais não encontro eu cá;
> Em cismar — sozinho, à noite
> — Mais prazer encontro eu lá;

Robert Harding World Imagery/Getty Images

Cabo Verde, país africano de língua portuguesa.

a) A que espaço se refere o *cá/lá* de cada um dos poemas?

b) Que semelhanças e diferenças há entre o *lá* de Gonçalves Dias e o *lá* de Manuel Bandeira?

2. Pasárgada é o mundo da liberdade, do permitido, da realização plena dos desejos. Opõe-se diretamente, portanto, ao mundo real, cheio de proibições, de regras, de lógica e de moral.

a) Em sua lógica particular, o eu lírico afirma: "Lá sou amigo do rei". Que vantagens há nessa condição?

b) Identifique no texto exemplos de transgressão das normas da considerada "boa conduta social".

c) Os surrealistas consideravam a razão uma verdadeira prisão para a criação artística. Assim, procuravam desenvolver métodos que a driblassem, como o uso de *non sense* (textos sem nexo), e, assim, alcançar a liberdade total. Identifique, no poema, um exemplo de *non sense*.

3. Na 3ª estrofe, o poema faz menção a um conjunto de ações comuns na infância. Levando em conta os dados biográficos do autor, explique por que essas ações são supervalorizadas.

4. Releia a última estrofe do poema de Bandeira. Nela se percebe que, às vezes, o mundo de prazeres oferecidos por Pasárgada sucumbe.

a) Identifique os versos em que isso ocorre.

b) Com base nos três últimos versos da estrofe, identifique o elemento que se opõe à morte e se configura como saída para o eu lírico.

5. Em relação ao poema de Ovídio Martins:

a) Compare os versos 1, 2 e 3 aos versos 9, 10 e 11. Que tipo de relação há entre eles?

b) Que verso do poema se repete insistentemente?

c) Que papel semântico esses dois recursos desempenham na construção do sentido do texto?

6. Nos jogos interdiscursivos, um texto pode citar outro para afirmá-lo ou para negá-lo.

a) O poema de Ovídio Martins afirma ou nega o poema de Bandeira?

b) Em "Antievasão", Pasárgada tem o mesmo significado que tem no poema de Manuel Bandeira? Justifique sua resposta.

7. Ovídio Martins fez parte de um grupo de escritores militantes que, em Cabo Verde, lutou pela independência política de seu país, combatendo a colonização portuguesa. Por causa disso, chegou a ser preso e exilado. Considerando essas informações, levante hipóteses: Por que o eu lírico insiste na postura "antievasão"?

Direito Fraternal